Der imaginäre Orient

Der imaginäre Orient

Exotische Bauten des achtzehnten und neunzehnten Jahrhunderts in Europa

Stefan Koppelkamm

Ernst & Sohn

© 1987 Wilhelm Ernst & Sohn Verlag für
Architektur und technische Wissenschaften,
Berlin
ISBN 3-433-02265-8

Reproduktionen: Repro GmbH Fellbach,
Fellbach-Schmiden
Satz: Rayhle Fotosatz, Fellbach
Druck: SVA Süddeutsche Verlagsanstalt und
Druckerei GmbH, Ludwigsburg
Bindearbeiten: Großbuchbinderei Josef Spinner,
Ottersweier

Gestaltung: Stefan Koppelkamm und Axel Menges

Thema dieses Buches sind von europäischen Architekten für europäische Bauherren entworfene Bauten in orientalisierenden Stilen. Nur im Fall des Architekten Carl von Diebitsch, der in Berlin und Kairo baute, habe ich Europa verlassen. Diebitschs Aktivitäten stehen exemplarisch für die noch wenig erforschte Arbeit europäischer Architekten des neunzehnten Jahrhunderts, die in den Kolonien oder in Ländern, die sich am westlichen Städtebau orientierten, gebaut haben.

Der Schwerpunkt der Darstellung liegt im neunzehnten Jahrhundert. Die Chinamode, die ihren Höhepunkt zur Zeit des Rokokos hatte, wird daher nur in der Einführung kurz gestreift. Im übrigen gibt es sowohl zu den gebauten Chinoiserien des achtzehnten Jahrhunderts als auch zur Rezeption altägyptischer Architektur bereits zahlreiche Untersuchungen.

Da mich vor allem die Aneignung islamischer Bauformen im Sinne einer »architecture parlante« interessierte, die in den Phantasien der Europäer das Bild eines märchenhaften, sinnlichen »Orients« hervorrufen sollte, habe ich die Verwendung maurischer Stilelemente im Synagogenbau des neunzehnten Jahrhunderts nur an wenigen Beispielen dargestellt. Zu diesem wichtigen Aspekt der Baugeschichte sei vor allem auf Harold Hammer-Schenks zweibändiges Werk *Synagogen in Deutschland* verwiesen.

Ich habe mich jedoch nicht strikt auf die Rezeption islamischer Stile beschränkt. Dort, wo es das Thema erforderte, habe ich den Orientbegriff erweitert: »Orient« war schon immer ein Begriff ohne geographische Eindeutigkeit gewesen, der je nach Perspektive und Interessenanlage unterschiedlich definiert wurde.

An dieser Stelle sei all denen gedankt, die mit Hinweisen, Anregungen und Kritik zum Entstehen dieses Buches beigetragen haben, ganz besonders aber Robert Schediwy, der mich unermüdlich mit neuem Material versorgt hat, Alfred Gottwaldt, dem ich zahlreiche Bilder und praktische Ratschläge verdanke, Patrick Conner, Ulrich Feuerhorst, Stephanie Guz, Romana Schneider, Claus-Jürgen Pfeiffer sowie Hans und Sigi Koellmann. Außerdem danke ich Theo Böll und seinen Kollegen von der Kunstbibliothek Berlin, deren reiche Bestände für meine Arbeit von unschätzbarem Wert waren, Bertram Nagel von der Technischen Universität Berlin und nicht zuletzt Axel Menges vom Verlag Ernst & Sohn für sein engagiertes Lektorat sowie Brigitte Weitbrecht für das gründliche Korrekturlesen.

Inhalt

Die Anziehungskraft der fremden Kultur: Eine Einführung

Befremdung

Nachdem der Zug auf seinem Weg nach West-Berlin ohne anzuhalten durch die Station mit dem Schild »Potsdam West« gefahren war, sah ich für einen Augenblick ein merkwürdiges Bild: Am Ende einer Havelbucht, dicht am Rand der Wasserfläche, stand ein Gebäude, das sich in seiner Umgebung aus modernen Wohnblocks und gründerzeitlichen Mietskasernen seltsam fremd ausnahm. Im Vorbeifahren konnte ich eine kleine Kuppel, einen minarettartigen Turm und eine auffallend gestreifte Fassade erkennen. Das so zusammengesetzte Bauwerk rief vage Vorstellungen einer Region in mir hervor, die ich zwar kaum lokalisieren konnte, zu der mir aber sofort der Name »Orient« einfiel. Die Bedeutung des flüchtigen Bildes konnte ich mir nicht erklären.

Es fügte sich jedoch wie ein neues Bruchstück in ein größeres Bild ein, das ich seit langem in meinem Kopf trug. Es bestand aus den Palmen und Pyramiden auf den Zigarettenschachteln, Cerams Buch *Götter, Gräber und Gelehrte* im Bücherschrank meiner Eltern, einer alten Postkarte, die eine Gruppe von Arabern mit ihrem Kamel in der Wüste zeigte, einer weiteren mit einer Ansicht des Elefantentors im Berliner Zoo und den Erinnerungen an meine Reisen mit Doktor Dolittle.

Der Blick aus dem Zugfenster weckte in mir weniger die Sehnsucht nach »fernen Ländern« als vielmehr die Sehnsucht nach einer naiven und poetischen Form der Weltaneignung, die längst einer vergangenen Epoche angehört.

Es erscheint paradox: Obwohl es längst keine weißen Flecken mehr auf der Weltkarte gibt, wo noch der Garten Eden vermutet werden könnte, brechen jedes Jahr Millionen von Menschen aus den reichen Industrieländern auf, um ihre Sehnsüchte nach exotischen Paradiesen zu erfüllen. Ihre Träume sollten ausgeträumt sein: Die »Paradiese«, mit denen die Tourismusindustrie in ihren Werbebildern lockt, haben die Europäer längst zerstört.

Entdeckerlust und Desillusionierung

Der Aufbruch in Neue Welten geschah aus Abenteuerlust und Goldgier, aus Sehnsucht nach Utopia oder dem Paradies. Später wurden die Reisen zum Bestandteil des bürgerlichen Bildungsprogramm und zum Mittel romantischer Selbsterfahrung. Von Anfang an war die Reise in fremde Länder auch eine Flucht aus der Zivilisation Europas, an der schon früh viele »einen Ekel und Abscheu zu haben« schienen.[1] Zugleich war die Geschichte der Reisen die Geschichte einer fortschreitenden Desillusionierung.

Im Vorwort zu Jan Nieuhofs Bericht über *Die Gesantschaft der Ost-Indischen Gesellschaft ... an den Tartarischen Cham und nunmehr auch Sinischen Keyser...*, dessen deutsche Übersetzung 1669 in Amsterdam erschien, war noch von der »sonderbaren Lust und Begierde / die Herrligkeit und Schätze Fremder Länder zu erforschen« die Rede. China war noch »in einer dicken Finsternüs vor der Welt verborgen...«. Der Autor sah in der »sonderbaren Lust und Begierde« einen natürlichen Drang: »Denn es scheinet den sterblichen Menschen von Natur eingepflantzt zu seyn / daß sie allewege nachspühren / und gerne mit Augen sehen wollen solche Dinge / welche entweder / wegen ihrer fernen Abgelegenheit / grosse Mühe und Beschwerligkeit kosten / oder von der Natur / gleichsam aus Neyd / an einem weitabgelegenen Orte des Erdbodems in Geheim gehalten / und dem fleissigen Nachforscher in Augenschein zu nehmen / nicht gestattet werden.«

Als Alexander von Humboldt (1769–1859) geboren wurde, waren die fremden Länder nicht mehr in einer »dicken Finsternüs« verborgen: Humboldts Weltbild setzte sich seit der Kindheit aus den Bildern zusammen, die Reisende vor ihm geliefert hatten: »Kindliche Freude an der Form von Ländern und eingeschlossenen Meeren, wie sie auf Carten dargestellt sind, der Hang nach dem Anblick der südlichen Sternbilder, ... Abbildungen von Palmen und libanotischen Cedern in einer Bilderbibel können den frühesten Trieb nach Reisen in ferne Länder in die Seele pflanzen. Wäre es mir erlaubt, eigene Erinnerungen anzurufen, mich selbst zu befragen, was einer unvertilgbaren Sehnsucht nach der Tropengegend den ersten Anstoß gab, so müßte ich nennen: Georg Forsters Schilderungen der Südseeinseln; Gemälde von Hodges, die Gangesufer darstellend, im Hause von Warren Hastings in London; einen colossalen Drachenbaum in einem alten Thurme des botanischen Gartens bei Berlin.«[2]

Die Reisenden, die nur die Sehnsucht trieb, wurden jedoch enttäuscht. 1843 schrieb der französische Schriftsteller Gérard de Nerval (1805–55) seinem Freund Théophile Gautier aus Konstantinopel: »Ich habe bereits, Königreich um Königreich, Provinz um Pro-

Ludwig Persius, Dampfmaschinenhaus in Potsdam, 1841–43.

vinz, die schönste Hälfte des Universums verloren, und bald werde ich nicht mehr wissen, wo meine Träume noch eine Zuflucht finden können.«[3]

Das, was Nerval und viele andere Schriftsteller und Maler suchten, gab es nicht mehr oder hatte es nie gegeben. Es existierte nur in ihrer Phantasie: »Damit das Wort 'Orient' im Geist seine volle Wirkung entfalten kann, ist es vor allem wichtig, niemals selbst in jener unbestimmten Gegend gewesen zu sein, die es bezeichnet. Man sollte durch Bilder, Berichte, Lektüren und einige wenige Dinge nur die ungenauesten, ungelehrtesten, ja verworrensten Kenntnisse haben. Nur so bereitet man sich einen guten Stoff zum Träumen. Man braucht dazu eine Mischung aus Zeit und Raum, aus Pseudowahrheiten und falschen Tatsachen, aus winzigen Details und unvollständigen Übersichten. Dort liegt der Orient der Seele.«[4]

Der »Orient«, von dem Europa seit der Eroberung von Algier (1830) träumte, erlebte im neunzehnten Jahrhundert tiefgreifende Veränderungen. Städte wie Kairo und Konstantinopel wurden nach europäischem Muster modernisiert, sie spalteten sich in einen alten islamischen und einen neuen westlichen Teil, der von Ausländern und Angehörigen der Oberschicht bewohnt wurde.

Auch darin bestand die Enttäuschung vieler Reisenden: Ihre Zivilisation war stets schon vor ihnen angekommen. Théophile Gautier fuhr mit der Eisenbahn von Alexandria nach Kairo und stieg dort in Shepheard's Hotel ab. Sentimentale Reisende wie Nerval oder Pierre Loti legten sich orientalische Kleidung zu und mieteten Häuser in den traditionellen Wohnquartieren. Aber selbst dann blieben sie Fremde in der anderen Kultur. Ihr Orient war wie der, den die Maler nach ihrer Rückkehr in den Ateliers malten, eine Fiktion, die die Gegenwart ausklammerte. Sie zeigte die Idylle unverändert fortdauernder Traditionen, in die noch nicht Europa mit seinen Armeen, Reisegesellschaften und Eisenbahnzügen eingebrochen war.

So konnte es passieren, daß der Orient, den sich die Europäer zuhause inszenierten, in einzelnen Fällen bereits reimportiertes Europa war: Der Türkische Salon, den sich der bayerische König Ludwig II. im Königshaus auf dem Schachen einrichtete, hatte als Vorbild den Saal eines Palastes am Goldenen Horn, der deutlich vom abendländischen Rokoko beeinflußt war. Im Osmanischen Reich hatte man bereits im achtzehnten Jahrhundert begonnen, sich kulturell und politisch an westlichen Vorbildern zu orientieren.

Imaginative Weltaneignung

Um sich die Welt anzueignen, gab es für die Europäer zwei Möglichkeiten: die authentische Erfahrung und die Imagination. Man konnte reisen wie Pierre Loti oder zuhause bleiben wie Ludwig II. Der Schriftsteller lebte längere Zeit in der Türkei und in Japan und sehnte sich danach, vollkommen in einer neuen Identität aufzugehen. Der bayerische König verließ Europa nie und schuf sich eine künstliche exotische Welt, in der nichts an die Realitäten der Gegenwart erinnerte.

Aber auch die selbst gemachte Welterfahrung vermischte sich immer mit der Imagination. Keiner, der Europa verließ, hätte sein Wissen, seine Urteile und erlernten Sehweisen hinter sich lassen können. Die meisten waren sich dessen nicht bewußt. Diese Form der Wahrnehmung ließ sich jedoch auch zum bewußt angewendeten Prinzip machen: In seinem *Essay on Picturesque Travel*[5] (1792) entwickelte William Gilpin eine Theorie des Reisens, die der Erinnerung den Vorzug über das tatsächliche Erlebnis gab, den Rückblick über den Augenblick stellte.

Der »pittoreske« Reisende begab sich auf die Suche nach Bildern und nicht auf die Suche nach neuen Erkenntnissen. Er sammelte Sinneseindrücke, um sie in ein nach den Regeln der Landschaftsmalerei komponiertes geistiges Bild einzufügen. Die selektive Wahrnehmung schloß alles aus, was nicht bildwürdig war. In der Rückschau ließ sich das Gesehene korrigieren und nach den Regeln des guten Geschmacks neu zusammensetzen. Gilpins Essay befand sich in deutlicher Nähe zur Theorie und Praxis der Gartengestaltung: In den Landschaftsgärten, die sich englische Großgrundbesitzer seit den dreißiger Jahren des achtzehnten Jahrhunderts anlegten, ging es weniger um die Nachahmung der Natur als um ihre subtile Verbesserung mit den Mitteln der Kunst.

Nicht nur Natur, auch Kultur war das Thema der Gärten. Die Vorstellungen von Welt und Geschichte wurden hier in dreidimensionale Bilder umgesetzt. Vor allem in Frankreich, wo die Adligen des Ancien régime das englische Vorbild übernahmen, wurde der Garten zum »Land der Illusion«.

Die Anziehungskraft der fremden Kultur

Tatarenzelt im Garten von Monceau. Stich aus: Louis Carmontelle, *Jardin de Monceau, près de Paris*, 1779.

Das Chinesische Haus in der »Wüste« von Retz. Aus: Georges Louis Le Rouge, *Jardins anglo-chinois à la mode*, 1785.

Der Garten als Museum der Weltarchitektur. Frontispiz zu: Jean Charles Krafft, *Plans des plus beaux jardins*, 1809/10.

Gärten der Illusion

»Wenn man aus einem malerischen Garten ein Land der Illusion machen kann, warum soll man das ablehnen? Man zerstreut sich nur durch Illusionen; ...Die Natur ist je nach Klima verschieden; laßt uns versuchen, mit den Mitteln der Täuschung das Klima zu verändern oder zumindest vergessen zu machen, wo wir sind; laßt uns in unsere Gärten die wechselnden Bühnenbilder der Oper bringen; laßt uns hier das als Realität zeigen, was die geschicktesten Maler dort als Dekoration anbieten, alle Zeiten und alle Orte.«[6]

Der Garten wurde zum Experimentierfeld der Architekten: Chinesische Pagoden, ägyptische Grabmäler und türkische Moscheen bildeten mit gotischen Kuhställen und antiken Tempeln einen Mikrokosmos, in dem sich die Ferne mit der Vergangenheit mischte.

Der »jardin anglo-chinois« — die Bezeichnung unterstellte, daß die Engländer ihrerseits nur die Chinesen nachahmten — war nicht nur der Vergnügungspark der Aristokratie, sondern auch das vereinfachte Modell einer Bildungswelt, das aus den Materialien erbaut wurde, die verfügbar und von aktuellem Interesse waren. Dem Versuch, die Welt im Modell darzustellen, lag der Wunsch nach enzyklopädischer Übersicht und Vergleichbarkeit zugrunde. Im größeren Maßstab und mit einer gewaltig angewachsenen Wissensmenge setzten die Weltausstellungen im neunzehnten Jahrhundert die enzyklopädische Tradition fort.

Bauten, die, zumindest ihrem Anspruch nach, exotisch waren, gab es schon in den Gärten des Barocks. Der wahrscheinlich früheste Bau, dessen Name auf eine fremde Kultur Bezug nahm, war das »Persianische Haus« im Park von Schloß Gottorf bei Schleswig (1651 bis 1654), das der Hofgelehrte Adam Olearius entworfen hatte. Das Gebäude, über dessen Aussehen wenig bekannt ist, war ebenso wie zahlreiche Objekte der herzoglichen Kunstkammer Erinnerung an eine Gesandtenreise nach Persien, die Olearius geleitet hatte.

Chinamode

Das »Persianische Haus« blieb jedoch eine Ausnahme. Es war eine andere Kultur, die Europa bis ins frühe neunzehnte Jahrhundert hinein faszinieren sollte. Seit Anfang des siebzehnten Jahrhunderts brachten die Handelsschiffe der Ostindischen Kompanien große Mengen an Porzellan, Lackarbeiten und Tapeten aus China. Die fernöstlichen Kuriosa wurden nicht nur in Kunstkammern und Porzellankabinetten ausgestellt, sondern beeinflußten auch nachhaltig die dekorativen Künste Europas. Auf die frühen Versuche, fernöstliche Vorbilder möglichst originalgetreu nachzuahmen, folgte ein immer freierer Umgang mit chinesischen Motiven. Europäische Kunsthandwerker entwarfen Porzellane, Tapeten, Möbel und ganze Zimmer im »chinesischen Geschmack«. In den Chinoiserien des Rokoko wurde China als märchenhaftes Phantasieland dargestellt, in dem alle Menschen in Wohlstand und Glück lebten. Seine spaßigen Bewohner schienen wie die Menschen an den europäischen Fürstenhöfen nur eine Sorge zu kennen: die des angenehmsten Zeitvertreibs.

Die Anziehungskraft der fremden Kultur

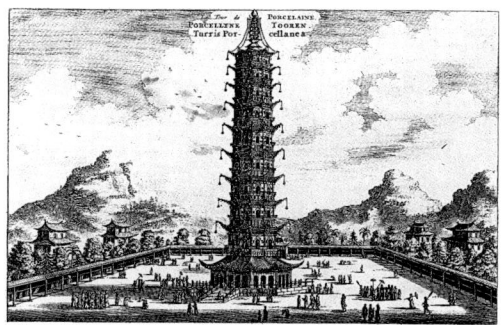

Jan Nieuhof, »Porzellanpagode« in Nanking.

Ehrentor in Kanton. Titelblatt zu: Johann Christoph Wagner, *Das mächtige Kayserreich Sina*, 1688.

Um auch Bauten im chinesischen Stil zu errichten, hatte es lange Zeit an brauchbaren Vorlagen gemangelt. Der erste Reisebericht, der Darstellungen chinesischer Architektur enthielt, war das Buch von Jan Nieuhof, das in zahlreichen Auflagen und Übersetzungen verbreitet wurde. Nieuhofs *Gesantschaft* blieb lange Zeit ein Standardwerk, auf das sich viele spätere Autoren bezogen: Olfert Dapper, Melchisedec Thévenot ebenso wie Johann Christoph Wagner in seinem Band über *Das mächtige Kayserreich Sina*.[7] Außer dem kaiserlichen Palast in Peking war es vor allem die sogenannte Porzellanpagode in Nanking, deren Bild viele Illustratoren von Nieuhof übernahmen.

Die im frühen fünfzehnten Jahrhundert in der alten chinesischen Hauptstadt erbaute Pagode war nach Nieuhofs Beschreibung ganz mit Fayenceplatten verkleidet sowie rot, grün und gelb bemalt. An den Vordächern der einzelnen Stockwerke hingen Glocken, die ein »liebliches Gethöne« erzeugten.[8] Auf das berühmte Bauwerk spielte das Trianon de Porcelaine an, das sich Ludwig XIV. um 1670 von Louis le Vau in Versailles erbauen ließ. Der Bezug auf das chinesische Vorbild beschränkte sich jedoch auf das Material: Die barocken Mansarddächer des Trianon waren mit farbig glasierten Fayencen gedeckt und die Simse mit Vasen geschmückt.[9] Offensichtlich stand noch die Befremdung, die man angesichts der chinesischen Bauten empfand, einer weitergehenden Aneignung im Weg. Erst allmählich wurde die chinesische Architektur vertrauter. Die mehrstöckigen Pagoden und die Häuser mit den geschweiften Dächern wurden zu beliebten Motiven auf Tassen, Tellern und Tapeten. In dem *Entwurff Einer Historischen Architectur*, den der Wiener Architekt Bernhard Fischer von Erlach 1721 veröffentlichte, begegnen wir wieder den Bauten, die schon Nieuhof abgebildet hatte. Fischers Buch war die erste Weltgeschichte der Architektur. Sie begann mit Rekonstruktionen der Sieben Weltwunder, stellte im zweiten Buch die Bauten des alten Roms dar und behandelte dann die Gebäude »der Araber und Türcken; wie auch neuen Persianischen, Siamitischen, Sinesischen und Japonesischen Bauart«. Fischer kannte die exotischen Bauten nicht aus eigener Anschauung. Sämtliche Abbildungen hatte er aus anderen Büchern übernommen: Die Ansichten der Hagia Sophia und der Sultan-Achmed-Moschee stammten aus Grelots Beschreibung von Konstantinopel[10], das Bild des Königspalastes von Isfahan aus Jean Chardins Bericht über seine verschiedenen Reisen nach Persien.[11]

Zur gleichen Zeit entstanden in den europäischen Gärten die ersten »chinesischen« Architekturen. Während Joseph Effner die Pagodenburg im Park von Schloß Nymphenburg (1716–19) nur im Inneren chinesisch dekorierte, zeigten die »Indianischen« Lustschlösser, die sich August der Starke in Pillnitz an der Elbe bauen ließ, auch nach außen »chinesische« Merkmale: Die barocken Mansarddächer waren nach chinesischem Vorbild geschwungen, die Hohlkehlengesimse unter der Dachtraufe waren mit Motiven bemalt, die von chinoisen Porzellanen und Tapeten vertraut waren. Das Rokoko nahm das Epitheton »chinesisch« zum Vorwand, um die barocke Grundform spielerisch aufzulösen. Das gleiche Verfahren ließ sich auch an Bauten wie dem Japanischen Palais in Dresden (Zacharias Longuelune, Matthäus Daniel Pöppelmann, 1727–37), dem Indianischen Lusthaus in Brühl (ca. 1744–53)[12] und dem Entenhaus im Park von Schloß Wilhelmsthal bei Kassel (um 1747/48) beobachten.

In Lunéville ließ sich Stanislaus Leszynski, König von Polen und Herzog von Lothringen, von Emmanuel Héré (1705–63) um 1738 einen chinesischen Pavillon auf kleeblattförmigem Grundriß (Le Trèfle) und einen Kiosque à la Turque (1738) erbauen. Der eine Bau war jedoch so wenig chinesisch, wie der andere türkisch war: Das »türkische« Haus hatte die für chinoise Bauten typischen geschweiften Dachkanten, das »chinesische« befremdete vor allem durch seinen ungewöhnlichen Grundriß und das an den Rändern gewellte Dach.

Le Trèfle erhielt im Park von Sanssouci einen Nachfolger: Héré veröffentlichte seine Entwürfe für den polnischen König in einem illustrierten Buch, und Stanislaus schickte Friedrich dem Großen ein Exemplar.[13] Der ließ Johann Gottfried Büring nach dem französischen Vorbild das berühmte Chinesische Teehaus errichten. Büring übernahm den Grundriß, schmückte den Bau aber zusätzlich mit vergoldeten Palmensäulen, lebensgroßen Figurengruppen und einem Chinesen mit Sonnenschirm, den er oben aufs Dach setzte.

An allen diesen Bauten fällt eine merkwürdige Begriffsverwirrung auf: Sie nannten sich »chinesisch«, »japanisch«, »türkisch« oder »indianisch« und meinten doch alle dasselbe Land: China. Das einzige tatsächlich chinesische Merkmal waren die geschweiften

Die Anziehungskraft der fremden Kultur

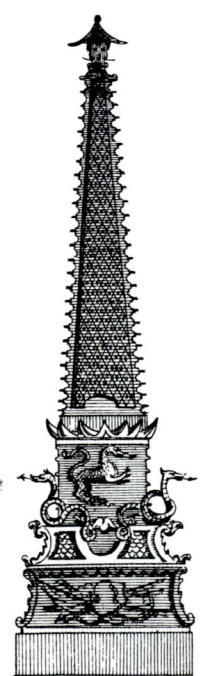

Dächer, ansonsten wiesen nur Malereien und Figuren auf die Kultur hin, die ihre Architekten als Vorbild in Anspruch nahmen. Wie wenig man noch an authentischeren Nachbildungen chinesischer Baukunst interessiert war, zeigen auch die Musterentwürfe für Gartenpavillons, Tore, Geländer und Brücken, die William und John Halfpenny in ihren kleinen Büchern verbreiteten.[14] Ihre Gartentempel, oft nur »teilweise im Chinesischen Geschmack« gehalten, waren kleine Rokokoarchitekturen mit wuchernden Umrißformen, in denen sich gotische und chinesische Elemente vermischten. In der exotischen Phantasiewelt der Halfpennys hatte selbst ein mit chinesischen Drachen geschmückter Obelisk seine Existenzberechtigung.

Die Rokokochinoiserien waren jedoch schon bald überholt: 1757 veröffentlichte William Chambers (1723–96) ein Buch mit dem Titel *Designs of Chinese Buildings, Furniture, Dresses, Machines and Utensils.*

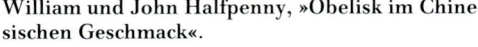

William und John Halfpenny, »Obelisk im Chinesischen Geschmack«.

Johann Gottfried Büring, Chinesisches Teehaus, Sanssouci, 1754–56.

Das Indianische Haus in Brühl. Ansicht von Osten. Ölgemälde von Johann Franz Rousseau, ca. 1755–60.

William und John Halfpenny, Chinesischer Gartentempel.

Wasserpalais in Pillnitz. Aufriß der Elbfront. Entwurf von Matthäus Daniel Pöppelmann, 1721/22.

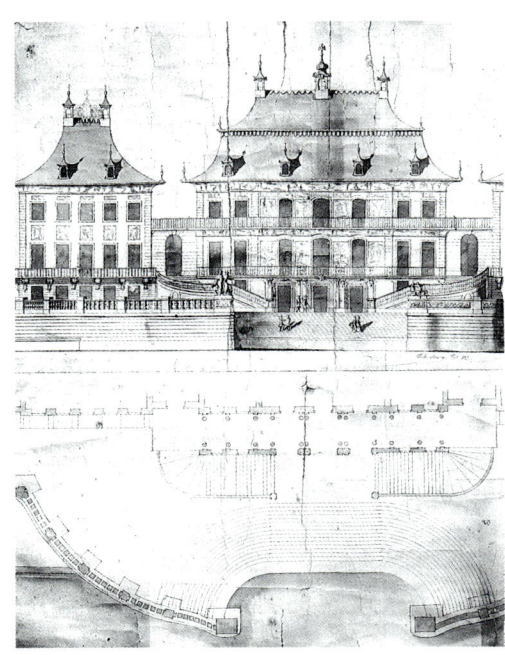

Entenhaus im Park von Schloß Wilhelmsthal, um
1747/48.

William Chambers, Entwurf zu einer chinesischen
Brücke im Rehgarten, Sanssouci, 1763.

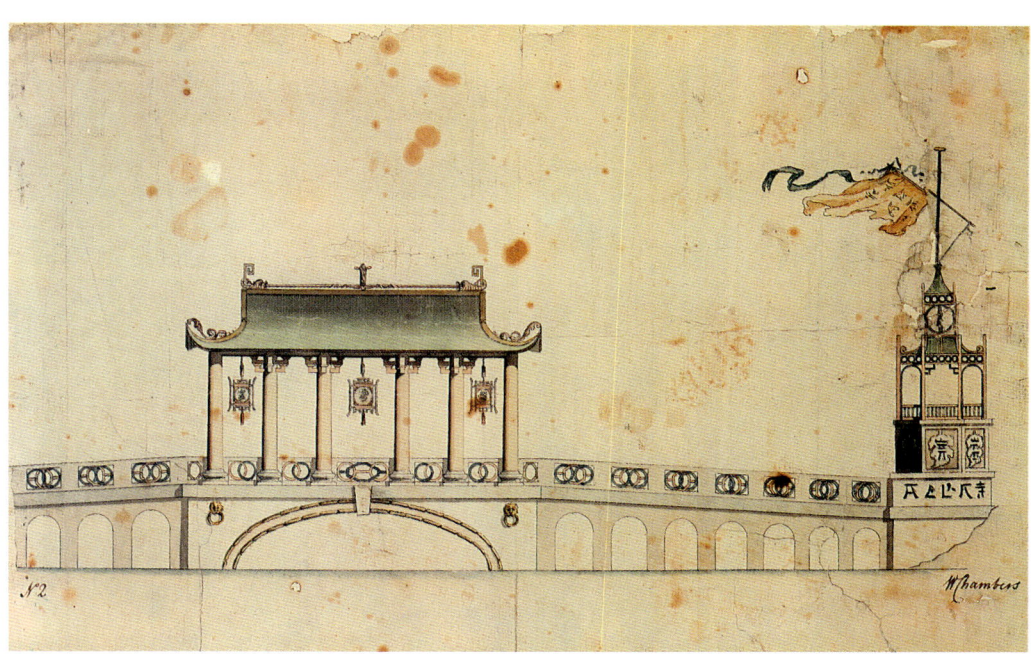

William Chambers[15]

Chambers hatte in der schwedischen Ostindienkompanie gedient und war mehrere Male
in Indien und China gewesen, wo er sich auch mit Architekturstudien befaßte. Seine
Kenntnisse blieben jedoch auf Kanton beschränkt, da es Europäern nicht erlaubt war, ins
Landesinnere zu reisen. Nach seiner Rückkehr aus China begann er an der Schule von Jac-
ques-François Blondel in Paris eine Ausbildung als Architekt, die er in Rom fortsetzte.
1755 ließ er sich in London nieder. Dank seiner guten Beziehungen zur königlichen Familie begann nun für ihn eine äußerst erfolgreiche Laufbahn. Als Hofarchitekt und später als
Generalinspektor der königlichen Bauten entwarf er zahlreiche öffentliche und private
Gebäude. In dem Jahr, in dem sein Buch über chinesische Architektur erschien, begann
auch seine Arbeit in Kew Gardens: Prinzessin Augusta beauftragte ihn, den königlichen
Besitz in einen Landschaftsgarten umzuwandeln. In England hatte die Begeisterung für
chinesische Gartenbauten bereits ihren Höhepunkt überschritten, auf dem Kontinent
jedoch fanden Chambers' Buch und seine exotischen Architekturen in Kew, die er in
einem aufwendig illustrierten Band (*Plans, Elevations, Sections, and Perspective Views
of the Gardens and Buildings at Kew*, 1763) dokumentierte, begeisterte Aufnahme.
Friedrich II. bat Chambers um einen Entwurf für eine chinesische Brücke, der jedoch nie
realisiert wurde.[16]

Wenn auch die in den *Designs of Chinese Buildings* abgebildeten Bauten in vielen Details unglaubwürdig sind[17] und Chambers in einem Fall sogar zugab, daß seine Zeichnung eines Tempels Elemente von »verschiedenen Bauten dieser Art«,[18] die er in Kanton gesehen hatte, vermischte, so war sein Buch doch die erste architekturgeschichtliche Würdigung chinesischer Baukunst. Chambers' Ziel war es, das schiefe Bild, das die Europäer von der chinesischen Architektur hatten, zu korrigieren. Zugleich wollte er den »Extravaganzen« Einhalt gebieten, »die täglich unter dem Namen chinesisch auftauchen, obwohl die meisten von ihnen nur Erfindungen sind und der Rest Kopien der unbeholfenen Darstellungen auf Porzellan und Tapeten«.[19] Chambers wollte sich jedoch mit seiner Veröffentlichung nicht kompromittieren: Im Vorwort versicherte er, daß es nicht seine Absicht wäre, »einen Geschmack zu propagieren, der dem antiken so sehr unterlegen« sei.[20] In Kew schuf er den Prototyp des »anglo-chinesischen« Gartens, der auf dem Kontinent bald viele Nachahmer finden sollte. Außer zahlreichen klassizistischen Tempelchen besaß Kew eine Pagode, das »Haus des Konfuzius«, eine »Alhambra« und eine »Moschee«. Die Pagode erhielt zahlreiche Nachfolger: in Potsdam, Oranienbaum, Chanteloup, Montbéliard und München.[21]

William Chambers, Haus eines chinesischen Kaufmanns und chinesisches Interieur. Aus: *Designs of Chinese Buildings*, 1757.

William Chambers, Die »Wildnis« in Kew mit Alhambra, Pagode und Moschee. Stich aus: *Plans, Elevations, Sections, and Perspective Views of the Gardens and Buildings at Kew in Surrey*, 1763.

Die Anziehungskraft der fremden Kultur

William Chambers, Entwurf für die Pagode in Kew, 1761.

Karl von Gontard, Drachenhaus, Potsdam, 1770 bis 1772.

William Chambers, Haus des Konfuzius, Kew, 1750.

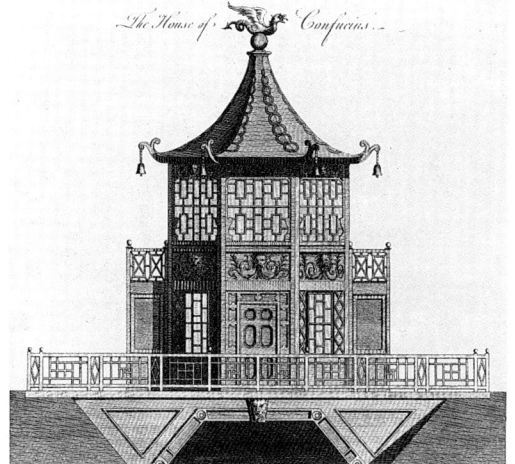

Die Anziehungskraft der fremden Kultur

Georg Christoph Hesekiel, Chinesischer Glocken-
turm im Park von Oranienbaum.

Joseph Frey, Chinesischer Turm im Englischen
Garten, München, 1791.

Pagode, Kassel-Wilhelmshöhe, 1782. Der Bau
gehörte zu dem »chinesischen« Dörfchen Mulang.

Die Anziehungskraft der fremden Kultur

Johann Gottfried Grohmann, »Caravanserai im Maurischen Styl« und »ägyptisches« Interieur.
»Eine Zimmerverzierung im Aegyptischen Styl: wir sagen wohlbedächtig nicht, im Aegyptischen Geschmack, denn die Aegypter hatten, wie von ihnen übriggebliebene Werke der bildenden Kunst beweisen, keinen Kunstgeschmack. Man werfe daher diesem Blatt Geschmacklosigkeit nicht vor: es würde aufhören, im Aegyptischen Styl zu seyn, wenn man ihm diese Eigenschaft, das Krause und Bunte in jeglicher Beziehung, nähme.«

Musterbücher für Gartenliebhaber

Welche Bedeutung im achtzehnten Jahrhundert allen Fragen der Gartengestaltung beigemessen wurde, belegt die große Zahl spezieller Veröffentlichungen: Bis ins frühe neunzehnte Jahrhundert hinein erschienen zahlreiche illustrierte Bücher und Periodika, die adlige Grundbesitzer und bürgerliche Gartenliebhaber mit Musterentwürfen und ausführlichen Beschreibungen der bekanntesten Anlagen belieferten.

Die von 1770 bis 1787 erschienenen *Détails des nouveaux Jardins à la mode* von Georges Le Rouge, Johann Gottfried Grohmanns *Ideenmagazin* und Jean Charles Kraffts *Plans des plus beaux Jardins* sorgten dafür, daß sich bestimmte Modelle in ganz Europa verbreiteten.[22]

Grohmann bot die phantastischste Mischung sämtlicher Kulturen und Epochen: Seine Hefte bildeten »Türkische Zelte« und »Maurische Tempel« ab, außerdem »chinesische« Pavillons, Brücken und Gondeln, »otahitische« Hütten und Sommerhäuser, »ägyptische« Pyramiden, Portale und Gartensitze, dazu Zimmereinrichtungen im »persianischen«, »ägyptischen« oder »im üppigen Morgenländischen Geschmack«.[23] Daß dabei seine Stilunterscheidungen hinter den Stand der damaligen Kenntnisse zurückfielen, zeigt beispielsweise die Bildunterschrift zur »Caravanserai im Maurischen Styl«: »Dergleichen Gebäude findet man in Indien sehr häufig.«[24]

Grohmann und seinen Lesern ging es jedoch kaum um das tatsächliche Aussehen indischer oder maurischer Bauten. Aufschlußreich ist seine Erläuterung zu einer »Zimmerverzierung im Aegyptischen Styl«:[25] Die Wahl eines exotischen Baustils ermöglichte es, mit den Regeln des guten Geschmacks, d.h. mit der an den antiken Bauten orientierten ästhetischen Norm zu brechen. Die »Geschmacklosigkeit« wurde akzeptabel, wenn man sie nur »chinesisch«, »ägyptisch« oder »morgenländisch« nannte: Man schob so die Schuld an der ästhetischen Verirrung einer fremden Kultur zu und konnte selbst reinen Gewissens seinen frivolen Neigungen frönen.

Der Verweis auf ein fingiertes exotisches Vorbild sollte nicht nur das Abweichen von der Geschmacksnorm, sondern häufig auch das Experiment mit ausgefallenen Grundrissen und neuen Baustoffen rechtfertigen: So war die Verwendung von Eisen erlaubt, sobald man sich außerhalb herkömmlicher ästhetischer Kategorien bewegte. Zudem waren die statischen Eigenschaften des neuen Baustoffes, den viele als nicht architekturgemäß ablehnten, häufig die beste Voraussetzung für das Spiel mit Naturformen und exotischen Architekturmotiven. Nicht nur dünne Bambussäulen oder ganze Bambustreppen (vgl. S. 51), sondern auch komplizierte islamische Dekorationsformen ließen sich in Eisen gießen und rationell vervielfältigen. Vor allem in den maurischen Bauten des neunzehnten Jahrhunderts fällt die häufige Verwendung von Gußeisen auf: Die filigrane Wirkung der maurischen Arkaden auf ihren hohen schlanken Säulen hätte man mit keinem anderen Material besser erzielen können.

Die Auswahl der Stile sollte den Stimmungswechseln entsprechen, die die Gartengestalter sorgfältig kalkulierten. Enge oder Weite, Dunkelheit oder Helle, Fruchtbarkeit oder Kargheit ließen sich durch entsprechende Bepflanzung, die Entscheidung für helle Laubbäume oder dunklen Nadelwald, die Modellierung des Geländes und seine Ausstattung mit künstlichen Felsen, Wasserfällen und Seen erzeugen. Der Gang durch den Park war durch eine festgelegte Dramaturgie bestimmt: In einem dunkle Wäldchen regte der Anblick alter Grabdenkmäler den einsamen Spaziergänger zu melancholischen Betrachtungen über Leben und Tod an. Möglicherweise mußte er dann noch eine enge und düstere Felsschlucht durchqueren, bevor er erleichtert eine ländliche Idylle mit rustikalen Hütten, antiken Tempelchen und weidenden Kühen betrat.

Die Stimmungswerte, die man den verschiedenen Stilen zuordnete, spiegelten das Bild, das man sich von der jeweiligen Kultur oder Epoche machte. Da China als Land des unbeschwerten irdischen Glücks galt, verband man mit den bizarren und bunten Chinoiserien fröhliche Geselligkeit. Die ägyptischen Architekturstaffagen weckten dagegen Gedanken an Ewigkeit und Totenkult, unergründliche Geheimnisse und magische Rituale: »...daß hinter allem, was sie hervorbrachten, tiefe Weisheit, undurchdringliche Geheimnisse verborgen stecken, und wer ein in ihrem Geschmack errichtetes Bauwerk an einen Ort, in eine Szene hin pflanzte, die diesem Gefühl nicht analog wären, würde sich den Tadel eines jeden, der von den alten Aegyptiern nur etwas weiß, zuziehen.«[26]

Revolutionsarchitektur

In den Projekten der sogenannten Revolutionsarchitekten kam eine vergleichbare Architekturauffassung zum Ausdruck. Auch sie setzten auf die Symbolkraft der Formen. Ihre »architecture parlante« sollte jedoch nicht der Zerstreuung privilegierter Müßiggänger, sondern der Erziehung der Massen dienen. Das Aufbruchspathos der Revolutionszeit verdeutlichen besonders die unausgeführten Entwürfe von Etienne-Louis Boullée (1728–99). In den monumentalen geometrischen Baukörpern sollten sich die Ideale der bürgerlichen Republik manifestieren, von denen man annahm, daß sie wie die ägyptischen Pyramiden die Zeiten überdauerten. Boullées Kugeln und Pyramiden, Säulen und Kegel würden allein durch ihre gewaltigen Steinmassen die Kontinuität des gesellschaftlichen Fortschritts garantieren. Die Architektur sollte den großen Gefühlen ebenbürtig sein, die Form eines Gebäudes deutlich dessen Zweck verkünden: »Unsere öffentlichen Gebäude sollten in gewisser Hinsicht richtige Gedichte sein. Die Bilder, die sie unseren Sinnen darbieten, müßten in unseren Seelen ihrer Bestimmung entsprechende Gefühle auslösen.«[27]

Die Nähe der Revolutionsarchitekten zum Experimentierfeld des Landschaftsgartens wird in den Werken von Claude-Nicolas Ledoux (1736–1806), Jean-Jacques Lequeu (1757–1825?) und Louis-Jean Desprez (1743–1804) noch deutlicher.

Ledoux, der im Gegensatz zu Boullée viele seiner Ideen ausführen konnte, war wie dieser von den stereometrischen Grundformen fasziniert: Für den Marquis de Montesquiou baute er in Maupertuis ein Schloß mit verschiedenen Nebengebäuden. Das kugelförmige Haus des Parkwächters blieb unausgeführt, gebaut wurde eine noch bestehende Pyramide, deren Dimensionen im Vergleich zu dem, was Boullée vorschwebte, freilich bescheiden waren.

Claude-Nicolas Ledoux, »Maison de Campagne, ou Temple de Mémoire«. Aus: *L'Architecture considerée sous le rapport de l'art, des mœurs et de la législation*, 1804.

Jean-Jacques Lequeu, Indische Pagode. Die Beschriftung weist den Entwurf als »feuille imaginaire« – als imaginäres Blatt aus.

Die Pyramide in Maupertuis. Aus: Georges Louis Le Rouge, *Jardins anglo-chinois à la mode*, 1784.

Louis Jean Desprez, Entwurf für eines der Zelte im Park von Haga, 1787.

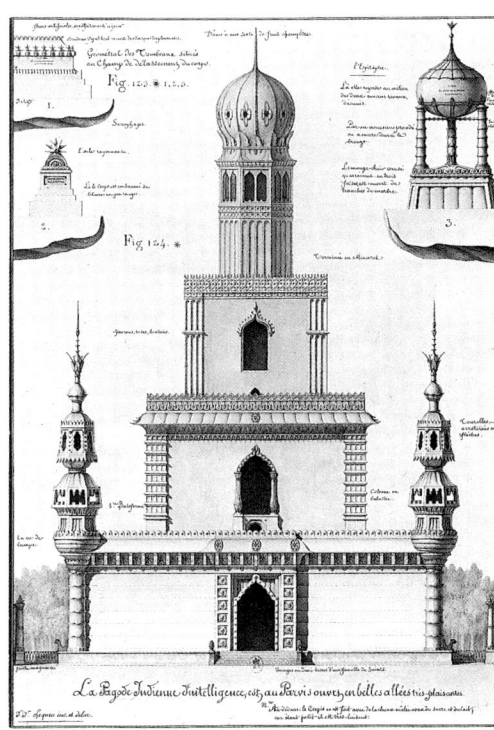

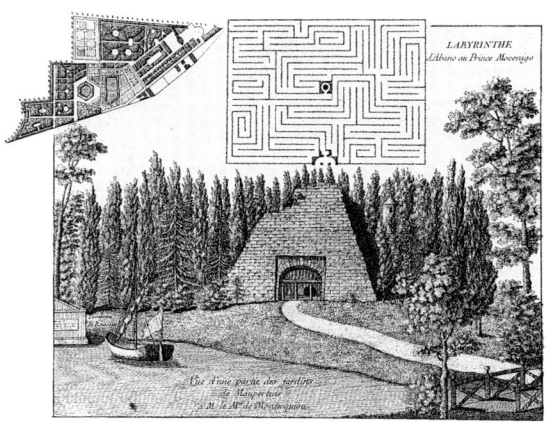

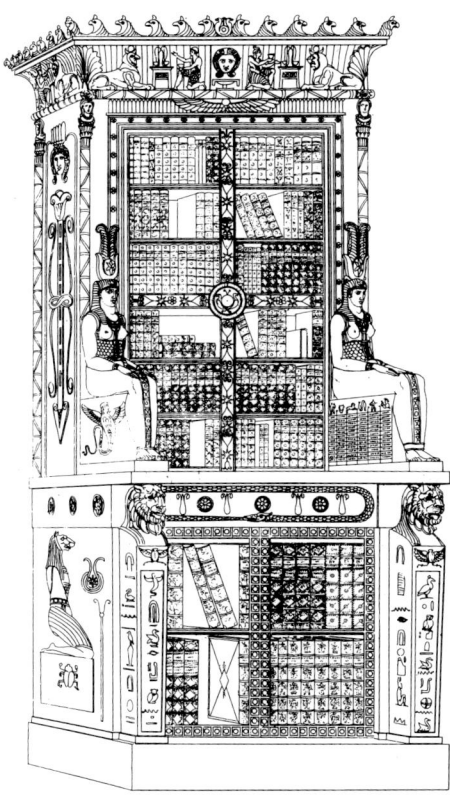

Lequeu, dessen Karriere mit der Revolution ein abruptes Ende gefunden hatte, mußte
sich als Kartograph seinen Lebensunterhalt verdienen. In seinen Entwürfen mischte sich
die Präzision des technischen Zeichners mit einer ausschweifenden Phantasie. In den
imaginären Projekten für indische Pagoden, ägyptische Wohnhäuser und chinesische
Kioske zeigen sich die Einflüsse der Musterbücher von Grohmann und Le Rouge. Lequeu
verarbeitete das dort verfügbare Material jedoch zu neuen eklektischen Kombinationen.
Desprez, der vor allem als Zeichner und Radierer arbeitete, entwarf wie Boullée einige
imaginäre Großprojekte, lebte in Rom und dann in Schweden, wo er für Gustav III. Theaterdekorationen und Gartenbauten entwarf. Eines der drei großen Zelte aus Kupferblech
im Haga-Park stammt von ihm.[28]

Egyptian Revival[29]
Desprez hatte auch einige imaginäre Entwürfe für neuägyptische Grabmäler radiert. Sein
Interesse für die ägyptische Architektur begann während der Jahre in Rom: Dort lernte er
das Werk von Giovanni Battista Piranesi (1720—78) kennen, der nicht nur in seinen 1769
veröffentlichten Kaminentwürfen, sondern auch in seiner Ausstattung des Caffè Inglese
einen phantastischen Dekorationsstil entwickelt hatte, der die unterschiedlichsten ägyptischen Motive in dichter Fülle miteinander kombinierte. Die europäische Ägyptomanie
läßt sich bis in die Antike zurückverfolgen: Von ihr zeugen nicht nur die Grabpyramide
des Gaius Cestius (die im Park von Schloß Weißenstein bei Kassel einen verkleinerten
Nachfolger fand) und die Obelisken des barocken Roms, sondern auch die zahlreichen
Veröffentlichungen des siebzehnten und achtzehnten Jahrhunderts. Die bildlichen Darstellungen reichen von den phantastischen Erfindungen des Athanasius Kircher über die
sachlichen Darstellungen von John Greaves und Frederik Norden bis zu den Rekonstruk-
tionsversuchen Fischer von Erlachs.[30]
Die spielerische und dekorative Verwendung ägyptischer Motive im Rokoko wurde
jedoch von einer Wiederbelebung altägyptischer Baukunst abgelöst, die nicht nur großar-
tigere Wirkungen anstrebte, sondern auch deutlich archäologische Interessen verriet.
Der Auslöser des Egyptian Revival war Napoleons Feldzug nach Ägypten (1798). Zum
ersten Mal wurde der Versuch unternommen, die pharaonischen Baudenkmäler syste-
matisch zu dokumentieren. Wissenschaftler, Architekten und Künstler begleiteten die
militärische Expedition. Das Ergebnis ihrer Arbeit war die vielbändige *Description de
l'Egypte* (1809—22), die eine umfassende Landesbeschreibung enthielt und auch aus-
gewählte islamische Bauwerke abbildete. Künstler und Architekten in ganz Europa und in
den USA[31] griffen das ägyptische Thema auf.

Die Anziehungskraft der fremden Kultur

Ägyptischer Tempel im Park des Prince de Bene-
vent in Valancé, 1805/06. Aus: Jean Charles Krafft,
Plans des plus beaux jardins, 1809/10.

Die monumentale Geometrie der ägyptischen Bauten, ihre schmucklosen, monochromen Oberflächen und die Säulenordnungen, die wie archaische Vorläufer der klassischen
erschienen, entsprachen den veränderten ästhetischen und gesellschaftlichen Leitbildern. Das Rokoko als letzter überschwenglicher Ausdruck der Feudalzeit war durch den
Klassizismus abgelöst worden, dem die archäologische und publizistische Wiederentdeckung der Antike vorausgegangen war. Die Verwendung ägyptischer Stilformen
geschah jedoch weiterhin nach inhaltlichen Gesichtspunkten. Die neuägyptischen Bauten sollten durch die Beschwörung der Ewigkeit »erhabene« Gefühle wecken oder sogar
Ehrfurcht und pädagogisch gemeinten Schrecken hervorrufen. Der ägyptische Stil wurde
besonders gern bei Museen, Schulen, Bibliotheken, Gefängnissen und Friedhofsportalen, aber auch bei Synagogen und Freimaurerhäusern verwendet. Daß er sich zur Demonstration staatlicher Macht eignete, hatte schon Boullée gezeigt. Von ideologischen Motiven bestimmt war auch seine Adaption im Dekorationsstil des ersten Kaiserreichs: Noch
heute finden sich im Pariser Stadtbild zahlreiche Denkmäler und Bauten, die an Napoleons ägyptisches Abenteuer erinnern. Dazu gehören der Portikus des Palais Beauharnais
(1805) und der erst 1836 zum Ruhm des Kaisers aufgestellte Obelisk auf dem Place de la
Concorde. Im *Recueil des décorations intérieures* (1801) von Percier und Fontaine, die als
offizielle Architekten Napoleons den Stil des Empire entscheidend prägten, sind sogar
ägyptisierende Möbel abgebildet.

In Deutschland blieb die Anwendung ägyptischer Formen auf einige Grabdenkmäler,
unausgeführte Projekte und Theaterdekorationen beschränkt.[32] Haller von Hallersteins
Wettbewerbsentwurf für die Münchner Glyptothek (1814) und Karl Friedrich Schinkels
Bühnenbilder für Mozarts Zauberflöte (1815) mögen als Beispiele genügen.

Stilwahl

Daß sich Architekten bei der Lösung einer Bauaufgabe vor die Wahl zwischen verschiedenen Stilen gestellt sahen, war Ergebnis des wachsenden Interesses an der eigenen
Geschichte und an den außereuropäischen Kulturen. Freilich konnte nicht jeder Stil auf
jede Aufgabe angewendet werden. Welcher Baustil jeweils geeignet und angemessen
war, regelte eine Konvention, die jedem Stil einen anderen Wert beimaß. Der an den
Monumenten der griechischen Antike orientierte Klassizismus stand lange Zeit in der
Stilhierarchie an erster Stelle. Seine Vorherrschaft begann sich jedoch mit der wachsenden Zahl neuer Optionen aufzulösen. Die lange geschmähte Gotik erwarb allmählich offizielle Anerkennung und stieg von einem Baustil, dem man nur »pittoresken« Stimmungswert zubilligte, zu einem Stil von nationaler Bedeutung auf, in dem man Parlamente und
Rathäuser erbaute. In der Zeit des Klassizismus waren noch die Gotik und mit ihr die

Die Anziehungskraft der fremden Kultur

Der ägyptische Raum im Haus von Thomas Hope,
Duchess Street, London, um 1800. Aus: *Household
Furniture and Interior Decoration*, 1807.
Der museale Raum war mit altägyptischen Kunstwerken und ägyptisierenden Neuschöpfungen
möbliert. Das Haus, das Besuchern offenstand,
enthielt neben einer umfangreichen Sammlung
von Antiken auch einen indischen Raum, der von
gleicher klassizistischer Strenge war wie der ägyptische.

Ägyptisches Haus, Penzance, Cornwall, um 1830.

»malerischen« Stile Ausdruck einer romantischen Gegenströmung gewesen.[33] Den Zeitgenossen erschienen die beiden Pole nicht als Widersprüche. Architekten wie John Nash
und Karl Friedrich Schinkel verkörperten in ihrem Werk beide Seiten. Sie entwarfen
städtische Wohnhäuser und repräsentative öffentliche Bauten in einem klassischen
Idiom und bauten ländliche Villen in einem Stil, den sie von den Häusern der römischen
Campagna kannten. Nash baute für den englischen Kronprinzen einen indischen Palast
und für reiche Städter rustikale Hütten. Die exotischen Stile begannen sich zu emanzipie-
ren. Das architektonische Ausnahmegebiet, das bisher auf den Park beschränkt war,
wurde zunehmend erweitert. Als Stile zweiter Klasse wurden sie jedoch nur selten für
seriöse Aufgaben herangezogen. Fast immer signalisierten sie die Ausnahme von der
Regel des Alltäglichen und verkündeten den heiteren, geselligen Zweck eines Gebäudes.
Im »kodifizierten«[34] Eklektizismus des neunzehnten Jahrhunderts dominierten die historischen Stile. Die exotischen behielten immer eine Außenseiterrolle.

Das umfangreiche Stilrepertoire verdankte die Architektur der zunehmenden Spezialisierung und Verwissenschaftlichung in der Aneignung von Welt und Geschichte. Archäo-
logie und Architekturbeschreibung entwickelten sich zu eigenständigen Disziplinen. Die
enorme Zunahme der Kenntnisse schlug sich in einer wachsenden Zahl von Publikationen nieder, die oft sorgfältig und präzise illustriert waren und zum wichtigen Arbeitsmit-
tel der Architekten wurden. Der poetische Exotismus des Barocks und des Rokokos wandelte sich in einen wissenschaftlichen. Den Architekten des 19. Jahrhunderts wurde es
immer schwerer gemacht, einen nicht akademischen Standpunkt einzunehmen.

Darstellungen wie die Fischer von Erlachs, die Wissenslücken phantasievoll ausfüllten,
waren längst überholt. Es war nicht mehr möglich, einen Bau als »morgenländisch« zu
bezeichnen. Man lernte zwischen persisch und maurisch, indisch und chinesisch zu
unterscheiden. Im populären Sprachgebrauch und selbst in Architekturzeitschriften wurden die neuen Begriffe jedoch oft häufig ebenso falsch verwendet wie im Rokoko die
Bezeichnungen »indianisch« und »chinesisch«.

Exotismus

Der bereits mehrfach verwendete Begriff »Exotismus« soll im folgenden näher erläutert
werden, da er für das Verständnis der in diesem Band beschriebenen Bauten von grundle-
gender Bedeutung ist.[35]

Der Exotismus (griech. exotikós, ausländisch) ist eine Erscheinung, die sich nicht auf die
Architektur beschränkt. Die Begegnung mit fremden Kulturen spiegelt sich ebenso in der
bildenden und angewandten Kunst, in der Literatur, in der Musik und selbst in alltäglichen Konsumgewohnheiten. Im Unterschied zu einer allmählichen Assimilation[36] fremder Motive, Stilmerkmale und Gebräuche bezeichnet Exotismus deren bewußte und frei-
willige Verwendung. In der bildlichen Darstellung fremder Völker, Landschaften und
Kulturen sowie in der Nachahmung fremder Bauformen setzt er auf den Reiz des Fremdartigen und Phantastischen, der aus dem Gegensatz zum Gewohnten und Alltäglichen
seine besondere Wirkung bezieht. Exotismen lassen sich in vielen Epochen und Kulturen
nachweisen: Wir finden sie nicht nur in der römischen Antike, die vom alten Ägypten fasziniert war, sondern auch im China des achtzehnten Jahrhunderts, wo sich der Kaiser
Qianlong im Yuanming Yuan, den Gärten seines Sommerpalastes nordwestlich von
Peking, von dem Jesuiten Giuseppe Castiglione mehrere barocke Paläste erbauen ließ.[37]

Auf die jüngere europäische Geschichte bezogen, ist der Exotismus Teil eines komplizierten Prozesses kultureller Wechselbeziehungen, der mit den Entdeckungsreisen und
der kolonialen Expansion in Gang gesetzt wurde. Daß diese Beziehungen keine zwischen
machtpolitisch gleichwertigen Partnern waren, bestimmt wesentlich den Charakter des
europäischen Exotismus.

Exotismus setzt immer eine ethnozentrische Sichtweise voraus, die alles Fremde am
eigenen Maßstab mißt.

Er ist kein ausschließlich kunsthistorisches Phänomen, sondern eine allgemeine Geistes-
haltung, die die Menschen anderer Völker und die Leistungen fremder Kulturen in erster
Linie als Kuriosa begreift, die nur dazu dienen, den Hunger nach neuen Sinnesreizen und
die Sehnsucht nach neuen Leitbildern zu befriedigen. So zeugte die Neugier, die man in
Europa allem Fremden entgegenbrachte, oft weniger von der Bereitschaft, eine andere
Kultur zu verstehen, als von dem Interesse an der eigenen Gesellschaft, für deren Unzu-
länglichkeiten man Gegenmodelle suchte: In der Literatur der französischen Aufklärung

Die Anziehungskraft der fremden Kultur

Jules-Jean-Antoine Lecomte du Nouy, »Die weiße Sklavin«, 1888.

Jean-Léon Gérôme, »Das Gebet«, 1865.

gab es, von Montesquieus *Lettres Persanes* (1721) bis zu Diderots *Supplément au voyage de Bougainville* (1796), zahlreiche Beispiele für eine Gesellschaftskritik, die den eigenen Standpunkt hinter dem vorgeblich fremden verbarg: Die exotische Maske diente der Tarnung und sicherte zugleich der Argumentation ein größeres Interesse, da sie unterhaltsam war. Die zahlreichen Haremsdarstellungen von Schriftstellern und Malern dagegen verraten mehr über die Phantasien und Gelüste europäischer Männer als über die Wirklichkeit einer Institution, zu der Europäer kaum jemals Zutritt erhielten.

Der so definierte Exotismus wurde zur Antriebskraft ethnographischer[58] und archäologischer Forschungen sowie kolonialer und touristischer Eroberungen.

In der Architektur steht der Aneignung fremder Baustile ein »Export« europäischer Bautypen, Bauformen und Technologien in die Kolonialgebiete gegenüber. Dieser Export ist jedoch keine spiegelbildliche Entsprechung des »Imports«. Die Übertragung europäischer Modelle auf fremde Kulturen war vielmehr wichtiger Bestandteil imperialistischer Politik, der »Import« dagegen immer auch Symbol für die Beherrschung anderer Erdteile.[59]

Was für die Chinamode oder das Egyptian Revival gilt, gilt auch für die exotischen Moden des neunzehnten Jahrhunderts: Keine von ihnen ist allein das Produkt künstlerischer Phantasien, ihre Entstehung steht immer im Zusammenhang mit den politischen und kommerziellen Strategien der westlichen Großmächte. Die Begegnung mit den außereuropäischen Kulturen wurde jetzt vor allem durch England und Frankreich vermittelt, deren Kolonialreiche im Lauf des neunzehnten Jahrhunderts gewaltige Ausmaße erreichten. In Deutschland verzögerte die politische Zersplitterung nicht nur die wirtschaftliche und industrielle Entwicklung, sondern auch die Einmischung in die Weltpolitik: Erst in den achtziger Jahren begann das Deutsche Reich mit der Gründung von Kolonien in Afrika und in der Südsee. Die »Geographie« des europäischen Exotismus wurde von der jeweiligen Kolonialpolitik bestimmt: Während in England vor allem die Eroberung des indischen Subkontinents die Phantasien anregte, wurde für Frankreich die Eroberung von Algier zum Auslöser einer Orientmode, die von Paris auf den ganzen Kontinent ausstrahlte. Die Verarbeitung indischer Motive blieb dagegen fast ausschließlich auf England beschränkt.

»Orient«

»Im Zeitalter Ludwigs des Vierzehnten war man Hellenist, jetzt ist man Orientalist« — so lautete Victor Hugos programmatisches Bekenntnis im Vorwort zu seiner 1829 erschienenen Gedichtsammlung *Les Orientales*. Ein Jahr später besetzten französische Truppen die Stadt Algier. Nach dem erfolglosen napoleonischen Feldzug war dieses Ereignis der Beginn des planmäßigen Aufbaus der nordafrikanischen Kolonien. Der »Orient« wurde zum zentralen Gegenstand der exotischen Wunschträume. Eine von Jahr zu Jahr wachsende Zahl von Schriftstellern, Malern und Touristen machte sich auf den Weg nach Nordafrika. Delacroix begleitete 1832 eine offizielle Gesandtschaft nach Marokko. Ihm folgten Alphonse de Lamartine, Théodore Chassériau, Owen Jones, Gérard de Nerval, William Thackeray, Théophile Gautier, Hermann von Pückler-Muskau, Alexandre Dumas, Gustave Flaubert und Maxime du Camp, die Brüder Goncourt und viele andere. Zahlreiche, heute vergessene, »Salonmaler« spezialisierten ihre Produktion auf die gut verkäuflichen orientalischen Themen. Maler wie Gérôme oder Benjamin-Constant erweckten durch die korrekte Darstellung von Bauten, Trachten und Physiognomien den Anschein der Objektivität, gleichermaßen achteten die Architekten beim Zitieren fremder Stilelemente immer mehr auf »Wissenschaftlichkeit«. Auch in der Literatur war die Zeit ungebundenen Phantasierens vorbei: Bevor Flaubert seinen altorientalischen Roman *Salammbô* schrieb (1862), unternahm er Reisen nach Ägypten und Tunesien und unterzog sich dem mühevollen Studium historischer Quellen.

Die in allen Bereichen zu beobachtende Objektivierung in der Darstellung fremder Kulturen und in der Verarbeitung fremder Motive erschwert die Erkenntnis, daß der größte Teil der exotistischen Produktion von Phantasien und ideologischen Vorurteilen geprägt war. Viele dokumentarisch wirkende Darstellungen fremder Menschen und ihres Alltags vermittelten auf subtile Weise die Überzeugung von der eigenen kulturellen und »rassischen« Überlegenheit.

Die verbreitete Unfähigkeit, das Fremde aus seinen eigenen Bedingungen heraus zu verstehen, beeinflußte nicht nur die Einstellung zu fremden Menschen, sondern auch die

Die Anziehungskraft der fremden Kultur

Bewertung ihrer Kultur und – was an zahlreichen Beispielen deutlich wird – auch ihrer Baukunst.

Der »Orient« der Europäer war wirklich und imaginär zugleich: Wirklichkeit besaß er als Schauplatz europäischer Kolonialpolitik und als Reiseziel. Diese Wirklichkeit ermöglichte es, die Grenzen des seit den Kreuzzügen in Reiseberichten, Bildern, Theaterstükken und Romanen heraufbeschworenen Orients genauer zu ziehen. Die geographische Definition des Orients war jedoch in starkem Maße von den jeweiligen kolonialen Interessen abhängig.

Orient (lateinisch *oriens*, aufgehend; die Himmelsgegend, in der die Sonne aufgeht, das »Morgenland«) ist ein im politisch-geographischen Sprachgebrauch nicht mehr üblicher Begriff, der durch die angelsächsische Unterscheidung in Naher Osten und Mittlerer Osten ersetzt worden ist. Weder im Englischen noch im Französischen oder Deutschen hat der Begriff je eine einheitliche und gleichbleibende Bedeutung gehabt.

Die meisten deutschen Definitionen meinen seit dem Mittelalter mit »Orient« das Einflußgebiet des Islams. Man findet aber auch solche, die unter Orient »ganz Asien« (*Meyer's Konversationslexikon*, 1867) verstehen. Die Begriffserweiterung wurde sicher noch dadurch begünstigt, daß die Kulturen des Fernen Ostens durch die Vermittlung der Weltausstellungen wieder stärker in das öffentliche Bewußtsein rückten.

Der britische Orient lag schon seit langem weiter östlich: Indien und China standen traditionell im Zentrum britischer Kolonial- und Handelsinteressen.

Stärker als in England war auf dem Kontinent das Orientbild von den Kreuzzügen bis lange nach den Türkenkriegen durch die Konfrontation mit dem Islam geprägt. In Bildern und Theaterstücken hielten sich die in jener Zeit entstandenen türkischen Motive bis weit ins achtzehnte Jahrhundert hinein. Dieser Orient hatte sein Zentrum im östlichen Mittelmeergebiet und den lange Zeit von den Osmanen beherrschten Balkanländern.

Als sich im frühen neunzehnten Jahrhundert die Romantiker für das maurische Spanien zu interessieren begannen, erweiterte sich der Orientbegriff: Von jetzt an beinhaltete er auch das für Jahrhunderte von islamischen Herrschern regierte Andalusien und deren Heimatregion im Maghreb (Marokko, Algerien, Tunesien), dem westlichsten Teil der islamischen Welt. Sogar Sizilien, das einmal von den Sarazenen beherrscht worden war und wo noch in der Baukunst der Normannenkönige fatimidische Einflüsse fortlebten, wurde häufig dem Orient zugeschlagen.

1830 wurde dann die Eingliederung Nordafrikas in den Orient der Europäer von Frankreich auch politisch vollzogen. Der französische Orientbegriff, der ja auch von dem gescheiterten Vorstoß nach Siam unter Ludwig XIV. sowie von den Berichten Jean Baptiste Taverniers[40] und Jean Chardins über Persien bestimmt war, sollte sich mit der Einverleibung Indochinas in das französische Kolonialreich tatsächlich noch einmal erweitern. Diese Expansion des Begriffs ließ sich an den französischen Weltausstellungen ablesen, die bis 1867 ganz im Zeichen Nordafrikas und Ägyptens gestanden hatten. 1889 signalisierte dann eine Kopie der Pagode von Angkor allen Franzosen, daß sich ihr Territorium ausgedehnt hatte. Auf den Londoner Ausstellungen stand Indien im Mittelpunkt, im Wien des Jahres 1873 war es die Türkei – und Japan.

Der imaginäre Orient wurde im neunzehnten Jahrhundert jedoch vor allem durch die islamische Kultur bestimmt. Dieser »Orient der Seele«, der zum wichtigsten exotischen Fluchtpunkt europäischer Phantasien wurde, reichte rund ums Mittelmeer von Konstantinopel über Jerusalem und Kairo bis nach Granada und folgte damit einer Route, die Chateaubriand mit seiner *Reise nach Jerusalem (Itinéraire de Paris à Jérusalem*, 1811) begründet hatte.

Das Interesse an einem nur türkischen Orient hatte ebenso nachgelassen wie das an China. So gab es zwar im Palais Beauharnais und noch auf Hohenschwangau »türkische« Kabinette, seitdem jedoch die Alhambra romantische Schriftsteller und Architekten beschäftigte, galten nur noch »maurische« Salons als zeitgemäß. China hatte seine Faszination verloren. Es war längst nicht mehr das unbekannte Wunderland, das noch das Zeitalter der Aufklärung idealisiert hatte. Wenn auch der englische Kronprinz George IV. in Virginia Waters noch einen chinesischen Fishing Temple (Jeffry Wyatville und Frederick Crace, 1825–28[41]) bauen ließ und seinen Royal Pavilion in Brighton chinesisch ausstattete, so hatte doch die chinesische Baukunst den Reiz des Neuartigen verloren. Darüber hinaus hatte das öffentliche Ansehen Chinas schwer gelitten, da die Regierung in

Türkisches Kabinett im Palais Beauharnais, Paris, um 1805.

Die Anziehungskraft der fremden Kultur

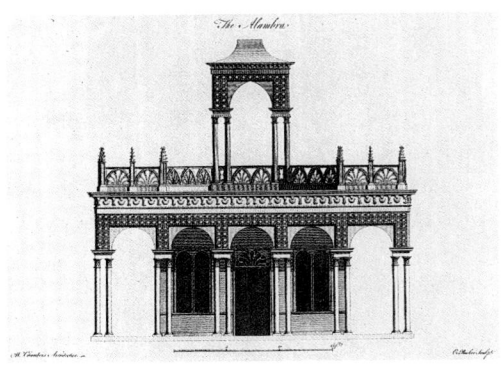

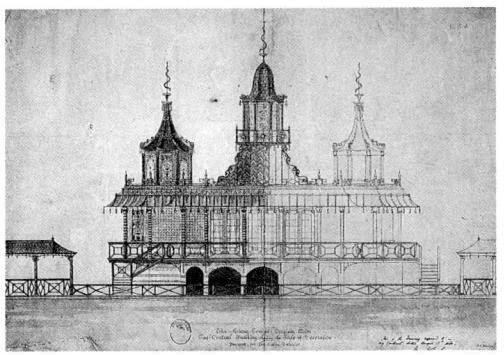

Die Alhambra in Kew. Aus: William Chambers, *Plans, Elevations, Sections, and Perspective Views of the Gardens and Buildings at Kew*, 1763.

»Chinese Fishing Temple« in Virginia Waters. Entwurf für die Restaurierung von Samuel Sanders Teulon, 1860.
Den längst verschwundenen Bau hatte Jeffry Wyatville entworfen, die Dekorationen stammten von Frederick Crace.

Peking sich nicht dem Willen der Europäer beugen wollte, die eine Ausdehnung des Handels auf den chinesischen Binnenmarkt wünschten (vgl. S. 139 f.). An die Stelle der Verklärung trat eine Geringschätzung, die sogar die Bewertung chinesischer Kunst und Architektur beeinflußte.[42]

Islamische Baukunst
Die Erforschung der islamischen Architektur konzentrierte sich zu Anfang vor allem auf Ägypten, Nordafrika und Südspanien (zur »Entdeckung« der Architektur der islamischen Mogulherrscher in Indien vgl. S. 40f.). In Ägypten begann sie mit dem napoleonischen Feldzug, in Spanien mit dem Interesse von reisenden Schriftstellern und Künstlern an der alten maurischen Kultur. Die *Description de l'Egypte* widmete zwei großformatige Tafelbände (1809, 1817) der »modernen« Baukunst Ägyptens. Der erste Band schildert außer den städtischen Palästen Kairos auch zwei Moscheen, die exemplarisch für die Entwicklung der Architektur von den Abbasiden bis zu den Mamelucken waren: die Ibn-Tulun-Moschee und die Sultan-Hasan-Moschee. In Spanien war es vor allem die Alhambra, die die Architekten faszinierte. Ihre erste ausführlich Beschreibung war in Murphys riesigem, mit Kupferstichen illustriertem Band *The Arabian Antiquities of Spain* (1815) enthalten. Es folgte eine Veröffentlichung von Girault de Prangey, der auch ein Buch über die »arabische« Architektur Ägyptens und Kleinasiens herausgab.[45] Am einflußreichsten waren jedoch wahrscheinlich Owen Jones' *Plans, Elevations, Sections, and Details of the Alhambra* (1842), denen ein zweiter Band mit farbigen Details folgte (1845).
Die erste eigenständige Darstellung der islamischen Architektur Ägyptens war das Buch des französischen Architekten Pascal Coste (1787−1879), der neun Jahre in Kairo gelebt hatte und für Mehmet Ali nicht nur Paläste und Moscheen, sondern auch einen Schifffahrtskanal gebaut hatte.[44] Als 1837 seine *Architecture arabe*[45] erschien, hatte sich der Orientalismus in der französischen Malerei und Literatur bereits als eigenständige Richtung etabliert.
Für die europäischen Architekten, die in orientalisierenden Stilen Villen oder Bäder entwarfen, stellten solche Werke neben den Aufsätzen in den immer zahlreicher werdenden Architekturzeitschriften die wichtigste Informationsquelle dar. Nur die wenigsten kannten das, was sie zitierten, aus eigener Anschauung. Ihnen kam nicht nur die jahrelange Beschäftigung der Autoren mit ihren Themen, sondern auch die Entwicklung der Wiedergabetechniken zugute. Noch um 1800 waren die meisten Bücher mit Kupferstichen illustriert. Für farbige Illustrationen wurden Aquatintaradierungen von Hand koloriert. Owen Jones, der sein Alhambra-Werk selbst verlegte, ersetzte die handkolorierten Abbildungen durch mehrfarbig gedruckte Lithographien. In vielen Architekturbüchern konnte man Illustrationen in unterschiedlichen Techniken nebeneinander finden: Farbige Details und stimmungsvolle Perspektiven wurden lithographiert, für Grundrisse und Schnitte bevorzugte man den präzisen Strich des Stahlstichs. Um die Jahrhundertmitte begann man mit der photographischen Dokumentation von Bauten. Es war allerdings lange Zeit nicht möglich, Photographien auf mechanischem Weg auf Druckplatten zu übertragen. Häufig dienten sie jedoch als Vorlagen, die zeichnerisch umgesetzt wurden: Viele Stiche und Lithographien verraten deutlich die photographische Perspektive. Ende der siebziger Jahre erschienen die ersten mit Heliogravuren ausgestatteten Bildbände. Diese bis heute für die Wiedergabe von Photographien kaum übertroffene Technik verlor jedoch ihre Bedeutung mit der Erfindung der Autotypie.

Verständnis und Bewertung fremder Baustile
Die Verwendung islamischer Motive durch europäische Architekten und ihre Zuordnung zu ganz bestimmten Bauaufgaben war zum einen abhängig von dem in Jahrhunderten entstandenen Bild, das man sich vom »Orient« und vom »Orientalen« machte, zum anderen aber von der Bewertung der islamischen Stile selbst. Solche Bewertungen waren unlösbar mit den Vorstellungen verbunden, die man von dem gesamten kulturellen Zusammenhang besaß. Sie meinten nie den Stil allein, sondern immer auch die ganze Kultur. Da es unmöglich war, von den eigenen Maßstäben völlig abzusehen, suchte man immer wieder in der eigenen Erfahrung nach Bezugspunkten. Eine bis heute beliebte Form, die Kunst einer fremden Kultur zu verstehen und zu beschreiben, war der Vergleich mit vertrauten Kategorien. Einer der am häufigsten angestellten Vergleiche bei der Beschreibung fremder Baustile war der mit der Gotik.

Die Anziehungskraft der fremden Kultur

Solange man die Gesetzmäßigkeiten einer fremden Architektursprache nicht verstand, mußte sie wie wirres Kauderwelsch erscheinen. Der französische Jesuit Le Comte, den Ludwig XIV. nach China gesandt hatte, empfand die Architektur des kaiserlichen Palastes in Peking als »bizarr« und bezeichnete sie folgerichtig als »gotisch«:[46] Sein Vergleich entsprach der üblichen Abwertung der Gotik (gotisch = barbarisch). Gerade weil er von dem, was er sah, tief beeindruckt war, mußte er sich immer wieder der eigenen Kultur versichern, deren zentrale Stellung im Universum durch den Glanz chinesischer Hofhaltung in Frage gestellt wurde. Bei der Beschreibung der Befestigungen und Stadttore von Peking blieb ihm nur die Beschwörung: »...die Tore von Paris sind unvergleichlich viel schöner«.[47] Auch Chambers hatte im Blick auf seine Leserschaft die Rangfolge der Stile und Kulturen deutlich betont. Wie wenig der Vergleich mit der Gotik in tatsächlichen Formanalogien begründet war, zeigt schon, daß er später auch zum Verständnis der islamischen Architektur herangezogen wurde. Noch Chateaubriand sprach im Zusammenhang mit der Alhambra von »gotischen Bögen«.[48] Er meinte das jedoch nicht mehr abwertend. Die Versuche, exotische Baustile durch Vergleiche mit der Gotik zu verstehen, wurden aber auch umgekehrt: Um die Gotik zu verstehen, führte man ihre Entstehung auf außereuropäische Einflüsse zurück (vgl. S. 62).

Noch im achtzehnten Jahrhundert hatte eine Neubewertung der Gotik eingesetzt. Im Vorwort seiner *Monumente indischer Geschichte und Kultur* hatte William Hodges an die »Unbefangenheit«[49] seiner Leser appelliert und seine vorurteilslose Betrachtung nicht nur der Gotik, sondern auch der fremden Baustile begründet: »Oder soll ich etwa vor der Majestät, Kühnheit und Pracht der egyptischen, indischen, maurischen und gothischen Denkmäler, diesen herrlichen Wunderwerken der Baukunst, meine Augen verschließen? Fehler in ihnen finden, sie ohne Mitleid tadeln und verachten, weil sie mannichfaltiger in ihren Formen sind und sich nicht unter die Regeln, das Muster und die Säulen der griechischen Hütte bringen lassen?«[50] Hodges argumentierte im Sinne eines aufklärerischen Universalismus, wie ihn Oliver Goldsmith in seinem »Weltbürger« (*The Citizen of the World or Letters from a Chinese Philosopher, residing in London, to his Friends in the East*, 1762) oder Johann Gottfried Herder in seinen *Ideen zur Philosophie der Geschichte der Menschheit* (1784/85) vertraten. Wenn Herder sagte: »Von einer Sache, die außer dem Kreise unserer Empfindung liegt, haben wir keinen Begriff«,[51] so hieß es bei Hodges, auf die Kunst und Architektur fremder Kulturen bezogen: »Schönheit ist die in den Formen ausgedrückte Vollkommenheit: folglich muß auch der Begriff der CHINESEN von den Schönheiten ihrer Baukunst nothwendig von dem Begriffe verschieden seyn, den sich die GRIECHEN von der Schönheit der ihren machten; und daher können nun auch die Regeln der griechischen Baukunst unter keinem Vorwande oder Scheine des Rechts auf das Muster oder die Materialien der chinesischen Gebäude angewendet werden.«[52] Für Hodges und Herder war der Orient »die Wiege der Aufklärung und Philosophie«[53], war das »Menschengeschlecht in Asien entstanden«.[54]

Die Unvoreingenommenheit der Aufklärer gegenüber fremden Kulturen sollte jedoch im neunzehnten Jahrhundert in Vergessenheit geraten: Im Zeichen imperialistischer Politik entwickelte sich ein neuer Ethnozentrismus, an die Stelle von Herders Konzept des »Einen Menschengeschlechts«[55] traten die Rassentheorien von Gobineau.

Orientalisierende Architektur: »Gebäude weltlich heiteren Charakters«

Es waren weniger die Beurteilungen begeisterter Kenner indischer oder maurischer Architektur wie Hodges oder Murphy, sondern Assoziationen ganz anderer Art, die eine weit verbreitete Einschätzung islamischer Baukunst bestimmten. Es wurde nicht nur als selbstverständlich vorausgesetzt, daß sich die islamische Baukunst weder mit der Antike noch mit der Gotik messen könne, man war sogar der Meinung, es fehle ihr der »architektonische Ernst«.[56] Es war die Rede von »ausschweifendem Geschmack«[57], »Verirrungen« und »fesselloser Eingebung«.[58] Der Autor eines 1796 erschienenen Werks schrieb über den »Arabesken Geschmack«: »Der Charakter dieser Manier lässet sich am richtigsten mit dem Opium, dessen sich die Morgenländer so häufig bedienen, vergleichen.«[59] Solche Charakterisierungen zielten auf die komplizierte Flächenornamentik und die für den klassischen Geschmack ungewohnte Polychromie, die von vielen als rauschhaft empfunden wurde. Mit solchen Vergleichen verließ man den architektonischen Bezugsrahmen und suchte das, was so schwer verständlich war, aus den unbestimmten Vorstellungen zu erklären, die man sich vom »Orient« machte: Der »Orient« war nicht nur das

William Hodges, Torbau des Akbar Mausoleums in Sikandra.

»Morgenländisches Gartenhaus« in einem englischen Park. Aus: Jean Charles Krafft, *Plans des plus beaux jardins*, 1809/10.

Die Anziehungskraft der fremden Kultur

Schwimmender Tanzsaal im Park von Schloß Dammsmühle.
Bauherr des Tanzsaals war Adolf Wollank-Pankow, der 1894 den Besitz am Summter See bei Schönwalde nördlich von Berlin erworben hatte.

Ursprungsland inzwischen vertrauter Genußmittel wie Kaffee, Tee und Tabak oder von Drogen wie Haschisch und Opium, die im neunzehnten Jahrhundert noch gesellschaftsfähig waren, er war mehr: Er war der Ort aller sinnlichen Genüsse. Dort verbrachte man seine Tage auf dem Diwan und versenkte sich in die komplizierten Muster der Wanddekorationen und Teppiche, dort fand man Entspannung und ungeahnte körperliche Genüsse im Bad, dort war man Pascha und erlebte im Harem die erotische Erfüllung. Die Phantasien vom Orient waren Ausdruck von Defiziten und Obsessionen der europäischen Psyche. Der »Orient« wurde zur Antithese westlicher Zivilisation. Die Ruhelosigkeit großstädtischen Lebens, der Erfolgsdruck in einer produktionsorientierten Gesellschaft erzeugten die Wunschbilder einer anderen Lebensform. Der Gegensatz zwischen Okzident und Orient wurde als Gegensatz zwischen Arbeit und Lebensgenuß erfahren. Da der »Orient« in Europa nicht zu verwirklichen war, blieb außer der Zivilisationsflucht nur die Imagination.

In der Architektur wurden die orientalisierenden Stile fast immer im Sinne einer »architecture parlante« verwendet, die jenen Orient im Geist heraufbeschwören sollte. Das Orientbild bestimmte die Bauaufgaben. Vor allem für »Gebäude... weltlich heiteren Charakters«[60] schienen sich die islamischen Formen zu eignen: für Kaffeehäuser und Bäder, für Kasinos und Varietétheater, für feudale Sommerresidenzen und bürgerliche Villen in Seebädern und Kurorten. Die Wirksamkeit exotischer Motive war jedoch relativ: Was im Norden fremd wirkte, war es im Süden noch lange nicht. In Spanien verdankte der maurische Stil, mehr noch aber der Mudéjarstil einer Rückbesinnung auf die eigene Geschichte seine Wiederbelebung. Das Neomudéjar war jedoch weniger ein exotischer Stil als ein historischer Stil mit nationaler Färbung (vgl. S. 121). Auch im europäischen Synagogenbau erhielt der maurische Stil eine Rolle, die der eines Nationalstils vergleichbar war. Den jüdischen Minderheiten diente er als Ersatz für ihre fehlende Tradition repräsentativer Kultbauten. Die maurischen Synagogen wurden zum architektonischen Ausdruck neugewonnener Rechte und eines neuen Selbstbewußtseins. Der Popularität der Alhambra war es zu verdanken, daß spezifisch maurische Elemente in der orientalisierenden Architektur besonders häufig verwendet wurden. Die Stilbezeichnung wurde jedoch großzügig ausgelegt: »Maurisch« wurde im neunzehnten Jahrhundert zu einem Begriff, der oft nur ganz allgemein die islamische Baukunst bezeichnete und nicht zwischen den verschiedenen islamischen Kulturen unterschied.

Die ersten Bauten und Innenräume, die auf den Publikationen über die maurische und arabische Baukunst basierten, stammen aus den vierziger Jahren. Es scheint, als ob die

Francisek Maria Lanci (?), Schloß Osiek, Polen, 1835—39.

Die Anziehungskraft der fremden Kultur

islamische Architektur im nordöstlichen Europa besondere Anziehungskraft besessen
hätte. In Polen stehen einige der frühesten Beispiele:[61] Schloß Osiek in einem noch vage
orientalischen Stil, Schloß Jablonna mit seinem eindeutig maurischen Speisesaal (Hen-
rik Marconi, nach 1841) und Schloß Kornik (Umbau durch Adam Titus Dzialyński und
Marian Cybulski, 1843—60), ein Gebäude mit Burgtürmen, Zinnen und einer hohen
Liwan-Nische im Mittelrisalit sowie einem maurischen Saal im Inneren. In Polen waren
es vor allem Henrik Marconi (1792—1863) und Adam Idźkowski, die in ihren Bauten und
Entwürfen islamische Motive zitierten oder phantasievoll variierten.[62] Etwa zur gleichen
Zeit enstand im Süden Deutschlands der größte der neomaurischen Paläste: Ludwig
Zanths Wilhelma in Stuttgart.

Das ganze neunzehnte Jahrhundert hindurch verwendeten europäische Architekten
immer wieder bei bestimmten Bauaufgaben maurische und arabische, aber auch persische und indische Elemente. Die Adaption islamischer Stile war nicht nur die Fortsetzung einer exotistischen Tradition, die an den Fürstenhöfen begonnen hatte, sie war auch
einer der zahlreichen Versuche, die zu einem neuen und zeitgemäßen Baustil führen sollten. Im Repertoire des Eklektizismus blieben sie jedoch Randerscheinungen, die offzielle
Anerkennung blieb ihnen versagt.

Die Verwendung exotischer Stile war nicht mehr aristokratisches Privileg. Das Bürger-
tum folgte dem adligen Muster auch hier und baute seine Villen und »Vergnügungsstätten« in exotischen Formen. Auf den Weltausstellungen wurde die Exotik vollends demokratisiert — und trivialisiert: Ihre Kulissen waren Teil eines für die Massen inszenierten
exotischen Spektakels, das der Propagierung der kolonialen Ideologie und der Demonstration der Überlegenheit westlicher Zivilisation über die Kulturen des Ostens dienen
sollte.

Auf der Pariser Weltausstellung von 1900 erlebten Exotismus und Historismus ihren letzten großen Auftritt. Mit der Überwindung des Historismus durch die Moderne fand auch
die Verwendung der exotischen Stile ein Ende. Im Zeitalter des Massentourismus, der
sich auf der Weltausstellung mit neuen Verkehrsmitteln bereits ankündigte, sind die
dreidimensionalen Inszenierungen exotischer Phantasien überflüssig geworden: Heute
findet der Konsum des Exotischen »vor Ort« statt. Der Tourismus setzt den Kolonialismus
mit anderen Mitteln fort.

Am passenden Ort spielte Hans Hollein noch einmal auf die Sehnsüchte des neunzehnten
Jahrhunderts an: In der Halle seines Österreichischen Verkehrsvereins am Wiener
Opernring (1976—78) steht, neben Palmsäulen mit Blechwedeln, wie sie John Nash in der
Küche des Royal Pavilion verwendete, ein indischer Kiosk mit goldglänzender Zwiebel-
haube. Über der exotischen Kulisse wölbt sich wie in den alten Wintergärten ein gläser-
nes Dach.

Die Anziehungskraft der fremden Kultur

Die Moschee im Garten: Orientalische Phantasien des achtzehnten Jahrhunderts

»Man sehe z.B. die Scene, die man Mekka nennt, und die aus einer Anzahl von türkischen Gebäuden besteht, die durch Gallerien oder Arcaden verbunden sind. Diese sind so eng, daß nur eben zwey Personen neben einander spazieren können; und was das Sonderbarste ist, dieses Mecca liegt mitten in einer französischen Parthie, wo man nach der Beschaffenheit des Platzes nichts weniger als eine Reihe von türkischen Gebäuden erwarten sollte. Aus der Moschee sieht man gerade nach einer ägyptischen Parthie, woran noch gearbeitet wird, und die, so wie die türkische, vom Himmel herabgefallen zu seyn scheint. Es ist ein Berg, worauf ein Monument des Königs Sesostris neu aufgeführt wird. Das Monument könnte nun wohl zur Täuschung nichts anderes seyn, als einige von der Zeit fast ganz aufgeriebene Ruinen. Allein hier ist alles neu, vollständig und geschmückt; die Zeit hat nichts verändert. In den Gewölben des Berges kommen Begräbnisse und Mumien zu stehen, und die Todten soll, wie man sagt, Charon dahin bringen. Um den Berg wird der See Möris gegraben. – Wie war es möglich, auf eine solche Idee zu fallen? Welches Interesse, welche Eindrücke kann sie haben? Ist es nicht gespielt, mit Erfindung sowohl, als mit Geld? Und diese Anlage, die Nachahmung aus dem entfernten Alterthum seyn soll, diese ägyptische Scene mit einer türkischen so nahe vereinigt? Lieber hätte man hier dem Muhamed ein Monument errichten mögen.«[1]

Die »türkische« Anlage, die soviel Geld gekostet haben soll, nämlich 120 000 Gulden, steht noch heute, wenn auch in bedrohlich baufälligem Zustand.[2] Sie befindet sich im Schloßpark von Schwetzingen, wo die pfälzischen Kurfürsten ihre Sommerresidenz hatten. Die polemische Beschreibung stammt von Christian Cay Lorenz Hirschfeld, Verfasser einer mehrbändigen *Theorie der Gartenkunst* und maßgebliche Autorität in allen Fragen der Gartengestaltung. Hirschfeld stand mit seiner Kritik nicht allein da. Auch Friedrich Schiller hielt »einen Geschmack, der Moscheen und griechische Tempel in buntem Gemische durcheinander wirft, für barbarisch«,[3] und Wilhelm Heinse schrieb 1780: »Das türkische Gebäude, welches jetzt aufgeführt wird, kommt mir ganz albern vor, ich sehe da weder Sinn noch Zweck«[4].

Hirschfeld und Schiller wollten sicher nicht grundsätzlich die Existenzberechtigung architektonischer Motive im Gartenbild in Frage stellen. Ihre Kritik bezog sich auf die mangelnde Wahrscheinlichkeit des Dargestellten und die Unvereinbarkeit zeitlich und räumlich so weit auseinanderliegender Kulturen.

Dieses künstliche Nebeneinander von Motiven, die sich auf ferne Länder und vergangene Epochen bezogen, war das Kennzeichen der »jardins anglo-chinois«, die im benachbarten Frankreich gerade ihre Blütezeit erlebten. Eine kindliche Geschichtsauffassung rückte alles in überschaubarem Rahmen zusammen und schuf ein verkleinertes Modell der Welt, das beim Spazierengehen erfahren werden konnte. Nur in Ausnahmefällen waren die exotischen Szenerien Erinnerungen an tatsächlich gemachte Reisen. In der Regel waren sie der Reflex einer nicht selbst gemachten Erfahrung: Sie spiegelten den durch Reiseerzählungen und Forschungsberichte vermittelten aktuellen Stand verfügbarer Weltkenntnis.

Nicolas de Pigage, Moschee im Schloßpark von Schwetzingen, um 1780 bis 1795.

William Chambers, Schnitt durch die Moschee in Kew.

Nicolas de Pigage, Moschee in Schwetzingen, um 1780 bis 1795. Innenraum eines Eckpavillons im Hof.

Vielleicht war es jene Aktualität, die die Kritiker an der Moschee des Kurfürsten Karl Theodor (1724–99) vermißten. Das Motiv und die Art seiner Realisierung mag ihnen nicht mehr zeitgemäß erschienen sein, da ihre Interessen neuen Ideen und Themen galten. Während in den Schwetzinger Anlagen noch der Geist des Rokokos und des zu Ende gehenden absolutistischen Zeitalters zu spüren war, gab es weiter im Norden bereits Fürsten, die sich an den Leitbildern des anbrechenden bürgerlichen Zeitalters orientierten. Etwa fünfzehn Jahre jünger als der pfälzische Kurfürst, verkörperte Leopold Franz von Dessau die neue Generation. Nach englischem Vorbild ließ sich Franz in Wörlitz einen palladianischen Landsitz errichten. Die zahllosen Bauten in seinem Gartenreich spiegelten das Interesse der fortschrittlichen Zeitgenossen an Italien, an der Antike und der Gotik. Die Chinoiserien und Turquerien des Rokokos sucht man hier vergeblich.

Der pfälzische »Sonnenkönig« dagegen war noch ganz im Geist einer an Frankreich orientierten höfischen Kultur aufgewachsen. Während seiner Regierungszeit, die mehr als ein halbes Jahrhundert umspannte, wurde die letzte Phase des absolutistischen Zeitalters, die im Rokoko ihren Ausdruck fand, von einem neuen, bürgerlichen Lebensstil und veränderten Kunstauffassungen abgelöst. Als aufgeklärter Herrscher förderte Karl Theodor die Wissenschaften, machte verschiedene Reformversuche in Verwaltung und Landwirtschaft und trug einem erwachten Nationalbewußtsein, das sich von Frankreichs kultureller Vorherrschaft lösen wollte, Rechnung, indem er in Mannheim das erste deutschsprachige Theater gründete.

Die gesellschaftlichen und kulturellen Veränderungen, die während seines Lebens stattfanden, lassen sich in seinen Gartenplanungen ablesen: Sie begannen mit einem Schloßpark in Schwetzingen und endeten mit einem Volkspark in München, dem 1789 begonnenen Englischen Garten. Im Schwetzinger Park blieb die Umbruchsituation bis heute sichtbar. Zu einer Zeit, in der die ersten Landschaftsgärten in England bereits vollendet waren, ließ Karl Theodor von seinem Gärtner Johann Ludwig Petri und dem Architekten Nicolas Pigage noch einmal einen großen geometrischen Garten mit schnurgeraden Alleen, gestutzten Hecken und einem rechteckigen Wasserbassin anlegen: »Der erste Fehler bey diesem Garten war, daß man keine Gegend mit mehr natürlichen Abwechslungen wählte...; und der zweyte, daß man ihn ganz in symmetrischer Manier anlegte, zu einer Zeit, da der englische Geschmack schon überall bekannt war. Allein der Anleger, Herr von Pigage, churfürstlicher Oberbaudirector, ein Franzose, scheint davon nichts gewußt zu haben.«[5]

Erst 1772 erkannte auch Karl Theodor die Zeichen der Zeit und rief den jungen Gartenarchitekten Friedrich Ludwig Sckell (1750–1823) nach Schwetzingen. Der fügte der geometrischen Anlage an den Rändern einige »natürliche« Partien an. Das Wasserbassin

Die Moschee im Garten

Hagia Sophia, Istanbul. Aus: Guillaume Joseph Grelot, *Relation nouvelle d'un voyage de Constantinople*, 1681.
Der Stich diente Fischer von Erlach als Vorlage für seine eigene Darstellung der Hagia Sophia.

Sultan-Ahmed-Moschee, Istanbul. Aus: Johann Bernhard Fischer von Erlach, *Entwurff Einer Historischen Architectur*, 1721.

wurde an seinem jenseitigen Rand zum See mit unregelmäßig verlaufender Uferlinie umgewandelt und leitete so in den neuen Teil über. In den siebziger Jahren scheint man auch zum ersten Mal daran gedacht zu haben, einen orientalischen Gartenteil anzulegen: Von 1778 stammt der erste Plan eines »Türkischen Gartens«, der südwestlich des Rondells angelegt werden sollte.[6] 1780 befand sich die Moschee bereits im Bau. Ihr rechteckiger Hof liegt in einem ebenfalls rechteckigen Gelände, das an zwei Seiten von der alten geometrischen Anlage gerahmt wird, sich nach Nordwesten aber zu einem neuen Gartenteil öffnete, der in der Folgezeit von Sckell im Stil englischer Landschaftsgärten gestaltet wurde. Als Hirschfeld Schwetzingen besuchte, war die Moschee bis auf die Minarette fertiggestellt, der See wurde gerade ausgehoben. Die Arbeiten an der inneren Ausgestaltung zogen sich noch bis in die frühen neunziger Jahre hin. Die von Hirschfeld erwähnte »ägyptische Partie« wurde jedoch nicht ausgeführt. Es entstanden zwar See und Hügel, anstelle des ägyptischen Grabmals errichtete man jedoch den turmartigen Merkurtempel. Das ägyptische Thema, das man offensichtlich bald wieder fallen gelassen hatte, spielte auf den schon bei Herodot beschriebenen Moerissee an, an dessen Ufern Ammenemes III., Nachfolger von Sesostris, eine Pyramide und das sagenhafte Labyrinth hatte erbauen lassen.

Warum der ursprüngliche Plan nicht weiterverfolgt wurde, ist nicht bekannt. Er läßt jedoch darauf schließen, daß man die Absicht hatte, ein Sinnbild des Orients zu schaffen, das von der heidnischen Götterwelt des alten Ägyptens bis zur mohammedanischen Gegenwart reichte. Dahinter steckte noch das barocke Geschichtsbild von Bernhard Fischer von Erlach, der in seinem *Entwurff Einer Historischen Architectur* (1721) auf die Rekonstruktionen der Sieben Weltwunder Beispiele islamischer und fernöstlicher Architektur folgen ließ. Fischers Buch enthielt nicht nur eine Darstellung der Pyramiden auf einer Insel im Moerissee, sondern auch recht genaue Ansichten der Hagia Sophia und der osmanischen Moscheen in Bursa und Konstantinopel.

Der Wunsch nach einem explizit »türkischen« Motiv zeigt, daß das Orientbild des Bauherrn ein traditionelles war: Seit der Eroberung Konstantinopels durch die Osmanen bis lange nach der zweiten Belagerung Wiens im Jahr 1683 hatte das Abendland Orient und Türkei gleichgesetzt. Mitbestimmend wirkten allenfalls noch Vorstellungen, die man von Persien hatte. Nordafrika und das maurische Spanien rückten erst im neunzehnten Jahrhundert ins Blickfeld.

Das Bild des Osmanischen Reiches war bestimmt von Angst und Faszination. Zu den Erfahrungen aus den Türkenkriegen kamen die Nachrichten von den blutigen Methoden, mit denen die türkischen Herrscher ihre Macht absicherten. Einzelne Herrscher wie Soliman, der erste Belagerer Wiens und Erbauer der bedeutendsten Moscheen in Konstantinopel, warb nicht nur mit seinem Portrait auf den Schildern der ersten europäischen Kaffeehäuser, sondern gelangte auch als literarische Figur zu Ruhm. Eine ganze Reihe barokker Romane und Dramen haben politische Ereignisse und das Leben am Hof der Sultane zum Thema.[7] Wollust und Grausamkeit blieben lange Zeit die in den Augen der Christen hervorstechendsten Merkmale der »Ungläubigen«.

Nachdem die Gefahr einer Invasion aus dem Osten erst einmal gebannt war, konnte sich auch ein neues Orientbild entwickeln. Mit Gallands Übersetzung der 1001 Nächte begann die ernsthafte Beschäftigung mit der Literatur des Orients. Damit wurde eine reiche Sammlung von Stoffen und Motiven zugänglich, die das Material zu den philosophischen Erzählungen und Dramen der Aufklärer, zu Opern und Operetten lieferte.

Da offene Kritik an gesellschaftlichen und politischen Zuständen nicht ratsam war, bedienten sich die französischen Schriftsteller-Philosophen gern der Verfremdung: Montesquieu ließ seine Kritik an der französischen Gesellschaft von zwei erfundenen Persern aussprechen. In Briefen an ihre Freunde sowie an die Frauen und Eunuchen ihres Harems berichteten sie über ihre Erlebnisse in Paris (*Lettres Persanes*, 1721). Auch Voltaire kleidete seine Lehrstücke häufig in exotische Gewänder. In seinem Drama *Mahomet* (1741) griff er religiösen Fanatismus und geistige Intoleranz an. Auch die katholische Kirche fühlte sich getroffen: Das Stück kam auf den Index. In seiner orientalischen Erzählung *Zadig* (1747) siegt die vernünftige Argumentation über religiöse Vorurteile. Zadig schlichtet einen Streit zwischen den Angehörigen verschiedener Religionen, indem er sie davon überzeugt, daß jede Religion sich auf das gleiche Prinzip, nämlich den Glauben an ein »höheres Wesen« zurückführen lasse. »Ihr seid also alle der gleichen Meinung«, schließt Zadig, »und es gibt nichts, um darüber zu streiten.«[8]

Das Persianische Haus im Park von Schloß
Gottorf, 1651–54.

In Deutschland nahm sich Lessing in seinem *Nathan* (1779) des gleichen Themas an. Der weise Jude beantwortet Saladins Frage nach dem wahren Glauben mit der berühmten Parabel von den drei gleichen Ringen. Im Abendland ging es freilich weniger um die Tolerierung von Mohammedanern als vielmehr um die von Juden oder Hugenotten. So hatte denn auch der bereits erwähnte Franz von Dessau als Zeichen seiner liberalen Weltanschauung im Wörlitzer Park eine Synagoge erbauen lassen (1789), die zwar tatsächlich benutzt wurde, aber auch gleichzeitig Blickpunkt und architektonisches Sinnbild in der Parklandschaft war.

Karl Theodors »Moschee« hatte jedoch keine religiöse Funktion: Man hätte in der Pfalz wahrscheinlich lange suchen müssen, um einen Mohammedaner zu finden. So ist dieser Bau nicht zuletzt Sinnbild aufgeklärten Herrschertums und religiöser Toleranz. Wie so viele Fürsten kokettierte auch Karl Theodor mit den fortschrittlichen Ideen seiner Zeit. Wahrscheinlich kannte er auch die Dramen und Erzählungen von Voltaire, der nach seinem Zerwürfnis mit Friedrich II. einige Wochen in Schwetzingen zu Gast war. Aber sicherlich verdankt die Schwetzinger Moschee ihre Existenz nicht nur hehren Ideen. Die sinnliche Freude am Exotischen, das Spiel mit der räumlichen »Verrückung« oder die beliebte höfische Tradition des Rollenwechsels mögen hier ebenso mitgespielt haben. Denn wenn man es an anderen Höfen liebte, in die Rollen von Schäfern oder Eremiten (wie in der Bayreuther Eremitage) zu schlüpfen, warum sollte man nicht hier einmal die Rolle des »Orientalen« erproben? Vielleicht ließ sich so die Frage beantworten, die einem von Montesquieus »Persern« in Paris gestellt wurde: *»Ah! Ah! Monsieur est Persan? c'est une chose bien extraordinaire! Comment peut-on être Persan?*[29] Und in die Rolle des Orientalen zu schlüpfen, bedeutete nicht nur, zu Allah zu beten, sondern war auch der Traum von einem Leben voll märchenhafter Begebenheiten und sinnlicher Genüsse.

Warum aber Karl Theodor tatsächlich dieses aufwendige Bauprojekt begonnen hatte, das in seinen Ausmaßen weit über die Größe anderer Gartenschlößchen und »follies« hinausging, ist nicht bekannt. Der überkuppelte Innenraum der Moschee mochte sich für einen imaginären Kultus eignen, aber wohl kaum für höfische Lustbarkeiten. Ob die sogenannten »Priesterkabinette« für einen Aufenthalt gedacht waren, ist unklar. Zu einer Möblierung ist es nie gekommen: Als der Bau fertiggestellt war, hatte Karl Theodor, der 1778 nach dem Tod des Kurfürsten Max III. Joseph Bayern geerbt hatte, schon längst seine Residenz nach München verlegt. Ungeklärt bleibt vorerst, wieso der pfälzische Kurfürst seine Baupläne nach der Übersiedlung nicht aufgab oder das Projekt zumindest reduzierte.

In den Gärten des achtzehnten Jahrhunderts waren »orientalische« Bauten vergleichsweise selten. Der Formensprache des Rokokos kamen die als bizarr empfundenen chinesischen Architekturformen mehr entgegen. Daher sind auch sehr viele chinesische Pagoden und Pavillons erhalten, aber nur wenige Bauten, die von islamischen Vorbildern inspiriert waren.

Bereits im Barock gab es vereinzelte Bauten, die, zumindest dem Namen nach, exotisch waren: Einer davon war die Friedrichsburg (1651–54), ein als »Persianisches Haus« bezeichnetes Gebäude im Park von Schloß Gottorf bei Schleswig[10]. Im Gegensatz zu vielen späteren Staffagen erinnerte der Bau an ein konkretes Ereignis: 1633 hatte Herzog Friedrich III. eine Expedition unter der Leitung des Hofgelehrten Adam Olearius (1599–1671) über Moskau nach Persien entsendet. Ziel der Reise war es, Handelsbeziehungen anzuknüpfen. Wichtigstes Ergebnis waren aber die Forschungsberichte von Olearius. Seine 1647 erschienene Reisebeschreibung[11] gilt als recht verläßlicher Bericht. Er enthält eine Reihe von Städteansichten, aber noch keine Darstellungen einzelner Bauwerke. Inwieweit das von Olearius entworfene »persische« Bauwerk in Persien gesehenen Vorbildern nachempfunden war, läßt sich aus dem überlieferten Material[12] nicht beantworten. Der dreistöckige Bau, der an drei Seiten kleinere Vorbauten hatte, mochte durch seine als Terrassen genutzten Flachdächer und den ungewöhnlichen Dachaufsatz des kleinen Türmchens fremdländisch gewirkt haben. Ein offensichtlich islamisches Motiv war jedoch ein Wasserlauf, der durch das Haus floß und einen riesigen Erd- und Himmelsglobus antrieb: Im Inneren der kupfernen Kugel konnte man Platz nehmen und den Lauf der Planeten beobachten.

Auch der »Morgenländische Bau«[13], den sich die Markgräfin Wilhelmine im Garten von Sanspareil in der Nähe von Bayreuth 1746 erbauen ließ, war noch von recht unbestimmter Exotik: Vielleicht wollte Wilhelmine, der es an ausgefallenen Ideen nie mangelte, mit der

Die Moschee im Garten

Nicolas de Pigage, Moschee in Schwetzingen, um
1780 bis 1795. Westfassade zum See und Ostfassade.

Nächste Seite:
Nicolas de Pigage, Moschee in Schwetzingen, um
1780 bis 1795. Minarett, Wandelgang, Eingangstor
zum Hof und Ansicht von Osten.
»Niemand verläßt wohl gerne die Parthie ohne
eines der beiden Minarets bestiegen zu haben. Auf
einer Wendeltreppe von hundert und sechs und
zwanzig Stufen gelangt man auf den, mit einem
starken eisernen Gitter umschlossenen, Balkon.
Entzückend ist das Panorama, das hier vor dem
Blicke ausgegossen liegt. Eine Menge Dörfer und
Städte, unter ihnen das freundliche Mannheim,
Heidelberg mit seinen pittoresken Schloßruinen,
die uralten Städte Worms und Speyer...«[26]

Die Moschee im Garten

Die Moschee im Garten

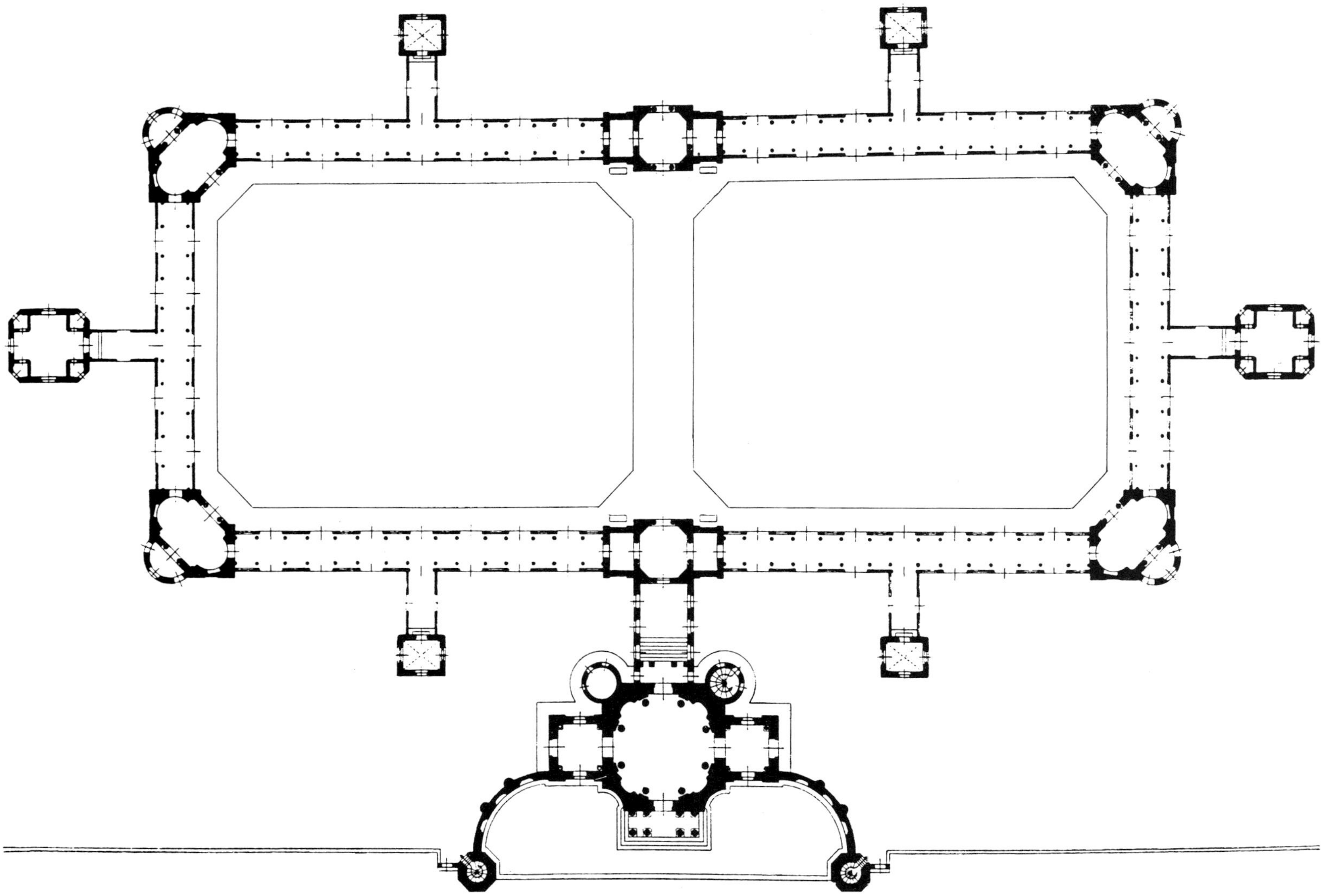

Nicolas de Pigage, Moschee in Schwetzingen, um 1780 bis 1795. Ansicht zum Hof und Grundriß.

Bezeichnung »morgenländisch« auch nur das ungewöhnliche Aussehen des kleinen Schlößchens legitimieren. Mit seiner aus unregelmäßigen Steinen gefügten Fassade wirkte er wie eine nach außen gestülpte Grotte. Ursprünglich waren die Außenwände, ähnlich wie die des Neuen Schlosses in der Eremitage, mit bunten Steinen und Glasstükken verziert. Über dem Hauptsaal erhob sich ein zeltartiges Dach, das von zwei kuppelförmigen Hauben flankiert war. Daß der inzwischen veränderte Bau phantastisch genug wirkte, um den uninformierten Zeitgenossen als überzeugendes Beispiel orientalischer Architektur zu erscheinen, kann man sich leicht vorstellen.

Wenig ist über das Aussehen der »Moscheen« bekannt, die in Kremsmünster (Österreich)[14] und im Park des Jagdschlosses Friedrichsruhe (Kreis Hohenlohe) standen. In beiden Fällen war »Moschee« wahrscheinlich nur die willkommene Bezeichnung für eine Phantasiearchitektur, die man nicht anders zu benennen wußte. In Friedrichsruhe war mit »Moschee« vermutlich die Carolinenlust gemeint, ein zweistöckiger Gartenbau, dessen Dachhaube vielleicht auf islamische Kuppeln anspielen sollte.[15] Die entscheidenden Anregungen für die Entwicklung der europäischen Gärten und ihrer Architekturstaffagen sollten aus England kommen. Seit 1757 war William Chambers (1723–96) damit beauftragt, für Prinzessin Augusta, Großmutter von George IV., den königlichen Besitz in Kew in einen Landschaftspark umzuwandeln. In der bukolischen Szenerie, in der Kühe und Schafe weideten, standen hier und da als wohlberechnete Überraschungseffekte zahlreiche klassizistische Tempelchen, die Pan, Äolus oder Bellona gewidmet waren. Durch die Ruine eines antiken Tors betrat man eine als »Wildnis« bezeichnete Partie, in der außer einer Alhambra und der Pagode auch eine 1761 erbaute »Moschee« stand. Hier wurde das erste Mal ein prägnantes Bild für die Vorstellung »orientalische Architektur« gefunden: Chambers reduzierte die komplexe Baumasse der türkischen Moscheen auf wenige typische Merkmale. Mit Minaretten und Kuppeln erinnerte er an die einpräg-

Die Moschee im Garten

samen Silhouetten orientalischer Städte. Im Gegensatz zu seinen chinesischen Bauten konnte Chambers jedoch nicht auf eigene Studien zurückgreifen: Den vorderen Orient hatte er nicht bereist.

Form und Gliederung der beiden Minarette waren frei erfunden, die recht flache Kuppel auf dem niedrigen Tambour, die oben von einer Zwiebel abgeschlossen wird, könnte er Fischer von Erlachs Ansicht der Hagia Sophia entnommen haben. Auch die Kielbögen, die sich bei türkischen Bauten nicht finden, weisen auf Fischers Buch hin. Im Gegensatz zum Schwetzinger Bau hatte die »Moschee« mit ihren etwa 10 Meter hohen Minaretten noch durchaus »Gartenmaß«. Sie bestand aus einem achteckigen Mittelbau und zwei niedrigen, rechteckigen Anbauten, die ebenfalls halbrunde Kuppeln hatten. In Chambers' Buch über seine Bauten in Kew (*Plans, Elevations, Sections, and Perspective Views of the Gardens and Buildings at Kew*, 1763) sind außer Ansicht und Grundriß auch zwei Schnitte abgebildet: Sie zeigen, daß das Gebälk unter der Fensterreihe des Tambours von Palmsäulen getragen wird.

Der von Chambers geschaffene Moscheetyp fand nicht nur durch seine eigene Veröffentlichung, sondern auch durch die seit 1770 periodisch erscheinenden *Jardins à la mode* von Georges Louis Le Rouge Verbreitung.[16] Die Hefte enthielten Kupferstiche und Beschreibungen der neuesten Gärten europäischer Aristokraten. Le Rouge lieferte seinen Abonnenten auch noch einige Alternativentwürfe für »Moscheen« und »Maurische Tempel«, die Chambers' Muster auf anderen Grundrissen variierten.[17]

In Deutschland wurden die englischen und französischen Anregungen in mehreren Gärten wortwörtlich übernommen: in Hohenheim bei Stuttgart, in dem benachbarten Fasanenhof, in Steinfurt bei Münster, in Kassel und im Neuen Garten von Potsdam. Einer der ersten Moscheebauer war Herzog Carl Eugen von Württemberg (1728–93), der unmittelbar nach einer Englandreise, bei der er auch Kew besichtigt hatte, auf seinem Landgut Hohenheim mit dem Bau einer »englischen Anlage« begann.[18] In seinem Park schuf Carl Eugen ein merkwürdiges Bild politischer und kultureller Vergänglichkeit: Auf den Ruinen eines antiken Roms ließ er die ländliche Idylle eines Bauerndorfs entstehen, das er an seinen Geburtstagen sogar mit Statisten bevölkerte. Der Niedergang seiner eigenen Herrschaft und sein Rückzug ins Privatleben und in die Scheinwelt der Kunst fanden hier ihren symbolischen Ausdruck. 1778 baute er auch eine »Moschee«, deren quadratischer Hof die Ställe seiner Fasanenzucht einschloß. Mit geringfügigen Änderungen von Details und Proportionen hatte man Chambers' Entwurf übernommen. Die einzelnen Bestand-

»Türkischer Tempel« in Montbéliard. Aus: Jean Charles Krafft, *Plans des plus beaux jardins*, 1809/10.

William Chambers, Moschee in Kew. Aus: *Plans, Elevations, Sections, and Perspective Views of the Gardens and Buildings at Kew*, 1763.

Die Moschee im Garten

teile der englischen Moschee — Mittelbau, seitliche Pavillons und Minarette — wurden lediglich auseinandergerückt und auf die Länge der Hofmauer verteilt.

Im Fasanenhof legte 1796 die Herzogin Sophie, Frau von Friedrich Eugen, ebenfalls einen englischen Park an, den sie Floride nannte. Der Name bezog sich auf einen Flora-Tempel. Hinter der irreführenden Bezeichnung verbarg sich nichts anderes als eine weitere Moschee, die auf einer kleinen Insel im See stand.

Im Park von Schloß Weißenstein bei Kassel (Wilhelmshöhe) wurde oberhalb des chinesischen Dorfes Mulang zwischen 1777 und 1780 ebenfalls eine Moschee gebaut. Der längst verschwundene Bau war in Grundriß und Ansicht mit dem in Kew nahezu identisch. Statt der Kielbögen besaß die Kasseler Moschee jedoch nur schlichte Rundbögen.

Wahlsprüche in goldenen Buchstaben verzierten die Außenwände. Die Moschee war möbliert und wurde vielleicht sogar als Musikpavillon genutzt: Ausgaben für Instrumente für »die türkische Musik« weisen darauf hin.[19] Auch in dem Garten des Fürsten Ludwig von Bentheim in Steinfurt bei Münster (1780—87), dem Le Rouge eine umfangreiche Ausgabe seiner *Jardins* widmete, gab es eine Szenerie, die einen chinesischen Pavillon, einen als Speisesaal genutzten »Kiosk« und eine Moschee vereinte.[20] Die sternförmigen Fenster in den Seitenflügeln, die Kielbögen und die Kuppel mit der Zwiebel zeigen deutlich, daß auch hier Chambers das Vorbild geliefert hatte — so wie auch der chinesische Pavillon an den durch Le Rouge bekannten Bau in der Désert de Retz (vgl. S. 10) erinnert. Auch der Schnitt verweist auf das gleiche Vorbild. Die Steinfurter Moschee diente jedoch ganz irdischen Zwecken. Im Mittelraum war ein Himmelbett aufgestellt, und die Seitenflügel waren mit Diwanen ausgestattet: ein Hinweis auf die erotische Komponente solcher Orientphantasien.

Georges Louis Le Rouge, Entwürfe für verschiedene Gartengebäude. Aus: *Jardins anglo-chinois à la mode*, Heft 4, 1776.
Der Temple Moresque war Vorbild für den gleichnamigen Bau von Carl Gotthard Langhans im Neuen Garten in Potsdam, 1791/92.

Immanuel David Dillenius, Aufriß der Moschee in Hohenheim, 1780.

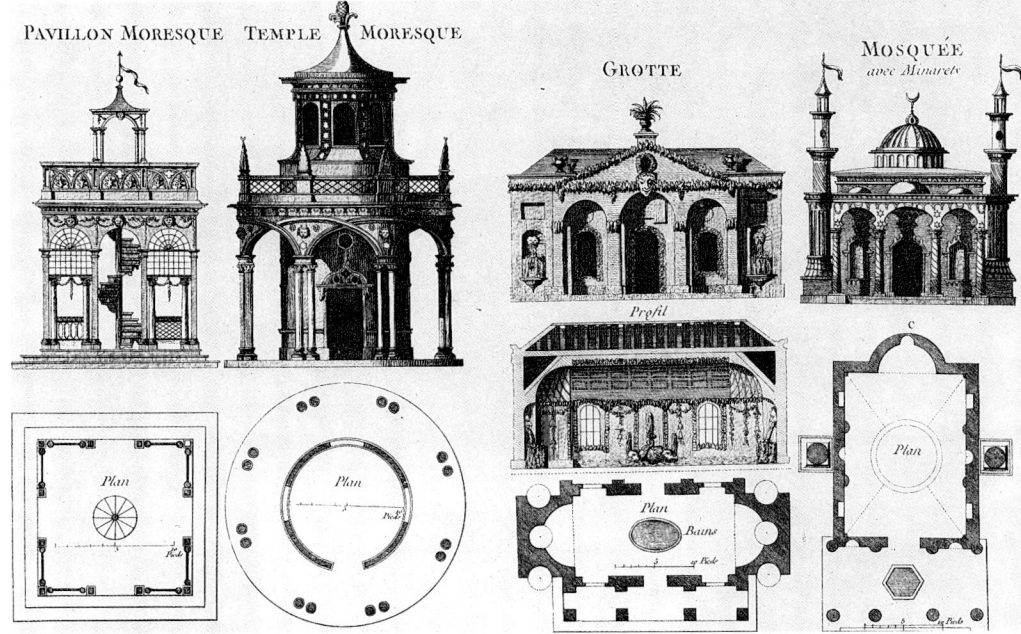

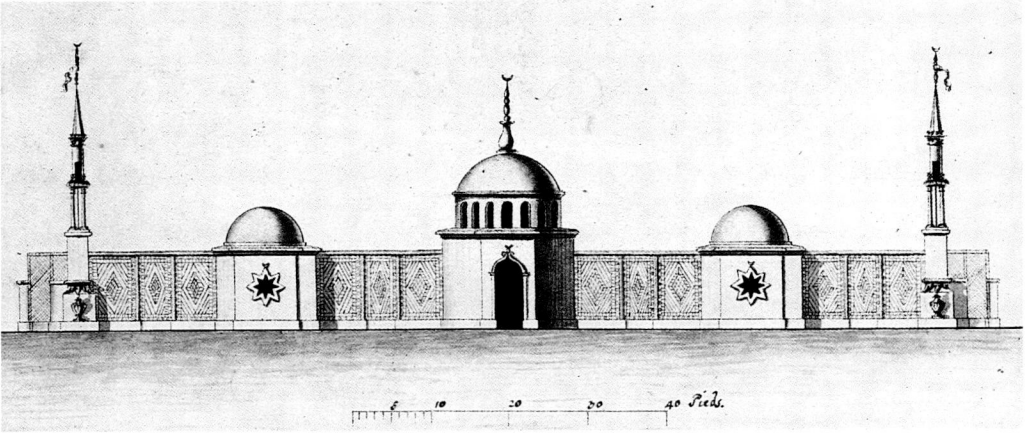

Die Moschee im Garten

Joseph Hardtmuth, Minarett im Park von Schloß Liechtenstein in Lednice (Eisgrub), Tschechoslowakei, 1797–1802.
Um 1800 wurde der Besitz der Fürsten Liechtenstein in Lednice in einen der größten europäischen Landschaftsparks umgewandelt. Aus dieser Zeit stammen zahlreiche Gartenbauten wie das Minarett, ein Obelisk, eine künstliche Schloßruine und der einem türkischen Brunnenhaus nachempfundene Pavillon. Das Minarett hat eine Höhe von 68 Metern. Die Räume des Unterbaus waren »orientalisch« eingerichtet.

Die Moschee im Garten

Noch in Kraffts 1810 erschienener Sammlung der wichtigsten englischen, französischen und deutschen Gärten findet sich eine Moschee desselben Musters, die der Architekt Renard für den Duc de Penthièvre in Armainvilliers entworfen hatte.[21] Auch Krafft schlug noch einige Alternativen vor. Die Minarette haben jedoch bei ihm die kegelförmige Spitze der türkischen Moscheen.

Wie diese Beispiele zeigen, hatte das Motiv der Moschee schon Tradition, als man in Schwetzingen beschloß, einen türkischen Garten anzulegen. Einige der von Chambers eingeführten Motive finden wir auch hier wieder: Die Kielbögen, die aus dem indischen und persischen Raum stammen, die Palmsäulen in den Eckpavillons und auch die Zwiebel auf der Kuppel. Möglicherweise kannte Pigage Chambers' Bau nicht nur von Abbildungen, sondern hatte ihn selbst gesehen, als er 1776 in England war, um dort den neuen Gartenstil kennenzulernen. Der 1723 in Lunéville geborene Pigage war darüber hinaus von Jugend auf mit zwei frühen exotischen Gartenpavillons vertraut. Sein Vater war Baumeister an den Höfen von Stanislaus Leszynski in Nancy und Lunéville gewesen, und er selbst erhielt seine Ausbildung zuerst bei Emmanuel Héré de Corny, dem Schöpfer des Place Stanislas in Nancy. Von Héré stammten auch ein türkischer »Kiosk« und ein chinesischer Pavillon auf kleeblattförmigem Grundriß, der Büring als Vorbild für sein Chinesisches Teehaus in Potsdam diente.

1749 berief Karl Theodor den jungen Pigage zum »Intendanten über die Garten- und Wasserkünste«,[22] 1752 beförderte er ihn zum Oberbaudirektor. Außer den Schwetzinger Bauten entwarf er für den Kurfürsten auch Schloß Benrath bei Düsseldorf.

Mit seiner Moschee, die einer seiner letzten Entwürfe für Schwetzingen war, ging Pigage weit über den noch unentwickelten Exotismus von Hérés vorgeblich türkischem Pavillon hinaus. Ein Zeitgenosse behauptete sogar, daß »dieser herrliche Tempel Mahomets... so treu im orientalischen Style gebaut« sei, »daß selbst schon Morgenländer bei dessen Anblick angenehm überrascht waren, und sich beugten vor dem Namen des Allerhöchsten, der als äußere Verzierung in arabischen Schriftzügen ihnen vergoldet entgegen strahlte«.[23] Das klingt wenig wahrscheinlich, denn wenn man sich die Schwetzinger Anlage genauer ansieht, erkennt man, daß sie mit einer Moschee, wie sie Pigage vermutlich aus Fischer von Erlachs Darstellungen kannte, wenig zu tun hat. Pigages Entwurf kombiniert vielmehr Vorstellungen, die man von Grundriß und Bauformen einer Moschee hatte, mit barocken und chinoisen Merkmalen zu seiner ganz eigenen Vision des »Orients«. Der große, rechteckige Hof mit seinem »Kreuzgang« und dem Portal zum Park erinnert daran, daß sich die islamische Moschee aus einer häufig befestigten Hofanlage entwickelt hatte, die rundum Säulengänge besaß. Auch in den späteren Anlagen aus

R.F.H. Fischer (?), Aufriß einer Moschee mit römischen Fragmenten, 1795/96.
Möglicherweise handelt es sich um einen Entwurf für die Moschee des Fasanenhofs.

Ansicht der Floride. Radierung von Georg von Massenbach, 1799.
Floride war die Bezeichnung für den englischen Park des Jagdschlößchens Fasanenhof bei Stuttgart.

Die Moschee im Garten

Johann Bernhard Fischer von Erlach, **Karlskirche, Wien, 1715–22.** Aus: *Entwurff Einer Historischen Architectur*, 1721

der osmanischen Zeit betrat man zuerst einen Hof, bevor man in die eigentliche Moschee gelangte. Der schiefergedeckte »Gebetsgang« in Schwetzingen ist jedoch ein weiterentwickelter Laubengang. Die leichte Holzkonstruktion schloß den Hof nach außen nicht völlig ab, sondern war durch Gitter und Durchgänge nach beiden Seiten offen. Die leichte Bauweise und auch die hölzernen Gitter erinnern an die chinesischen Pavillons und Gartensitze der Zeit. Die Kielbögen der Durchgänge nähern sich durch den eingesetzten Dreipaß bereits wieder dem von den Brüdern Halfpenny propagierten »gotisch-chinesischen« Rokoko an (vgl. S. 154). Die zeltförmigen Dächer der großen »Priesterkabinette« könnten genausogut zu einem »chinesischen« Häuschen gehören.

Die Moschee selbst liegt außerhalb des Hofes und ist mit diesem durch ein weiteres Portal und einen Gang verbunden. Im Gegensatz zur islamischen Moschee wendet sie ihre Pracht nach außen: Die Schauseite liegt am See und fügt sich als eindrucksvoller Point de vue in die gestaltete Landschaft ein.

Obwohl der Bau mit eindeutigen Motiven wie Kuppel, Minaretten und Halbmonden auf den Orient hinweist, hat er wenig mit einer Moschee gemeinsam. Zu den gängigen Merkmalen fügte Pigage neue Formen eigener Erfindung hinzu, wie die ungewöhnliche Kombination von Spitzbogenfenstern und Dreiecksgiebeln im Tambour oder den gezackten Giebel über dem Portikus, die zeitgenössische Betrachter als »orientalisch« empfunden haben mochten.

Durch seinen hohen Tambour erhält der Bau nicht orientalische, sondern barocke Proportionen. Denkt man sich die orientalischen Elemente weg, wird die Moschee zur Kirche. Blättert man in Fischers *Entwurff Einer Historischen Architectur* etwas weiter, findet man nach den türkischen, persischen und chinesischen Bauten im 4. Buch eine Übersicht über die Entwürfe des Autors und stellt überraschende Ähnlichkeiten mit seiner Wiener Karlskirche (1716–37) fest: Der Schwetzinger Bau, der wie die Karlskirche als Ensemble eigenständiger Baukörper wirkt, wiederholt deren Silhouette aus Kuppel und freistehenden Säulen. Obwohl vor der Karlskirche keine Minarette, sondern Nachbildungen der Trajanssäule stehen, handelt es sich in Schwetzingen doch nur um die Übertragung einer neuen ikonographischen Bedeutung auf den gleichen Baugedanken, für den es in der europäischen Architektur sonst keine Parallelen gibt. Bei Fischer kann man das Motiv der vor den Dom gestellten Säulen auf seine Kenntnis islamischer Moscheen zurückführen.[24]

Die aus Minaretten abgeleiteten Trajanssäulen der Karlskirche wurden in Schwetzingen wieder zu Minaretten. Fischer selbst scheute vor einem allzu offensichtlichen Exotismus zurück: Für sein im 4. Buch auf Tafel XIX abgebildetes Gartengebäude gibt es zwar einen Vorentwurf in »neu Persianischer Bau-artt«[25], der sich an das ebenfalls in der *Historischen Architectur* abgebildete Ali Kapû in Isfahan anlehnt, in der endgültigen Fassung ist von dem persischen Vorbild jedoch nichts mehr zu spüren.

Pigages eigenartige Synthese aus Barockkirche und Moschee erhält programmatische Bedeutung, wenn man die arabische Inschrift übersetzt, die sich im Giebelfeld des Portikus befindet: »Es ist nur ein einziger, wahrer Gott«. Nichts anderes hatte Lessing im Sinn, als er seinen *Nathan* verfaßte.

Die Moschee im Garten

Der Palast des Kronprinzen: Indischer Stil in England

Noch im frühen achtzehnten Jahrhundert konnte man in aller Unschuld ein Gebäude als »indisch« bezeichnen, das offensichtlich »chinesisch« sein wollte. Von Indien und seiner Architektur war nur wenig bekannt, als der sächsische König August II. (»der Starke«) in Pillnitz an der Elbe seine »indianischen« Lustschlösser erbaute. In der europäischen Perspektive rückten die weit entfernten Kulturen des Ostens zusammen und wurden eins. Zwischen »chinesisch«, «indisch« und »japanisch« wurde nicht unterschieden. Aber selbst in England, das seit dem frühen siebzehnten Jahrhundert in Indien Handelsstützpunkte besaß, hätte es kein Architekt besser gewußt. Auch in dem Mikrokosmos der Gärten von Kew, wo außer zahlreichen klassizistischen Tempelchen eine recht authentische Pagode und eine wenig glaubwürdige Alhambra standen, blieb Indien ausgespart. Ein wichtiger Grund dafür war, daß es keine Vorlagen gab, an denen man sich hätte orientieren können. Indien schien aber auch die Phantasien noch wenig zu beschäftigen.

Im Unterschied zur Chinamode des achtzehnten Jahrhunderts war die britische Indienmode von Anfang an wissenschaftlich orientiert: Bereits die ersten Versuche englischer Architekten in dem neu entdeckten Stil spiegelten die genaue Kenntnis indischer Baukunst. Die künstlerische und wissenschaftliche Entdeckung Indiens begann um 1770. In nur wenigen Jahrzehnten trug man das Material für ein Bild von Indien zusammen, das keine phantastischen Projektionen mehr zuließ.

Für England hatte sich die Situation in Indien grundlegend zu wandeln begonnen. Bisher hatte die East India Company lediglich eine Reihe von Handelsniederlassungen besessen. Europäer waren vor allem in Kalkutta, Bombay und Madras angesiedelt. Mit den kriegerischen Auseinandersetzungen in Bengalen begann der langwierige Prozeß der Inbesitznahme indischer Gebiete. Die ursprünglich private East India Company wurde nun zu einem Organ der britischen Regierung. Die Verwaltung des expandierenden britischen Besitzes erforderte es, immer mehr Regierungsbeamte und Militärs nach Indien zu entsenden. Jedoch erst 1858 wurde die Handelskompanie aufgelöst und Indien offiziell zur britischen Kronkolonie erklärt.

Mit der wachsenden Zahl britischer Bürger, die sich in Indien ansiedelten, kamen auch Künstler, die hier einen neuen Markt vorfanden. Sie malten Portraits für die indischen Fürsten und Landschaften für die Briten. Von ihren Reisen brachten sie Skizzen und Zeichnungen zurück, die oft noch für Jahrzehnte den Stoff für ihre Bilder lieferten.[1] Zu den ersten Malern, die nach Indien aufbrachen, gehörte William Hodges (1744—97). Wichtigstes Ergebnis seines dreijährigen Aufenthalts waren die *Select Views in India*, eine Serie handkolorierter Aquatintaradierungen, die er zwischen 1785 und 1788 veröffentlichte. Sie blieben für ein Jahrzehnt ohne Konkurrenz.

Hodges' Radierungen vermittelten zum ersten Mal ein zuverlässiges Bild von indischer

Thomas und William Daniell, östliches Tor der Jama Masjid in Delhi. Aus: *Oriental Scenery*, 1795–1808.

Der Palast des Kronprinzen

Thomas Daniell, Indischer Tempel in Melchet Park, 1800.
Vorbild des nicht mehr bestehenden Gartengebäudes war ein Hindutempel aus der *Oriental Scenery*.[38] Der Autor der *Oriental Scenery* lieferte mit diesem Bau zugleich das erste Beispiel für die praktische Umsetzung seiner Darstellungen indischer Architektur. Der Vorgang hat eine Parallele in James Stuarts dorischem Tempel in Hagley Park (1758), der »Inkunabel« des Greek Revival: Stuart war zugleich Herausgeber (mit Nicholas Revett) der berühmten *Antiquities of Athens*.[39]

Landschaft und Architektur. Seine Vorliebe, und die vieler anderer Reisender, galt der Architektur der islamischen Mogulherrscher, ihren Palästen, Moscheen und Grabbauten. Seine Darstellungen waren auf Bildwirkung bedacht. Hodges war kein Dokumentarist, sondern ein Landschaftsmaler mit dem Blick für »pittoreske« Situationen und ungewöhnliche Stimmungen. Sein malerischer Radierstil ging über die architektonischen Details der von ihm portraitierten Bauten hinweg.

Präzise Einzelheiten ließen sich erst den Arbeiten von Thomas Daniell (1749–1840) und seinem Neffen William (1769–1837) entnehmen, die ihre Reise begannen, als Hodges bereits seine ersten Radierungen publizierte. Sie blieben neun Jahre und bereisten den indischen Subkontinent in alle Richtungen. Ihr Interesse galt nicht nur hinduistischer und islamischer Architektur, sondern auch den palladianischen Bauten der Briten in Kalkutta. Außer Gemälden entstand ein riesiger Vorrat von Zeichnungen und Skizzen, der die Daniells bis zum Ende ihrer Künstlerkarriere mit Themen versorgte. Nach dem Vorbild von Hodges begannen sie 1795 mit der Veröffentlichung der *Oriental Scenery*. Erst 1808 erschien die letzte von 144 farbig gedruckten Aquatinten, die auf mehrere Bände verteilt waren. Die Blätter waren nicht nur durch ihr ungewöhnlich großes Format beeindruckend, sie beruhten auch auf sorgfältigen Detailstudien und boten sich zur weiteren Verwertung geradezu an. Die von den Daniells publizierten Bauten fanden sich ebenso auf zeitgenössischem Steingutgeschirr wie auf den Panoramatapeten der elsässischen Firma Zuber wieder, die 1806 eine handgedruckte »Hindustan«-Tapete herausgab.[2]

Der erste europäische Bau, der sich auf ein indisches Vorbild berief, war ein von Thomas Daniell entworfener Gartentempel in Melchet Park (1800). Der Besitzer von Melchet Park, John Osborne, hatte als Offizier in der East India Company gedient. Den kleinen Tempel widmete er seinem ehemaligen Vorgesetzten und Freund Warren Hastings, der als Generalgouverneur dreizehn Jahre lang unumschränkter Herrscher Indiens gewesen und nach seiner Heimkehr angeklagt worden war, »in Ostindien mit tyrannischer Willkür gehandelt, unmäßige Geldsummen erpreßt und den Untergang mehrerer Fürsten befördert zu haben.«[3] Nach jahrelangen Prozessen wurde er schließlich freigesprochen. Osbornes Tempel, in dem eine Büste von Hastings stand, war nicht nur Ausdruck persönlicher Bewunderung, sondern auch ein Denkmal für die britische Kolonialpolitik. Hastings hatte, wie zahlreiche Nabobs, seinen Dienst in der East India Company erfolgreich mit privaten Geschäften verbunden und war mit einem großen Vermögen nach England zurückgekehrt, um dort seinen Lebensabend zu verbringen.

Obwohl er seine beträchtlichen Prozeßkosten selbst tragen mußte, blieb ihm noch genügend Geld, um sich auf seinem Besitz in Daylesford, Gloucestershire, von Samuel Pepys Cockerell (1754–1827) ein großes klassizistisches Haus erbauen zu lassen. Es enthielt zwar viele indische Möbel und Kunstwerke, nach außen zeigte sich die lebenslange Verbundenheit des Bauherrn mit der fremden Kultur jedoch nur in der indischen Form einer flachen Kuppel.[4]

Cockerell sollte noch Gelegenheit erhalten, der britischen Indienfaszination ein deutlicheres Denkmal zu setzen: Sein älterer Bruder John, ein ehemaliger Oberst der Indischen Armee, hatte nach seiner Pensionierung in den Cotswolds das Landgut Sezincote erworben.[5] Wie viele andere Briten hatte er sein Geld in Indien gemacht und konnte nun daran denken, sich einen standesgemäßen Alterssitz errichten zu lassen. Er starb jedoch zu früh, und der Besitz fiel an seine beiden jüngeren Brüder Charles und Samuel Pepys. Charles, ein Beamter der East India Company, hatte ebenfalls den größten Teil seines Lebens in Indien verbracht. Nur Samuel, der Architekt, der seinen Beruf gemeinsam mit John Nash erlernt hatte, kannte Indien nicht aus eigener Anschauung.

Wer von den drei Brüdern die Idee hatte, in den grünen Hügeln von Gloucestershire einen indischen Landsitz zu bauen, ist kaum mehr zu ermitteln. Den Anlaß des extravaganten Projektes lieferten jedenfalls die Biographien der beiden älteren Brüder.

Zum ersten Mal erwähnt wurde das Projekt von dem damals viel beschäftigten Gartengestalter Humphrey Repton (1752–1818), den die Cockerells vermutlich 1805 um Rat gebeten hatten. Auch Thomas Daniell, den Sir Charles in Indien kennengelernt hatte, wurde hinzugezogen. Repton war von dem ungewöhnlichen Plan überrascht. Darüber hinaus offenbarten ihm Daniells Zeichnungen eine Baukultur, die ihm bisher kaum bekannt war.[6] Wenig später kam Repton nach Brighton, wo der Kronprinz George IV. seine Sommerresidenz hatte. Auf dem Gelände des Marine Pavilion wurden nach Entwürfen von William Porden gerade Ställe und eine Reithalle im indischen Stil gebaut. Repton griff die

Der Palast des Kronprinzen

Thomas Daniell, Surya Tempel, Sezincote, Gloucestershire.

neuen Anregungen schnell auf: Schon 1806 legte er dem Kronprinzen ein Projekt für den Umbau des Marine Pavilion vor – ebenfalls im indischen Stil. In Sezincote wurde Repton jedoch nicht an den weiteren Planungen beteiligt. Als 1808 seine *Designs for the Royal Pavillon* erschienen, war in Sezincote das Wohnhaus wahrscheinlich schon fertiggestellt. 1817 ließ Charles Cockerell Sezincote von zwei Künstlern portraitieren: Thomas Daniell malte sieben Ölbilder, und John Martin schuf eine Serie farbiger Radierungen, die den Landsitz mit seinen landwirtschaftlichen Nebengebäuden, die im Stil dem Wohnhaus angepaßt waren, darstellen. Näherte man sich, wie die Spaziergänger auf einer von Martins Radierungen, auf verschlungenen Pfaden dem Herrenhaus, dessen Kuppel bereits in der Ferne hinter den Bäumen aufleuchtete, so erlebte man sogleich die erste Überraschung: In einem kleinen, in den Hang eingeschnittenen Tal verbirgt sich hinter dichtem Baumbestand ein eingefaßter Teich. An seinem Rand steht noch immer ein kleines Tempelchen mit einer Figur des Sonnengotts Surya. Wie an den sakralen Badeplätzen Indiens führen Treppen zum Wasser hinunter. Weiter unten am Hang überquert der Fahrweg auf einer indischen Brücke den Einschnitt. Ein Wasserlauf führt unter ihr hindurch zu einem weiteren Teich. Die Entwürfe für den indischen Garten hatte Thomas Daniell geliefert.[7]

Auf John Martins Radierungen erweckt der Bau aus leuchtend gelbem Stein mit seiner ursprünglich in Weiß und Gold bemalten Kuppel den Eindruck einer symmetrischen Anlage. Vielleicht hielt Martin eine solche Symmetrie, die nie bestand, für wünschenswert. Sezincote scheint hier einen Grundrißtyp barocker Orangerien zu variieren, wie ihn noch Charles Fowler bei den Gewächshäusern in Syon House (1820–27) anwendete.[8] An einen Mittelbau schließen zwei geschwungene Flügel an, die einen halbkreisförmigen Garten einrahmen. Die Flügel enden in kleinen Pavillons. In Sezincote jedoch springt der Mittelbau weit vor, die gebogenen Flügel wachsen aus der Rückseite hervor und begrenzen zwei voneinander getrennte Gartenteile: Das barocke Schema wurde zerlegt und seine Elemente neu zusammengefügt.

Sezincotes südlicher Flügel hatte jedoch nie, wie Martins Perspektive suggeriert, eine spiegelbildliche Entsprechung gehabt: Die beiden Flügel beschrieben unterschiedliche Bögen. An den Nordflügel erinnert heute nur noch sein Abschlußpavillon, der Tent Room, der Sir Charles als Schlafzimmer diente.

Möglicherweise war die Topographie des Grundstücks daran schuld, daß man von einem Grundriß, der nach symmetrischer Vollendung verlangte, abweichen mußte: Das Haus wurde mit der Rückseite in den Hang hinein gebaut. So liegt der Grund für Sezincotes unregelmäßige Gestalt vermutlich eher in Zufälligkeiten der Baugeschichte als etwa in dem Wunsch nach »pittoresker« Veränderung eines klassischen Schemas.[9]

Die klassisch-repräsentative Grundhaltung des Gebäudes wird durch die formale Gestaltung des Pleasure ground unterstützt, der zwischen Architektur und »natürlich« gestalteter Landschaft vermittelt. Ein solches Vorgehen entsprach den damals maßgeblichen Gestaltungsprinzipien, wie sie von Humphrey Repton vertreten wurden. Nicht ohne Grund hat daher auch der landschaftlich gestaltete indische Garten keine direkte Beziehung zum Haus.

Strenge Symmetrie ist auch den Bauten eigen, die die Vorbilder für die charakteristischen Stilelemente der Fassaden lieferten. Man darf jedoch nicht nach einem individuellen Vorbild für Sezincote in der indischen Architektur suchen. Das Bild der indischen Architektur, das die *Oriental Scenery* vermittelte, war vor allem von den Moscheen und Mausoleen der Mogulherrscher geprägt. In Sezincote bestand die Aufgabe darin, einem europäischen Bautypus indischen Charakter zu verleihen. Es galt, den Anforderungen eines wohlhabenden Grundbesitzer an Wohnlichkeit und Repräsentation zu genügen und gleichzeitig ein Symbol für seine besondere Biographie zu schaffen. Die indische Schale enthält daher auch ein »modernes« Regency-Interieur: Letztlich kam es auf europäischen Komfort an. Diese Diskrepanz zwischen innen und außen wurde keineswegs als ungewöhnlich empfunden: Schon Richard Payne Knights Downton Castle (1774–78), eine Pseudoburg mit Wehrtürmen und Zinnen, hatte ein klassizistisches Interieur nach römischen Vorbildern.[10]

Zum englischen Landleben gehörte immer auch ein Gewächshaus: In Sezincote nimmt es den ganzen Südflügel ein. Das schräge Dach und die Arkade mit den indischen Zackenbögen sind verglast. Obwohl die Fassade nicht völlig in Glas und Eisensprossen aufgelöst ist, erscheint sie filigran: Die gezackten Bögen und die blütenförmigen Zinnen lösen die Steinflächen an den Rändern auf und nehmen ihnen so die Schwere.

Der Palast des Kronprinzen

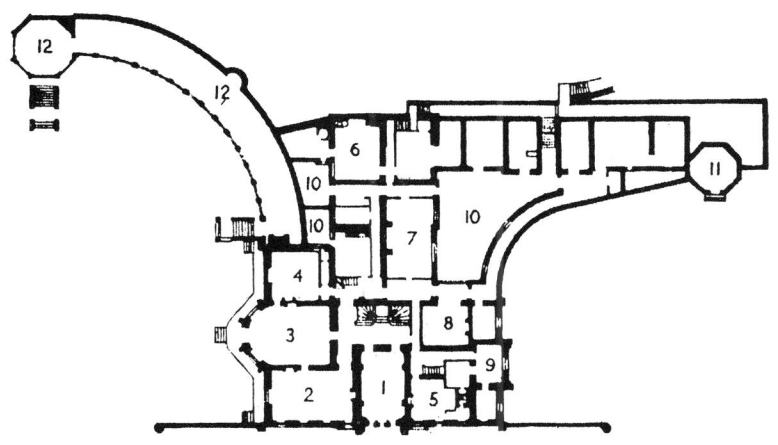

Samuel Pepys Cockerell, Herrenhaus in Sezincote, Gloucestershire, um 1803 bis 1808. Grundriß, Ansicht von Nordosten und von Süden.
Legende zum Grundriß: 1 Eingangshalle, 2 Billardzimmer, 3 Bibliothek, 4 kleines Speisezimmer, 5 Frühstückszimmer, 6 Küche, 7 Dienstboten, 8 Bierkeller, 9 Vorratskammer, 10 Wirtschaftshof, 11 Schlafzimmer von Sir Charles, 12 Orangerie.
John Martins Aquatinta von 1817 zeigt die Ostseite des Herrenhauses mit dem nicht mehr erhaltenen Nordflügel und dem Tent Room, der Sir Charles als Schlafzimmer diente. Auf der Südseite liegt der Orangerieflügel. Der Pavillon am Ende enthielt eine Voliere.

Der Palast des Kronprinzen

Samuel Pepys Cockerell, Herrenhaus in Sezincote,
Gloucestershire, um 1803 bis 1808. Voliere am
Ende des Südflügels und Ansicht von Osten.

Der Palast des Kronprinzen

Der Flügel endet in einem achteckigen Pavillon, der ursprünglich als Voliere für exotische Vögel diente. Sein Dach wird von einem Chattri, einem Baldachin auf Säulen, gekrönt, der als reine Zierform ein typisches Merkmal der Mogularchitektur ist. Die Chattris finden sich auch auf dem Hauptgebäude wieder — als Verlängerung der polygonalen Eckpfeiler. Auch das weit vorkragende, von Konsolen gestützte Dachgesims hat indische Vorbilder. Beherrschendes Motiv der Eingangsfront ist jedoch die flache Nische des Liwan im Mittelrisalit, über dem sich die zwiebelförmige Kuppel aus Kupferblech erhebt. Zu dem »indischen« Gesamteindruck tragen neben der Farbigkeit des Steins auch die durch Rahmen, Blendbögen und Ornamente vielfach untergliederten Oberflächen bei.

Obwohl die Details korrekt sind, ist das Ergebnis kein indischer Bau. Abgesehen von der Unmöglichkeit, ein indisches Haus den Anforderungen einer anderen Lebensweise und eines anderen Klimas anzupassen, war eine solche Übertragung auch nicht beabsichtigt. Sezincote sollte nicht mehr sein als ein englisches Herrenhaus in einem ungewöhnlichen Gewand, die Erinnerung an eine fremde Kultur an unerwarteter Stelle.

Der indische Stil wurde nicht zuletzt deshalb gewählt, weil er durch die Publikationen der Daniells verfügbar geworden war und noch den Reiz des Neuen besaß. Die Cockerells mögen darauf spekuliert haben, mit ihrem extravaganten Projekt eine neue Stilrichtung oder doch zumindest eine neue Mode zu initiieren. Repton hatte sofort das Potential der *Oriental Scenery* erkannt: Sie bot ihm eine Fülle neuer Formen. Zugleich sah er hier die Chance, sich mit einem unverwechselbaren neuen Stil auch als Architekt zu profilieren: »I was pleased at having discovered new sources of beauty and variety...« (»Ich war entzückt über die Entdeckung neuer Quellen der Schönheit und der Abwechslung...«)[11].

»Variety« gehörte zu den wichtigsten Stichworten der Theorie des »Picturesque«, des »Malerischen«. Diese Theorie, die in der Auseinandersetzung mit den im achtzehnten Jahrhundert so wichtigen Fragen der Gartengestaltung entstanden war, hatte zu einer Auffassung geführt, die die Gestaltung des Landschaftsgartens und aller dazugehörigen Bauten in erster Linie unter dem Gesichtspunkt der Bildwürdigkeit beurteilte. Natürliche und gebaute Elemente waren Bestandteile einer Komposition, die wie ein Gemälde betrachtet wurde, die aber, im Unterschied zum gemalten Bild, je nach Standort des Betrachters immer neue und überraschende Ansichten bot. Ein neuer Schönheitsbegriff, der zwischen dem »Schönen« (»the Beautiful«) und dem »Erhabenen« (»The Sublime«) unterschied und das Malerische dazwischen ansiedelte, gestand auch allem Regellosen und Bizarren einen eigenen ästhetischen Wert zu.

Selbst die noch nicht vom Menschen berührte Natur wurde nach ästhetischen Kategorien beurteilt und grundsätzlich als verbesserungsfähig angesehen. William Gilpin, einer der Theoretiker des »Picturesque«, hatte in seinem *Essay on Picturesque Travel*[12] eine neue Theorie der Reisekunst entwickelt: Die Reiseerlebnisse erhielten ihren Wert erst nachträglich als Elemente eines subjektiven Erinnerungsbildes. So erhielt auch die Kunst und Architektur einer anderen Kultur Bedeutung erst durch ihre Verwertbarkeit für die eigenen Absichten. Sezincote erscheint so als architektonische Umsetzung von Reiseerinnerung und Welterfahrung nach selektivem Prinzip: Nur die geeignetsten und aussagekräftigsten Elemente des fremden Baustils wurden ausgewählt und zu einem neuen Bild zusammengefügt.

Das Haus selbst wiederum ist Teil eines größeren Bildes, überraschende und kalkulierte Pointe in der gestalteten Landschaft. Hatten am Anfang des Landschaftsgartens gemalte Landschaften gestanden (Claude Lorrain, Nicolas Poussin), so führte Charles Cockerell die wie ein Bild gestaltete Landschaft wieder zu ihrem Ursprung zurück und ließ Sezincote auf Gemälden und Radierungen darstellen. Mit der Eignung zum Bildthema war auch die malerische Qualität der Planung erwiesen. Am Ende stand, wie nach einer Reise, wieder das Bild, das der Wirklichkeit erst ihre Bedeutung verlieh.

Das bekannteste Monument des Indian Revival ist John Nashs Royal Pavilion in Brighton. Dort wird ein völlig anderer Umgang des Architekten mit seinen Quellen deutlich. Die Baugeschichte des Royal Pavilion zeigt, wie, im Unterschied zu Sezincote, Stil nur noch als austauschbare Maskerade aufgefaßt wurde.

In Brighton standen »chinesische« und »indische« Lösungen zur Wahl, als es darum ging, einen bestehenden klassizistischen Bau neu zu gestalten. Anders als in Sezincote gab es auf der Seite des Bauherrn keine persönlichen Motive, die bei der Entscheidung für den einen oder den anderen Stil den Ausschlag hätten geben können.

Bauherr des Royal Pavilion war George IV. (1762—1830), Anwärter auf den englischen

Der Palast des Kronprinzen

Thron. Mit 21 Jahren war er das erste Mal im Sommer nach Brighton gekommen, das sich gerade von einem Fischerort zu einem modischen Seebad zu wandeln begann. Georges ausgeprägte Neigung und Begabung zu allen irdischen Genüssen trug ihm nicht nur die Kritik seines Vaters, sondern auch die moralische Entrüstung seiner Zeitgenossen ein: »Spieler, Verschwender und Libertin, vermählte er sich überdies nach einigen vorübergehenden Verbindungen heimlich mit der schönen Katholikin Fitzherbert. Kaum hatte ihm das Parlament von seinen Schulden, die 3 Jahre nach seiner Mündigkeitserklärung schon über 200 000 Pfund Sterling betrugen, ...die Summe von 161 000 Pfund bewilligt, so überließ sich G. sofort wieder den tollsten Ausschweifungen und verscherzte dadurch den letzten Rest der Achtung bei dem Volk.«[15]

1786 mietete George ein bescheidenes zweistöckiges Haus mit Erkern. Da der Bau jedoch kaum feudalen Ansprüchen genügen konnte, rief George seinen Architekten Henry Holland (1745—1806) aus London, der dort Carlton House für ihn umbaute. Holland machte das alte Haus zum Bestandteil einer symmetrischen Anlage, die aus einer überkuppelten Rotunda und zwei seitlich anschließenden Flügeln bestand.

Er rundete die Erker ab, versah die Rotunde mit einem Portikus aus ionischen Säulen und stellte darauf einige klassische Statuen: Aus dem ländlichen Wohnhaus war ein eleganter klassizistischer Landsitz geworden. Der Bau erhielt den Namen Marine Pavilion (später: Royal Pavilion). Seine Gestalt blieb für John Nashs späteren Umbau prägend: In der östlichen Fassade des Pavilion läßt sich noch heute Henry Hollands Gliederung erkennen. Bis zum entscheidenden Umbau durch Nash sollten aber noch einmal fünfzehn Jahre vergehen.

Henry Holland, Marine Pavilion, Brighton, um 1787. Ostansicht.

William Porden, Projekt für den Umbau des Marine Pavilion, Brighton, vor 1806. Ostansicht.

John Nash, Royal Pavilion, Brighton, 1815—22. Ostseite.

William Porden, Reithalle der Royal Stables, Brighton, 1803–05. Fassade an der Church Street. Der Bau wurde später als Corn Exchange benutzt.

1801 lieferte Holland Pläne für einen erweiterten Grundriß und auch eine Skizze für eine Veränderung der äußeren Erscheinung: Aus dem klassizistischen Bau sollte ein chinesischer Palast werden.[14] Hollands Idee wurde nicht realisiert; es blieb bei einer Erweiterung durch zwei ovale Pavillons an der Ostseite. Das chinesische Thema wurde jedoch für die Neugestaltung sämtlicher Innenräume aufgegriffen. Der »Innenarchitekt« John Crace und sein Sohn Frederick kauften bei der East India Company Unmengen chinesischer Requisiten: Bambusstühle, Sofas, Porzellanfiguren und -pagoden, Lackmöbel und Tapeten. Englische Firmen lieferten Möbel aus imitiertem Bambus. Die Wände wurden mit chinesischen Szenen bemalt, die Decken mit Wolkenhimmeln. Während das Innere des Gebäudes ein immer phantastischeres Aussehen erhielt, wahrte die Außenseite vorerst ihr klassisches Gesicht. Der Kronprinz hatte aber offensichtlich bereits die Absicht, auch hierfür eine exotische Lösung zu finden.

1802 wurde Holland durch William Porden (um 1755–1822) abgelöst. Porden hatte seine Neigung für exotische Baustile bereits unter Beweis gestellt: 1797 hatte er in der Royal Academy ein Projekt mit dem Titel »Design for a place of Public Amusement, in the style of the Mahometan Architecture of Hindustan« ausgestellt.[15]

Bevor jedoch eine Entscheidung über das zukünftige Aussehen des Gebäudes fiel, beauftragte George seinen Architekten mit dem Entwurf neuer Ställe und einer neuen Reithalle.[16] Nordwestlich des Royal Pavilion, an der Church Street, hatte er 1803 neue Grundstücke erworben. Noch im gleichen Jahr wurde mit dem Bau begonnen. Die Gartenseite von Pordens dreiteiligem Gebäude wird von der Rotunde der ehemaligen Ställe (heute Konzerthalle) beherrscht. Im Inneren des Rundbaus befand sich ein Hof, um den radial 44 Boxen für die königlichen Reitpferde angeordnet waren. Dieser Innenhof wird von einer gläsernen Kuppel überdacht. Ihr Vorbild war die Holzkonstruktion, die man 1783 über der Pariser Halle au Blé errichtet hatte. Als im November 1804 unter Pordens Kuppel die Gerüste entfernt wurden,[17] war nicht nur der Architekt erleichtert darüber, daß sich seine Konstruktion als selbsttragend erwies: Noch war es ein gewagtes Unternehmen, mit einer Konstruktion aus Holzrippen fast 25 Meter zu überspannen. Für eine Kuppel dieser Spannweite war Holz allerdings das naheliegende Material: Gewalzte Eisenprofile wären in den benötigten Abmessungen kaum erhältlich und bezahlbar gewesen.[18] Gußeisen schied schon wegen des hohen Gewichtes und seiner geringen Zugfestigkeit aus. In ihrer filigranen Wirkung nahm Pordens Konstruktion jedoch schon das Prinzip späterer Eisen- und Glaskuppeln vorweg.

Trotz der reichlich verwendeten indischen Details – Zackenbögen, Zinnen und Zierminarette – wirken die Royal Stables jedoch recht nüchtern. Durch seine Ziegelsteinfassaden gibt sich der Stallkomplex klar als Nutzbau zu erkennen.

Die Stables waren in doppelter Hinsicht ein ungewöhnliches Experiment: ein stilistisches und zugleich ein technisches. Die Verwendung eines neuartigen Baustils im großen Maßstab verband sich mit der wahrscheinlich frühesten verglasten Tragwerkkonstruktion in Kuppelform.

Von William Porden stammen auch die ersten detaillierten Entwürfe für eine exotische Verkleidung des Royal Pavilion. Der Inneneinrichtung entsprechend sollte der Bau auch nach außen als chinesischer Palast erscheinen. Leider lassen sich die Entwürfe nicht mit Bestimmtheit datieren.[19] Ausgestellt wurden sie von Porden 1806 in der Royal Academy. Es wäre interessant, zu erfahren, ob zu diesem Zeitpunkt noch ernsthaft eine chinesische Lösung erwogen wurde – nach der Erbauung der Stables lag es schließlich näher, auch dem Pavilion ein indisches Aussehen zu geben.

Pordens Entwurf verfremdete das bestehende Gebäude: Mit geschweiften Traufen und grün glasierten Ziegeln hätten die Dächer des Pavilion eine unmißverständlich »chinesische« Silhouette erhalten. Vor die Fassaden stellte er überdachte Galerien auf roten Säulen, hinter denen man unschwer die alte Struktur erkennen kann. Mit den Stables war jedoch die stilistische Richtung des Umbaus vorgegeben.

Im Februar 1806 legte Humphrey Repton dem Kronprinzen das Album mit Entwürfen für die Umgestaltung des Pavilion und seiner Gartenanlagen vor, das er zwei Jahre später unter dem Titel *Designs for the Royal Pavillon at Brighton* veröffentlichte. Wie in seinen berühmten Red Books, mit denen Repton seine Kunden gewöhnlich mühelos überzeugte, konnte man durch das Aufklappen einzelner Bildteile das Aussehen des Grundstücks und der Gebäude vor und nach den geplanten Änderungen miteinander vergleichen. Sein Plan sah vor, den Royal Pavilion durch einen an die Ostseite schräg angesetzten

William Porden, Royal Stables, Brighton, 1803–05.

Der inzwischen zur Konzerthalle umgewandelte Bau bot durch seine vier Tore reizvolle Durchblicke: »Das südliche Tor öffnet sich zu den Gärten und der Blick durch die Bögen vom Eingangstor durch die Rotunde hindurch ist auf einzigartige Weise verblüffend.«[40] Da die Durchgänge des Rundbaus und des an der Straße gelegenen Kutschenhofs auf einer Achse lagen, hatte man einen Blick von der Straße bis zum Garten, dessen Tiefenwirkung noch durch die Staffelung der gezackten Bögen in den Durchgängen verstärkt wurde. An die Stables schließt sich links eine rechteckige Halle an (zuerst Reithalle, dann Corn Exchange, heute Ausstellungsraum), rechts, wo ursprünglich ein Tennis Court geplant war, wurden in symmetrischer Entsprechung zur Reithalle 1832 die Queen Adelaide's Stables erbaut. In ihnen befindet sich heute Brightons Museum. »In den Gärten des Pavillon entdeckte ich ein erstaunliches und großartiges Gebäude, das durch seine Leichtigkeit, seine Eleganz, die Kühnheit seiner Konstruktion und die Symmetrie seiner Verhältnisse für den Genius des Künstlers und den guten Geschmack des königlichen Auftraggebers zeugt. Obwohl die Silhouette der Kuppel eher einer türkischen Moschee als den Bauten von Hindustan gleicht, so unterscheidet sich ihr Gesamtcharakter sowohl vom Griechischen als auch vom Gotischen und muß jeden erfreuen und überraschen, der durch sein Vorurteil nicht auf einen dieser beiden Stile festgelegt ist.«[41]

Der Palast des Kronprinzen

Flügel zu erweitern.[20] Die Nachbargrundstücke, die er für den Anbau benötigt hätte, waren jedoch bebaut. Für den Aufkauf fehlten dem Bauherrn die Mittel – vermutlich ein Grund dafür, daß auch Reptons Projekt nicht ausgeführt wurde. Sein Aufriß für eine neue Westseite zeigt einen durch Türme, Zwiebelkuppeln und Arkaden angereicherten Bau, der auf kleinstem Raum ein Vielzahl unterschiedlicher indischer Motive enthält, die Repton kaum verändert den Radierungen der Daniells entnommen hatte.

Die gesamte Planung macht den Eindruck, als sei es Repton darum gegangen, möglichst viele Themen der indischen Architektur anzuschlagen. Ganze Gebäudeteile sind fast unverändert der *Oriental Scenery* entnommen: Die »Hindu-Tempel in Bindrabund«[21] (Brindaban), massive Steinbauten, lieferten das Vorbild für eine leichte Voliere. Der achteckige Pavillon, der den neuen Flügel abschließt, ist der »Nordostansicht des Cotsea Bhaug«[22] (Qudsia Bagh, Delhi) entnommen. Repton hat das indische Vorbild lediglich um ein Stockwerk gekürzt. Die Liste der Beispiele ließe sich mühelos fortsetzen.[23]

George war von Reptons gelehrter Collage begeistert und sicherte zu, den Plan ohne Abstriche auszuführen. Zur Enttäuschung des Architekten war jedoch schon bald keine Rede mehr davon. Auch die kostspielige Veröffentlichung der Entwürfe konnte daran nichts mehr ändern. Die Aquatintaradierungen des Buches werden von ausführlichen Texten begleitet, in denen Repton sein Projekt begründet und zugleich versucht, die Frage des Bauherrn, »welcher Stil der passendste für den Pavillon sei«, zu beantworten.[24] Repton befürchtete offensichtlich Kritik an seinem Entwurf. Um alle denkbaren Ein-

Humphrey Repton, Projekt für den Umbau des Royal Pavilion, Brighton. Westseite und Nordseite mit neuem Flügel. Aus: *Designs for the Pavillon at Brighton*, 1808

Der Palast des Kronprinzen

Humphrey Repton, »Gothic, Grecian, Indian«.
Aus: *Designs for the Royal Pavillon*, 1808.

wände im voraus zu entkräften, entwickelte er eine eigene Architekturtheorie, die den dominierenden Stilen der Epoche, dem »Griechischen« und dem »Gotischen« gleichberechtigt den »Indischen« an die Seite stellte. Der erschien ihm für feudale Landsitze als die beste Wahl: »Da die Schwierigkeiten, den griechischen oder gotischen Stil dem Charakter eines englischen Palastes anzupassen, bekannt sind, scheint dieser kürzlich entdeckte Baustil einen neuen Weg für diese Aufgabe zu zeigen.«[25] Zur weiteren Unterstützung seiner These schreckte Repton noch nicht einmal vor dem Argument zurück, »indisch« zu bauen sei billiger als »gotisch«: Viele verzierte Bauteile ließen sich aus Gußeisen rationell herstellen. Seine Reduzierung der Weltarchitektur auf drei konstituierende Stile, aus denen sich alle anderen ableiten lassen, begründete er nach bewährter Methode: Er leitete ihre wesentlichen konstruktiven und ornamentalen Formen aus der Natur ab: »Das Gotische leitet sich aus der Knospe oder dem Keim ab, das Griechische aus dem Blatt und das Indische aus der Blüte.«[26] Repton variierte hier die Methode bestehender Theorien, die das gotische Konstruktionssystem mit den hohen Bäumen eines Waldes verglichen, deren Äste oben ein »Gewölbe« bilden.[27]

Reptons ausführliche Rechtfertigung erweckt den Eindruck, als ob er sich seiner Sache nicht sehr sicher gewesen sei. Daraus resultierte vermutlich seine Unfreiheit im Umgang mit den Vorbildern. Um sich keinen Vorwürfen auszusetzen, achtete er auf die nachprüfbare Korrektheit seiner Details. Das Resultat ist ein akademischer Entwurf, der jene »boldness« (»Kühnheit«) vermissen läßt, die Repton an Pordens Bauwerk gerühmt hatte.[28]

Der Grad an Authentizität war tatsächlich ein Kriterium der zeitgenössischen Kritik gewesen. Mangel an Korrektheit warf man gern dem schließlich ausgeführten Entwurf von John Nash vor: »Wenn der Architekt ... eine Nachbildung orientalischer Architektur beabsichtigte, so ist es zu beklagen, daß er so stillschweigend der Mutmaßung vertraute, denn es gibt weder große noch kleine Merkmale (an seinem Bau), die auch nur im geringsten der Reinheit und Großartigkeit entsprechen, die den echten Orientalischen Stil kennzeichnet.«[29]

John Nash (1752–1835)[30] war bereits über 60 Jahre alt, als er 1815 den Auftrag erhielt, den Royal Pavilion umzubauen. Die finanzielle Situation seines Auftraggebers hatte sich inzwischen verbessert: George war 1811 zum Regenten ernannt worden, da sein kranker Vater die Regierungsgeschäfte nicht mehr führen konnte. Die Mittel für den Umbau konnten ihm jetzt nicht mehr verweigert werden.

Nash genoß bereits seit langem die Protektion des Kronprinzen. Ihm verdankte er den bedeutendsten Auftrag seiner Karriere: die Planung von Regent's Park und Regent Street (1812–27). Er war jedoch kein orthodoxer Klassizist, wie man aus der Erscheinung seines halbkreisförmigen Park Crescent oder der »terraces« (»Reihenhäuser«) entlang des Regent's Park schließen könnte. Das klassische Gewand war nur das einzig angemessene für die Lösung einer städtischen Bauaufgabe. Auch sein eigenes Wohn- und Bürohaus in der Dover Street[31] präsentierte sich als eklektische Mischung klassischer Formen. Beim Bau von Landhäusern war dagegen alles erlaubt. Nash war in allen Stilen zu Hause. Sein umfangreiches Werk stellt wahrscheinlich die vollkommenste Übertragung »pittoresker« Ästhetik auf die Architektur dar. Er baute nicht nur Landsitze in Form gotischer Burgen (Ravensworth Castle, 1808; East Cowes Castle, sein eigener Landsitz auf der Isle of Wight) oder im Stil italienischer Landhäuser (Cronkhill, 1802; Sandridge Park, 1805), sondern initiierte auch die Mode des »cottage orné«, des rustikalen, strohgedeckten Landhauses mit seinem Musterdörfchen Blaise Hamlet in der Nähe von Bristol (1811). Die Verwendung solcher Stile entsprach der inoffiziellen, privaten Funktion dieser Bauten und erlaubte gleichzeitig eine freizügigere Anordnung der Räume. Kennzeichen dieser Architekturauffassung sind asymmetrische Grundrisse und malerische Silhouetten, die durch die Addition unterschiedlich hoher und verschiedenförmiger Baukörper entstanden. Nash erzielte diese Wirkung vor allem durch die reichliche Verwendung runder oder eckiger Türme. Bei seinen »gotischen« Burgen erzeugte das additive Verfahren zusätzlich die Illusion historischen Wachstums. Die Entscheidung für den einen oder den anderen Stil war zugleich die Entscheidung für eine jeweils andere Stimmungslage: Stand Cronkhill für die Sehnsucht nach Italien, so war die neugotische Burg Bekenntnis zur eigenen nationalen Vergangenheit[32] und Ausdruck romantischer Ritterträume. Für eine so vielseitige Persönlichkeit wie Nash war der Umbau des Royal Pavilion die angemessene Herausforderung. Im Unterschied zu Repton – der mit Verbitterung sah, daß

Der Palast des Kronprinzen

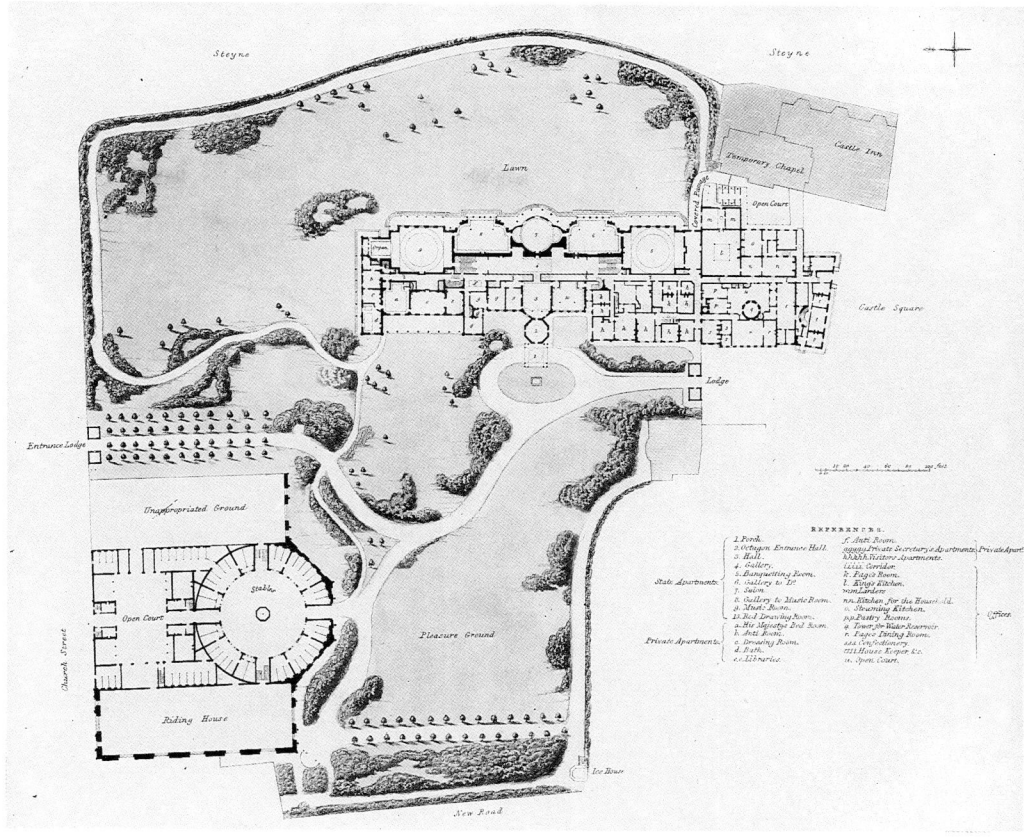

sein ehemaliger Geschäftspartner den großen Auftrag erhielt — konnte sich Nash der
neuen Aufgabe ohne jeden stilistischen Skrupel annehmen.

Seine Methode war nicht viel anders als die von Porden, der dem Pavilion ein chinesisches Kleid anpassen wollte: Nash behielt große Teile von Hollands Bau bei und verfremdete sie durch indische Details. Vor allem auf der Ostseite kann man noch gut die klassische Gliederung aus rundem Mittelbau und Seitenflügeln erkennen. Nash entfernte die
schräg angesetzten ovalen Anbauten und ersetzte sie durch zwei kubische Baukörper
(1817), in denen Frederick Crace einen großen Speisesaal und einen Musikraum einrichtete. Die Westseite erweiterte Nash durch einen dreigliedrigen Eingangsbereich aus
einer »porte cochère«, einem Vordach, unter dem ankommende Kutschen hielten, einem
achteckigen Eingangsraum und einer großen Halle. Die Raumabfolge ist ganz auf Steigerung und überraschenden Kontrast angelegt. In den Eingangsräumen dominieren kühle
Farbtöne, exotische Elemente sind nur sparsam verwendet. Um so überwältigender wirkt
der Korridor, der die Besucher unerwartet in das Innere eines märchenhaften chinesischen Palastes entrückt. Noch heute ist der tagsüber durch Oberlichter und abends durch
chinesische Lampen erhellte Raum das unwirklichste Ambiente des ganzen Hauses. Die
Requisiten der chinesischen Inszenierung sind importierte und imitierte Bambusmöbel,
Vasen, Pagoden und Chinesenfiguren aus Porzellan. Auf die rosafarbenen Tapeten ist ein
hellblauer Bambushain gemalt. Vor allem der Bambus hatte es dem Architekten und den
Innenausstattern angetan: Er wurde nicht nur mit Buchenholz nachgeahmt, sondern auch
mit Gußeisen. Die Treppen an beiden Enden des Korridors mitsamt ihren »Bambusge-
ländern« hatte Nash in London gießen lassen. Der Korridor ist mehr als nur ein Gang, der
alle Räume miteinander verbindet. Er diente als Halle, in der sich die Gäste vor dem
Essen versammelten, und bereitet gleichzeitig auf den Höhepunkt in der architektonischen Dramaturgie vor. Noch prächtiger, noch verwirrender durch seine Fülle kostbarer
Details bietet sich der große Speisesaal dar. Trotz der chinesischen Sujets der Wandmale-
reien dominiert hier ein eher unbestimmter Exotismus. Die flache Kuppel über dem langen Tisch wird fast ausgefüllt von den illusionistisch gemalten Blättern einer Bananen-
staude. Unter dem Blätterdach schwebt ein silberner Drache, der in seinen Klauen den
riesigen Kronleuchter mit seinen blütenförmigen Gaslampen hält. Seine Entsprechung
findet der Speisesaal am nördlichen Ende des Gebäudes in dem nicht weniger pompösen
Musikraum, an dem Frederick Crace zeitweise mit bis zu 44 Assistenten arbeitete.[53]

Der Palast des Kronprinzen

Royal Pavilion, Brighton, 1815–22. Schnitt. Aus:
John Nash, *Views and Illustrations of His Majesty's
Palace at Brighton*, 1826.

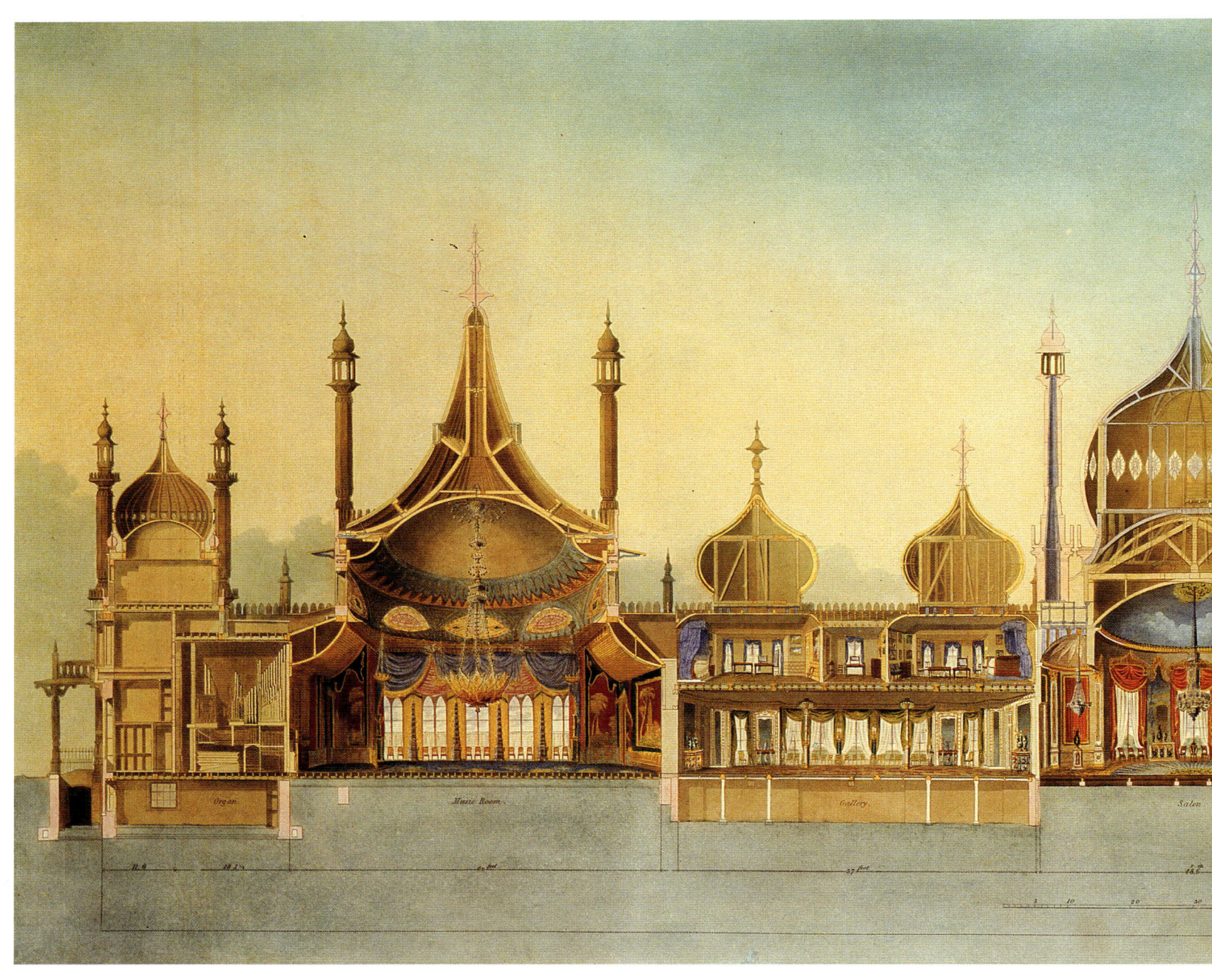

Der Palast des Kronprinzen

Der Palast des Kronprinzen

Der Royal Pavilion, Brighton, während des Umbaus, 1818.
Noch ist Henry Hollands Bau deutlich erkennbar.

Nash war seit 1815 mit dem Umbau beschäftigt. Die entscheidende Veränderung der äußeren Umrisse begann jedoch erst 1817. Nach und nach verschwand jetzt der klassizistische Bau hinter einer indischen Verkleidung. Nash löste die festen Konturen des Gebäudes an der Ostseite auf, indem er vor den Speisesaal, den rund vorspringenden Salon und den Musikraum durchbrochene Arkaden stellte. Die Kapitelle und Basen ihrer Säulen lehnen sich eng an indische Vorbilder an, wie sie aus den Radierungen der Daniells bekannt waren.

Zwischen den Säulen sind aus Stein geschnittene, netzartige Gitter angebracht, aus denen knospenförmige Bögen ausgespart sind. Sie erinnern an die Jalis, die im heißen indischen Klima vor der Sonne schützen und dabei ständig für Belüftung sorgen. Die Formen der bis zum Boden reichenden Fenster zeigen, daß Nash sich keinesfalls sklavisch an indische Vorbilder hielt. Er variierte frei die Kiel- und Zackenbögen indischer Bauten. Seine Fenster wirken »indisch«, ohne indisch zu sein.

Über dem Salon erhebt sich eine hohe zwiebelförmige Kuppel mit kleinen Fensteröffnungen, die ursprünglich einen Billardraum beleuchteten. Flankiert wird die Kuppel auf der Ostseite von schlanken Minaretten, auf der Westseite von zylindrischen Burgtürmen. Der Bau der Kuppel brachte schwierige konstruktive Probleme mit sich: Der Salon, auf den die Kuppel aufgesetzt werden sollte, durfte nicht beschädigt werden. Seine Wände waren aber auch nicht stark genug, um das neue Dach zu tragen. Nash ließ daher um die Außenwände des Raumes einen »Käfig« aus Eisenstützen bauen, auf den die Zwiebel aufgesetzt werden konnte.

Während der langen und komplizierten Entstehungsgeschichte des Royal Pavilion, die 1786 mit einem bescheidenen Wohnhaus begonnen hatte, blieb Henry Hollands erster Umbau immer prägend — nicht nur für die unausgeführten Projekte von Porden und Repton, sondern auch für den endgültigen Umbau durch Nash. Der klassizistischen Förmlichkeit von Hollands Konzept begegnete Nash mit der malerischen Verwandlung der Dachlandschaft in einen Wald aus Kuppeln, Türmen und Minaretten und mit der Auflösung der glatten Außenflächen durch Arkaden, Zinnen und Balkonbrüstungen.

Die oben zitierte Kritik an seinem Entwurf maß den Pavilion mit dem »echten orientalischen Stil« und machte damit auf die eigentliche Qualität des Gebäudes aufmerksam. Sie besteht gerade darin, daß der Architekt zwar authentische Details aufgriff, diese aber in seine eigene, phantastische Vision des Orients integrierte. Nashs souveräner Umgang mit den Vorbildern, der sich nicht um Glaubwürdigkeit scherte, mußte vielen Zeitgenossen leichtfertig erscheinen. Im Gegensatz zu Cockerells Sezincote oder zu Reptons gelehrtem Entwurf erscheint Nashs Pavilion als gigantische »folly«, als extravagante feudale Laune.

Der Korridor des Royal Pavilion, Brighton, um 1820. Aus: John Nash, *Views and Illustrations of His Majesty's Palace at Brighton*, 1826.

Der Palast des Kronprinzen

Royal Pavilion, Brighton. Küche.

John Nash, Nordtor des Royal Pavilion, Brighton, 1833.

Hier wurde das bürgerliche Maß auf provozierende Weise gesprengt. Spiegelt Sezincote eine hochkultivierte bürgerliche Lebenshaltung, die sich die Welt wissenschaftlich und ästhetisch aneignete, so erscheint der Royal Pavilion eher als Ausdruck des von den Zeitgenossen als anstößig empfundenen Genußstrebens und der maßlosen Verschwendungssucht seines Besitzers.

Die Sommerresidenz des Kronprinzen forderte aber nicht nur moralisierende Kritik, sondern auch Spott heraus. Fürst Pückler verglich den Bau mit einem riesigen Schachspiel und meinte, er würde es nicht bedauern, wenn man alles wieder abreißen würde.[34] Nach dem Tod von George IV. setzte sein Bruder William erst einmal die indische Tradition fort. Das große Stallgebäude erhielt 1832 den noch fehlenden Ostflügel (Queen Adelaide's Stables), und ein Jahr später wurde nach Nashs Entwurf das große Nordtor erbaut. Zwischen dem North Gate und Pordens Ställen stand noch ein älteres Wohnhaus, das ebenfalls ein indisches Äußeres erhielt. Als 1837 auch William starb und Victoria den Thron bestieg, wurde der Royal Pavilion für 53 000 Pfund an die Stadt Brighton verkauft. Das war nur ein Bruchteil der Baukosten, die angeblich 700 000 Pfund betragen hatten. Ein großer Teil der Möbel und Dekorationen wurde vor dem Verkauf herausgeschafft, viele Tapeten entfernte man, um sie im Buckingham Palace wieder anzubringen. Hier befindet sich bis heute ein wesentlicher Teil der ursprünglichen Möblierung.

Erst nach dem Zweiten Weltkrieg wurde unter der Leitung von Clifford Musgrave mit der historisch getreuen Rekonstruktion der Innenräume begonnen, die sich im wesentlichen an den farbigen Aquatintaradierungen in den *Views and Illustrations of His Majesty's Palace at Brighton* orientieren, die Nash 1826 herausgab.

Heute bietet der Pavilion ein dem ursprünglichen Zustand nahekommendes Bild. Ein Teil des alten Mobiliars wurde wieder zurückerstattet, die Lücken schloß man mit Stükken, die sich stilistisch einfügen. Nach der Rekonstruktion der Innenräume wurde mit der durchgreifenden Erneuerung der inzwischen stark geschädigten Gebäudestruktur begonnen. Vermutlich erst gegen Ende der achtziger Jahr wird man den Royal Pavilion wieder ohne Gerüste betrachten können.

Das orientalische Ensemble aus Pavilion, Stallgebäuden, Reithalle und Toren regte in Brighton zu weiteren exotischen Bauten und Projekten an. 1825 propagierte Henry Philipps das Projekt eines *Oriental Garden*[35]: Ein riesiger, mit drei zwiebelförmigen Glaskuppeln versehener Bau sollte einen öffentlichen Wintergarten und ein »Kulturzentrum« aufnehmen. Das Projekt scheiterte jedoch an den hohen Kosten. Etwa zur gleichen Zeit entstanden einige städtische Wohnhäuser mit indischen Fassaden nach Entwürfen von Amon Henry Wilds. Darunter war auch sein eigenes Wohnhaus in der Western Terrace No. 9.

Solche Projekte entsprachen dem architektonischen »Klima« eines Seebads. Im Laufe des neunzehnten Jahrhunderts entwickelten sich in den Kur- und Badeorten mit Kasinos, Trinkhallen und ins Meer hinaus gebauten Piers besondere Bautypen, die den Erholungs- und Zerstreuungsbedürfnissen der Kurgäste entgegenkamen. Die Loslösung aus dem Alltag sollte auch in der Architektur ihren Ausdruck finden.

So war es naheliegend, auch die Pavillons und Festsäle auf den Piers mit orientalischem Flair zu versehen. Mit seinem West Pier (1863–66) begann Eusebius Birch die Tradition der phantasievollen orientalisierenden Piers. Der 1891 begonnene Palace Pier, der noch heute benutzt wird, setzte diese Tradition fort.

Ein Bürger der Stadt, Sir Albert Abdullah Sassoon, ließ sogar sein Grabmal im indischen Stil erbauen. Im übrigen England finden sich bis zum Ende des Jahrhunderts noch vereinzelt Beispiele des indischen Einflusses. An einer »wissenschaftlichen« Verarbeitung indischer Vorbilder wie bei Thomas Daniell oder Humphrey Repton bestand jedoch nur selten Interesse. Landsitzen wie Hope End oder Redcliffe fehlt die Eindeutigkeit jener Entwürfe, die es den Kennern ermöglichte, die aus Büchern bekannten Originaldetails wiederzuerkennen. Häufig zog man der akademischen Anwendung indischer Stilmerkmale einen unbestimmten Orientalismus vor, in dem sich indische mit maurischen Elementen vermischen konnten, wie bei dem Gebäude der Blackfriars Station (1870) in London.

Im musealen Zusammenhang bemühte man sich um glaubwürdige Rekonstruktionen indischer Architektur: So lag Matthew Digby Wyatts Entwurf für den Arkadenhof des Museums der East India Company in der Leadenhall Street (vor 1858) angeblich die private Audienzhalle eines Mogulfürsten in Agra zugrunde.[36] Fast immer wurde der indische Stil im Sinne einer »architecture parlante« verwendet: Entweder sollte Zer-

Der Palast des Kronprinzen

John Nash, Royal Pavilion, Brighton, 1815—22.
Dachdetail und Ostansicht.

streuung, Luxus und Extravaganz signalisiert oder auf eine besondere Biographie wie in Sezincote, Hope End und Redcliffe hingewiesen werden.

Unter den orientalischen Landsitzen gibt es einen, der nicht an den Wohlstand der Kolonialherren erinnert, sondern an die Geschichte derer, die durch die britische Herrschaft Macht und Reichtum verloren hatten.

1848 hatten die Briten einen Aufstand von Sikhs zum Anlaß genommen, den Pandschab zu annektieren und den Maharadscha Dulip Singh zu entmachten. Als Entschädigung für sein Reich erhielt der damals zehn Jahre alte Maharadscha von der East India Company eine lebenslange Rente, die im Verhältnis zu den Reichtümern, die er in Indien zurückließ, nicht allzu üppig war. Dulip Singh ging später nach England und erwarb dort Elveden Hall in Suffolk, das er 1863—70 umbauen ließ.[37] Außen wurde der »italienische« Stil des Herrenhauses beibehalten, die wichtigsten Empfangsräume im Inneren wurden jedoch unter der Leitung des Architekten John Norton mit Stuck und Farbe im indischen Stil umgewandelt. Norton orientierte sich an Photographien indischer Bauwerke und studierte die Objekte in der indischen Sammlung des South Kensington Museum. Das indische Interieur wurde jedoch mit viktorianischem Mobiliar ausgestattet. Noch der nächste Besitzer von Elveden Hall war von dem indischen Ambiente beeindruckt: Nach dem Tod des Maharadschas (1893) erwarb Edward Cecil Guinness, Earl of Iveagh und Urenkel des Brauereigründers, das Haus des Inders und ließ es nochmals umbauen und erweitern. Die bereits vorhandenen indischen Räume wurden durch eine riesige Halle ergänzt, deren eklektischer Stil Merkmale der Mogularchitektur mit denen hinduistischer Baukunst vermischte.

Das »Schloß des Maharadschas« steht nun schon seit mehr als vierzig Jahren leer, da die Familie des derzeitigen Earl of Iveagh sich nicht in der Lage sieht, die 105 Räume zu bewohnen. 1984 wurden die Sammlungen und das gesamte Mobiliar von Elveden Hall in London versteigert.

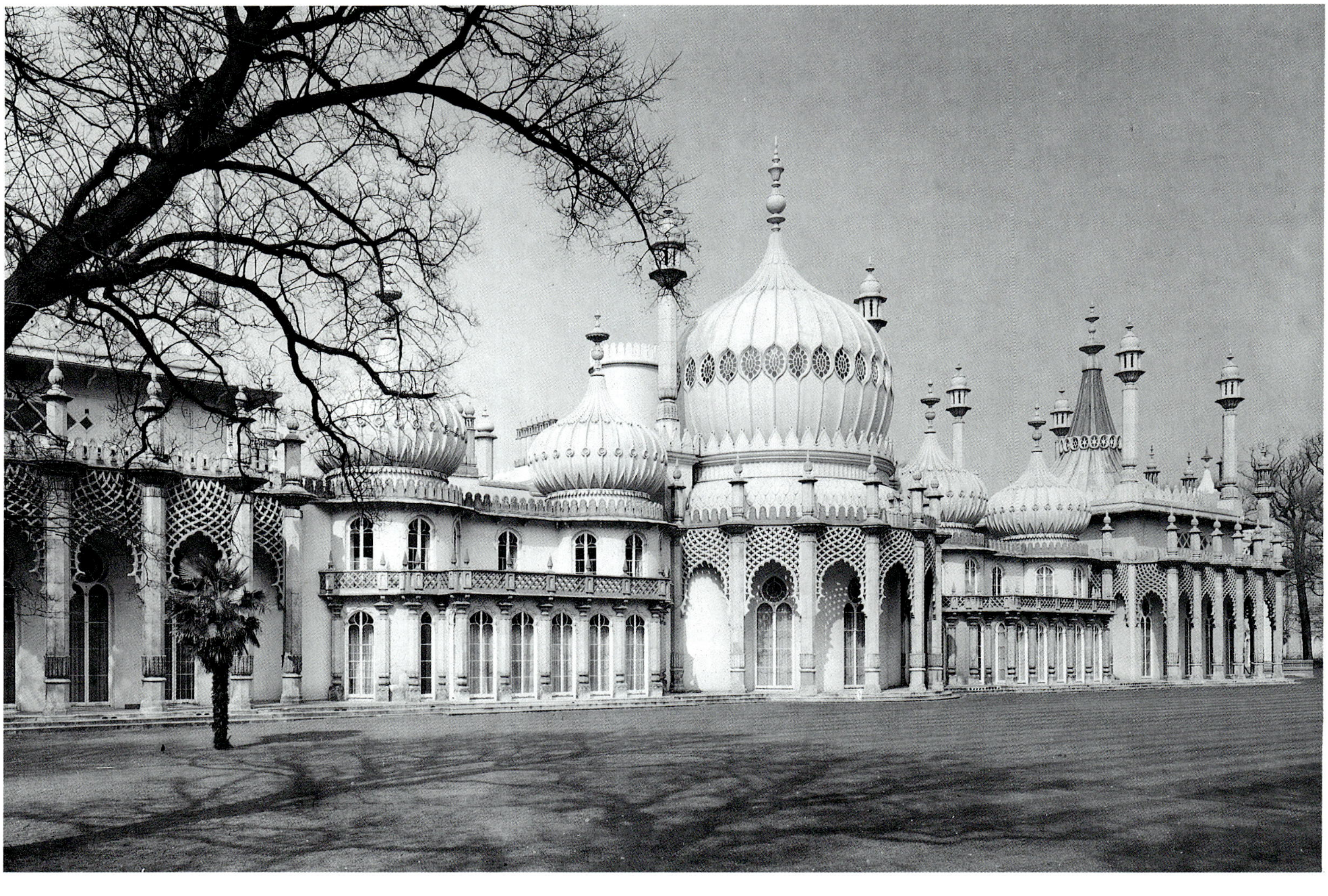

Der Palast des Kronprinzen

Hope End, Herefordshire, 1810–15.
Der bizarre Bau besaß eine hier nicht sichtbare
große Glaskuppel über dem zentralen Treppenhaus. Die unakademischen »orientalischen«
Details und die ungeschickte Komposition bestätigen die Annahme, daß Edward Moulton-Barrett,
der Besitzer von Hope End, sein Haus selbst entworfen hatte. Edward war in Jamaika geboren
worden, wo seine Familie ausgedehnte Zucker-
rohrpflanzungen besaß. Die Moulton-Barretts
waren 1794 nach England übergesiedelt, um
Edward und seinen Geschwistern eine englische
Erziehung zu ermöglichen. Der Wohlstand der britischen Plantagenbesitzer beruhte auf der Arbeit
von mehr als einer halben Million afrikanischer
Sklaven, die während des achtzehnten Jahrhunderts in die Karibik verschleppt worden waren.
Als die Sklaverei auf den britischen Besitzungen
schließlich abgeschafft wurde (1833), begann für
viele Plantagenbesitzer der wirtschaftliche Niedergang: Die Moulton-Barretts mußten Hope End
verkaufen.[42]

Amon Henry Wilds, eigenes Wohnhaus, Western Terrace, Brighton, vor 1830.

Amon Henry Wilds (?), Clifton Baths, Gravesend, 1835.

Jeffry Wyatville, »Villa in the Oriental Style«, Projekt, 1838.
Der Entwurf war einer von mehreren Alternativ-
entwürfen, die Wyatville auf Empfehlung der eng-
lischen Königin Adelaide für deren Bruder, den
Herzog von Sachsen-Meiningen angefertigt hatte.
Keines der Projekte wurde realisiert.[43]

Ein türkisches Minarett, ein Torbau mit »Kuppel«
und die minarettartigen Säulen der Mauer, die
den Hof des ehemaligen Stallgebäudes umgibt,
erinnern an den 1873 abgerissenen Landsitz in der
Nähe von Ledbruy, Herefordshire.

Der Palast des Kronprinzen

Mausoleum für Sir Albert Abdullah Sassoon, Paston Place, Brighton, 1880.
Albert Sassoon besaß ein Handelsimperium mit Hauptsitz in Bombay. Es war also durchaus passend, mit einem »indischen« Grabmal, dessen Dachform der Architekt beim Royal Pavilion entlehnt hatte, an die Herkunft des Sassoonschen Vermögens zu erinnern. Sir Albert wurde tatsächlich 1896 hier begraben. Heute dient der Bau den Lebenden: Vor einigen Jahren war hier noch die »Bombay Bar«, inzwischen ist ein weniger exotisches Pub eingezogen.

Bahnhofsgebäude der District Railways in Blackfriars, London, 1870.

Der Palast des Kronprinzen

William und Clyde Young sowie Caspar Purdon
Clarke, Indische Halle, Elveden Hall, Suffolk,
1900–03.

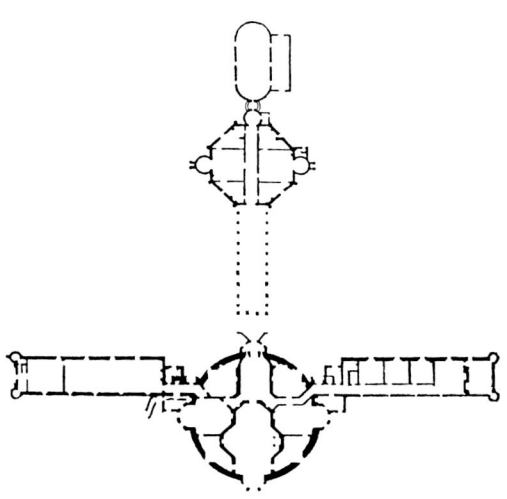

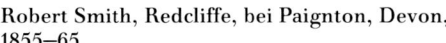

**Robert Smith, Redcliffe, bei Paignton, Devon,
1855–65.**

Der noch bestehende Bau, der inzwischen in ein
Hotel umgewandelt wurde, hatte dem Militäringe-
nieur Robert Smith (1787–1873) gehört, der einen
großen Teil seines Lebens im Dienst der East
India Company verbracht hatte. Smith hatte in
Indien nicht nur zu malen begonnen, sondern dort
auch die Wiederherstellung einiger bedeutender
Baudenkmäler aus der Mogulzeit geleitet.[44] Nach
seiner Pensionierung lebte er fast 20 Jahre in Italien, bevor er 1850 in seine Heimat zurückkehrte.
1852 begann der inzwischen über sechzig Jahre
alte Smith mit der Planung seines Altersitzes. In
exponierter Lage, auf einer Felsklippe über dem
Meer, wurde drei Jahre später mit der Realisierung eines ebenso exzentrischen wie romantischen
Konzeptes begonnen. Im Kern der Anlage befindet
sich ein dreigeschossiger Rundbau, der nicht nur
an mittelalterliche Wehrtürme, sondern auch an
römische Rundgräber (Grab der Caecilia Metella,
»Engelsburg«) oder Lequeus Projekt für ein Schloß

am Meer erinnert.[45] Wie auch sein nächstes Projekt, das Château de l'Anglais genannte Schloß auf
einer Halbinsel bei Nizza, das Smith 1858 zu bauen
begann, zeigt, war der ehemalige Colonel offensichtlich von der Idee des Festungsbaus besessen.
In Indien hatte die Planung von Befestigungsanla-
gen zu seinen Aufgaben gehört; ihm war auch das
berühmte Fort von Rohtasgarh bekannt. Die vielfältigen ikonographischen Deutungsmöglichkeiten
lassen das Wohnhaus von Smith zugleich als sym-
bolische Festung und als Kenotaph erscheinen.
Gleichzeitig ruft der Rundbau, an den wie ein
Scharnier noch drei lange rechteckige Flügel ange-
hängt sind, Grundrißexperimente des späten achtzehnten Jahrhunderts in Erinnerung. Nicht nur
»Revolutionsarchitekten« wie Ledoux waren von
den Möglichkeiten des Rundbaus fasziniert. Auch
der architektonische Freiraum, den die anglo-chinesischen Gärten boten, hatte neben dem Spiel
mit exotischen Stilen das Experiment mit Grundrissen ermöglicht, die nicht aus funktionalen
Erfordernissen abgeleitet sind, sondern auf der

abstrakten Kombination geometrischer Grundformen beruhen. Ein bekanntes Beispiel eines solchen Experiments ist die »abgebrochene«
dorische Säule in der »Wüste« von Retz, einem
französischen Garten, der in dem Jahrzehnt vor
der Revolution entstand. Sie enthält ein vierge-
schossiges Wohnhaus. In jeder Etage wird der
kreisförmige Grundriß neu variiert.[46]
In Redcliffe verbindet sich ein extravaganter
Grundriß mit exotischem Flair. Durch frei in-
terpretierte indische Details (die kielbogenförmi-
gen Fenster, die Zinnen, die zwiebelförmigen
Hauben der Minarettürmchen) wird auf ein fikti-
ves Vorbild verwiesen, das den Gesamtplan zu
rechtfertigen scheint. Die »indische« Burg des
Colonel Smith enthielt nicht nur 23 Schlafzimmer,
sondern auch ein Treibhaus, einen Billardsaal, ein
Atelier und zwei Ausstellungsräume, in denen der
Hausherr vermutlich nur einen Teil von mehr als
dreihundert Gemälden unterbringen konnte, die
er in Indien gemalt hatte.

Die Faszination der Alhambra: »Wissenschaftlicher« Orientalismus

»Die Alhambra scheint die Wohnung der Genien zu sein; sie ist einer dieser Bauten aus Tausendundeiner Nacht, die weniger der Wirklichkeit als dem Traum zu entstammen scheinen. Man macht sich kaum eine Vorstellung von den gegossenen und durchbrochenen Stuckarbeiten, von dieser Architektur aus Spitzen, von den Bädern und Brunnen, von den Gärten im Inneren, in denen wilde Orangen- und Granatäpfelbäume zwischen anmutigen Ruinen stehen. Nichts kommt der Eleganz und dem Abwechslungsreichtum der Arabesken in der Alhambra gleich. Die mit Ornamenten überladenen Wände gleichen jenen Stoffen des Orients, die die Sklavinnen in der Abgeschiedenheit des Harems besticken.«[1]

»Etwas zugleich wollüstiges, religiöses und kriegerisches scheint in diesem magischen Gebäude zu atmen, das Kloster der Liebe und geheimnisvoller Zufluchtsort der maurischen Könige war, die hier alle Freuden kosteten und alle Pflichten des Lebens vergaßen.«[2]

Die letzte Etappe seiner Reise rund ums Mittelmeer, »von Paris nach Jerusalem«[3], hatte den französischen Dichter Chateaubriand im Frühjahr 1807 nach Andalusien geführt. Nachdem er im Heiligen Land auf den Spuren der mittelalterlichen Kreuzritter gewandelt war, betrat er in Spanien wieder bedeutsames historisches Terrain: In Granada hatte die letzte große Auseinandersetzung zwischen Christentum und Islam auf spanischem Boden stattgefunden. Die Alhambra, hoch über der Stadt gelegene, befestigte Anlage aus Palästen, Gärten und Wehrtürmen, galt als Ort der letzten Blüte arabischer Kultur im Abendland. Hier schienen sich die romantischen Vorstellungen von »Liebe und Treue, von Krieg und Rittertum«[4] zu verdichten, die die Reisenden mit jener fast achthundertjährigen Epoche der spanischen Geschichte verbanden, die mit der arabischen Eroberung im achten Jahrhundert begonnen hatte und 1492 mit der Rückeroberung Granadas ihr Ende gefunden hatte. Für Chateaubriand wurde der romantische Ort zum Schauplatz seiner eigenen Geschichte von »Liebe und Treue«: In Granada erwartete ihn bereits Nathalie de Noailles; die Geschichte der beiden wurde zum biographischen Anlaß der Erzählung vom »letzten Abencerragen«,[5] die Chateaubriand bald nach seiner Reise begann.

Spanien war erst in den letzten Jahrzehnten des achtzehnten Jahrhunderts zum neu entdeckten Ziel »pittoresken Reisens«[6] geworden. Für die literarische Ausbeute seiner eigenen Reise konnte sich Chateaubriand auf die Materialien stützen, die bereits etliche andere Autoren vor ihm zusammengetragen hatten.[7] Übrigens gab auch Alexandre de Laborde, der Bruder der Gräfin von Noailles, seit 1806 eine mehrbändige »Voyage pittoresque de l'Espagne« heraus.[8]

Die Legenden, die sich um die arabischen Herrscher und die Helden der christlichen Reconquista rankten, hatten jedoch bereits seit Corneilles Drama *Le Cid* (1637) zu Romanen und Theaterstücken angeregt. Das Schicksal der Abencerragen war sogar Thema einer 1813 uraufgeführten Oper von Luigi Cherubini gewesen.[9]

Der Held von Chateaubriands Erzählung, der Mohammedaner Aben-Hamet, Nachkomme jener Mauren, die von den Spaniern aus Granada vertrieben worden waren, macht eine melancholische Reise, um an den Stätten seiner Vorfahren des vergangenen Glanzes arabischer Herrschaft zu gedenken; er verliebt sich dort in die Christin Blanca, eine Nachfahrin des siegreichen Cid. Mangels aufgeklärter Weltoffenheit scheitert die Liebe jedoch an der Gegensätzlichkeit der Religionen. Obwohl die Geschichte in einer längst vergangenen Zeit spielt, sieht Aben-Hamet die Alhambra bereits aus der romantischen Perspektive des frühen neunzehnten Jahrhunderts. Als er mit der Geliebten bei Mondschein durch den alten Palastbezirk spaziert, ist er von der Ästhetik der Vergänglichkeit besonders berührt: In ihrem Verfall erscheint ihm die Alhambra schöner, als sie jemals vorher gewesen war.[10]

Mindestens ebenso wie die französische Erzählung trug Washington Irvings *Die Alhambra* (1832), eine lockere Verknüpfung von Reiseskizzen und alten Legenden, die auch in Deutschland große Verbreitung fand, zur Popularität der maurischen Paläste bei.[11] Irving, der sich dort für ein paar Monate in einigen verlassenen Räumen wohnlich eingerichtet hatte, fand die berühmten Bauten in stark vernachlässigtem Zustand vor. Für die reisenden Architekten bestand daher eine besondere Verpflichtung, den Bau wenigstens durch Zeichnungen und Bauaufnahmen zu bewahren.

Zu den ersten, die sich intensiv mit den maurischen Bauten in Granada und Cordoba befaßten, gehörte der Engländer James Cavanah Murphy (1760–1814), der 1802 nach Spa-

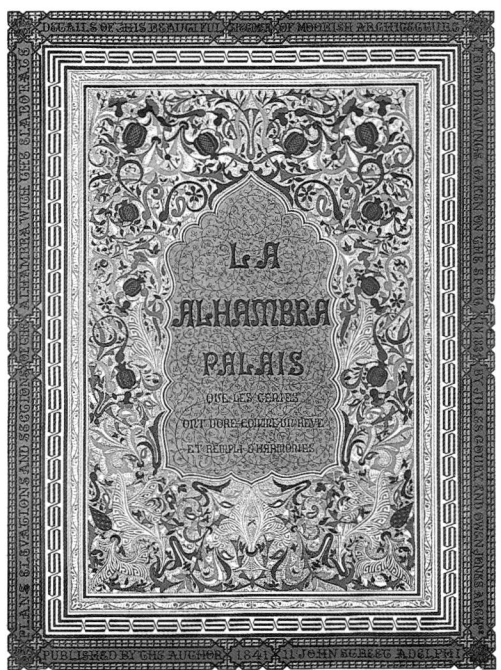

nien kam. Das Resultat seiner jahrelangen Arbeit erschien 1815 unter dem Titel *The Arabian Antiquities of Spain*, ein prächtiger Band mit 90 großformatigen Kupferstichtafeln, die auf Murphys präzisen Zeichnungen und Messungen beruhten. Ziel des Autors war es, dem Leser zu zeigen, zu welcher Höhe die Araber die schönen Künste zu einer Zeit gebracht hatten, in der »... das übrige Europa von Ignoranz und Barbarei niedergehalten wurde.«[12] Die hohe Wertschätzung der maurischen Architektur lag nicht nur in der Idealisierung ihrer Urheber begründet, deren Vertreibung durch die Christen man allgemein bedauerte. Vielmehr war es der Kontrast zu den rücksichtslosen Veränderungen, die christliche Baumeister an den islamischen Bauten vorgenommen hatten, der für die Kultur der Verlierer besonders einnahm. Mit allen späteren Autoren verurteilte Murphy die Entstellung der Moschee von Cordoba, in deren Säulenhalle man den Fremdkörper einer gotischen Kathedrale gesetzt hatte. Auch in der Alhambra hatte man versucht, die Mauren zu übertrumpfen: Unter Karl V. errichtete man einen riesigen Renaissancepalast, der seither das alte Ensemble beeinträchtigt.

Ein eher akademisches Motiv für das Interesse, das man der maurischen Architektur entgegenbrachte, war die unter Historikern und Theoretikern noch immer diskutierte These von Sir Christopher Wren, der bereits 1750 behauptet hatte, daß in der Architektur der Sarazenen der Ursprung der Gotik zu suchen sei.[13]

Während Wren die Kreuzfahrer als Vermittler zwischen beiden Kulturkreisen ansah, gingen andere Theorien davon aus, daß islamische Einflüsse über das maurische Spanien in den Norden gelangt waren. Jakob Ignaz Hittorf (1792–1867), der während eines längeren Aufenthaltes auf Sizilien Nachweise für die Polychromie antiker Bauwerke erbrachte, befaßte sich dort auch mit der arabisch beeinflußten Architektur. In seiner gemeinsam mit Ludwig Zanth herausgegebenen *Architecture moderne de la Sicile* (1835) führte er die Gotik, deren Hauptmerkmal er in der Verwendung des Spitzbogens sah, auf die sarazenisch beeinflußte Baukunst des normannischen Siziliens zurück. In Spanien drängten sich den Reisenden solche Vergleiche förmlich auf, da sich dort die maurische Architektur in den Moscheen von Cordoba oder Sevilla mit späteren gotischen Einbauten vermischte, eine Vermischung, auf die auch Washington Irving im Vorwort zu seiner *Alhambra* hinwies. In Rückübertragung solcher Theorien und Beobachtungen sprach Chateaubriand in Zusammenhang mit der Alhambra von »Säulen, die eine Reihe gotischer Bögen trugen«[14]. Für die Geläufigkeit solcher Vergleiche spricht es, daß ein Entwurf des englischen Architekten William Porden für den Umbau von Eaton Hall (1804) von einem Zeitgenossen als »Morisco-Gothic« bezeichnet wurde – ein Vergleich, der im übrigen kaum zutreffend war.[15]

Solche Ableitungen standen in Zusammenhang mit einem verbreiteten Bestreben, komplexe Phänomene aus einer linearen Entstehungsgeschichte heraus zu erklären und sie, wie es etwa Rousseau in seinen Gesellschaftstheorien versuchte, auf eindeutige Ursprünge zurückzuführen. [16]

Über die Herkunft der Gotik kursierten noch andere Theorien als die »sarazenische«: Wohl die beliebteste seit Laugier[17] war die, die auf dem visuellen Vergleich des gotischen Kirchenschiffs mit einer Allee hochstämmiger Bäume beruhte, deren Zweige sich in der Höhe zu einem Gewölbe fügen. Als ernsthafte Theorie, die man sogar durch praktische Experimente zu unterstützen suchte, und als poetisches Bild fand diese These noch bis zum Ende des neunzehnten Jahrhunderts ihre Anhänger.[18] Mit solchen Herkunftstheorien versuchte man, für einen als bizarr und fremdartig empfundenen Baustil eine plausible Erklärung zu finden. Es war daher nur naheliegend, die Ursprünge einer Architektur, die im Vergleich zu den Bauten der Antike und der Renaissance als Verirrung erschien, im außereuropäischen Kulturkreis zu suchen. Nicht nur der arabische Baustil wurde für solche Erklärungen bemüht, sondern auch andere exotische Baustile wie der chinesische oder der indische. Zugrunde gelegt wurden jeweils vordergründige Formanalogien, die auch in konkreten Neuschöpfungen wie den »gotisch-chinesischen« Gartenpavillons der Brüder Halfpenny (vgl. S. 12) praktisch demonstriert wurden. Schelling dagegen entdeckte in den gotischen Kathedralen Ähnlichkeiten mit indischen Tempeln und Pagoden: »Der ausschweifende Geschmack der Orientalen, der überall das Begrenzte meidet und auf das Unbegrenzte geht, blickt unverkennbar durch die gotische Baukunst hindurch ...«[19]

Mehr als zwanzig Jahre nach Murphys Veröffentlichung erschienen weitere umfangreiche Darstellungen der Alhambra. Neben den populären *Sketches and Drawings of the*

Die Faszination der Alhambra

Owen Jones, 24 Kensington Palace Gardens, London, 1845.

Matthew Digby Wyatt, Maurischer Billardsaal, 12 Kensington Palace Gardens, 1864.

Alhambra von John Frederick Lewis, dem es mehr auf die Mönche, Spanierinnen und Gitarrespieler ankam, mit denen er seine Blätter anreicherte, waren es vor allem die großformatigen Bände von Girault de Prangey und Owen Jones (1809–74), die den Kunstinteressierten mit neuen Details versorgen konnten.[20] Bei Girault waren einer präzisen Darstellung allerdings durch die Reproduktionstechnik Grenzen gesetzt: Die Zeichnungen waren mit Kreide auf Stein gezeichnet. Wesentlich präziser war die Wiedergabe durch Stahlstiche, wie Jones sie für seine Publikation gewählt hatte. Owen Jones hatte 1834 gemeinsam mit seinem Kollegen Jules Goury, der während der Arbeit in Spanien an der Cholera starb, Bauaufnahmen der Alhambra und Abgüsse vieler Ornamente angefertigt. Trotz des wissenschaftlichen Anspruchs verschmähten es jedoch weder Girault noch Jones, ihre Zeichnungen durch Figuren zu beleben. Erst 1842 erschienen, von Jones selbst verlegt, die *Plans, Elevations, Sections, and Details of the Alhambra,* denen 1845 ein zweiter Band mit einer großen Anzahl noch wenig perfekter Chromolithos folgte, die nur der reichen Ornamentik der Alhambra gewidmet waren. Nach Hessemers Band über *Arabische und Altitalienische Bauverzierungen*[21] lag nun eine weitere Veröffentlichung vor, die sich ganz auf die Darstellung exotischer Dekorationsformen konzentrierte.

All diese Bücher richteten sich jedoch nicht nur an Historiker oder kunstinteressierte Laien, sondern auch an Kunsthandwerker und Architekten, denen neue Anregungen gegeben werden sollten. Bei Jones selbst war die wissenschaftliche Auseinandersetzung mit der maurischen Architektur mit dem Versuch verbunden, das Gesehene in die Praxis umzusetzen.

Unter diesem Gesichtspunkt erscheint vor allem der zweite Band von Jones' Alhambra-Publikation als reines Vorlagenbuch, vergleichbar mit seiner späteren *Grammar of Ornament* (1856).

Anhand vorhandener Farbspuren rekonstruierte Jones auch die farbige Fassung der Alhambra und kam zu dem Ergebnis, daß die Primärfarben Rot, Gelb und Blau dominierten. Für seine eigene Tätigkeit war die Auseinandersetzung mit orientalischer Farbgebung und Ornamentik besonders folgenreich. Er hoffte, aus seinen Erkenntnissen allgemeine Gestaltungsprinzipien zu gewinnen, die in Verbindung mit neuen Baumaterialien und -techniken zu einem neuen, zeitgemäßen Stil führen würden. Nach einigen Wettbewerbsbeiträgen, die wegen ihrer zu starken Anlehnung an die Architektur der Alhambra auf Ablehnung gestoßen waren, konnte Jones dann 1843 und 1845 seine Vorstellungen erstmals in einem größeren Projekt erproben: In einer neu angelegten Straße, den Kensington Palace Gardens, sollte eine Reihe palastähnlicher Stadthäuser entstehen. Jones erhielt den Auftrag für die Nummern 8 und 24. Beiden Bauten gab er das Aussehen italienischer Villen, wenn man von den kleinen Zwiebelkuppeln absieht, die dem Haus Nr. 24 ein dezentes exotisches Flair verleihen. Die Dekorationen im Inneren führte er jedoch ganz im maurischen Stil aus.[22]

Großes Aufsehen erregte Jones 1851 mit seinem Farbkonzept für den Kristallpalast: Die Eisenkonstruktion wurde in den Grundfarben Rot, Gelb und Blau bemalt. Die historische Rechtfertigung seines zuerst umstrittenen, dann begeistert begrüßten Farbschemas sah er in der neu erkannten Polychromie islamischer, ägyptischer und antiker Bauten. Nach der Weltausstellung wurde der Kristallpalast abgebaut und im erweiterter Form in Vorort Sydenham als ständiger Ausstellungsbau wiederaufgestellt. Gemeinsam mit seinem Freund Matthew Digby Wyatt (1820–77) schuf Jones hier eine ganze Serie musealer Inszenierungen, die die wichtigsten Weltkulturen in Architekturkulissen aus Holz und Gips darstellten.

Zu diesen »Fine Arts Courts« gehörten nicht nur ein gotischer und ein ägyptischer Hof, sondern natürlich auch ein »Alhambra Court«, eine in den Ausmaßen reduzierte Kopie des berühmten Löwenhofs.[23]

Seiner in Sydenham demonstrierten Kenntnis islamischer Baukunst verdankte Jones nicht nur einen weiteren Museumsauftrag (die Einrichtung der »Oriental Courts« im South Kensington Museum), sondern auch eine Reihe privater Aufträge. Jones machte sich in den folgenden Jahrzehnten vor allem als Innenarchitekt und »Designer« einen Namen. Er stattete nicht nur die Häuser reicher Bürger mit kostspieligen maurischen Interieurs aus (16, Carlton House Terrace, 1865–70), sondern versah auch Geschäftsräume und die St. James's Concert Hall (1858) mit orientalischem Glanz. Seine allgemein bewunderten Wirkungen erzielte er mit der reichen Verwendung von Stuck und Farbe,

Die Faszination der Alhambra

Owen Jones, Projekt eines Sommerpalastes für den ägyptischen Khedive, 1861. Längsansicht. Jones zeichnete verschiedene Ansichten und Schnitte für dieses Projekt, das nicht ausgeführt wurde. Ob ein konkreter Auftrag vorlag, ist nicht bekannt.

Spiegeln und farbigem Glas. Die Alhambrafaszination hatte sich auch auf den jüngeren Wyatt übertragen, der sich bereits in den verschiedensten historischen Stilen versucht hatte: Für das Haus des Baumwollhändlers Alexander Collie, 12, Kensington Palace Gardens, entwarf er einen noch bestehenden maurischen Billardsaal.[24] Collie hatte bereits auf der Weltausstellung von 1862 einen Kamin aus farbiger Keramik erworben, den Wyatt entworfen hatte (vgl. S. 140).

Owen Jones entwickelte sich zu einem der vielseitigsten Designer des viktorianischen Zeitalters. Er entwarf nicht nur Verpackungen und Buchumschläge, sondern belieferte die Industrie auch mit vielen Hunderten von Entwürfen für Keramikfliesen, Textilien und Tapeten, deren Muster stark von islamischen Vorbildern beeinflußt waren.

Zu Owen Jones' Orientalismus mag außer dem persönlichen Erlebnis maurischer Architektur auch das Werk eines wenig bekannten deutschen Architekten beigetragen haben: 1838 stellte das Institute of British Architects Zeichnungen von Karl Ludwig Wilhelm Zanth (1796–1857) aus.[25] Zanth hatte damals gerade die ersten Entwürfe für ein ehrgeiziges Bauprojekt des württembergischen Königs angefertigt, das ganz im maurischen Stil ausgeführt werden sollte. Da die geplante »maurische Villa« durch ausgedehnte Gewächshäuser und Orangerien ergänzt werden sollte, hatte Wilhelm I. (1781–1864) seinen Architekten nach England geschickt, damit dieser die neuesten Konstruktionen aus Eisen und Glas vor Ort studieren konnte. Zanth sah nicht nur Joseph Paxtons Gewächshäuser in Chatsworth, sondern soll auch von Charles Fowler durch den großen Wintergarten von Syon House geführt worden sein.[26] Vielleicht hatte Zanth in London auch Owen Jones kennengelernt, dessen Alhambrapublikation ihm für die Detailentwürfe der württembergischen Alhambra von großem Nutzen sein sollte. König Wilhelm hatte jedenfalls außer John Nashs Prachtwerk über den Royal Pavilion auch ein Exemplar der *Alhambra* in seiner Bibliothek.[27]

John Frederick Lewis, Löwenhof in der Alhambra, Granada. Aus: *Lewis's Sketches of the Alhambra*, 1835.

Die Faszination der Alhambra

»On fait très bien l'architecture arabe en Allemagne«[28]
»In Deutschland verdient keine Stadt mehr den Namen Bagdscheserai, d.i. Gartenstadt, als Kannstatt bei Stuttgart, nicht nur wegen der schönen und sinnreichen Wasserkünste des Gartens, sondern auch wegen des maurischen Baues des königlichen Lustschlosses Wilhelma, welcher die morgenländischen Wunder der Alhambra in das Zauberthal des Neckars versetzt und an Schönheit und Merkwürdigkeit gewiß den von allen Beschreibern der Krim so hoch gepriesenen Zauber des Palastes von Bagdscheserai bei weitem an Schönheit und Romantik übertrifft.«[29]

Ludwig Zanth, Wilhelma, Stuttgart-Bad Cannstatt, 1842–64. Aus: *Die Wilhelma, Maurische Villa seiner Majestät des Königes Wilhelm von Württemberg*, 1855.
Unten links der Anfang des langen Wasserbekkens, an dessen anderem Ende 1863/64 die Damascenerhalle gebaut wurde.

Die einstige Pracht der Wilhelma kann der heutige Besucher nur noch erahnen: Im Zweiten Weltkrieg wurden fast alle Bauten stark beschädigt, vieles was übrigblieb, wurde nach dem Krieg beseitigt, von den kostbaren Innenräumen ist nichts mehr vorhanden. Die gesamte Anlage wandelte man in einen Zoologischen Garten um.
Die von dem Wiener Orientalisten Joseph von Hammer-Purgstall so begeistert geschilderte Anlage hat eine lange und komplizierte Baugeschichte. Angefangen hatte sie, als man 1829 im Park von Schloß Rosenstein Mineralquellen entdeckte. Der Bau eines »Badehauses« schien als Bereicherung des im englischen Stil angelegten Gartens wünschenswert. Die ersten Entwürfe, die Giovanni Salucci (1769–1845), Architekt von Schloß Rosenstein, lieferte, sprengten jedoch bereits die Dimensionen eines Gartengebäudes. Salucci schlug eine repräsentative Anlage mit Säulenumgängen, Portiken und Kuppeln vor, die an antike Thermen erinnern sollte. Bereits in diesem Entwurf war das Hauptgebäude mit zwei symmetrisch angeordneten Wintergärten kombiniert. Dem Bauherrn war der von Salucci favorisierte »griechische Geschmack« jedoch nicht malerisch genug.

Die Faszination der Alhambra

Ludwig Zanth, Wilhelma, Stuttgart-Bad Cannstatt, Eiserner Kiosk.
Der Kiosk befindet sich am Ende des Wandelgangs, der an einen der Gewächshausflügel der Maurischen Villa anschließt.

Abseits vom Schloß sollte ein eher privates Refugium entstehen: Das Äußere sollte von ganz persönlichen Vorlieben bestimmt sein; kühle Repräsentation war hier nicht gefragt. Dem König schwebte ein Bau im »gotischen oder lieber maurischen Stil« vor.[30] Aber auch die Bemühungen eines weiteren Architekten führten zu keinem akzeptablen Entwurf. Während sich das Projekt von Jahr zu Jahr verzögerte, wurden jedoch die Vorstellungen des Königs über den Umfang des Bauprogramms präziser. Schließlich wurde der in Stuttgart noch kaum bekannte Architekt Zanth 1837 mit dem Entwurf beauftragt; wenig später sollte er auch Vorschläge für das Badehaus machen. Zanth erschien nicht nur wegen eines nicht ausgeführten Projektes für das Stuttgarter Hoftheater, sondern wohl auch wegen seiner Weltläufigkeit für die neuen Aufgaben geeignet: Der in Breslau geborene Sohn eines Arztes hatte einen Teil seiner frühen Jugend in Paris verbracht, dann seine Ausbildung zum Architekten in Stuttgart begonnen und war danach wieder für einige Jahre nach Paris gegangen, wo er mit dem nur wenig älteren, aus Köln stammenden Architekten Hittorf zusammenarbeitete.[31] Während einer längeren Studienreise durch Sizilien waren die beiden Architekten auch zum ersten Mal mit islamischen Architekturformen in Berührung gekommen. Die Ergebnisse ihrer Arbeit veröffentlichten sie in der *Architecture antique de la Sicile* (Paris 1827) und dem bereits erwähnten Band über Siziliens nachklassische Bauten. Zanth schien also auch die nötigen historischen Voraussetzungen für Wilhelms Pläne zu haben.

Aus dem ursprünglich projektierten Badehaus sollte sich im Laufe der Jahre ein feudaler Landsitz mit zahlreichen Nebengebäuden entwickeln, den Zanth später so beschrieb: »Diese Villa, in der Art der fürstlichen Landsitze Italiens gedacht, besteht in einem Wohngebäude, von Gewächshäusern, Säulengängen, Kiosken, Belvedere, Festsaal, Schauspielhaus und Dienstgebäuden umgeben, welche durch Gartenanlagen verbunden sind, in denen Blumenbeete, Wasserbecken, Springbrunnen und Baumpflanzungen, regelmäßig angeordnet, miteinander abwechseln.«[32]

Für Zanth stellte sich das Problem, den von seinem Bauherrn vorgeschriebenen maurischen Baustil europäischen Bedürfnissen und einem anderen Klima anzupassen. Da er davon überzeugt war, daß die für eine solche Aufgabe »gültigen Gesetze« nur in den »Grundsätzen der griechischen Kunst« zu finden seien, sah er sich vor die Aufgabe gestellt, eine klassische Gestalt mit islamischen Dekorationsformen in Einklang zu bringen. Es galt also, einen exotischen Baustil zu zähmen, »fessellose Eingebung« auf ein erträgliches Maß zu reduzieren: »Es handelte sich also in der Tat darum, die Verirrungen dieser Bauweise zu meiden, ohne den Vorteilen zu entsagen, welche ihre, oft verführerische, im Allgemeinen aber launenhafte, Ausschmückung bietet... Die Vorstellung, die man gewöhnlich mit der maurischen Bauweise verbindet, beruht im Allgemeinen auf Beschreibungen, wie sie die Morgenländer in ihre Erzählungen einflechten, denen aber die Wirklichkeit nicht gerade entspricht: Nichts desto weniger begründet man darauf Ansprüche an etwas Wunderbares, denen unmöglich immer genügt werden kann; aber wenn gleich diese überspannte Erwartung nicht vollständig zu befriedigen ist, sollte sie dennoch nicht ganz ungestillt bleiben: es mußte deshalb durch die eigentümlichen Reizmittel dieser Bauweise kräftig auf die Phantasie gewirkt werden, ohne zu jenen Hilfsmitteln zu greifen, welche der Vernunft und dem prüfenden Geschmack widerstreben.«[33]

Obwohl bereits eine beachtliche Zahl von Publikationen über die islamische Architektur eine genaue Unterscheidung der verschiedenen islamischen Kulturkreise erlaubte, wurden noch häufig Bezeichnungen wie orientalisch, maurisch oder sarazenisch miteinander verwechselt. Dem Bauherrn der Wilhelma kam es wahrscheinlich in erster Linie auf die »morgenländische« Wirkung an. Sein Architekt erzielte diese Wirkung jedoch mit vorwiegend maurischen Mitteln.

Die Bezeichnung »maurisch«, die im neunzehnten Jahrhundert häufig auf alles »Orientalische« angewendet wurde, trifft aus kunsthistorischer Sicht nur auf die islamische Kultur Spaniens und Nordafrikas, des sogenannten Maghreb, zu. Die von Zanth und Hittorf in Sizilien festgestellten islamischen Einflüsse waren dagegen abhängig von der »sarazenischen« Baukunst Ägyptens und Syriens.[34]

1837 lieferte Zanth seine ersten Entwürfe für den gewünschten »Pavillon de bains...accompagné de serres«.[35] Jedoch erst 1842 wurde mit dem Bau begonnen. In der Zwischenzeit hatte Zanth das Projekt noch einmal überarbeitet und auf Wunsch des Königs, der ständig zur Einsparung unnötiger Kosten mahnte, reduziert. Die tatsächlichen Baukosten waren jedoch wegen der umfangreichen und für deutsche Handwerker ungewohnten

Die Faszination der Alhambra

**Ludwig Zanth, Wilhelma, Stuttgart-Bad Cann-
statt, Maurische Villa, 1842—46.**
Links und rechts schließen die Gewächshausflügel
an. Die Aufnahme von 1932 wurde durch das Portal des gegenüberliegenden Festsaalgebäudes
gemacht.

Die Faszination der Alhambra

Ludwig Zanth, Wilhelma, Stuttgart-Bad Cannstatt, Maurische Villa und Festsaalgebäude. Architektonische Details. Aus: *Die Wilhelma*, 1855.

Ludwig Zanth, Wilhelma, Stuttgart-Bad Cannstatt, Maurische Villa, 1842–46. Kuppelsaal.
Photographie von 1932.

Die Faszination der Alhambra

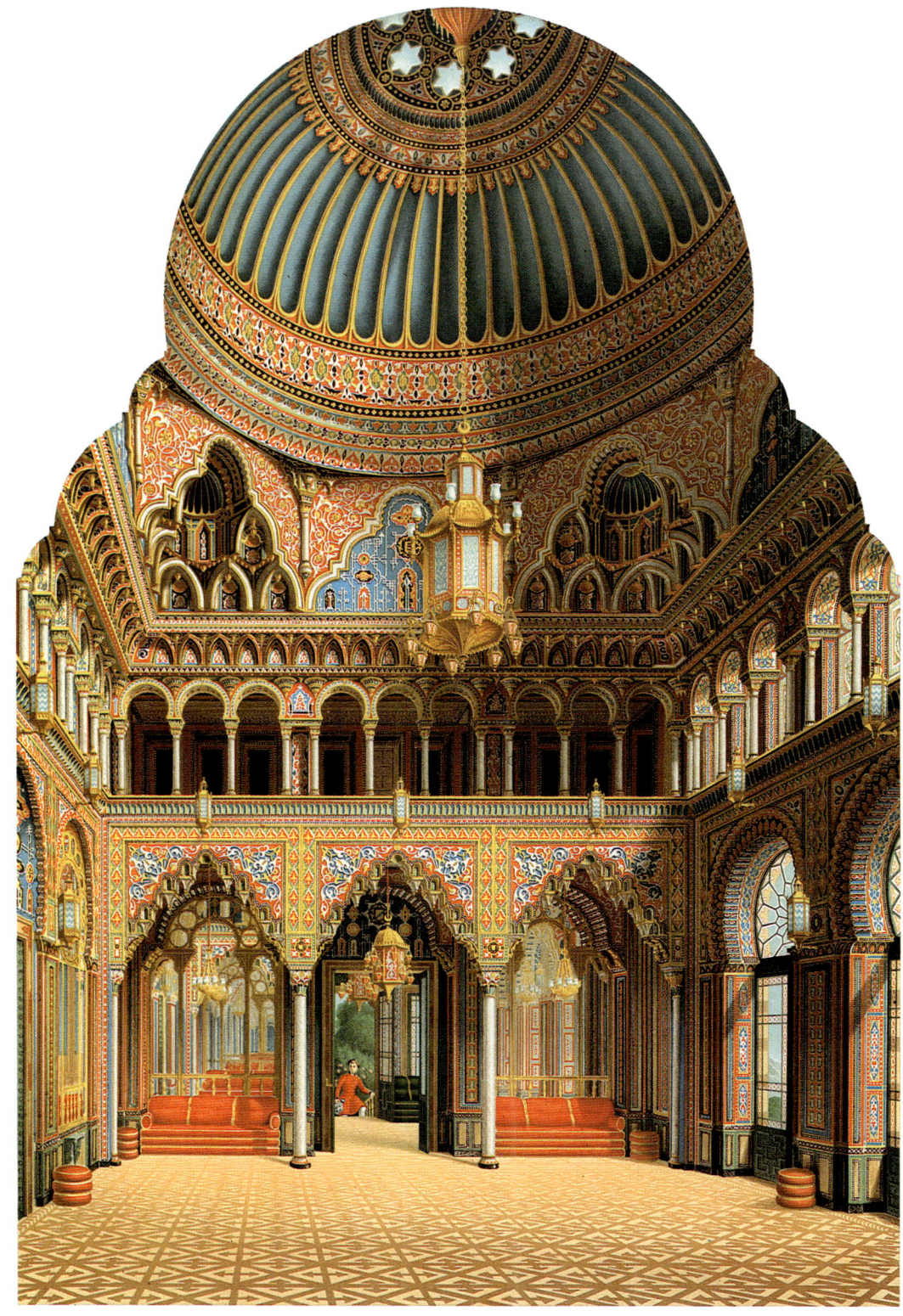

Ludwig Zanth, Wilhelma, Stuttgart-Bad Cann-statt, Maurische Villa, 1842–46. Kuppelsaal.
Aus: *Die Wilhelma*, 1855.
»Als das größte Gemach nimmt dieser Saal auch unter allen die bedeutendste Stelle ein und diese Auszeichnung ist ebenfalls im Äußeren ausgeprägt, wo er nicht nur an Höhe die übrigen überragt, sondern auch durch die Kuppel welche ihn überwölbt den ganzen Bau beherrscht.« Hier überschneiden sich zugleich die Hauptachsen des Gebäudes: Von hier aus konnte man nicht nur in die freie Landschaft, sondern auch in die langen Fluchten der immer grünen Gewächshäuser blicken.

Die Faszination der Alhambra

Ludwig Zanth, Wilhelma, Stuttgart-Bad Cannstatt, Maurische Villa, 1842–46.
Die historischen Aufnahmen zeigen das Schlafzimmer von König Wilhelm und den überdachten Brunnenhof zwischen Vorraum und Kuppelsaal.

Dekorationsarbeiten kaum absehbar. Ein Jahr später war das »maurische Landhaus« im Rohbau fertig; auch die beiden von der Eisengießerei in Wasseralfingen hergestellten Gewächshausflügel waren aufgestellt. Es vergingen bis zur feierlichen Einweihung jedoch noch weitere drei Jahre, die auf die aufwendige Innenausstattung verwendet wurden. Inzwischen wurde auch mit dem Bau des Festsaals (1844–51) begonnen, der am Fuß des Hangs, auf der Mittelachse der gesamten Anlage lag. Auf diese Mittelachse waren auch alle späteren Bauten bezogen: das Belvedere oberhalb der »Villa«, die gußeisernen Wandelgänge und Kioske, der Bildersaal sowie die nach Zanths Tod erbaute »Damascenerhalle« und das Küchengebäude mit der »orientalischen Sammlung«.

Kern der gesamten Anlage war das Wohngebäude mit den Gewächshäusern. Die ihm anfänglich zugedachte Funktion als Badehaus war inzwischen auf ein großzügiges Badezimmer reduziert worden. Man betrat das Haus auf der dem Berg zugewandten Seite. Von einer Vorhalle aus gelangte man in einen zweigeschossigen Innenhof, der durch ein Glasdach beleuchtet wurde. In der Mitte plätscherte ein Brunnen; von Galerien an den Schmalseiten führten Türen zu den Räumen des Mezzanins. Im Erdgeschoß waren um den Hof außer einigen Nebenräumen das Bad, ein Schlafzimmer, der Bildersaal, ein Wohn- und Arbeitszimmer, ein Speisezimmer und der von einer hohen Kuppel überwölbte Hauptsaal angeordnet. Dieser Saal war Zentrum und Höhepunkt der Anlage: In seiner Mitte schnitten sich die Hauptachsen des Gebäudes, von hier aus schaute man nicht nur über die Gartenanlagen ins Neckartal, sondern überblickte auch den Innenhof mit seinem Brunnen und nach den Seiten die langen Fluchten der Gewächshäuser. Große Spiegel an den gegenüberliegenden Wänden erweiterten den Raum ins Unendliche und vervielfachten die Pracht der Ausstattung, die auch so schon die der anderen Räume übertraf.

Auf engstem Raum treffen hier eine Fülle unterschiedlichster Elemente zusammen, die sich in dieser Kombination in keinem islamischen Bauwerk finden. Viele Details sind authentisch, andere wiederum wurden nur als »orientalisch« empfunden: Das auch nach außen dominierende orientalische Zeichen ist die Kuppel, wie wir sie vor allem von türkischen und persischen Moscheen kennen; in der Alhambra finden wir Kuppeln nur über den Baderäumen. Die im Scheitel von Zanths Kuppel ausgesparten sternförmigen Öffnungen sind jenen Bädern entlehnt: Dort ist jedoch das gesamte Kuppelfirmament von Sternen übersät. Typisches Kennzeichen islamischer Kuppelkonstruktionen sind die auch von Zanth verwendeten Trompen, über den Raumecken sitzende Nischen, die in viele kleinen Trompen unterteilt oder mit Stalaktiten verziert sind. Mit solchen Trompen gelang es den islamischen Baumeistern, von einem quadratischen Unterbau zur Kreisform der Kuppel überzuleiten. Eindeutig maurisch sind die Hufeisenbögen der Fenster und Türen auf der Gartenseite des Saales. Aber erst die von rechteckigen Feldern gerahmten Stalaktitenbögen auf ihren schlanken Säulen waren deutliche Alhambrazitate. Während Zanth hier eine Kapitellform wählte, die sich eng an die Arabeskenkapitele des Löwenhofs anlehnte, verwendete er im gegenüberliegenden Festsaalgebäude die Stalaktitenkapitele des Myrtenhofs. Seine Arakaden erreichten jedoch nicht die Leichtigkeit des Vorbilds: Durch einen würfelförmigen Block mit seitlich angesetzten Konsolen, der zwischen Kapitell und Bogenfeld gesetzt ist, betonte er die statische Funktion der Stützen, die in der Alhambra eher verschleiert wurde.

Die verwirrende orientalische Pracht erhielt der Raum jedoch erst durch seine Farbgebung und die alle Oberflächen überziehende Ornamentik. In den Farben scheint Zanth der Auffassung von Owen Jones gefolgt zu sein, indem er Rot, Gelb (Gold) und Blau vorherrschen ließ. Durch Rahmen, Bordüren und Gesimse sind die Wandflächen in viele Felder unterteilt, die von jeweils anderen Ornamenten ausgefüllt sind. Arabeske Rankenmuster wechseln mit komplizierten geometrischen Bandmustern ab. Für die Verzierung der Ornamentfelder und Bordüren fand Zanth eine reiche Auswahl präzise gezeichneter Vorlagen in den Publikationen von Murphy oder Jones. Nur selten hat er solche Details jedoch wortwörtlich übernommen, die meisten hat er abgewandelt und neu miteinander kombiniert.[36]

Konsequent wendete Zanth seinen neu formulierten maurischen Stil auf sämtliche Räume an. Auch die Möblierung entsprach den Vorstellungen, die man sich von einem orientalischen Haus machte: Sie bestand aus bequemen Sofas, kleinen Tabourets (runde Sitzkissen), kostbaren Teppichen und Vorhängen. Noch der kleinste Gegenstand mußte ins maurische Schema passen: Selbst die von Zanth entworfenen Lampen, die mit kom-

Die Faszination der Alhambra

plizierten Intarsien versehenen Möbel, die Vasen und Leuchter waren orientalisch inspiriert. Der Sekretär in Wilhelms Arbeitszimmer war sogar eine Alhambra-Architektur en miniature.

Durch solche Konsequenz mischte sich in die angestrebte phantastische Wirkung freilich ein Zug von akademischer Pedanterie. Nicht nur die detaillierte Kenntnis der Vorbilder hinderte den Architekten an einem freizügigeren Umgang mit seinem Material, sondern auch seine erklärte Absicht, »den ausschweifenden Geschmack der Orientalen« durch »Vernunft« und »prüfenden Geschmack« zu bändigen.

Nach außen präsentierte sich die maurische Villa mit ihren links und rechts angesetzten Gewächshäusern als streng symmetrisch organisierte Anlage: Die Anordnung von Seitenflügeln und Eckpavillons um einen erhöhten und noch durch eine Kuppel betonten Mittelbau entsprach dem Schema barocker Schlösser und Orangerien. Die Details sind jedoch »orientalisch«: Die Kuppel mit Spitze und Halbmond, deren hutförmiges Profil frei erfunden ist, die in Fialen und Halbmonden endenden Eckpfeiler und die Hufeisenbögen mit der darüber angedeuteten Lage von Keilsteinen, deren Form Ähnlichkeit mit der Puerta de la Justicia der Alhambra hat. Auch die zinnenförmige Dachverzierung und die Streifung der Fassade hat islamische Vorbilder. Die Farbigkeit des Gebäudes wurde durch die aus rötlichen und gelben Natursteinen geschichtete Fassade, die vergoldete Kuppel und die bronzierte Eisenkonstruktion der Gewächshäuser bestimmt.

Die Gewächshäuser ordnen sich dem Wohnhaus keineswegs unter: Sie erscheinen vielmehr als gleichberechtigte Bestandteile, nicht etwa nur als »dienende« Anbauten. Freilich dienten sie weniger einem gärtnerischen oder botanischen Zweck: Sie waren in erster Linie eine Erweiterung der Wohnräume und deren optische Verlängerung in die immergrüne Weite einer illusionären Landschaft.

Eine derartige Verbindung von Wohn- und Pflanzenräumen hatte bereits feudale Tradition: Sie war Merkmal barocker Orangerien und Orangerieschlösser. Bauten wie die zu Beginn des achtzehnten Jahrhunderts errichtete Orangerie in der Kasseler Karlsaue, die den hessischen Fürsten als Sommeraufenthalt diente, waren jedoch noch nicht für die Aufnahme tropischer Pflanzen geeignet. Sie dienten nur der Überwinterung von Orangen- und Myrtenbäumen. Erst mit der Einführung der Warmwasserheizung und mit der fast totalen Verglasung von Außenwänden und Dächern, die durch neuartige Eisenkonstruktionen ermöglicht wurde, waren die technischen Voraussetzungen für ein künstliches tropisches Ambiente geschaffen. Aber auch dort, wo man sich bereits der neuen industriellen Baumethoden bediente, hielt man sich noch an die von den barocken Orangerien vorgegebene Organisation der Baukörper. Auf dem Weg zum rundum verglasten Palmenhaus entstanden Übergangsformen, bei denen man noch nicht völlig auf traditionelle architektonische Elemente verzichten wollte. Beispiele solcher Bauten hatte Zanth während seiner Englandreise in Syon House und vermutlich auch in Kassel-Wilhelmshöhe gesehen.[37]

Mit der allmählichen Veränderung der äußeren Erscheinung vollzog sich auch ein gesellschaftlicher Funktionswandel dieses Bautyps: Aus dem fürstlichen Pflanzenhaus entwickelten sich die großen Palmenhäuser der botanischen Gärten und die öffentlichen Wintergärten. In Paris hatte Zanth eines der neuen Glashäuser kennengelernt: Im Jardin des Plantes gab es bereits seit einigen Jahren die von Charles Rohault de Fleury entworfenen Bauten, die nur noch aus Eisen und Glas bestanden. Zanth übernahm das hier erstmals im großen Maßstab angewendete Prinzip der Vorfertigung: Für die langgestreckten Flügel und die Eckpavillons entwarf er als einheitliches Wandelement einen gußeisernen Rahmen, der durch einen Hufeisenbogen ausgesteift wird. Diese standardisierten Grundelemente konnten zu beliebiger Länge addiert werden. Angefertigt wurden sie von der Eisengießerei in Wasseralfingen, die Montage erfolgte am Bauplatz. Zanth nutzte die Möglichkeiten des Eisengusses zu einer sparsamen Verzierung der Bauteile mit orientalischen Formen: Über dem Hufeisenbogen ist eine Reihe vielpassiger Bögen angebracht, vor den vertikalen Stützen stehen dünne gekuppelte Säulen mit einem abgewandelten maurischen Kapitell.

Trotz der hohen Herstellungskosten legte Wilhelm I. großen Wert darauf, daß seine Gewächshäuser aus Eisen erbaut wurden. Eine Holzkonstruktion wäre bedeutend billiger gewesen, hätte aber wohl kaum Aufsehen erregt. Der Eisenkonstruktion kam dagegen als Bekenntnis zu einer neuen Technologie Symbolwert zu: Sie zeigte nicht nur, daß man in Württemberg die industrielle Entwicklung in Frankreich und England aufmerk-

Wilhelma, Stuttgart. Eckpavillon der gußeisernen Gewächshäuser.
Die Bauteile wurden 1843/44 von der königlichen Eisengießerei in Wasseralfingen hergestellt.

Die Faszination der Alhambra

Ludwig Zanth, Wilhelma, Stuttgart-Bad Cannstatt, **Brunnenhof in der Maurischen Villa**. Lithographie aus: *Die Wilhelma*, 1855.
»Nach dem Vorbilde der Höfe in den maurischen
Häusern bietet auch dieser Hof den Zutritt zu den
übrigen Gemächern und empfängt sein Licht von
der Mitte der Decke durch eine Öffnung, welche
bei den Orientalen, des Schattens wegen, mit reichen Tüchern überspannt wird; diese sind hier
durch stoffartig gemusterte Glasscheiben ersetzt.«
Rechts die Tür zum großen Saal unter der Kuppel.

**»Das Innere des Königlichen Reithauses mit der
Ansicht des arabischen Lagers«.** Lithographie aus:
Friedrich Wilhelm Hackländer, *Das Caroussel*,
1846.
Anläßlich der Hochzeit des Kronprinzen Karl fand
im Reithaus an der Neckarstraße, erbaut 1836–39
von Giovanni Salucci, ein Turnier zwischen »Sarazenen« und »Kreuzrittern« statt.

sam verfolgte, sondern demonstrierte zugleich augenfällig, daß man in der Lage war, den
gleichen Weg einzuschlagen. Das Prestige, mit dem sich die Anwendung von Eisen verband, erleichterte es, die ungewohnte technische Ästhetik zu akzeptieren. Es ist sicher
kein Zufall, daß sich in der Wilhelma fortschrittliche Bautechnik mit dem Versuch verband, einen exotischen Baustil zu erproben: Die »maurische Villa« zeugt also in doppelter
Hinsicht für die Experimentierfreudigkeit ihres Bauherrn. Auch in den indischen Bauten
von George IV. wurden mit dem fremdartigen Stil zugleich neue Materialien und Kon-
struktionsformen erprobt: Die »Bambustreppe« im Royal Pavilion ließ John Nash aus
Eisen gießen, die große verglaste Kuppel über William Pordens indischem Stallgebäude
nahm die Form späterer Eisenkonstruktionen vorweg.
Durch die Gewächshäuser erfuhr der mit Architektur, Möbeln und Bildern inszenierte
Orient noch eine weitere Steigerung: »Eine südliche Vegetation entfaltet sich hier in
üppigster Fülle und glühender Farbenpracht, und entzückt haftet das Auge auf den Tro-
pengewächsen mit ihren Riesenblättern, auf den schlanken Palmen, die ihre stolzen
Fächerkronen weit hinauf in die Höhe treiben.«[38] Die wenigen Besucher, die der württembergische Herrscher in sein privates Reich einließ, betraten eine in sich geschlossene
künstliche Welt, die in konzentrierter Form die Illusion eines Orients vermittelte, wie er
nur in der abendländischen Phantasie existieren konnte. Dieser imaginäre Orient war das
Ergebnis eines eklektischen Verfahrens. Er setzte sich zusammen aus Elementen unterschiedlicher exotischer Welten: aus den am besten geeigneten Formen islamischer
Architektur und den nur im künstlichen Treibhausklima gedeihenden Pflanzen tropischer Landschaften. Gemälde mit exotischen Motiven, zu denen auch eine Version von
Ingres' Bild »Odaliske und Sklavin« (1842) gehörte, lieferten der Phantasie zusätzliche
Nahrung.
Daß ein derart verdichteter Orient alles übertreffen mußte, was der reale Orient zu bieten
hatte, war offensichtlich. Es war daher nicht erstaunlich, daß Hammer-Purgstall die Wilhelma weit über die orientalischen Paläste stellte, die er selbst gesehen hatte. Nur hier,
weit entfernt von der authentischen Erfahrung, ließ sich die Wirklichkeit so total der
Phantasie unterwerfen. Weder Zanth noch sein Bauherr hatten jemals den Orient bereist.
Wilhelm I. war auch durch seine Vorliebe für arabische Pferde mit dem Orient verbunden. So erlebte der württembergische Adel im Jahr 1846 nicht nur die feierliche Eröffnung der Wilhelma, sondern auch ein exotisches Spektakel, das eigentlich schon zum
25jährigen Regierungsjubiläum des Königs hatte stattfinden sollen. Nun gab die Hochzeit
des Kronprinzen Karl mit der russischen Großfürstin Olga den Anlaß. Während einer
Orientreise des Schriftstellers Friedrich Wilhelm Hackländer mit dem Baron von Tau-
benheim war die Idee entstanden, am württembergischen Hof die Tradition mittelalterli-
cher Ritterturniere wieder aufleben zu lassen. Vor 1000 geladenen Gästen fand am 27.10.
in der königlichen Reithalle an der Neckarstraße ein Turnier zwischen »Kreuzfahrern«
und »Sarazenen« statt: »Der romantische Boden des Morgenlandes, für dessen Befreiung

Die Faszination der Alhambra

Ludwig Zanth, Wilhelma, Stuttgart-Bad Cann-
statt, Festsaalgebäude, 1844–51. Innenansicht und
historische Photographie. Innenansicht aus: *Die
Wilhelma*, 1855.
Der Festsaal lag in der Mittelachse der gesamten
Anlage. An seiner Stelle befindet sich heute das
Aquarium des Zoologischen Gartens. Nur der Vor-
bau blieb erhalten.

Die Faszination der Alhambra

**Wilhelm Baeumer (1829–95), Wilhelma, Stutt-
gart-Bad Cannstatt, Damascenerhalle 1863/64.**
Aufriß der Fassade und Photographie vom
anderen Ende des Wasserbeckens.
An die Rückseite der Halle schließt sich die Fasa-
nerie an. Die Damascenerhalle ist der einzige der
von der Wilhelma übriggebliebenen Bauten, in
dem sich noch Reste der farbigen Innenausstattung
erhalten haben. Der Bau befindet sich im Zustand
fortschreitenden Verfalls. Eine Wiederherstellung
ist vorgesehen.

Die Faszination der Alhambra

aus den Händen der Saracenen auch seine Vorfahren geblutet, wurde von dem jungen ritterlichen Prinzen als Schauplatz gewählt...«[39]

Mit Palmen, Sand und Kulissen wurden die Lager der gegnerischen Reiter hergerichtet. Gegenüber dem Zeltlager der christlichen Ritter hatte man »ein verfallenes maurisches Schloß« erbaut. In einer Serie farbiger Lithographien wurde das denkwürdige Ereignis festgehalten: Die Prinzen und die jungen Männer aus den adligen Familien sind als »Fürsten der Wüste« oder als deutsche Ritter auf ihren Pferden dargestellt.

Solche Extravaganzen schienen so gar nicht zu König Wilhelm zu passen, der von einem Zeitgenossen als Mann von »nüchterner Sinnesart, mäßigen Leidenschaften, beharrlicher, zäher Willenskraft«, ja sogar als »Feind von Prunk und Repräsentation« beschrieben wurde. Selbst »Gemüt und Phantasie« wurde ihm in dieser Charakterisierung abgesprochen.[40] Der als selbstherrlich geschilderte Monarch lebte während seiner ganzen Regierungszeit im Konflikt mit den freiheitlichen Bestrebungen seiner Untertanen. Er hatte sich zwar als einer der ersten deutschen Fürsten mit den Forderungen nach einer Verfassung auseinandergesetzt, tat dies aber weniger aus Überzeugung als vielmehr aus pragmatischen Erwägungen. So löste dieser »Gönner des constitutionellen Princips«[41] die Ständeversammlung regelmäßig auf, wenn diese mit der Regierung keine Einigung erzielen konnte: Freiheiten wurden nach Belieben »gewährt« oder wieder aufgehoben. Trotz unbestrittener Verdienste um sein Land war Wilhelm I. bei seinen »Untertanen« nie populär.

Seine kostspieligen Bauvorhaben im Rosenstein-Park wurden in den unruhigen Zeiten des Vormärz nicht kritiklos akzeptiert. Daß sich der Monarch vor allem in wirtschaftlichen Krisenjahren wegen der hohen Ausgaben für seinen Märchenpalast in Konflikt mit seinem Pflichtbewußtsein befand, deuten die immer wiederkehrenden Sparsamkeitsappelle an seinen Architekten an. 1848 wurde kurzfristig sogar der völlige Abbruch der weiteren Bauarbeiten erwogen.[42]

Nicht zuletzt, um sich der öffentlichen Kritik zu entziehen, verbarg der König die Wilhelma so gut es ging vor der Außenwelt. Nur ausgewählten Besuchern erlaubte er den Zutritt. Obwohl sich in der gesamten Anlage noch etwas vom Geist höfischen Lebens ausdrückte, schien Wilhelm mit seiner maurischen Villa eher Ansprüche an ein bürgerliches Privatleben zu verbinden.

Sie war für ihn vermutlich ein Zufluchtsort, an dem er wie die maurischen Könige in ihrer Alhambra »alle Pflichten des Lebens« vergessen konnte und sich dem Spannungsfeld zwischen absoluten Herrschaftsansprüchen und liberalen Forderungen in einer Zeit gesellschaftlicher Umwälzungen entziehen konnte.

Aus dem Konflikt zwischen politischer Verantwortung und dem Wunsch nach orientalischer Prachtentfaltung war eine Architektur entstanden, die trotz ihrer Kostspieligkeit Exzesse vermied. Zanths überall spürbares Bemühen um wissenschaftliche Seriosität zeigt, daß man die Rechtfertigung dieses spätfeudalen Projektes nicht zuletzt in seinem Beitrag zur Stildiskussion und zur Entwicklung der Kunst sah, von der man behauptete, sie stelle »ein wertvolles Förderungsmittel der Gestaltung und des Wohlstands für Alle« dar – so jedenfalls schrieb Zanth im Vorwort zu seinem prachtvoll illustrierten Wilhelma-Buch.

Ludwig Zanth (?), Projekt für die Bebauung der Ostseite des Stuttgarter Schloßplatzes neben dem Hoftheater.

Die Faszination der Alhambra

Castello di Sammezzano bei Rignano im Arnotal, Umbau von etwa 1843 bis 1873.[45] Kuppel der Sala Bianca (1863) und der mit Stuck und farbigen Fayencen dekorierte Liliensaal.

Der toskanische Adlige Ferdinando Panciatichi Ximenes d'Aragona verwandelte in fast dreißigjähriger Bauzeit die von seinem Onkel geerbte Villa in ein imaginäres Maurenschloß – vielleicht um dem Namen seiner Vorfahren gerecht zu werden. Panciatichi, der zugleich Architekt des Umbaus war, konnte sich bei seinen Entwürfen auf die einschlägigen Alhambra-Werke von James Cavanah Murphy bis Owen Jones stützen. Er schuf nicht nur eine Flucht maurisch dekorierter Säle und Korridore, sondern verwandelte auch die Fassade in einem maurischen Phantasiestil. Heute befindet sich im Schloß von Sammezzano ein Hotel.

Die Faszination der Alhambra

Café Turc

»Das Türkische Café am Boulevard du Temple hat vielen Parisern falsche Vorstellungen über den Luxus orientalischer Kaffeehäuser vermittelt. In Konstantinopel ist man weit entfernt von jener Pracht aus herzförmigen Bögen, Säulchen, Spiegeln und Straußeneiern: Nichts ist schlichter als ein türkisches Kaffeehaus in der Türkei.«[1]

Als Théophile Gautier diese Sätze schrieb, war das Café am Boulevard du Temple längst das Relikt einer vergangenen Epoche und eines überholten Orientbildes. Für ihn und seine reisenden Zeitgenossen war der Orient nicht mehr so märchenhaft wie noch für die Bewohner des Marais, die im späten achtzehnten Jahrhundert das Café Turc besuchten. Als es 1780 eröffnet wurde, war der Boulevard du Temple, zu dessen zahlreichen Attraktionen außer den Buden von Schaustellern und Straßenverkäufern auch Wachsfigurenkabinette, Menagerien und weitere Cafés gehörten, eine der beliebtesten Promenaden von Paris.[2] Die Jahrmarktatmosphäre des Boulevards fand im Inneren des Türkischen Cafés ihre Fortsetzung: Hier wurde man von Kellnern im Turban bedient, und an den Türen standen Bedienstete in Kaftan und Pluderhosen, die auf dem Kopf hohe Pelzmützen trugen. In seiner Architektur entsprach das Café den unbestimmten Vorstellungen, die auch seine Besucher vom Orient hatten. Die wichtigsten Elemente der phantasievollen, aber wenig türkischen Maskerade waren farbige Markisen, eine Dachhaube, die wohl an eine Kuppel erinnern sollte, eine arabische Inschrift und die Fenster mit ihren zaghaft angedeuteten Kielbögen. Gegen Ende des Jahrhunderts wurde auch der angrenzende Garten stilistisch angepaßt und in einen Jardin Turc mit chinesischem Pavillon und »Minarett« verwandelt. Solche Gärten waren in Mode: Überall in der Stadt entstanden Vergnügungsparks, die sich nach englischem Vorbild Vauxhall und Ranelagh nannten oder auch Tivoli, wie der malerische Garten mit Kaskaden, Grotten und Klettermasten, der 1795 an der Rue Saint-Lazare eröffnete.[3]

Fast scheint es, als hätte man zur Ausstattung dieser volkstümlichen Gärten die »anglochinesischen« Parks adliger Großgrundbesitzer geplündert: Der Park Monceau, den Carmontelle kaum zwanzig Jahre früher für den Duc de Chartres angelegt hatte, war, wie sein Besitzer, der Revolution zum Opfer gefallen. Auch hier hatte es ein Minarett, einen chinesischen Pavillon und türkische Zelte gegeben, und als »Tataren« und »Hindus« verkleidete Diener führten Kamele spazieren.[4]

Das Café Turc, das vor und während der Revolution, als in den Kaffeehäusern noch oppositionelle Politik gemacht wurde, seine große Zeit erlebt hatte, nahm während der Restauration nochmals einen Aufschwung und wurde 1824 mit großem Aufwand renoviert. Nachahmer scheint es in Paris jedoch nicht gefunden zu haben. Es gab zwar ein Café Chinois und ein Cafe Egyptien mit altägyptischem Dekor (1805), Ausdruck der nach Napoleons Feldzug ausgebrochenen Ägyptomanie, aber keine weiteren »türkischen« Kaffeehäuser. In vielen Cafés lebte jedoch die Erinnerung an den Orient in den gepolsterten Bänken fort, die wie orientalische Diwane an den Wänden entlang aufgestellt wurden. Ein Café, das 1837 in der Rue Lepelletier eröffnet wurde, nannte sich sogar Café du Divan. Es wurde zu einem der wichtigsten Treffpunkte für Literaten und Künstler: Hier verkehrten Théophile Gautier, Gérard de Nerval, Hector Berlioz und Charles Baudelaire.

Fast zur gleichen Zeit entstand weit entfernt von Paris, tief in der deutschen Provinz, ein Nachfolger des alten Café Turc, dessen ganze Erscheinung einem Pariser Publikum wahrscheinlich hoffnungslos veraltet vorgekommen wäre. Der Anlaß zur Erbauung dieses Kaffeehauses war jedoch zeitgemäß: Am 1. Dezember 1838 war als eine der ersten deutschen Eisenbahnlinien die kaum zwölf Kilometer lange Strecke zwischen Braunschweig und Wolfenbüttel eröffnet worden. Die Begeisterung für das neue Verkehrsmittel scheint zu Anfang jedoch nicht allzu groß gewesen zu sein. Auch hatte Wolfenbüttel als Reiseziel nicht viel zu bieten. Seit die Herzöge von Braunschweig und Lüneburg ihre Residenz nach Braunschweig verlegt hatten, war die Kleinstadt in einen tiefen Schlaf gefallen. Die Herzogliche Eisenbahnverwaltung beschloß daher, für die 20minütige Reise nach Wolfenbüttel einen besonderen Anreiz zu schaffen: Nach dem Entwurf des Hofbaurats Carl Theodor Ottmer (1800–1843) wurde auf der Wallpromenade vor der Stadt ein Kaffeehaus erbaut, das bald nur noch Türkisches Kaffeehaus hieß.[5] Häufig nannte man es auch Café Turc — vielleicht war das Café am Boulevard du Temple das mondäne Vorbild für den Wolfenbütteler Bau gewesen. Es ist zumindest wahrscheinlich, daß Ottmer, der sich während seiner zweijährigen Studienreise längere Zeit in Paris aufgehalten hatte[6], dort auch das Café Turc kennengelernt hatte, das

Minarett im Garten des Café Turc, Paris.

nach seiner aufwendigen Renovierung besonders eindrucksvoll gewesen sein muß.

Die Einweihung fand im Mai 1839 mit einem großen Essen statt, das Herzog Wilhelm den Landtagsabgeordneten gab. Das Café Turc wurde schnell zur Attraktion und trug wesentlich zum geschäftlichen Erfolg der Eisenbahnlinie bei: Bereits im ersten Jahr ihres Bestehens hatte man über 300 000 Fahrgäste gezählt.

Schon von weitem erkannte man das Kaffeehaus an seiner ungewöhnlichen Form und seiner auffallenden Farbigkeit. Seine Architektur sprach eine leicht verständliche Sprache: Nicht nur die hellblau bemalte Kuppel, deren Spitze mit blaugelben Wimpeln, roten Roßschweifen und einem Halbmond verziert war, auch die blauweiß gestreiften, zeltartigen Vordächer waren zeichenhafte Elemente, die jeder mit dem »Orient« in Verbindung brachte. Zu dem unbestimmten Eindruck von morgenländischer Pracht trug auch die filigran verzierte Fassade mit ihren buntverglasten Fenstern und Türen bei, deren Formen entfernt an Hufeisenbögen erinnerten.

Das an den Hang des alten Festungswalls gebaute Kaffeehaus bestand aus einem gemauerten Souterrain und einem aus Holz errichteten Obergeschoß auf kreuzförmigem Grundriß.

Daß das Kaffeehaus durch seine besondere Form zugleich die Funktion eines Zeichens übernehmen konnte, sah man daran, daß es tatsächlich zum Signet reduziert wurde und in kleinen Zeitungsanzeigen für Sonntagskonzerte und Bälle warb: Die einprägsame Architektur war für das Kaffeehaus die beste »Reclame«.

Die gesamte Erscheinung von Ottmers Bauwerk paßte jedoch nicht mehr so recht ins anbrechende Eisenbahnzeitalter: Nicht nur die Verwendung wenig authentischer Stilelemente zu einer Zeit, in der bereits die ersten wissenschaftlichen Darstellungen islamischer Baukunst verfügbar waren, auch die leichte Bauweise und die parkähnliche Umgebung ließen das Café Turc wie einen überdimensionierten Gartenpavillon des achtzehnten Jahrhunderts erscheinen. Diese Verbürgerlichung eines aristokratischen Modells fiel in eine Zeit, in der die fortschrittlichen Gartengestalter längst Abschied genommen hatten von antiken, gotischen, chinesischen oder türkischen Kulissen. So wirkte das Kaffeehaus zwar wie ein Überbleibsel aus einer vergangenen Epoche, paßte aber ganz gut in das Werk eines romantisch gesinnten Klassizisten, der nicht nur den antiken Formenkanon beherrschte, sondern auch Gotik und Renaissance zu handhaben wußte. Theodor Ottmer hatte seine Karriere in Berlin begonnen, wo er die Singakademie (heute Maxim-Gorki-Theater), Berlins erstes Konzertgebäude, entworfen hatte. Nach Abschluß der Bauarbeiten unternahm er eine zweijährige Reise, die ihn über Paris nach Italien führte (1827—29). Nach seiner Rückkehr ließ er sich in seiner Heimatstadt Braunschweig nieder, wo er sofort zum Hofbaumeister ernannt wurde. Er entwarf so unterschiedliche Bauten wie das Theater »im gothischen Style« in Wolfenbüttel, das neugotische Richmond Castle und die im »florentinischen Style gehaltene« Kavalleriekaserne in Braunschweig, dazu einige

Carl Theodor Ottmer, Türkisches Kaffeehaus in Wolfenbüttel, 1839.

neugotische Forsthäuser und die »durch die Anlage der Harzburger Eisenbahn veranlaßten malerischen, gothischen Stationshäuser«[7]. Der zeitgenössische Rezensent seines Wolfenbütteler Theaters staunte »über die Regsamkeit und schöpferische Fülle eines Geistes, der zu gleicher Zeit so umfangreiche und verschiedenartige Unternehmungen auszuführen im Stande« war.[8]

1863 war Ottmers Kaffeehaus so baufällig geworden, daß man es bis auf das Untergeschoß abriß und darauf zwei neue Geschosse setzte.[9] Das einzige orientalische Element, das beibehalten wurde, waren die zeltartigen Vordächer. Die exotische Faszination des Kaffeehauses hatte sich offensichtlich verbraucht. Auch bedurfte es zur Benutzung der Eisenbahn keiner besonderen Anreize mehr. Die Bahn war inzwischen zum alltäglichen Verkehrsmittel geworden. In den ersten Jahren des Café Turc war eine Fahrt mit der Eisenbahn dagegen noch ein aufregendes Erlebnis gewesen. Die Braunschweiger, die zum ersten Mal nach Wolfenbüttel gefahren waren, hatten die Erfahrung einer nie erlebten Geschwindigkeit gemacht: In so kurzer Zeit so »weit« zu reisen, war bisher nur auf dem fliegenden Teppich der Phantasie möglich gewesen. Ziel der Reise war eine Szenerie, die einen märchenhaften Orient vorspiegelte: Die Illusion der Ferne entschädigte für die Kürze der Strecke. Das Café Turc enthielt jedoch ein Versprechen, das durch ein von jetzt an ständig wachsendes Eisenbahnnetz schließlich eingelöst wurde: 1883 fuhr zum ersten Mal der Orientexpreß von Paris nach Konstantinopel: Auch für Wolfenbüttel rückte der »Orient« damit in vorstellbare Nähe.

Das Café Turc markierte den Schnittpunkt zweier Epochen: Das poetische Weltbild der Biedermeierzeit wurde hier mit der wissenschaftlichen Welterfahrung konfrontiert, die sich in der zögerlich beginnenden Industrialisierung ankündigte. Die Eröffnung der kurzen Bahnstrecke stand am Anfang eines weltumspannenden Kommunikationsnetzes und eines veränderten Weltbilds. Auch der Orient erhielt neue Dimensionen. Das alte Orientbild hatte sich vor allem durch das Reizwort »türkisch« definiert, das an die längst vergangene Zeit der Türkenkriege erinnerte. Wie »türkisch« war eigentlich das Wolfenbütteler Kaffeehaus? Trotz seines Namens hatte es wenig mit einem türkischen oder arabischen Kaffeehaus zu tun, mehr schon mit dem Bautyp des Kiosks, einem hölzernen Pavillon, wie man ihn in den vornehmen Gärten der Türkei, Persiens und Indiens finden konnte. Der Kiosk fand Eingang in die europäischen Gärten und wurde Teil eines Architekturprogramms, in dessen Tradition auch das Café Turc gehörte. Wenn sich auch für sein äußeres Bild keine authentischen Vorbilder finden lassen, so läßt sich doch zumindest die Institution des Kaffeehauses auf orientalische Traditionen zurückführen: Die ersten Kaffeehäuser entstanden im frühen sechzehnten Jahrhundert in Kairo und Konstantinopel. Von Anfang an waren sie Treffpunkte der Gebildeten, und da »in denselben Erörterungen und ernstliche Betrachtungen über Angelegenheiten des Staats und der Regierung gepflogen wurden«, wurden unter ihrem Einfluß »die Moscheen täglich leerer«.[10] Das führte zu wiederholten Versuchen, das Kaffeetrinken zu verbieten und die Kaffeehäuser zu schließen. Die neue Droge setzte sich jedoch durch und bald eröffneten auch in Europa die ersten Kaffeehäuser: 1647 in Venedig, 1652 in London, 1671 in Paris, 1683 in Wien.[11] Nach Süddeutschland gelangte der neue Brauch über Wien, nach Norddeutschland von England und Holland aus. Auch in Braunschweig wurde 1714 das erste Kaffeehaus gegründet. Wie im Orient waren auch hier die Kaffeehäuser zuerst reine Männertreffpunkte. Bürger, Hofbeamte und Adlige kamen, um hier Billard zu spielen, Zeitungen zu lesen und zu politisieren.

Adam Idźkowski, Entwurf für ein Kaffeehaus und Restaurant in Skierniewice, Polen.
Das Projekt veröffentlichte Idźkowski 1843 in einem Band, der zahlreiche Entwürfe für Landhäuser, Paläste und Kirchen enthielt — alle in einem phantasievollen, orientalisierenden Stil. Das Kaffeehaus wurde 1845 mit kleinen Veränderungen unmittelbar an der Eisenbahnlinie gebaut und diente vorübergehend als Bahnhof. Die Abbildung zeigt die Seite zum Kaisergarten.[27]

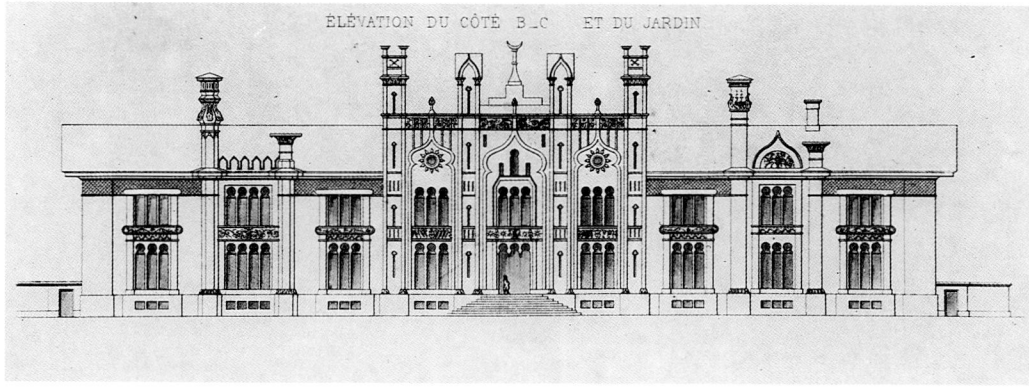

Daß der Kaffeegenuß und die Existenz der Kaffeehäuser tatsächlich als staatsgefährdend angesehen wurden, mußten auch in Frankreich die Liebhaber des neuen Getränks erfahren. Während der Régence war es untersagt, in den Cafés über den König und die Politik der Regierung zu diskutieren. Polizeispitzel sorgten für die Einhaltung des Gebotes. Daß gerade die Kaffeehäuser (und nicht die Schenken) zu den Treffpunkten kritischer Geister wurden, lag an der besonderen Wirkung des Kaffees. Im Gegensatz zum Alkohol ist er ein »nüchternes« Getränk[12], das den Geist belebt und anregt. In den positiven Eigenschaften, die man ihm zuschrieb, fanden die Ideale des Zeitalters der Vernunft geradezu ihren symbolischen Ausdruck. Der Kaffee wurde zum Getränk des Bürgertums, die Kaffeehäuser zu den intellektuellen Zentren, in denen Geschäfte abgeschlossen wurden, Nachrichten verbreitet wurden und politische Meinungen entstanden. In Paris gab es kurz vor der Revolution fast 2000 Cafés, von denen viele als Treffpunkte der Opposition bekannt waren.

Viele europäische Kaffeehäuser wurden von Türken gegründet: Ein 1710 in München eröffnetes Haus, das einem ehemaligen Kriegsgefangenen gehörte, hieß deshalb Zum Türken. Zum arabischen Coffeebaum hieß ein 1694 in Leipzig eröffnetes Lokal, über dessen Portal sich noch immer das Relief eines kaffeetrinkenden Sultans befindet. In den Namen der Kaffeehäuser kam jedoch das Attribut »arabisch« weit seltener vor als das Wort »türkisch«. Allein in London waren seit der Mitte des siebzehnten Jahrhunderts über fünfzig Kaffeehäuser bekannt, die alle den Namen Turk's Head trugen.[13] Auf ihre Schilder war der Kopf eines Türken gemalt. Zu Anfang sollten die Türkenköpfe Soliman den Prächtigen, den ersten Belagerer von Wien, darstellen, später regten andere türkische Herrscher die Phantasien an: Das 1662 gegründete Great Turk Coffee House warb mit dem Portrait Murads IV., der es als grausamer Herrscher zu düsterem Ruhm gebracht hatte und durch übermäßigen Alkoholgenuß ums Leben gekommen war. Wie sehr in London Türkenkopf und Kaffeehaus zum Synonym geworden waren, machte ein anonymes Gedicht mit dem Titel *The character of a Coffee-House* (1665) deutlich: »And if you see the great Morat / With Shash on's head instead of hat, / Or any Sultan in his dress, / Or picture of a Sultaness, / ... / And certain signs (with many more / Would be too long to write them ore'), / Which plainly do spectators tell / That in that house they coffee sell.«[14] (»Und wenn du den großen Murad siehst / Mit Turban auf'm Kopf statt Hut / oder einen Sultan im Kostüm / Das Bildnis einer Sultanin / ... / Und manche Zeichen und viele mehr / zu viel um sie hier aufzuschreiben / Die deutlich dem Betrachter sagen / Daß sie in diesem Hause Kaffee haben.«)

Türkische Händler hatten jedoch nicht nur das Kaffeehaus, sondern auch das Dampfbad in London etabliert. Im späten siebzehnten Jahrhundert entstanden zahlreiche Etablissements, die Bagnios genannt wurden und zugleich Kaffeehaus und Bad waren. Der erste

Carl Theodor Ottmer, Türkisches Kaffeehaus, Wolfenbüttel, 1839. Gemälde von L. Wedemeyer.

Café Turc

Café Algérien unterhalb des Trocadéro, Paris, zur Weltausstellung von 1878 erbaut.

Betrieb dieser Art wurde 1679 an der Newgate Street eröffnet und hieß Royal Bagnio Coffee House. Um 1720 wurde es als ein »mit Geschmack entworfenes Gebäude im türkischen Stil« beschrieben.[15] Über sein Aussehen ist nur wenig bekannt: Auffallendste Merkmale waren eine Kuppel und die mit holländischen Fliesen verkleideten Wände.[16] Das von den Zeitgenossen als türkisch empfundene Kaffeehaus war einer der frühesten europäischen Bauten, die in einem fremden Stil erbaut waren oder zumindest mit ihrem Namen ein fremdes Vorbild in Anspruch nahmen. Die Bagnios wurden immer beliebter. Das Turk's Head Bagnio in der Chancery Lane war eines von vielen gleichen Namens. Seine Dienstleistungen wurden in Zeitungsanzeigen mit »Sweating, Bathing, Cupping« (Schwitzen, Baden, Schröpfen) beschrieben. Damen und Herren waren willkommen. Zugleich wurden auch Privaträume angeboten: Das Bad wurde zum (Stunden-)Hotel. Während sich in London die orientalischen Genüsse des Badens und Kaffeetrinkens allenfalls mit einem wohligen Schaudern vermischten, wenn man an die blutrünstigen und wollüstigen Sultane dachte, die in unvorstellbarer Ferne herrschten, so besaß das Land der Türken auf dem Kontinent eine ganz andere Wirklichkeit: Seit der im vierzehnten Jahrhundert begonnenen Expansion des Osmanischen Reiches war alles »Türkische« zu einer abendländischen Obsession geworden. Schon Luther hatte in verschiedenen Schriften vor den Türken gewarnt, die 1529 zum ersten Mal Wien belagerten. In einer Unzahl von Flugblättern spiegelte sich die »Türkenfurcht«, die ganz Europa ergriff und noch bis ins achtzehnte Jahrhundert lebendig war. Erst nachdem die zweite Belagerung von Wien (1683) von deutschen und polnischen Heeren erfolgreich abgewehrt worden war, begann sich das Gefühl der Bedrohung zu verringern. In weiteren Feldzügen wurden die türkischen Heere zurückgedrängt und Ungarn von der osmanischen Herrschaft befreit. Die Jahrhunderte währende Konfrontation zwischen Christen und Mohammedanern hatte zahlreiche »Türkenbüchlein«, Türkenromane, -dramen und -singspiele hervorgebracht. In Österreich und Bayern sollen die Türkenspiele bis ins neunzehnte Jahrhundert hinein beliebt gewesen sein.[17] In der Türkenliteratur waren bereits alle orientalischen Motive angelegt: Paschas, Haremsdamen, Eunuchen und Wesire waren ihre Hauptpersonen. Turban und Schleier, Diwan und Wasserpfeife waren die optischen Entsprechungen der literarischen Klischees. Darstellung und Rezeption islamischer Architektur basierten auf der holzschnittartigen Prägnanz von Erkennungsmerkmalen wie Minarett und Kuppel, Hufeisenbogen und Halbmond.

Nachdem die Gefahr einer militärischen Invasion gebannt war, konnte ein anderes Bild des Osmanischen Reiches entstehen: das Bild einer märchenhaften, heiteren Welt, wie sie in zahllosen Opern und Schauspielen seit dem achtzehnten Jahrhundert dargestellt wurde. Als das Kaffeehaus in Wolfenbüttel eröffnet wurde, waren die kriegerischen Ereignisse längst Vergangenheit. Die aus Braunschweig angereisten Gäste fühlten sich beim Anblick des farbigen orientalischen Pavillons vermutlich eher an die Entführung aus dem Serail oder an Wilhelm Hauffs morgenländische Märchen als an Schauergestalten wie Murad IV. erinnert.

Im neunzehnten Jahrhundert begann sich die Kaffeehauskultur zu verändern. Noch das Café Turc in Wolfenbüttel, das zumindest an den Wochenenden auch ein Familienlokal gewesen war, wurde zuweilen als Tabagie bezeichnet und erinnerte damit an die Zeiten, als sich nur die Männer zum Rauchen und Zeitunglesen im Kaffeehaus trafen. In Paris hatten sich die Cafés schon seit der Französischen Revolution auch für die Frauen geöffnet, die bisher nur die Cafégärten besucht hatten. In Deutschland trat der Wandel mit den Konditorei-Cafés ein, wie sie in den zwanziger Jahren in Berlin entstanden. Ein neues Raumprogramm entsprach den unterschiedlichen Bedürfnissen der Geschlechter. Außer dem eigentlichen »Kaffeesaal«, der auch Damensalon oder Konversationszimmer genannt wurde, gab es Rauch- und Lesezimmer.[18] Die große Zeit der Cafékultur kam jedoch erst in der Gründerzeit mit der Mode der »Wiener Cafés«, die viele Berliner beim Besuch der Wiener Weltausstellung 1873 kennengelernt hatten. Im Unterschied zu den alten Cafés, die oft nur nachträgliche Erweiterungen einer Konditorei waren, wurden die Wiener Cafés bewußt als Großraumcafés geplant, die in mehreren Sälen oft bis zu tausend Gästen Platz boten. Die verschiedensten Ansprüche wurden nicht nur durch ein differenziertes Raumangebot, sondern auch durch ausgedehnte Öffnungszeiten befriedigt. Man konnte sich schon morgens zum Frühstück, aber auch noch spät in der Nacht zum Kaffee oder Punsch treffen. Entscheidend für den Erfolg war eine luxuriöse Einrichtung mit wertvollen Hölzern, Wandgemälden und bemaltem Stuck, für die man französische

Stile wie Louis XV. oder Empire der schweren »deutschen Renaissance« eindeutig vorzog. Aber auch der »maurische« Stil galt für ein Wiener Café als durchaus passend.

Die Entstehung der großen Berliner Cafés fiel in einen Boom des Gaststättengewerbes, der mit Verzögerung dem gründerzeitlichen Aufschwung folgte. Viele Gaststätten wurden eigens als Mehrzweckbauten geplant, die in mehreren Geschossen Bierkeller, Restaurants, Weinstuben und Festsäle enthielten. Meist im Stil der »deutschen Renaissance« oder auch im Neubarock, in der Regel mit viel Schmiedeeisen und Butzenscheiben, begründeten sie eine zählebige Tradition im Gaststättengewerbe. In der gründerzeitlichen Stilverwirrung war auch Platz für Exotisches: Der Friedrichshof enthielt in seinem Inneren eine »...fast an indische Bauten gemahnende Bierhalle«,[19] die Kaiserhallen, ein großes, 1885 eröffnetes Bierlokal unter den Linden, enthielten einen nach maurischen Vorbildern ausgestatteten Lichthof. Mit einer Mischung aus Kritik und Bewunderung wurde er in *Berlin und seine Bauten* (1896) beschrieben: »An sich vielleicht eine durch das Reklamebedürfnis hervorgerufene Spielerei, entbehrt die Anlage jedoch keineswegs der künstlerischen Bedeutung. Verdienstvoll bleibt jedenfalls der Versuch, eine reiche farbige Wirkung mit Hilfe der Majolikatechnik zu erreichen«.[20]

Ludwig Heim (1844—1917), Maurischer Hof,
Unter den Linden 27, Berlin, 1884.
Lichtdruck nach einer Photographie von Hermann Rückwardt, 1886.

Auch in den Hotels wollte man nicht auf orientalische Pracht verzichten: Außer dem Monopol Hôtel (1887/88) an der Friedrichstraße besaß auch das Grand Hôtel Alexanderplatz (1883/84) ein Café im maurischen Stil, dessen als «sinnlich und zuweilen sinnverwirrend»[21] gepriesene Ausstattung die *Deutsche Bauzeitung* folgendermaßen beschrieb: »Während die Kunstformen der 3 bisher erwähnten Räume sich stilistisch der deutschen Renaissance anschließen, ist das Innere des Kaffeehauses in einem Stil durchgebildet, den man im allgemeinen als maurisch bezeichnen wird, der aber bei näherer Betrachtung arabische und indische Motive in höchst interessanter Weise mit solchen der Renaissance verschmolzen zeigt. Die Säulenschäfte sind mit blanken Messinghülsen, Wände und Decken mit flachen Stuck-Reliefs bekleidet, die in zarten Farben — Roth, Blau und Gelbbraun auf hellgrauem Grund und mit schwarzen Tiefen — bemalt einen teppichartigen Eindruck hervorbringen. In die oberen Felder der Längswand sind Bilder von den Herren Grätz & Thiele aus Frankfurt a. M. eingefügt, welche in trefflicher Ausführung Szenen aus Tausend und einer Nacht vorführen. Das Ganze in Verbindung mit dem olivfarbigen Plüsch der Wandsophas, den Spiegeln und Beleuchtungskörpern ein außerordentlich stimmungsvoller Raum, dem unter dem Einfluß der Gas-Beleuchtung sein farbiger Reiz leider wohl nicht allzu lange erhalten bleiben dürfte.«[22]

So ähnlich könnte es auch im Inneren des Café Orient in Wiesbaden ausgesehen haben, das um 1895 auf einem von Eichen bestandenen Festplatz gebaut wurde. Für die Gäste der Kurstadt war das Café am Stadtrand ein bequem erreichbares »Ausflugsziel«. Auch hier machte der Baustil Reklame für das Unternehmen. Die Architektur hielt, was der Name versprach. Die orientalische Wirkung entstand vor allem aus der Häufung von allgemein bekannten Detailformen: Gezackte Arkaden in der Form von Hufeisen und Eselsrücken, Stalaktitengesimse und Zinnen. Verstärkt wurde der Eindruck durch die gestreiften Fassaden und die kleinen Kuppeln. Die Silhouette des »malerisch« gegliederten Gebäudes mit seinen achteckigen Türmen hätte allerdings auch die einer neugotischen »Burg« sein können: Zum Café Orient wurde es allein durch seinen Dekor.

Cafe Orient, Unter den Eichen, Wiesbaden, um 1895.
Der Bau wurde in den sechziger Jahren abgerissen. »Herrliche Aussicht. Diner v. 1,50 M an, Soupers 1,50 M.« (*Griebens Reiseführer*, 1912/13).

Gruss aus Wiesbaden CAFÉ ORIENT

Café Turc

Eine typisch orientalische Silhouette aus Kuppeln und Minaretten hatte dagegen das Arabische Café an der Düsseldorfer Graf-Adolf-Straße, das 1895 auf einem nur acht Meter breiten Grundstück erbaut wurde.[23] Auch auf der »Industrie- Gewerbe- und Kunst-Ausstellung«, die 1902 in Düsseldorf stattfand, gab es orientalische Cafés und eine »Kairo-Straße«.[24] Auf den Pariser Weltausstellungen gab es solche exotischen Kulissen schon längst. In Deutschland orientierte man sich bei der Gestaltung der Gewerbeausstellungen an französischen Vorbildern: Noch vor der »Kairo-Straße« hatte es zur »Berliner Gewerbeausstellung«, die 1896 in Treptow stattfand, eine »Special-Ausstellung Kairo« gegeben.[25] Daß auf allen diesen Ausstellungen, wo riesige Besucherzahlen verköstigt werden mußten, immer auch »arabische« und »türkische« Cafés eingerichtet wurden, war naheliegend. In Paris gab es unter zahlreichen exotischen Lokalen regelmäßig »algerische« und »maurische« Cafés, in Wien gab es 1873 nur »türkische«, und noch auf der Dresdner »Hygieneausstellung« von 1911 erbaute man ein Arabisches Café neben dem »Marokko Theater«, das die Besucher mit »orientalischen Tänzen« anlockte.[26]

Das Arabische Café in Düsseldorf, 1895. Außen- und Innenansicht.

Café Turc

Architektonische Fiktionen: Preußischer Orient

»Unsere Schwesterstadt Potsdam ist an solchen, in neuerer Zeit entstandenen architectonischen Fictionen ungemein reich«[1]

Diese Bemerkung des Berliner Kunsthistorikers Franz Theodor Kugler von 1848 bezog sich auf ein längst vergessenes technisches Bauwerk, das der Hofarchitekt Ludwig Persius (1803–45) entworfen hatte. Die über der Spree erbauten »Damm-Mühlen«[2] hatten auf ausdrücklichen Wunsch Friedrich Wilhelms IV. ein »normännisches« Äußeres erhalten: Durch Hinzufügung von Türmen und Zinnen wurde ein schlichter Zweckbau zur Fiktion einer mittelalterlichen Burg. Mit »normännisch« meinte man einen Stil, der in England als »castellated gothic«, als Burgenstil bezeichnet wurde. Friedrich Wilhelm sah ihn gerne auf Militärbauten, Stadttore oder Fabriken angewendet. Der künstlich hergestellte historische Schein diente dazu, unansehnliche Bauten harmonisch in ein altes Stadtbild einzufügen und diesem einen zusätzlichen Akzent zu verleihen.

Das Bild von Potsdam und seiner Umgebung wird noch heute von einer großen Zahl »architectonischer Fictionen« in den unterschiedlichsten historischen und exotischen Stilen geprägt. Die Kleinstadt, deren Einwohnerschaft zu einem großen Teil aus Hof- und Staatsbeamten sowie Militärs bestand, hatte, seitdem sie unter Friedrich II. Sommerresidenz der preußischen Könige geworden war, stets ein günstiges Klima für baukünstlerische Experimente geboten. Zu Anfang blieb das Spiel mit neuartigen Bauformen jedoch auf die königlichen Gärten beschränkt. Erst die erweiterte Landschaftsauffassung Friedrich Wilhelms IV. ließ es zu, auch die weitere Umgebung der Parks mit malerischen baulichen Akzenten zu versehen oder auch Nutzbauten außerhalb des Parks wie Gartenbauten zu behandeln.

Das friederizianische Rokoko hatte sein Interesse an außereuropäischen Kulturen noch ganz auf China beschränkt. Nach einem französischen Vorbild entstand in einem unregelmäßig gestalteten Bezirk des Parks von Sanssouci das berühmte Chinesische Teehaus als Ausdruck eines von phantastischen Vorstellungen geprägten Chinabilds. Erst das um 1770 entstandene Drachenhaus spiegelt in seiner Pagodenform einen authentischen chinesischen Bautypus. Das korrigierte Chinabild war vor allem den Publikationen von William Chambers zu verdanken, der sogar eigens für Sanssouci eine – nie ausgeführte – chinesische Brücke entworfen hatte. Der von Friedrichs Nachfolger im neuen landschaftlichen Stil angelegte Neue Garten am Heiligen See enthielt keine Chinoiserien mehr. Hier finden wir dafür gotische und ägyptische Staffagen: Außer Sphingen, Obelisken und Pyramiden gab es auch einen »Temple Moresque«, der jedoch nur die zeittypische Unkenntnis islamischer Architektur dokumentierte. In der gleichen Epoche wurde auch die Pfaueninsel erworben und in einen sentimentalen Landschaftsgarten voll unzähliger Kleinarchitekturen verwandelt. In der Schinkelzeit entstand hier ein in doppelter Hinsicht exotischer Bau: Das 1880 abgebrannte Palmenhaus enthielt nicht nur tropische Pflanzen, sondern auch eine exotische Trophäe, die auf Betreiben des Kronprinzen (und späteren Königs Friedrich Wilhelm IV.) in die Planung einbezogen worden war: In Form eines Wandschirms wurden durchbrochene Marmorplatten, die aus einem indischen Bauwerk stammten, in einer Apsis aufgestellt. Schadows Gestaltung der Säulen und Bogenfenster knüpfte an die Formen der indischen »Pagode« an. Karl Blechens Innenansicht des Palmenhauses zeigt, welche Phantasien der Eindruck des exotischen Ambientes hervorrief: Er belebte sein Gemälde mit einigen weißen Haremsdamen, die in aufreizender Bekleidung auf einem roten Teppich ruhen.

Das indische Flair des Palmenhauses, das 1845 durch den Aufbau einer gläsernen Zwiebelkuppel auch auf die nüchterne Außenseite des Gebäudes übertragen wurde, konnten die Zeitgenossen mit Spontinis 1822 in Berlin aufgeführter Oper *Nurmahal* in Verbindung bringen, für die Karl Friedrich Schinkel (1781–1841) die Bühnenbilder entworfen hatte. Einer der Prospekte war ein regelrechtes Architekturcapriccio, das sämtliche Motive indischer Baukunst in einer weiten Landschaft vereinte. Schinkel beschränkte seine exotischen Ambitionen jedoch auf gemalte Architektur. Für die gebaute Architektur bezog er sich fast ausnahmslos auf antike und gotische Vorbilder. Die Erweiterung des Stilrepertoires nach Schinkels Tod hing eng mit den romantischen Visionen Friedrich Wilhelms IV. zusammen, der 1840 seinem Vater auf dem Thron folgte. Gleich bei Regierungsantritt hatte er seinem Gartendirektor Lenné erklärt, er wolle, nach dem Vorbild des Fürsten Franz von Dessau, die gesamte Umgebung von Berlin und Potsdam in einen großen Garten verwandeln.[3] Potsdam, Sanssouci und die Parkanlagen der Prinzen Karl

Friedrich August Stüler, Umbauvorschlag für den »Temple Moresque« im Neuen Garten, Potsdam, 1843.

und Wilhelm in Glienicke und Babelsberg sollten bruchlos in eine Kunstlandschaft übergehen, die sich entlang der Havel bis nach Tegel erstrecken würde. Die von Wäldern und sanften Hügeln gesäumten Havelseen boten die beste Voraussetzung dafür, die Illusion einer zeitlosen südlichen Landschaft zu erzeugen, so wie sie Friedrich auf seiner Italienreise erlebt hatte. Zur Kunstlandschaft wurde das Haveltal jedoch erst durch die sorgfältig gesetzten baulichen Akzente. Die Sehnsucht nach dem Süden und einem gegenwartsfernen klasssischen Zeitalter klang erstmals in Charlottenhof an, das Schinkel noch für den Kronprinzen am Rand des alten Sanssouci entworfen hatte. Noch deutlicher als in dieser Fiktion des antiken Landhauses wird das südliche Thema in dem Ensemble aus Gärtnervilla und Römischen Bädern, das Schinkel gemeinsam mit seinem Mitarbeiter Persius geschaffen hatte.

Vorbild waren hier nicht die Bauten der Antike, sondern ländliche Villen und Bauernhäuser, die Schinkel in Italien gesehen und gezeichnet hatte. Bei den verschiedenen Kirchen, die in Potsdam und an ausgewählten Punkten des Havelufers entstanden, griff man auf frühchristliche oder sogar russische Vorbilder zurück. All diese Kirchen, vor allem die am Havelufer, erfüllten primär eine ästhetische und sentimentale Funktion: Sie waren wichtige Bestandteile in der Komposition einer bildmäßig erfahrenen Landschaft und legten gleichzeitig eine Gemütsstimmung fest. Sie stehen also noch deutlich in der Tradition jener Staffagearchitekturen, die wir aus den frühen Landschaftsgärten kennen.

Wie es auch schon Fürst Pückler in Muskau getan hatte,[4] bezog man hier auch Industriebauten in das Landschaftskonzept mit ein. Die Verschönerung der Fabrik- und Lagergebäude am Potsdamer Havelufer war dem König ein besonderes Anliegen. Persius schuf eine ganze Reihe technischer Bauten, die zwar ganz verschiedenen Stilen zuzuordnen sind, aber doch alle nach dem gleichen Prinzip komponiert sind, das erstmals in den Römischen Bädern formuliert worden war. Hauptmerkmal des »italienischen Villenstils«, den Persius nach Schinkels Tod in zahlreichen Entwürfen weiterentwickelte, war die asymmetrische Staffelung unterschiedlich hoher Baukörper zu einer malerischen Silhouette. (Gerade bei seinen Landhausentwürfen fühlt man sich an John Nash erinnert, der in England bereits drei Jahrzehnte früher die italienische Mode eingeführt hatte.) Das Kompositionsprinzip der »italienischen« Villen wurde zum Erkennungsmerkmal auch der übrigen Bauten von Persius, selbst dort, wo die Details anderen Stilen entliehen sind. Für die Fernwirkung seiner Bauten war die vom König jeweils gewünschte Stilart nur von untergeordneter Bedeutung. So schienen das »italienische« Maschinenhaus in Glienicke und das »normännische« in Babelsberg ebenso wie die zahlreichen »normännischen« Mühlen- und Magazingebäude alle nur verschieden ausgeprägte Mitglieder der gleichen Familie zu sein. Da der Stil in den meisten Fällen willkürlich ausgesucht wurde und sich inhaltlich kaum begründen ließ, war er auch austauschbar: Im Falle eines Magazingebäudes schwankte Friedrich Wilhelm zwischen dem maurischen und dem normännischen Stil. Schließlich gab er letzterem den Vorzug.[5]

Auch die »Moschee« am Potsdamer Havelufer läßt sich nur aus einer Architekturauffassung erklären, die Stilwahl als Kostümwahl verstand. Ihre Erbauung[6] steht in Zusammenhang mit dem Bau der Fontänen im Park von Sanssouci, dem ersten größeren Projekt des Königs nach seinem Regierungsantritt. Die Fontänen waren bereits eine Lieblingsidee Friedrichs des Großen gewesen. Trotz jahrelanger und äußerst kostspieliger Bemühungen war es jedoch nie gelungen, das Wasser in das Reservoir auf dem Ruinenberg zu pumpen. Erst mit den technischen Mitteln des Industriezeitalters, mit Dampfkraft und druckfesten gußeisernen Röhren ließ sich die Aufgabe lösen.

Im Frühjahr 1841 wurde mit dem Bau des Dampfmaschinenhauses und dem Verlegen der Rohrleitungen begonnen. Bereits im folgenden Herbst konnte die Gerneralprobe stattfinden. Obwohl wegen des starken Windes viele Zuschauer naß wurden, war der König begeistert: Ihm war gelungen, was seinem berühmten Vorfahr versagt geblieben war. Mit der 80 PS starken Maschine, die August Borsig entworfen und hergestellt hatte, konnte das Reservoir innerhalb von 19 Stunden mit Wasser aus der Havel gefüllt werden.

Das Maschinenhaus war auf Wunsch Friedrich Wilhelms »...nach Art der türkischen Moscheen mit einem Minarett als Schornstein« erbaut worden.[7] Der Wunsch, die Funktion des Schornsteins zu verschleiern, hatte bei der Wahl des Stils den Ausschlag gegeben: Wegen seiner hohen, schlanken Form bot sich das Minarett für diese Aufgabe geradezu an. Der von Persius entworfene Schornstein hatte jedoch mit türkischen Moscheen wenig zu tun. Das Minarett mit seinem Wechsel vom Vierkant- zum Achteckschaft, mit

Architektonische Fiktionen

Ludwig Persius, Dampfmaschinenhaus in Potsdam, 1841–43.
Schnitt und gußeiserne Arkade. Aus: Martin Gottgetreu, *Der Fontainen-Bau zu Sans-Souci*, 1854.

seinen umlaufenden Balkons und dem reich verzierten schlanken »Pavillon« auf der Spitze erinnert vielmehr an die Minarette des mamlukischen Kairo. Auch das durch den Wechsel von blau und weiß glasierten Ziegeln erzielte Zickzackmuster geht auf mamlukische Vorbilder zurück.[8] Der orientalische Charakter des Dampfmaschinenhauses war aber auch ohne die Kenntnis solcher Vorbilder erfahrbar. Detailformen wie Gesims und Zinnen oder die goldenen Halbmonde trugen dazu weniger bei als die Kombination von Kuppel und schlankem Turm mit der schon aus großer Entfernung auffälligen Streifung der Fassaden. So bezieht der Bau seine Wirkung aus der Reduzierung auf wenige, als typisch orientalisch empfundene Elemente.

In Babelsberg hatte Persius zwei Jahre später noch einmal die gleiche Aufgabe zu lösen. In Anpassung an das neugotische Schloß wurde dort jedoch der »normännische« Stil gewählt.[9] In der Gruppierung der Baukörper und in ihrer Silhouette haben der maurische und der »normännische« Bau jedoch verblüffende Ähnlichkeit. Nur die andere Dekoration macht aus dem Babelsberger Maschinenhaus eine mittelalterliche Festung. In beiden Fällen hatte Persius seine malerische Komposition noch dadurch gesteigert, daß er die Bauten teilweise auf ins Wasser gebaute Terrassen stellte. Auch seine Heilandskirche in Sakrow bezieht ihre besondere Wirkung daraus, daß sie weit ins Wasser hineinragt. Die sorgfältige Plazierung all dieser Bauten zeigt, wie wichtig Friedrich Wilhelm und seinem Architekten die Wirkung im Gesamtbild der Landschaft war. Für diese Wirkung war es freilich wenig entscheidend, ob es sich jeweils um eine Kirche oder ein Maschinenhaus handelte.

Bei dem Dampfmaschinenhaus war man jedoch nicht nur auf Fernwirkung bedacht. Auch auf die Details wurde Sorgfalt verwendet. In der Materialwahl fällt jedoch eine gewisse Sparsamkeit auf, die nicht ganz zur von fern verheißenen Pracht passen will: So verzichtete man bei der Fassade auf weiß glasierte Steine und brachte die Streifen einfach mit Ölfarbe an.

Größere Mühe gab man sich bei der inneren Ausstattung des Maschinenhauses: »Tritt man ... in den Maschinenraum hinein, so wird das Auge ebenso überrascht durch die Fülle des Reichthums der arabischen Bauart, als der erste Gedanke die Großartigkeit der schönen Maschine nicht zu fassen vermag. Bis in die höchste Spitze der reich ornamentierten Kuppel, welche ebenso wie die Pumpenkammern durch Fenster mit farbig gemusterten Scheiben hell erleuchtet wird, ist Alles in diesen Räumen in architektonischem Einklang und so reichhaltig entwickelt, wie es wohl selten, vielleicht nirgends in ähnlichem Fall geschehen ist. Alle Wände sind in arabischen Mustern in Ölfarben, theils bunt, theils in zwei Farben gemalt, und selbst die einzelnen Betriebstheile an der Maschine, wie auch das Maschinengestell, haben sich dieser Bauweise angeschlossen.«[10]

Tatsächlich hatte man die – noch heute bestehende – Dampfmaschine mit zwei übereinandergestellten gußeisernen Arkaden umgeben, welche die kunstvoll verflochtenen Bögen der Moschee von Cardoba mit Säulen aus der Alhambra kombinierten. Die Werkzeichnungen für die Kapitelle und Bögen hatte Persius' Mitarbeiter Martin Gottgetreu (1813–85) hergestellt, der auch später eine ausführlich illustrierte Publikation über den Fontänenbau herausgab.[11] Daß man selbst die Maschine mit architektonischen Formen verzierte, war in der Frühzeit der Industrialisierung nicht ungewöhnlich. Häufig verwendete man für die Standsäulen der Dampfmaschinen klassische Säulenformen, die im Eisenguß einfach hergestellt werden konnten. Aber selbst vor gotischen Dampfmaschinen schreckte man nicht zurück. Aus einer solchen Aufwertung der Maschine zum Kunstwerk sprach der Stolz auf die ungewöhnliche technische Leistung. Daß die Maschine aus einheimischer und nicht aus englischer Produktion stammte, machte sie in den Augen der Zeitgenossen noch bedeutender. Die Borsigsche Dampfmaschine war also ein Objekt, das auch zum Vorzeigen bestimmt war. Daß ein so kostspieliges technisches Wunderwerk auch eine kostbare Fassung verlangte, war naheliegend. Wie so oft, verband sich auch hier die Aufgeschlossenheit gegenüber technischen Neuerungen mit dem stilistischen Experiment: Das fremdartige Erscheinungsbild erfuhr nicht zuletzt durch die Neuartigkeit der Bauaufgabe seine Rechtfertigung.

Im Werk von Ludwig Persius, der bereits 1845 starb, blieb der maurische Bau ein Sonderfall. In Potsdam wurde der maurische Stil noch ein einziges Mal angewendet, dieses Mal jedoch lediglich für einen Innenraum: Das Belvedere auf dem Pfingstberg (1849–52), eine riesige, Fragment gebliebene Architekturkulisse im Stil der Neurenaissance,[12] erhielt in seinem Nordturm ein maurisches Zimmer – als Pendant zu dem pompejani-

Architektonische Fiktionen

Architektonische Fiktionen

Ludwig Persius, Dampfmaschinenhaus in Potsdam, 1841—43. Ansicht zur Havel (linke Seite), Detail, Eingangstür und Fassadenausschnitt. Detail aus: Martin Gottgetreu, *Der Fontainenbau zu Sanssouci*, 1853.

Der am Havelufer gelegene Bau enthält noch immer die von August Borsig in Berlin hergestellte 80 PS starke Dampfmaschine, die durch eine fast zwei Kilometer lange Rohrleitung Havelwasser in ein Bassin auf dem Ruinenberg oberhalb von Schloß Sanssouci pumpte. Das Reservoir versorgte mehrere Fontänen im Park mit Wasser. Die erhöhte Lage sorgte für ausreichenden Druck. Der Entwurf des Maschinenhauses, das auf Wunsch von König Friedrich Wilhelm IV. das Aussehen einer »türkischen Moschee« erhalten hatte, stammte von dem Hofarchitekten Ludwig Persius, einem Schüler und Mitarbeiter Karl Friedrich Schinkels. Die Bauausführung und die Anfertigung der Werkzeichnungen lag bei dem Königlichen Hofbauinspektor Martin Gottgetreu.

Architektonische Fiktionen

Carl von Diebitsch, Entwurf einer Börse, 1853.
Die Innenansicht gehört zu mehreren Entwürfen, mit denen sich Diebitsch an der jährlich ausgeschriebenen Schinkelkonkurrenz beteiligte. Der früheste bekannte Entwurf in Diebitschs »maurischem« Stil. Die Rundbögen auf den hohen schlanken Säulen erinnern an die Alhambra. Die reiche, farbige Dekoration verstärkt noch den orientalischen Eindruck.

Carl von Diebitsch, Entwurf für einen Gartenpavillon.
In der nicht ausgeführten »Moschee« vermischen sich maurische mit indischen Motiven. Der kleine schwarze Adler in der Mittelachse findet sich auf dem Entwurf des Baderaums wieder: Möglicherweise war auch der Gartenpavillon für den Prinzen Albrecht bestimmt.

schen Turmzimmer am südlichen Ende des Gebäudes. Der Bau, für den Persius bereits 1841 Entwürfe gezeichnet hatte, entstand nach Plänen von Friedrich August Stüler (1800 bis 1865) und Ludwig Ferdinand Hesse (1795–1876). Hesses Entwürfe für die beiden Turmzimmer haben sich erhalten.[13]

Der bereits erwähnte »Temple Moresque« im Neuen Garten (vgl. S. 36), der noch die ungenauen Vorstellungen des achtzehnten Jahrhunderts von maurischer Architektur verkörperte, sollte auf Wunsch Friedrich Wilhelms umgebaut werden: Sein Äußeres sollte den Erkenntnissen der Gegenwart entsprechen. Sowohl Stüler als auch Hesse machten Änderungsvorschläge.[14] Keines der Projekte wurde jedoch ausgeführt; um 1869 wurde der Tempel ganz abgerissen. Mit der Anwendung typisch islamischer Mittel versuchte Stüler, den Maurischen Tempel tatsächlich maurisch zu machen: Der Pavillon erhielt eine Zwiebelhaube, die Fassaden wurden gestreift. Der durch einen Arkadengang mit einem zweiten Pavillon verbundene Tempel wurde darüber hinaus mit Bögen und Fenstern in Zacken- und Hufeisenform versehen.

Diese wenigen maurischen Beispiele zeigen, daß man einem exotischen Stil keine Eignung für ernsthafte und größere Bauvorhaben zutraute. Der Tradition entsprechend schien er sich nur für Innenräume und Gartengebäude im weitesten Sinne zu eignen.

In den frühen fünfziger Jahren des vorigen Jahrhunderts machte jedoch ein junger Berliner Architekt erstmals von sich reden, der wohl am liebsten ganz Berlin im maurischen Stil umgebaut hätte. Da er mit seiner bedingungslosen Hingabe an diesen Stil in Preußen auf wenig Verständnis stieß, wäre sein Leben sicher erfolglos verlaufen, wenn seine Karriere nicht eine außergewöhnliche und doch nur folgerichtige Wende genommen hätte. Carl Wilhelm Valentin von Diebitsch (1819–69)[15] hatte zuerst die in seiner Familie übliche militärische Laufbahn begonnen, die er jedoch wegen eines Gehörleidens bald abbrechen mußte. Nach einem Studium an der Bauakademie begab sich Diebitsch auf die für einen jungen Architekten obligatorische Italienreise. Seine Begegnung mit der arabischen Baukunst in Sizilien scheint den weiteren Reiseweg bestimmt zu haben: Von Italien aus reiste er weiter nach Spanien und Nordafrika.

Wie so vielen Architekten vor ihm galt sein Interesse vor allem der maurischen Architektur Andalusiens. Allein in der Alhambra verbrachte er ein halbes Jahr mit Detailstudien und Bauaufnahmen. Mit einer Mappe farbiger Aquarelle kehrte er 1848 wieder nach Berlin zurück. Mit den auf seinen Reisen erworbenen Kenntnissen wurde er zu einem Spezialisten maurischer Architektur. Seine praktische Tätigkeit blieb jedoch vorerst auf die Ausstattung von Innenräumen beschränkt, zu denen ein maurisches Kabinett in Schloß Krafftshagen in Ostpreußen und ein Zimmer in der Villa Reichenheim in Berlin zählten.

Architektonische Fiktionen

Carl von Diebitsch, Entwurf für das Badekabinett im Schloß Albrechtsberg, Dresden.

Carl von Diebitsch, Badekabinett im Schloß Albrechtsberg, Dresden, 1855.

Diebitsch wollte sich aber nicht auf die Tätigkeit eines Dekorateurs beschränken. Er war davon überzeugt, daß sich der maurische Stil auch für große öffentliche Gebäude eignete. Mit einer Ausschließlichkeit, die uns an seinen englischen Kollegen Owen Jones erinnert, dessen Laufbahn ja auch durch das persönliche Erlebnis der Alhambra entscheidend beeinflußt worden war, beschickte Diebitsch zahlreiche Wettbewerbe mit Entwürfen im maurischen Stil: Im Schinkelwettbewerb von 1853 gewann er mit seinem Börsenentwurf unter dem Motto »Das Griechische nicht ohne die Araber entstand und daher vielen Beifall fand«[16] sogar den zweiten Preis. Dort, wo es jedoch, anders als beim Schinkelwettbewerb, um konkrete Projekte ging, hatte er mit seinen maurischen Entwürfen keine Chance: weder beim Wettbewerb für das Berliner Rathaus (1858) noch mit seinen Domentwürfen oder den Plänen für die Bank in Altenburg. Obwohl seine farbig aquarellierten Zeichnungen bewundert wurden, blieb er mit seinen Wettbewerbsbeiträgen »doch von vorneherein hors concours«, wie Hubert Stier in seinem Nachruf urteilte.[17]

Die Anwendung eines exotischen Baustils auf Börsen oder Rathäuser verstieß gegen alle Regeln und war auch inhaltlich nicht zu begründen. Das, was man mit dem orientalischen Baustil verband, schien so gar nicht zu der Würde zu passen, die man von repräsentativen öffentlichen Gebäuden erwartete. Im Stilrepertoire des Historismus waren die Anwendungsbereiche der verschiedenen historischen und exotischen Stile recht genau geregelt. Die Anwendung orientalischer Bauformen war nur bei Kaffeehäusern, Bädern oder Gartengebäuden und in Ausnahmefällen bei Privathäusern thematisch gerechtfertigt. Auch die besondere Atmosphäre von Seebädern und Kurorten wurde häufig als Voraussetzung für eine freizügige Verwendung exotischer Stile angesehen.

Vielleicht gerade weil ihm in Berlin die Ausführung größerer Bauaufgaben versagt blieb, beschäftigte sich Diebitsch intensiv mit dem handwerklich-technischen Aspekt des von ihm propagierten Stils.[18] Denn die Frage, ob deutsche Handwerker in der Lage waren, seine Entwürfe auszuführen und Wirkungen zu erzielen, die mit der komplizierten Ornamentik islamischer Flächengestaltung oder sogar mit den Stalaktitengewölben maurischer Architektur vergleichbar waren, war für Diebitschs Entwürfe von entscheidender Bedeutung. Um einfache und preiswerte Lösungen zu finden, begann er selbst mit Gips, Holz und Farbe zu experimentieren. Es stellte sich bald heraus, daß ganz untraditionelle Techniken wie der Zink- und Eisenguß sich für die rationelle Herstellung sich wiederholender Schmuckformen, besonders aber für Säulen und Bögen eigneten.

Das erste größere Projekt, bei dem Diebitsch seine Vorstellungen verwirklichen konnte, war sein eigenes Wohnhaus. Hier richtete er sich Werkstätten ein, in denen er nicht nur selbst arbeiten konnte, sondern auch Tischler, Maler und Stukkateure beschäftigte.

Noch vor dem Bau seines im Zweiten Weltkrieg zerstörten Hauses entstand das Badekabinett im Dresdner Schloß Albrechtsberg.[19] Bei der Ausstattung eines extravaganten Baderaums war die Entscheidung für den maurischen Stil geradezu typisch: Das Bad gehörte zu den am häufigsten beschriebenen Bauten in den Berichten europäischer Orientreisender. In der Vorstellung, die man vom islamischen Bad hatte, verdichteten sich auch exemplarisch die Phantasien von orientalischer Pracht und Sinnlichkeit. Diebitsch hatte in der Alhambra gesehen, welche Bedeutung das Bad in der islamischen Kultur hatte: Eine Folge kostbar ausgestatteter Bade- und Ruheräume nimmt innerhalb des Palastes eine zentrale Stelle ein. Im Schloß des Prinzen Albrecht galt es, eine solch ausgedehnte Raumfolge auf bürgerliches Maß zu reduzieren. In der Mitte eines großen Raumes befindet sich ein Becken aus grünem Marmor, das von einem Baldachin auf schlanken Alhambrasäulen überdacht wird. Ein Aquarell von Diebitsch zeigt den Raum mit einer badenden Odaliske.

Was das Aussehen von Diebitschs eigenem Haus betrifft, sind wir, vor allem für die Innenräume, auf zeitgenössische Beschreibungen angewiesen. Das Haus und der Name seines Architekten waren den Berlinern noch in den achtziger Jahren bekannt, als Theodor Fontane seinen Roman *Cécile* (1886) veröffentlichte: Cécile wohnte jedoch nicht im »Haus mit der Alhambrakuppel«, sondern im Nachbarhaus, wie ihr Liebhaber—vermutlich mit Bedauern—feststellte.[20]

Diebitsch hatte 1856 die Genehmigung für die Bebauung seines Grundstücks am Hafenplatz erhalten.[21] Ein Jahr später war das Haus, das Wohnungen, Ateliers und Werkstätten enthielt, weitgehend fertiggestellt.

In seiner Umgebung fiel es schon durch den fehlenden Verputz auf: Diebitsch hatte es verstanden, »die maurischen Friese, Arabesken und Mosaiken in rotem Ton herzustellen und sie mit den märkischen Backsteinen zu verbinden.«[22] Trotz der Farbigkeit, die durch den Wechsel der roten mit gelbweißen Ziegeln erzielt wurde, vermittelte der Bau nach außen vermutlich nicht den Eindruck orientalischer Pracht. Nur die seitlichen Risalite und der erhöhte Eckturm mit der Kuppel waren in den rechteckigen Feldern, die hier die leicht hufeisenförmigen Fenster rahmten, reicher verziert. Ob Diebitsch die ornamental verlegten Ziegel und die in Terrakotta hergestellten Schmuckformen tatsächlich später noch mit farbigen Stuckteilen ergänzte, oder ob es bei einigen Versuchen blieb, ist nicht bekannt.[23]

Prächtiger soll es im Inneren des Hauses ausgesehen haben: Zahlreiche Räume hatten »...durch die arabische Dekoration einen Charakter des Glanzes, des Reichtums und vor Allem einer mit künstlerischem Raffinement durchgebildeten Wohnlichkeit erhalten...«[24] Der maurische Stil der Wohnungen kündigte sich bereits im Treppenhaus durch hufeisenförmige Eingangstüren an. Die Dekoration von Decken und Wänden mit farbig bemaltem Stuck wurde durch von Diebitsch entworfene Möbel, Teppiche und Vorhänge ergänzt, die dem Stil des Hauses entsprachen. »Überall war er aber hier nicht bloß Nachahmer des schon Vorhandenen, sondern er wußte direkt Neues im Sinne jener Stilfassung zu schaffen.«[25]

Von der hohen handwerklichen Qualität von Diebitschs Dekorationen vermittelt der Dresdner Baderaum einen Eindruck. Um auch eine Vorstellung davon zu erhalten, wie das Haus am Hafenplatz von außen gewirkt hat, brauchen wir uns nur ein Ensemble kleiner Bauten anzusehen, das Diebitsch in Neuruppin entworfen hatte. Knobelsdorff hatte hier für Friedrich II. den »Tempelgarten« angelegt. 1853—56 wurde der kleine Park umgestaltet. Diebitsch entwarf eine »Türkische Villa«, ein Gärtnereigebäude und die mit einem hohen Tor versehene Umfassungsmauer. Wir begegnen hier den gleichen Materialien, die er auch später am Hafenplatz verwendete: verschiedenfarbige Ziegel und durchbrochene Flächen, die sich aus der Addition sternförmiger Terrakottaelemente ergeben. Die formalen Anklänge an orientalische Bauformen sind auch hier eher zurückhaltend. Am deutlichsten wird das orientalische Thema an dem mit einer Kuppel versehenen Türmchen auf der »Villa« und in der Hufeisenform des hohen Tores mit seinen reich verzierten Türflügeln.

Sowohl in Neuruppin als auch am Hafenplatz wirkt Diebitschs Orientalismus alles andere als verschwenderisch. Gerade die Verwendung unverputzten Ziegelmauerwerks, das damals kaum als Material für anspruchsvollere Bauaufgaben angesehen wurde, verleiht seinen Bauten einen eher nüchternen Charakter. Begrenzte Mittel oder preußische Sparsamkeit schienen Diebitsch an der vollen Entfaltung seiner orientalischen Phantasien zu hindern. Er sollte jedoch schon bald die angemessenen Auftraggeber für seine Ambitio-

Carl von Diebitsch, Eingangstor zum Tempelgarten in Neuruppin, um 1855.

Architektonische Fiktionen

Carl von Diebitsch, Haus des Architekten am Hafenplatz 4, Ecke Dessauer Straße 21, Berlin, 1856–57.

»'Sie werden in dem Diebitschen Haus wohnen. Etwas Alhambra, das paßt ganz zu meiner schönen Cécile. Wahrhaftig, sie hat die Mandelaugen und den tief melancholischen Niederschlag irgendeiner Zoë oder Zuleika. Nur der Oberst, bei allem Respekt vor ihm, stammt nicht von den Abenceragen ab, am wenigsten ist er der poetische letzte von ihnen. Wenn ich ihn à tout prix in jenen maurischen Gegenden unterbringen soll, so ist er entweder Abdel-Kader in Person oder ein Riffpirat von der marokkanischen Küste'.

Während er noch so vor sich hinplauderte, stand er vor dem St. Arnaudschen Hause, das aber, wie die Nummer jetzt auswies, nicht das Haus mit der Alhambrakuppel, sondern ein benachbartes von kaum minderer Eleganz war, wie gleich sein Eintritt ihm zeigen sollte.«[40]

nen finden: 1862 nahm Diebitsch, der sich mangels besserer Gelegenheiten auch mit kunsthandwerklichen Entwürfen beschäftigte, an der zweiten Londoner Weltausstellung teil. Vielleicht war es seine »kolossale Vase«[26] im maurischen Stil, die das Interesse des Vizekönigs von Ägypten erregte, vielleicht suchte aber Diebitsch auch ganz gezielt dessen Bekanntschaft. Jedenfalls wurde hier der Kontakt zum ägyptischen Herrscherhaus hergestellt. Bereits ein Jahr später, Ismael Pascha (1863–79) hatte gerade die Nachfolge Said Paschas angetreten, reiste Diebitsch zwischen Berlin und Kairo hin und her: »Nach den Entwürfen des hiesigen Architekten von Diebitsch, der das bekannte maurische Haus am Hafenplatz gebaut hat, sind in den Hüttenwerken zu Lauchhammer mehrere Gußwerke im maurischen Stil angefertigt worden: verschiedene Treppen, Plattformgeländer, Pilaster und eine Säulenhalle, welche 170 Fuß lang und 40 Fuß breit ist. Sie wiegen zusammen ungefähr 1000 Ctr. und sollen in Kürze über Triest nach Kairo befördert werden. Es reisen Monteure mit, welche die Gußwerke dort aufstellen werden.«[27]

Diebitsch war nicht der einzige europäische Architekt in Kairo. Ismael, der seine Ausbildung in Frankreich erhalten hatte, war sehr daran interessiert, europäische Architekten und Künstler nach Ägypten zu ziehen. Seit dem Bau der Eisenbahnlinie von Alexandria nach Kairo war die ägyptische Hauptstadt für europäische Reisende in greifbare Nähe gerückt. Das für Ägypten folgenreichere Projekt war jedoch der Bau des Suezkanals (1859 bis 1869), der Ägypten in immer stärkere Abhängigkeit von den wirtschaftlichen und strategischen Interessen Frankreichs und Englands bringen sollte, was schließlich zur völligen Entmachtung des Khedive führte (1879). Vorerst schien es jedoch, als sei für Ägypten ein neues Goldenes Zeitalter angebrochen. Ausländisches Kapital strömte ins Land, der Baumwollexport erlebte seinen Höhepunkt. Ismael war gewillt, El Kahira, die Siegreiche, in eine moderne Großstadt nach westlichem Vorbild umzuwandeln.[28]

1867 war Ägypten mit mehreren Bauten, die an die glorreichen Epochen ägyptischer Geschichte erinnerten, auf der Pariser Weltausstellung präsent. In unmittelbarer Nähe eines altägyptischen Tempels aus Holz und Gips befand sich auch der Informationspavillon der Suezkanalgesellschaft (vgl. S. 145). Ismael kam zu einem längeren Aufenthalt nach Frankreich und ließ sich von Baron Haussmann durch das neue Paris führen. Die breiten Boulevards, denen die alten Stadtviertel zum Opfer gefallen waren, die großen städtischen Parkanlagen und die moderne Kanalisation machten auf Ismael einen tiefen Eindruck.

Als der inzwischen von der Hohen Pforte zum Khedive[29] beförderte Pascha zurückgekehrt war, wurde das Tempo der Modernisierung beschleunigt: Ismael wollte zur feierlichen Eröffnung des Suezkanals, zu der viele gekrönte Häupter erwartet wurden, der Welt ein neues Kairo präsentieren. Nach französischem Vorbild begann nun die Zerstörung der alten islamischen Stadt. Breite Straßen und neue Plätze wurden angelegt. Um den von einem französischen Architekten angelegten Esbekiya-Garten entstand das europäische Kairo mit Hotels, Palästen und einem Opernhaus, in dem zur Eröffnung des Kanals Verdis *Rigoletto* aufgeführt werden sollte. Wie die meisten der neuen städtischen Gebäude war auch die Oper das Werk eines europäischen Architekten. Der in wenigen Monaten fertiggestellte Rokokobau war freilich nur die Umkehrung dessen, was Ägypten auf der Weltausstellung hatte bauen lassen: die Nachbildung eines europäischen Theaters aus Holz und Gips.

Dem Nachgemachten mußte das Echte weichen. Seltsamerweise waren es gerade die am Aufbau des modernen Kairos mitwirkenden Europäer, die zugleich auch »schmerzlich den Verlust der einstigen charakteristischen Häuser« bedauerten.[30] Architekten wie Julius Franz (1831–1915)[31] war es mit zu verdanken, daß wenigstens ein Teil der alten städtischen Kultur gerettet wurde – freilich nur für das Islamische Museum, an dessen Gründung er beteiligt war. Franz Pascha, der in späteren Jahren die Wiederherstellung bedeutender islamischer Baudenkmäler wie der Ibn-Tulun-Moschee leitete, hatte seine Karriere etwa gleichzeitig mit Carl von Diebitsch als Hofarchitekt des Vizekönigs begonnen. In den sechziger Jahren gehörten die beiden zu den meistbeschäftigten Architekten Kairos. Ihre Auftraggeber waren neben dem Vizekönig nicht nur die Angehörigen der ägyptischen Oberschicht, sondern auch europäische Diplomaten und Bankiers. Zu Diebitschs ersten Arbeiten in Kairo gehörte das gußeiserne Grabmonument für einen Verwandten des Khedive. Es folgten die Villa des Bankiers Oppenheim und der Palast eines Ministers. Häufig wurde Diebitsch allerdings auch nur zur Innenausstattung und

Architektonische Fiktionen

Möblierung hinzugezogen. Außerdem entwarf er Kioske, Wandelgänge und Fontänen für die königlichen Gärten in Gise und auf der Nilinsel Gesira. Diebitsch leitete die Ausführung seiner Entwürfe selbst und beschäftigte bald »eine ganze Kolonie deutscher Handwerker« in seinem Haus in Kairo.[32]

Häufig arbeiteten Franz und Diebitsch zusammen, wobei Diebitsch dann immer die Innenausstattungen entwarf. Beide waren »... rastlos bemüht..., den fast vergessenen Styl des Landes wieder zu Ehren zu bringen...«[33] Der von den beiden deutschen Architekten entwickelte »arabische« Stil bestand dabei weniger in der historischen Wiedererweckung traditioneller islamischer Bauformen als vielmehr in der Arabisierung europäischer Bauformen und -typen. Die freistehenden »Landhäuser« und Palais mit ihren Schaufassaden und den großen rechteckigen Fenstern entsprachen weder den überlieferten Lebensformen noch den klimatischen Bedingungen Ägyptens. Für das alte Kairo war eine sehr enge und dadurch schattenspendende Bebauung typisch. Die Qualität der altislamischen Häuser war nur in ihrem Inneren erfahrbar. Nach außen gegen die Öffentlichkeit und die sengende Sonne abgeschirmt, wirkten sie oft abweisend und schmucklos. Die Übernahme europäischer Wohnformen war das Bekenntnis der Oberschicht zum westlichen Fortschritt, sie bedeutete aber auch gleichzeitig den Bruch mit dem traditionellen Lebensstil. Das sicherlich bekannteste Bauprojekt, mit dem sich in Kairo die Namen von Diebitsch und Franz verbinden, ist Ismaels Palast auf der Nilinsel Gesira, der heute, in veränderter Gestalt, das Marriott-Hotel beherbergt. Der eigentliche Palast (1863–68) war das Werk

Carl von Diebitsch, »Kiosk« im Garten von Gesira, Kairo, 1863. Historische Aufnahme.
Die Kolonnaden und der erhöhte Mittelpavillon bestanden aus vorgefertigten gußeisernen Teilen, die in einer sächsischen Eisengießerei hergestellt worden waren.

Architektonische Fiktionen

Carl von Diebitsch, »Kiosk« im Garten von Gesira, Kairo, 1863. Historische Aufnahme.

von Franz, wobei vermutlich Diebitsch außer der Innenausstattung auch die gußeisernen Arkaden und Geländer entworfen hatte. Das Gebäude liegt in einem von Barillet-Deschamps entworfenen Park. Für diesen Park war die in der oben zitierten Pressenotiz erwähnte Säulenhalle bestimmt.[34] Sie war Teil eines langgestreckten Gebäudes, das Bäder, Wohn- und Empfangsräume enthielt. Die Mitte des Gebäudes wurde durch einen erhöhten Pavillon betont, der nach beiden Seiten offen war.

Die Vorbilder für Diebitschs Säulenhalle finden wir nicht in Kairo, sondern in Granada: Die – hier stark überhöhten – Rundbögen auf ihren dünnen Säulen und das scharf ziselierte Relief der Oberflächen erinnern an die Arkaden im Myrtenhof der Alhambra. Im Gußeisen hatte Diebitsch das ideale Material gefunden, um eine mit dem Vorbild vergleichbare Leichtigkeit zu erzeugen. Die serielle Herstellung der Dekorationen war dabei der islamischen Ornamentik durchaus entsprechend.

Mit der industriellen Vorfertigung der Bauteile durch die bekannte Eisengießerei im sächsischen Lauchhammer vermied Diebitsch zwar Probleme mit einheimischen Handwerkern, er versäumte damit aber auch die Gelegenheit, sich mit den traditionellen islamischen Bautechniken auseinanderzusetzen. Diebitschs neomaurischer Stil, der in Europa vage Vorstellungen eines märchenhaften Orients hervorrief, sollte in Ägypten die Rolle eines geschichtlich begründeten Nationalstils übernehmen: Wahrscheinlich aber wirkte er hier eher fremdartig als vertraut, stellte er doch nur die Übertragung eines in der europäischen Vorstellung entstandenen exotischen Konzeptes auf die Kultur dar, die der Gegenstand jener Phantasien war. Die Übertragung eines imaginären Orients auf den wirklichen Orient mag zwar dem Wunsch entsprungen sein, die alte islamische Kultur »wieder zu Ehren zu bringen«, sie war aber doch nur eine besonders subtile Form kultureller Beherrschung. Daß Diebitschs Stil universal verwendbar war und an verschiedenen Orten auch verschiedene Rollen übernehmen konnte, zeigt sich an dem transportablen »Maurischen Kiosk«,[35] den er auf eigene Kosten in der preußischen Sektion der Weltausstellung von 1867 errichten ließ. Er hatte offensichtlich darauf gesetzt, daß Ismael bei seinem Besuch in Paris den Kiosk für einen seiner Gärten erwerben würde. Der Khedive war aber offensichtlich darüber verstimmt, daß Diebitsch sein Werk in der preußischen und nicht in der ägyptischen Abteilung aufgebaut hatte.

Schließlich war es der legendäre »Eisenbahnkönig« Bethel Henry Strousberg, der für 100 000 Francs den Kiosk erwarb, um ihn im Park von Schloß Zbirow in Böhmen aufzustellen. Der reiche Unternehmer war damit zwei königlichen Interessenten zuvorgekommen: Sowohl der preußische König als auch Ludwig II. von Bayern hatten sich für den Kiosk interessiert. Daß Ludwig II. dann schließlich doch noch in den Besitz von Diebitschs Bau gelangte, verdankte er dem Zusammenbruch des Strousbergschen Eisenbahnunternehmens: 1876 konnte er für 10 000 Gulden den Kiosk aus der Konkursmasse erwerben. Unter der Leitung des Hofbaudirektors Georg Dollmann wurde er in Zbirow abgebaut und vermutlich auf einer der von Strousberg gegründeten Eisenbahnstrecken nach Bayern geschickt. Als das Gebäude schließlich im Park von Schloß Linderhof aufgebaut worden war, war es bereits mehrmals quer durch Europa gereist: Von Berlin nach Paris, von dort nach Böhmen und nun wieder zurück nach Westen.

Wie gut, daß die Konstruktion »darauf berechnet« war, »das Ganze leicht zerlegen und versenden zu können«[36]: Das Gerippe bestand aus Eisen, die reich verzierten Wände waren Zinkgußtafeln und Gipsplatten auf Holzrahmen. Auf der Weltausstellung war der Kiosk von den meisten Besuchern bewundert worden: »Es gab auf dem ganzen Marsfelde neben dem kaiserlichen Pavillon nichts Reicheres, Wirkungsvolleres als diesen fünffach gekuppelten Bau. An Glut der Farben und magischer Wirkung übertrifft der Kiosk jenen kaiserlichen Pavillon noch«[37] Manche stellten ihn sogar weit über die »...vielfach höchst rohen Gestaltungen ..., die der echte Orient mit Hilfe der Franzosen dort zur Schau gebracht hatte.«[38] Freilich konnte man den mobilen orientalischen Kiosk auch nüchterner beurteilen: »Ein maurischer Pavillon von dem Architekten Diebitsch ist recht zierlich und mit Kenntnis des Stils ausgeführt; ob freilich mit dergleichen Spielereien unserer architektonischen Not irgenwie abgeholfen wird, ist eine andere Frage.«[39]

Diebitsch war weiterhin in Berlin und Kairo tätig. Sein letzter, nicht mehr von ihm zu Ende geführter Bau war das Landhaus für den Grafen Gerbel in Kairo. In Berlin bestand sein letzter, vergeblicher Versuch, den maurischen Stil dort doch noch heimisch zu machen, in seinem Beitrag zum Domwettbewerb. Carl von Diebitsch starb 1869 in Kairo.

Architektonische Fiktionen

**Carl von Diebitsch, Maurischer Kiosk, 1867.
Heute im Park von Schloß Linderhof.** Photographie von 1887 und Innenansicht.

Der Kiosk wurde nach Diebitschs Entwürfen hergestellt und 1867 auf der Weltausstellung in Paris ausgestellt. 1876 wurde er von Ludwig II. erworben und in Linderhof in einer eigens angelegten exotischen Gartenpartie aufgestellt.

»Der Bau enthält nur einen Raum, welcher sich an den vier Wänden nochmals zu Nischen vertieft, die durch leichte Säulen vom viereckigen Hauptraum getrennt sind. Rot, Gold, Blau und Silber sind die vorherrschenden Töne, untermischt mit dem grünlichen Neutralton der mattgoldfarbenen Säulen. Da ist fast kein Quadratzoll, der nicht einen erkennbaren Bestandteil größerer Arabesken oder einen selbständigen Zierat bildete. Das funkelt und flimmert wie Edelstein, und da das Licht von allen vier Seiten sich durch Fenster und Türen leise hineinstehlen kann, freilich stets durch Hindernisse von farbigem Glas, von seidenen Vorhängen oder feinen Arabesken unterbrochen, so ist ein unbestimmter Schimmer über die Fülle von Farben und Formen gegossen, welche uns von allen Seiten umgibt. Auch oben, rings unter der Kuppel herum, flüstert so zu sagen das Licht herein und hängt sich an die tropfsteinartig gebildeten inneren Teile der Kuppel und schaukelt sich auf den zitternden Goldplatten, Glasteilen und juwelenartigen Kugeln und Gehängen des großen Kronleuchters. Die inneren Teile der Kuppel sind dabei gegen den scharf abstechenden Kronleuchter so mild und in verschiedenen Metall- und Steinfarben gehalten, daß man beim Anschauen im Halbdunkel über die Höhe ganz unklar bleibt.«[41]

Im Laufe des Jahres 1877 wurde der Maurische Kiosk nach Entwürfen von Georg Dollmann verändert: Auf einer Seite wurde der Innenraum durch eine halbkreisförmige Apsis erweitert, um Platz für den kostspieligen Pfauenthron zu schaffen. Der Pfauenthron besteht aus einem breiten diwanartigen Sitz und drei radschlagenden Pfauen auf vergoldeten Sockeln. Der Brunnen in der Raummitte wurde durch einen neuen ersetzt.

Der Pfau darf hier nicht im heutigen Sinn als Symbol menschlicher Eitelkeit gedeutet werden: »Der Pfau, dessen Federn in China als Rangabzeichen der Mandarine galten, der in der buddhistischen Kunst göttliche Verehrung erfuhr und in der Antike neben dem Adler als das heilige Tier Heras galt, wurde im frühen Christentum zu einem Symbol der Auferstehung und der himmlischen Herrlichkeit...«[42]

Mit der Besteigung des Pfauenthrons begann Ludwigs Herrschaft in einem exotischen Phantasiereich, das er von nun an planmäßig erweiterte: Auf dem Dach der Münchner Residenz entstand ein riesiger Wintergarten aus Stahl und Glas, unter dessen Dach sich der von Ludwig inszenierte Orient mit der Exotik tropischer Pflanzen vereinte, auf dem Schachen im Wettersteingebirge entstand das »Königshaus« mit dem Maurischen Saal, und auf der Weltausstellung, die 1878 in Paris stattfand, bot sich die Gelegenheit, noch einen weiteren Kiosk zu erwerben: Dieses Mal war es ein »Marokkanisches Haus«, das noch im selben Jahr in der Nähe von Linderhof aufgebaut wurde.

Albert Dietrich Schadow, Palmenhaus auf der Pfaueninsel, Berlin, 1829–31, umgebaut 1845 durch Heinrich Häberlin. Historische Photographie und Gemälde von Karl Blechen, 1832.

Die in der Nähe Potsdams gelegene Havelinsel war schon unter Friedrich Wilhelm II. ein beliebtes Ausflugsziel. Häufig landete der König mit größeren Gesellschaften auf der Insel und ließ seine prächtigen orientalischen Zelte auf der Wiese aufschlagen.[45] 1793 erwarb er die Insel und ließ sie in einen romantischen Landschaftspark umwandeln. Nach und nach entstanden zahlreiche Staffagearchitekturen. Einer der ersten Bauten war das in Form einer Ruine weitgehend aus Holz erbaute Schlößchen, das in einem seiner Türme das »Otahitische Kabinett« enthält, das eine Anspielung auf Bougainvilles Entdeckung Tahitis und zugleich ein mögliches Motto für die ganze Insel war: die Pfaueninsel als Südseeparadies mit Palmen. Palmen gelangten erst unter Friedrich Wilhelm III. auf die Pfaueninsel, nachdem man ihnen zum Schutz vor dem nördlichen Klima ein Haus gebaut hatte.[44] Nach Entwürfen von Albert Dietrich Schadow entstand ein schlichter rechteckiger Bau, der nach Norden gemauert war und auf den übrigen Seiten verglaste Fassaden hatte, die durch dünne Holzsäulen und horizontale Balken in viele kleine Felder untergliedert waren. Das flach geneigte Pultdach war nicht durchgehend verglast, was man auf den von Karl Blechen gemalten Innenansichten gut erkennen kann. In der Mitte des Gebäudes erweiterte sich das längliche Rechteck des Innenraums nach hinten in eine halbrunde, gemauerte Apsis. Diese Apsis war in zwei Etagen gegliedert. Über Wendeltreppen an der Rückseite des Palmenhauses gelangte man auf eine offene Galerie, von der aus man von oben auf die Palmen schauen konnte. Diese Apsis hatte man eigens als Gehäuse für eine architektonische Kostbarkeit geschaffen, die der Kronprinz (der spätere Friedrich Wilhelm IV.) 1829 von einem englischen General erworben haben soll. Es handelte sich um Teile eines bengalischen Pavillons, der von Indien über England schließlich nach Berlin gelangte. Die mit bogenförmigen Öffnungen versehenen weißen Marmorplatten, die an ihrer Oberkante mit Zinnen und minarettförmigen Spitzen verziert waren, wurden, dem Grundriß folgend, im Halbkreis aufgestellt.

Die Gestaltung der Apsis beruhte auf einem Entwurf Schinkels, der für die Aufstellung der indischen Bauteile einen selbständigen Bau vorgesehen hatte, bevor noch feststand, daß der beabsichtigte Kauf der Palmensammlung Foulchiron den Bau eines Pflanzenhauses notwendig machen würde.

Schadow integrierte Schinkels Konzept in seine Planung des Palmenhauses. Es gelang ihm, durch die farbliche Gestaltung und die zurückhaltende Verwendung indischer Detailformen (die gezackten Fensterbögen und die blütenförmigen Kapitelle der gußeisernen Säulen) einen dem indischen »Kiosk« angepaßten Raum zu schaffen, dessen exotische Atmosphäre durch die tropischen Pflanzen noch verstärkt wurde. Karl Blechen hat auf seinen Bildern die Exotik des Raumes nochmals gesteigert, indem er einige Odalisken hinzufügte, die sich auf einem roten Teppich räkeln.

Schadows Bau wurde 1845 von Heinrich Häberlin verändert: Die größte Palme stieß inzwischen gegen die Decke. Um sie in ihrem weiteren Wachstum nicht zu behindern, setzte Häberlin dem Palmenhaus eine zwiebelförmige Glaskuppel auf, die von kleinen Minaretten flankiert war. In der Nacht vom 18. zum 19. Mai 1880 brannte das Palmenhaus mit allen seinen Pflanzen ab.

Architektonische Fiktionen

Maurische Synagogen

»Auch heute noch besitzen wir keinen eigenen Synagogen-Styl, und verwendet man nur mit Vorliebe die Elemente bunten maurischen Styles für die baulichen Gebilde der jüdischen Bethäuser und Tempel, eines Styles, der, hervorgegangen aus einem Volke, das gleich den Juden orientalischen Ursprunges ist, mithin auch mit ihnen die Liebe zur Farbenpracht gemein hat, und der umsomehr sich dazu eignen muß, als die Religion der Mauren gleich der der Juden die Anwendung figuralen Schmuckes verbietet. Es wäre jedoch weit gefehlt, diesen Styl numehr als allgemeinen Synagogen-Styl zu betrachten. In Frankreich und speziell in Paris, wo der maurische Styl mit besonderer Vorliebe für gewisse Gebäude ausgesprochen weltlich heiteren Charakters angewendet wird, würde eine im maurischen Style ausgeführte Synagoge, in oft unliebsamer Weise an Gebäude oben erwähnter Bedeutung erinnernd, den Eindruck eines Profanbaues machen.«[1]

Die Frage nach dem am besten geeigneten Synagogenstil, die in einem Bericht der *Allgemeinen Bauzeitung* über die 1861 eingeweihte Synagoge in der Kölner Glockengasse diskutiert wurde, war eine Frage, die sich den Juden erstmals im neunzehnten Jahrhundert stellte. Zugleich berührte sie aber auch das Problem einer ganzen Epoche, die sich angesichts der großen Auswahl historischer und exotischer Stile die bekannte Frage stellte: »In welchem Style sollen wir bauen?«[2]

Die Synagoge gehörte zwar nicht zu den neuen Bautypen des bürgerlichen Zeitalters, für die sich kein historisches Vorbild finden ließ, sie war aber ein Bautypus, der nach der Zerstörung Jerusalems und der Vertreibung der Juden aus Palästina keine repräsentativen Formen mehr entwickeln konnte. Nur in dem toleranten geistigen Klima des maurischen Spaniens konnten die Juden eine eigene Baukultur entwickeln. Davon zeugen noch heute die im Mudéjarstil erbauten Synagogen in Toledo und Sevilla. Im übrigen Europa lebten sie jedoch als isolierte Minderheiten in einer meist feindlich eingestellten Umgebung. Bis ins neunzehnte Jahrhundert hinein sah man die Juden nicht als Anhänger einer besonderen Konfession, sondern als Angehörige einer fremden Nation an, denen man weder das Recht auf freie Berufsausübung noch auf freie Wahl des Wohnorts zugestand. Ihre unsichere und immer wieder bedrohte gesellschaftliche Situation drückte sich auch in ihren Synagogen aus: Sie fielen architektonisch kaum auf, waren den regionalen Bauformen angepaßt und waren selten von der Straße aus zu sehen.

Die soziale Stellung der Juden begann sich erst mit der Französischen Revolution zu verändern: 1791 erkannte die Nationalversammlung die Juden Frankreichs als gleichberechtigte Staatsbürger an. Fast alle westeuropäischen Länder folgten dem französischen Beispiel im Laufe des Jahrhunderts. Diese Entwicklung vollzog sich jedoch weder kontinuierlich noch konsequent. In Preußen begann die jüdische Emanzipation mit den Hardenbergschen Reformen, die volle rechtliche Gleichstellung war jedoch erst in der Reichsverfassung enthalten.

Erstmals in der Geschichte der Diaspora besaßen die Juden durch Verfassungen garantierte Rechte und waren nicht mehr von den nach fürstlichem Belieben erteilten Privilegien abhängig.

Die neuen Freiheiten erzeugten Wanderungsbewegungen und soziale Veränderungen. Viele osteuropäische Juden zogen nach Westen. Besonders in großen Städten wie Wien und Berlin nahm der jüdische Bevölkerungsanteil zu. Die Ghettos lösten sich auf. Juden konnten sich erstmals in Berufen betätigen, die ihnen bisher verwehrt waren: Für viele begann ein rascher wirtschaftlicher und gesellschaftlicher Aufstieg. Vor allem Juden aus der bürgerlichen Schicht erstrebten die volle gesellschaftliche Integration. Die Anpassung erstreckte sich bis auf die Form der Religionsausübung. Reformer versuchten, die Liturgie von überkommenen Ritualen zu befreien: Sie paßten den Gottesdienst dem protestantischen Kultus an, indem sie Orgel und Chorgesang einführten und Gebete und Predigt in deutscher Sprache abhielten. In der zweiten Hälfte des Jahrhunderts setzten sich die Neuerungen fast allgemein durch. Nur eine kleinere Gruppe von Orthodoxen hielt noch streng an den alten Bräuchen fest. Die verschiedenen Auffassungen fanden ihren Ausdruck sogar in unterschiedlichen Bauformen: Während die Orthodoxen die traditionelle Plazierung des Almemors, des erhöhten Pultes, an dem der Rabbiner aus der Tora vorliest, in der Mitte der Synagoge beibehielten und deshalb Zentralräume bevorzugten, glich sich der Grundriß der Reformsynagogen dem dreischiffigen Basilikaschema an. Der Almemor rückte hier an die Ostwand vor den Heiligen Schrein, in dem die Torarollen aufbewahrt wurden.

Eduard Bürklein, Synagoge in Heidenheim, um 1851.
Bürklein war der Ansicht, »daß in der äußeren Form der Zweck eines jeden Gebäudes möglichst ausgeprägt und daher erkennbar« sein müsse.[6] Um den schlichten Bau für die kleine jüdische Gemeinde in Heidenheim als Synagoge zu kennzeichnen, gab er allen Fenstern Hufeisenform und setzte über das Portal, das getrennte Eingänge für Männer und Frauen enthielt, einen großen Blendbogen in Form eines spitz zulaufenden Hufeisens. Der Giebel wird von den zwei Gesetzestafeln abgeschlossen.

Ludwig Förster, Synagoge in der Tempelgasse, Wien, 1853—58.
Nach der Revolution von 1848 wurden den österreichischen Juden die gleichen Rechte wie ihren christlichen Mitbürgern zugestanden. Das neue Recht der freien Wohnungswahl bewirkte ein rasches Anwachsen der jüdischen Bevölkerung Wiens. Die alten Synagogen reichten bald nicht mehr aus. Einer der ersten Neubauten, in denen sich der neue gesellschaftliche Status der Juden manifestierte, war der Große Tempel in der Leopoldstadt.
Die jüdische Gemeinde beauftragte den angesehenen Architekten und Herausgeber der *Allgemeinen Bauzeitung* Ludwig Förster (1797—1863) mit dem Entwurf. Förster, der bereits für den Baron Pereira eine Villa in einem vagen »byzantinisch-arabischen« Stil gebaut hatte,[7] war der Ansicht, daß es »der relativ richtigste Weg« sei, »bei dem Baue eines israelischen Tempels jene architektonischen Formen zu wählen, deren sich die dem israelitischen Volke verwandten Völkerschaften, insbesondere die Araber, bedient haben...«[8] Förster gliederte die Fassade der Synagoge in Entsprechung zu ihrem dreischiffigen Innenraum in drei Risalite, die von gestreiften polygonalen Pfeilern flankiert wurden. Er verwendete jedoch nur wenige islamische Elemente und verzichtete ganz auf so eindeutige Formen wie den Hufeisenbogen. Offensichtlich schien ihm die alleinige Verwendung von Formen der noch »jungen« islamischen Architektur der so viel älteren jüdischen Kultur nicht angemessen zu sein. In seinen Erläuterungen stellte er den Entwurf daher nicht nur in Zusammenhang mit dem legendären Tempel Salomons in Jerusalem, sondern auch mit den Bauten des alten Assyriens, die gerade in Ninive ausgegraben wurden. Da über das Aussehen des Tempels nur wenig bekannt war, konnte Förster nur symbolisch auf ihn anspielen: »Die Pfeiler, an den Ecken des Mittelschiffes in der Fassade mit Laternen gekrönt, sollen erinnern an die Säulen am Salomonischen Tempel, von denen geschrieben steht: 'und er richtete zwei Säulen auf vor dem Tempel, eine zur Rechten, die andere zur Linken; und hieß die zur Rechten Jachim und die zur Linken Boas.'«[9]
Aus dem Aussehen der assyrischen Bauten glaubte Förster auch auf den jüdischen Tempel rückschließen zu können: Mit dem Hinweis auf die farbigen Fayenceverkleidungen der altorientalischen Architektur gab er seiner mit verschiedenfarbigen Ziegeln und Terrakottaelementen reich dekorierten Fassade eine zusätzliche historische Legitimation. Hinter der vieldeutigen orientalisierenden Fassade verbarg sich eine moderne Eisenkonstruktion. Im Querschnitt des Mittelschiffs wiederholte Förster die hohe Rundbogenform des Portals. Das flache, von Oberlichtern durchbrochene Dach wurde von gezackten Rundbögen auf hohen, schlanken Gußeisensäulen getragen. Die seitlichen Emporen bestanden aus einer sichtbaren Eisenkonstruktion. Decken und Wände waren mit bemaltem Stuck verkleidet.

In der Nacht vom 9. auf den 10. November 1938 wurde die Synagoge von den Nationalsozialisten in Brand gesteckt. Nur ein Nebengebäude (Tempelgasse 3), in dem sich früher die Israelitisch-Theologische Lehranstalt befand, blieb erhalten. Dort, wo früher Rabbiner ausgebildet wurden, befindet sich heute ein jüdisches Kulturzentrum.
Von den etwa 60 Synagogen, die es in Wien um die Jahrhundertwende gab, hat nur eine das Dritte Reich und den Zweiten Weltkrieg überlebt. Unter ihnen gab es noch zwei weitere, die ebenfalls in einem orientalisierenden Stil erbaut waren: Der Türkische Tempel in der Zirkusgasse (Hugo von Wiedenfeld, 1885—87), der der sephardischen Gemeinde gehörte, und die Polnische Schul in der Leopoldsgasse (Wilhelm Stiaßny, 1893), wo der Gottesdienst nach polnischem Ritus abgehalten wurde.

Ernst Zwirner, Synagoge in der Glockengasse, Köln, 1857—61.
»Man hat bei der Anlage einer Synagoge hauptsächlich den Umstand zu berücksichtigen, daß mit peinlicher Sorgfalt Alles vermieden werden soll, was derselben ein christkirchliches Gepräge verleihen könnte, was oft nicht leicht zu erreichen ist, wenn auch schon der Umstand, daß das Heiligtum der Synagoge kein Opfertisch wie der christliche Altar, sondern ein Schrein ist, in dem die Gesetzesrollen aufbewahrt werden, eine gewisse Verschiedenheit in der Durchbildung des Innenraums der Synagoge von dem der christlichen Kirche bedingt.«[10]
Seit der Jahrhundertmitte erfreute sich der auch von Zwirner gewählte »maurische« Stil zunehmender Beliebtheit, da er vielen jüdischen Gemeinden geeignet schien, um ihrer besonderen kulturellen Identität architektonischen Ausdruck zu geben.
Die von dem Bankier Abraham Oppenheim gestiftete Synagoge lag auf einem an drei Seiten umbauten Grundstück in der engen Glockengasse. Seinen unverwechselbaren orientalischen Charakter erhielt der Bau durch die von Zinnen und Minaretten gekrönte Fassade und die Kuppel über dem hohen Tambour. Sämtliche Kuppeln waren vergoldet. Der mittlere Eingang war für die Männer bestimmt, die Seiteneingänge führten zu den Emporen der Frauen.
Im Inneren wurde die Kuppel von maurischen Bögen auf hohen gußeisernen Säulen getragen. Auch die zweigeschossigen Emporen bestanden aus einer sichtbaren Eisenkonstruktion. Das Gußeisen bot sich nicht nur für die schlanken Alhambrasäulen, sondern auch für die serielle Herstellung der durchbrochenen Bogenfelder und Emporengeländer als ideales Material an.

Eduard Knoblauch und Friedrich August Stüler, Neue Synagoge, Oranienburger Straße, Berlin, 1859–66. Photographie des Treppenhauses von Hermann Rückwardt und Außenansicht. Außenansicht aus: Hans Licht, *Architekten der Gegenwart*, 1892.

In Folge der Hardenbergschen Reformen wurde 1812 ein Emanzipationsedikt erlassen, das die Juden zu gleichberechtigten preußischen Staatsbürgern machte und alle vorher bestehenden Einschränkungen in der Freiheit der Berufs- und Wohnungswahl aufhob. Der Staat versuchte jedoch weiterhin, Einfluß zu nehmen, und unterstützte die Widerstände der orthodoxen Juden gegen die von Israel Jacobson praktizierte Reformierung des Gottesdienstes. In den beiden reformierten Synagogen, die Friedrich Wilhelm III. 1823 schließen ließ, hatte man den Kultus dem protestantischen Gottesdienst durch Einführung von Orgel und Chorgesang angepaßt. Predigt und Gebete wurden erstmals in deutscher Sprache abgehalten. Die Reformbestrebungen setzten sich jedoch langfristig durch, die Orthodoxen gerieten in die Minderheit. In der Mehrzahl der nach der Jahrhundertmitte erbauten Synagogen wurde ein reformierter Gottesdienst abgehalten.

Die jüdische Gemeinde war vor allem durch die aus dem Osten zugewanderten Juden stark gewachsen. Die bestehenden Synagogen wurden bald zu klein. Auch der Umbau und die Erweiterung der barocken Synagoge in der Heidereutergasse konnten das Problem nicht lösen. Die Gemeinde beauftragte daher Eduard Knoblauch (1801–65), der die Arbeiten in der Heidereutergasse geleitet hatte, für ein Grundstück an der Oranienburger Straße eine neue Synagoge zu entwerfen. Aus der unregelmäßigen und abgewinkelten Form des Grundstücks ergaben sich jedoch große Schwierigkeiten für den Entwurf, so daß auf Anregung Knoblauchs 1857 ein offener Wettbewerb ausgeschrieben wurde. Der Berliner Architektenverein schlug Knoblauchs Entwurf zur Ausführung vor. 1859 wurde mit dem Bau begonnen.[11]

Die symmetrische Schauseite der Synagoge ließ nichts von dem komplizierten Grundriß ahnen, der sich aus der Grundstücksform ergab. Der Hauptsaal befand sich, anders als die Fassade suggerierte, im hinteren Teil des Gebäudes. Vorne lagen die Räume der Gemeindeverwaltung und die Eingangshalle, deren Lage nach außen durch die große Kuppel markiert wurde. Knoblauch gab der Eingangshalle einen zwölfeckigen Grundriß und

Die jüdische Emanzipation machte sich bald im Bild der europäischen Städte bemerkbar: In der zweiten Hälfte des Jahrhunderts begann die große Zeit des Synagogenbaus. Zu den ersten bedeutenden Neubauten zählte die Synagoge, die Gottfried Semper für die jüdische Gemeinde in Dresden entwarf.[3] Die große öffentliche Anteilnahme bei ihrer Einweihung (1840) bestätigte viele Juden in der Überzeugung, daß mit der Errichtung eines repräsentativen Bauwerks auch ihre neue gesellschaftliche Stellung unerschütterlich geworden sei.

Ihr wachsendes Selbstbewußtsein suchte jedoch bald nach einem deutlicheren Ausdruck, als ihn Sempers neuromanischer Bau vermitteln konnte. Welcher Stil war am besten dazu geeignet, der Besonderheit der jüdischen Konfession eine eindeutige architektonische Form zu geben? Da die meisten historischen Stile in ihrer Bedeutung durch bestimmte Bauaufgaben festgelegt waren, bot sich ein exotischer Stil als Ausweg an. In der Pfalz gab es bereits seit den dreißiger Jahren einige kleine Synagogen in einem schlichten orientalisierenden Stil.[4] In Dresden blieb die Anwendung maurischer Stilformen noch auf die Innenausstattung beschränkt.

Dieser »maurische« Stil erschien auf einmal den — fast immer christlichen — Architekten und ihren jüdischen Auftraggebern als ideale Lösung des Stilproblems. Otto Simonsons Leipziger Synagoge (1854–55) war die erste der orientalischen Großstadtsynagogen. Für fast ein halbes Jahrhundert sollten orientalische Formen im jüdischen Sakralbau eine große Rolle spielen. Noch die Neue Dammtor-Synagoge in Hamburg (1895) wurde im orientalischen Stil erbaut.

Obwohl sich bei fast allen diesen Bauten deutliche stilistische Anleihen bei der Alhambra nachweisen lassen, wollte man mit »maurisch« nicht auf das maurische Spanien anspielen. Auch die alten spanischen Synagogen zog man, vermutlich mangels detaillierter Kenntnisse, als Vorbilder nie in Betracht. »Maurisch« wurde vielmehr mit »orientalisch« gleichgesetzt: Die orientalische Herkunft der Juden wurde von fast allen Architekten als Begründung für die Stilwahl angegeben. Da über das Aussehen der klassischen jüdischen Synagoge, des von Nebukadnezar 587 vor Christus zerstörten Salomonischen Tempels, kaum etwas bekannt war, bot sich der maurische Stil als Ersatz für eine Tradition, die sich nach der Vertreibung aus Palästina nie hatte weiterentwickeln können.

Aber wenn auch die Tradition, auf die die neuen Synagogen anspielten, eine fingierte war, so erfüllte der maurische Stil dennoch die ihm zugedachte Aufgabe: Er machte die Synagoge zu einem unverwechselbaren Gebäude, das selbstbewußt die Eigenart des jüdischen Glaubens unterstrich. Das Aufsehen, das viele der neuen Bauten durch ihren ungewöhnlichen Stil und ihre hohe architektonische Qualität — die Gemeinden beauftragten auffallend oft renommierte Architekten — erregten, trug wesentlich zur wachsenden öffentlichen Anerkennung jüdischer Kultur bei.

Gleichzeitig erzeugte der maurische Synagogenstil jedoch ein kaum lösbares Dilemma: Er stand im Widerspruch zu der von der Mehrzahl der Juden angestrebten gesellschaftlichen Assimilierung, da er durch die Betonung ihrer orientalischen Herkunft die alten Vorurteile von den Juden als einer fremden »Nation« bestätigte und einem seit den siebziger Jahren wieder zunehmenden Antisemitismus zusätzliche Nahrung lieferte.

Darüber hinaus war auch die Bewertung der islamischen Baukunst von ähnlichen Vorurteilen geprägt. In den Augen vieler Kunsthistoriker konnte sie sich an »Größe und Majestät« nicht »mit der Gotik messen«. Andere vermißten an den islamischen Bauten den »architektonischen Ernst«.[5] Die Anerkennung der orientalischen Synagogen mag vielen Kritikern dennoch leicht gefallen sein, da die Wahl eines »zweitklassigen« Stils die Synagoge in ihrer Bedeutung von vornherein den christlichen Kirchen unterordnete und somit auch keinen Vergleich herausfordern konnte.

Die oben zitierte Befürchtung eines Zeitgenossen, das orientalische Äußere einer Synagoge könne zur Verwechslung mit Bauten »weltlich heiteren Charakters« führen, war jedoch unbegründet. Die strenge Symmetrie der Fassaden, das häufig angewendete Zweiturmschema sowie die an gotisches Maßwerk erinnernden Füllungen von Rundbogenfenstern und Rosetten betonten zu deutlich den sakralen Charakter. Die islamischen Formen, die weder ausschließlich noch gehäuft verwendet wurden, traten nie in den Vordergrund, verselbständigten sich nie zu einer eindeutigen Zeichenhaftigkeit. Für Architekten wie Ludwig Förster oder Eduard Knoblauch war die islamische Baukunst nur einer von mehreren historischen Bezugspunkten. Sie bot ihnen eine Fülle von Details, die sie in eine eigenständige und vieldeutige Formensprache integrierten.

Maurische Synagogen

überspielte so auf geschickte Weise die Richtungs-
änderung, die sich aus dem Knick des Grundstücks
ergab.

Obwohl Knoblauch ebenso wie Förster in Wien
bei der Gestaltung seiner Fassade islamische Elemente frei variierte, empfanden alle Zeitgenossen
den Bau als eindeutig orientalisch: »Der Architekt
hat dafür den maurisch-arabischen Styl, wie er so
glänzend und reich in der Alhambra ausgeprägt ist,
als Grundlage genommen. Diese Wahl mußte sich
ihm durch materielle wie ideelle Gesichtspunkte
empfehlen. Denn einesteils entsprechen die Eisen-
säulen in ihrer Schlankheit durchaus den Verhältnissen jener arabischen Architektur; andererseits
ist ein spezifisch orientalischer Formencharakter
durch die rituell-cultliche Bestimmung des Gebäudes wohl motiviert.«[12] Schon in Wien und Köln
war die Verwendung eiserner Bauteile aufgefallen.
Auch Knoblauch bediente sich zur Überdachung
des großen Betsaals und zur Konstruktion der
Kuppel modernster Techniken. Seine Kuppel war
die erste praktische Anwendung eines von Johann
Wilhelm Schwedler entwickelten Kontruktions-
prinzips: Schwedler versteifte die Rippen und
horizontalen Ringe seiner Kuppeln mit diagonalen
Verstrebungen und berechnete die Kuppel als
homogene Schale.

Die in allen zeitgenössischen Kommentaren hergestellte Verbindung zur Alhambra bezog sich vor
allem auf die reiche Farbigkeit der von Stüler
gestalteten Innenräume. Die Formen der Bögen
und Säulen lassen hier auch tatsächlich deutliche
Anleihen bei der Architektur des maurischen
Schlosses erkennen. Nach außen waren es eigentlich nur die drei Bögen des großen Portals, mit
denen Knoblauch spezifisch maurische Formen
zitierte.

Daß der Bau dennoch als orientalisch empfunden
wurde, lag vor allem an der durch farbige Ziegel,
Terrakotten und verschiedene Steinsorten erziel-
ten Polychromie der Fassade, die noch durch die
vergoldeten Rippen der mit Zinkblech verkleideten Kuppeln gesteigert wurde. Die wie Türme wir-
kenden seitlichen Risalite der Fassaden sollten
vermutlich wie bei der Synagoge in der Wiener
Tempelgasse an die beiden Säulen des Salomonischen Tempels erinnern.

In der Nacht des 9. November 1938 versuchten
Mitglieder der SA, die Synagoge in Brand zu setzen, der Polizei gelang es jedoch, das Feuer zu
löschen. Im Februar 1943 wurde der größte Teil
des Gebäudes bei einem Bombenangriff zerstört.
Die Hauptsynagoge wurde nach dem Krieg abge-
tragen. Als Ruinen blieben der an der Straße gelegene Gebäudeteil mit den beiden Türmen, das
Vestibül und die Vorsynagoge erhalten. Die Ruine
soll bis zum 50. Jahrestag der Reichskristallnacht
wiederaufgebaut werden. Geplant ist die Einrichtung eines jüdischen Museums.[13]

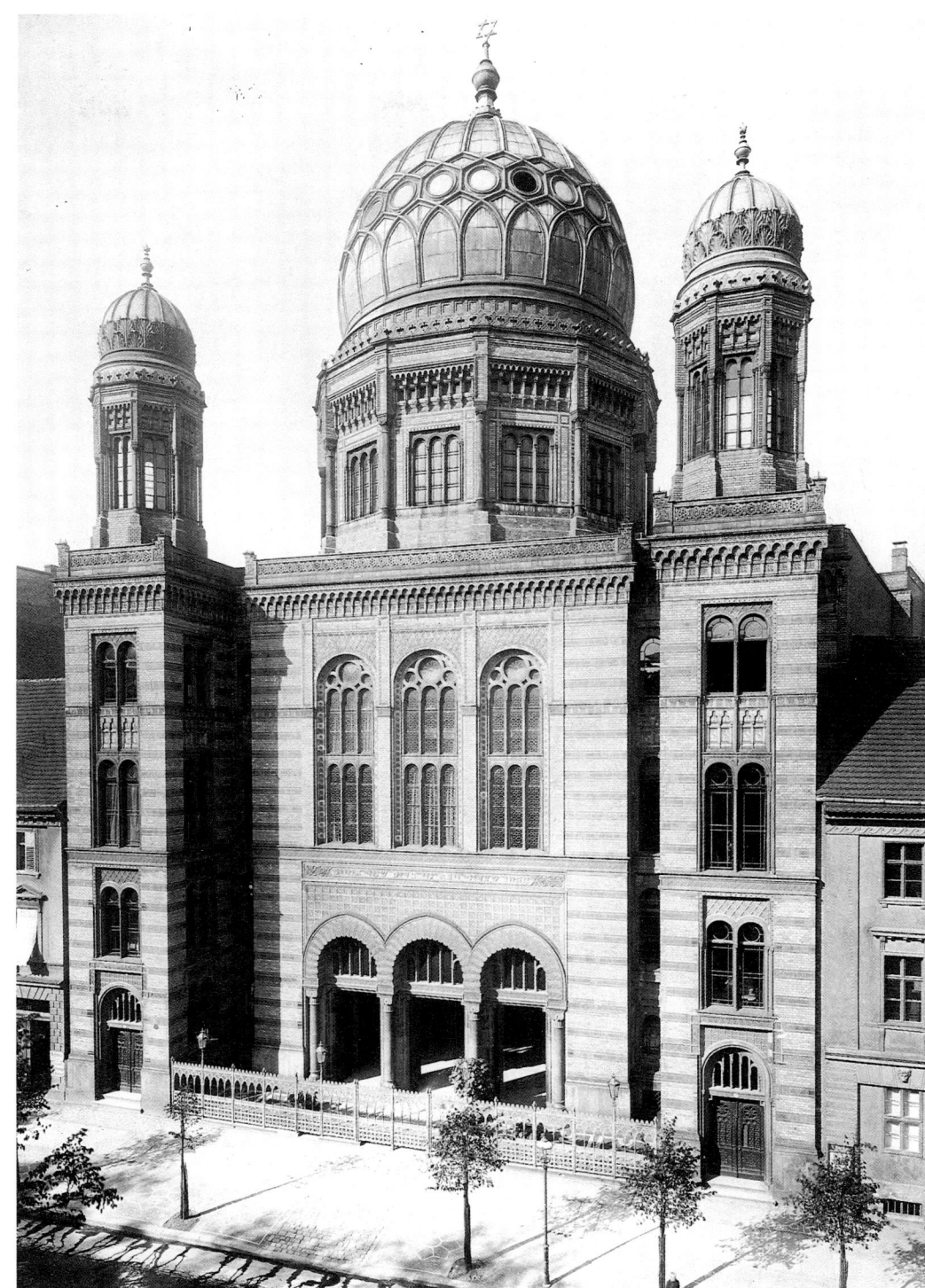

An die reiche jüdische Bautradition erinnert in Deutschland und Österreich heute fast
nichts mehr: Die Synagogen, die nicht in der Reichskristallnacht oder während der Bom-
benangriffe der letzten Kriegsjahre völlig zerstört wurden, sondern als Ruinen überleb-
ten, wurden mit wenigen Ausnahmen in den Nachkriegsjahren beseitigt. Um so erfreuli-
cher ist es, daß Knoblauchs Synagoge in der Oranienburger Straße (Ost-Berlin) als Ruine
erhalten wurde. Die vorderen Gebäudeteile sollen wiederhergestellt und in ein jüdisches
Museum umgewandelt werden.

Otto Wagner, Synagoge in der Rombachgasse, Budapest, 1870–73. Heutiger Zustand, perspektivischer Schnitt und Fassadenaufriß aus dem Bauantrag. Perspektivischer Schnitt aus: *Projekte und ausgeführte Bauten von Otto Wagner*, 1891. Budapest besaß bereits die von Ludwig Förster für die reformierte Gemeinde entworfene Synagoge in der Dohány-Straße (1854–59),[14] als die orthodoxen Juden beschlossen, mehrere Architekten zu einem Wettbewerb aufzufordern, um den Entwurf für einen eigenen Bau zu erhalten.[15] Der 28jährige Wagner war möglicherweise durch Försters Vermittlung zu dem Wettbewerb eingeladen worden. Im Unterschied zu Försters Synagoge, deren Raumkonzept dem Bau in der Wiener Tempel-

gasse entsprach, entwarf Wagner die hinter einem Eingangsgebäude gelegene Synagoge als achteckigen Zentralraum und variierte damit Grundrißlösungen, wie sie von Zwirners Synagoge in Köln oder der von Gottfried Semper in Dresden bekannt waren.

Der Zentralraum ermöglichte es, den Almemor an seinem traditionellen Platz in der Mitte aufzustellen. In den reformierten Gemeinden hatte man die Sitzordnung der protestantischer Kirchen angeglichen und den Almemor an die Ostwand der Synagoge vor den Toraschrank gestellt. Daraus ergab sich zwangsläufig ein anderer Grundriß: ein die Längsrichtung betonender Basilikagrundriß, wie ihn Förster und Knoblauch verwendeten.

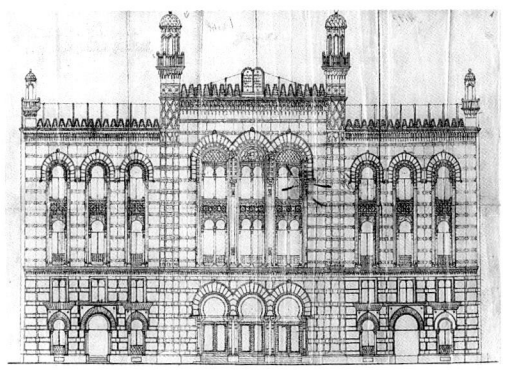

Maurische Synagogen

Philipp Hoffmann, Synagoge auf dem Michelsberg, Wiesbaden, 1865—69.
Philipp Hoffmann (1806—89), der der Stadtlandschaft der Kurstadt bereits mit der Griechischen Kapelle auf dem Neroberg einen exotischen Akzent gegeben hatte, entwarf die Synagoge als Zentralbau auf dem Grundriß eines griechischen Kreuzes. Die Fassadenflächen waren mit farbigen Fayencen verkleidet.[16]
In der »Reichskristallnacht« brannte der Bau ab.

Wiesbaden   Synagoge

Maurische Synagogen

Der Orient Ludwigs II.

Im Juli 1867 reiste der 21jährige bayerische König Ludwig II. nach Paris, um die Weltausstellung zu besichtigen. Ludwig, der niemals selbst den Orient bereisen sollte, begegnete hier einer spektakulären Inszenierung des Orients, die seinem Geschmack mehr entsprach als jede authentische Erfahrung. Seine Phantasie, die sich seit dem Erlebnis des »Lohengrin« vor allem von den Stoffen der Wagneropern nährte, fand hier einen neuen Gegenstand von ungeheurem Reiz.

In der französischen Kunst hatte sich die Darstellung des Orients zu einem eigenständigen Genre entwickelt, das von zahllosen Spezialisten gepflegt wurde. Der Salon von 1867 führte in seinem Katalog eine bedeutende Zahl von Gemälden auf, die nicht nur das von Frankreich kolonisierte Nordafrika, sondern auch den alten, mythischen Orient zum Thema hatten. Sklavenmärkte und der Tod der Kleopatra gehörten zu den immer wiederkehrenden Themen. Ludwig sah hier ein Gemälde, dessen Inhalt ihn besonders faszinierte: Der von ihm wegen seiner theatralischen Prachtentfaltung so bewunderte Ludwig XIV. empfängt die Gesandten des Königs von Siam, die sich vor ihm auf die Knie werfen.[1] In Frankreich hatte dieses Bild handfeste politische Bedeutung, da es dazu beitragen sollte, dem französischen Hegemonialstreben die historische Weihe zu geben. Für den bayerischen König dagegen, der sich später die siamesische Gesandtschaft für sein Schlafzimmer in der Residenz malen ließ,[2] diente die Identifikation mit dem Sonnenkönig nur der Errichtung seiner eigenen, imaginären Herrschaft über den Orient.

Aber noch plastischer wurde ihm der Weltausstellungsorient durch die zahllosen Architekturkulissen vermittelt, die über das Marsfeld verstreut waren. Carl von Diebitschs Maurischer Kiosk im »Jardin Prussien« war nur eine von zahllosen Interpretationen orientalischer Baukunst durch europäische Architekten.

Ludwig erlebte hier aber nicht nur die von Europäern inszenierte Darstellung fremder Kulturen. Im schärfsten Gegensatz zu den handwerklichen Produkten des Orients standen die Erfindungen des Industriezeitalters. Den Möglichkeiten moderner Bautechnik, die das riesige elliptische Ausstellungsgebäude aus Eisen und Glas demonstrierte, waren scheinbar keine Grenzen gesetzt. Mit den Dampfmaschinen und Kanonen im Inneren der Halle führte man die Mittel vor, mit denen der Westen die östliche Welt, deren Kultur man nur noch museale Bedeutung beimaß, unterwarf. Die Besucher wurden von immer neuen technischen Erfindungen überwältigt: Mit einem Fahrstuhl konnte man über das Dach des Ausstellungsgebäudes hinaus fahren, um alles von oben zu betrachten; nachts erstrahlte der Ausstellungspark im elektrischen Licht.

Ludwig II. fand auf der Weltausstellung also nicht nur die Motive künftiger Projekte, sondern auch die technischen Mittel zu ihrer Verwirklichung. Die neuen Möglichkeiten stimulierten seine Phantasie: Bald nach seiner Rückkehr aus Paris ließ er sich Vorschläge für eine Erweiterung des kleinen Wintergartens machen, den er sich erst vor kurzer Zeit auf dem Dach der Residenz hatte aufstellen lassen. Die ersten Projekte, die ihm seine Architekten vorlegten, blieben jedoch weit hinter den Wünschen Ludwigs zurück, der bei der Verwirklichung seiner Phantasien weder technische noch finanzielle Grenzen gelten ließ. Erst als Eduard Riedel vorschlug, die gesamte Dachfläche des Festsaalbaus mit einer 70 Meter langen Halle aus Stahl und Glas zu bebauen, war der König zufrieden. Anstelle eines Wintergartens von bürgerlichem Ausmaß entstand eine synthetische exotische Landschaft, die nicht nur durch ihre gläserne Hülle, sondern auch durch eine aufwendige technische Anlage in Gang gehalten wurde: Die tropische Vegetation konnte nur mit Hilfe einer Dampfheizung und künstlicher Beregnung überleben.

Der Garten mit seinen verschlungenen Wegen, mit Grotte und See wurde aber erst durch die Architekturkulissen und die Wandbilder, in denen er sich bis zum gemalten Horizont fortsetzte, zum Trugbild einer indischen Landschaft. Zur Illusionstechnik gehörte auch eine Gasbeleuchtung, mit der verschiedene Farbstimmungen erzeugt werden konnten. Für Ludwig II. muß der Anblick seiner exotischen Landschaft nachts und bei künstlicher Beleuchtung am vollkommensten gewesen sein, wenn die Eisenkonstruktion, die sich tagsüber gegen den Himmel abzeichnete, nicht mehr die Illusion zerstören konnte. Die Konstruktion besaß für ihn keinen ästhetischen Eigenwert, sie war nur eines von den vielen technischen Hilfsmitteln, ohne die seine Inszenierungen nicht auskamen: Nach einer späteren Umgestaltung des Wintergartens bestellte Ludwig bei seinem Hofphotographen Joseph Albert neue Aufnahmen, auf denen das Glasdach nicht zu sehen sein sollte.[3] Auch auf den gemalten Ansichten des Wintergartens findet sich nicht der kleinste Hinweis auf die Mittel, denen die indische Landschaft ihre Existenz verdankte.[4]

Der Wintergarten auf der Münchner Residenz, 1869–71. Der östliche Teil des Wintergartens mit See, Brücke und Indischem Königszelt vor dem illusionistischen Wandbild von Christian Jank in einem Gemälde von Julius Lange, 1872, und Photographie des Wintergartens von Joseph Albert, um 1871.

»Lächelnd hob der König den Vorhang zur Seite. Ich war verblüfft; denn ich sah einen riesigen, auf venezianische Art beleuchteten Garten mit Palmen, einem See, Brücken, Hütten und schloßartigen Bauwerken. 'Geh', sagte der König und ich folgte ihm fasziniert, wie Dante Vergil ins Paradies. Ein Papagei schaukelte sich in einem goldenen Reif und schrie mir 'Guten Abend' entgegen, während ein Pfau gravitätisch vorüberstolzierte. Wir gingen auf einer primitiven Holzbrücke über einen beleuchteten See und sahen zwischen Kastanienbäumen vor uns eine indische Stadt... Wir kamen zu einem blauseidenen Zelt. Darin war ein Stuhl, von zwei geschnitzten Elefanten getragen, und davor lag ein Löwenfell. Der König führte uns weiter auf einem schmalen Pfade zum See, worin sich ein künstlicher Mond spiegelte, Blumen und Wasserpflanzen magisch beleuchtend... Wir kamen dann zu einer indischen Hütte. Fächer und

Der Orient Ludwigs II.

Waffen dieses Landes hingen von der Decke herab. Mechanisch blieb ich stehen, bis der König zum weitergehen mahnte. Plötzlich glaubte ich mich in die Alhambra verzaubert. Ein kleines maurisches Zimmer mit einem Brunnen in der Mitte, von Blumen umgeben, versetzte mich in meine Heimat. In einem anschließenden runden Pavillon hinter einem maurischen Bogen war das Abendessen gerichtet. Der König wies mir den Mittelplatz an und klingelte leise mit einer Tischglocke... Plötzlich war ein Regenbogen zu sehen. 'Mein Gott', rief ich unwillkürlich aus, 'das ist doch ein Traum!'«[8]

Diese Schilderung stammt von der spanischen Infantin Maria de la Paz, die der König 1883 gemeinsam mit ihrem Ehemann, dem Prinzen Ludwig Ferdinand von Bayern, zum Abendessen in seinen Wintergarten geladen hatte. Das Paar gehörte damit zu den wenigen Auserwählten, denen Ludwig II. den Zutritt zu seiner privaten exotischen Welt gestattete.

1867, drei Jahre nach seiner Thronbesteigung, hatte Ludwig seine Wohnung im Festsaalbau der Münchner Residenz von dem Architekten Eduard Riedel (1813—85) neu gestalten lassen. Auch ein kleiner, vom Arbeitszimmer des Königs zugänglicher Wintergarten war Bestandteil von Riedels Planung.[9] Bereits Ludwigs Vorgänger Maximilian II. hatte sich am anderen Ende der Residenz einen ausgedehnten Dachgarten anlegen lassen, der von einer dreischiffigen Halle aus Eisen und Glas überdacht wurde (1854).[10]

Ludwigs erster Wintergarten war dagegen mehr als bescheiden. Jedoch noch 1867, nach dem Besuch der Pariser Weltausstellung, beschloß der König, seinen Wintergarten zu vergrößern. Nach verschiedenen Vorschlägen, die Riedel gemeinsam mit August von Voit (1801—70), dem Erbauer des Münchner Glaspalasts (1853—54) und des Palmenhauses im Alten Botanischen Garten (1860—65), erarbeitete, fiel schließlich die Entscheidung zugunsten der von Riedel vorgeschlagenen Maximallösung: Das Dach des Festsaalbaus soll über seine gesamte Länge mit einer tonnenförmigen Halle aus Eisen und Glas bebaut werden, die an beiden Enden von den erhöhten Eckbauten gerahmt wird. Ludwigs Wohnung in einem der Eckrisalite lag so auf gleichem Niveau mit dem geplanten Dachgarten.

1869 wurde mit dem Bau des Wintergartens begonnen. Sein Grundriß wurde durch die von Ludwig gewünschte und von seinem Hofgartendirektor Carl von Effner (1831—84) geplante Ausstattung bestimmt: Um einen bereits in Auftrag gegebenen Kiosk nicht in der Mitte der Halle aufstellen zu müssen, wurde in die Tonne ein gläserner Erker eingefügt. Um die Landschaft auch in die Breite auszudehnen, erhielt der Wintergarten zusätzlich einen kurzen Quertrakt: Der dreigeschossige Unterbau mußte deshalb an dieser Stelle erweitert werden. Die Halle bestand aus bogenförmigen Fachwerkbindern aus Stahl mit einer Spannweite von etwa 17 Metern, die von der Firma Cramer-Klett in Nürnberg hergestellt wurden. Die Gesamtlänge des Wintergartens betrug knapp 70 Meter. Die beidseitig bündig verglasten Bogenbinder wurden vermutlich unter der auf dem Dach aufgeschütteten Erde mit Zugankern zusammengehalten, um nicht den gesamten Schub in die Außenmauern des Unterbaus zu leiten. Unter dem Glasdach wurde nun nach Effners Plänen ein landschaftlicher Garten mit verschlungenen Wegen, einem See und einer Felsgrotte mit Wasserfall angelegt. Die exotische Landschaft aus Palmen, Bananenstauden, Bambus, Rhododendron und Kamelien wurde an beiden Enden des Wintergartens durch große Wandgemälde illusioni-

Bei der Einrichtung des Wintergartens wurden die gleichen Techniken verwendet, die Ludwig vom Theater kannte. Im Gegensatz zu den vielen Opern und Theaterstücken, die der König ganz allein in »Separatvorstellungen« ansah, war der Wintergarten ein in alle Richtungen begehbarer Bühnenraum, in dem er selbst Akteur war. Welche Rollen der König, der gerne die Kostüme der für ihn inszenierten Stücke anzog, hier in Gedanken probte, kann man allenfalls aus den Büchern und Opern schließen, mit denen er sich beschäftigte. Während der Weltausstellung von 1867 wurde mit großem Erfolg Jules Massenets Oper »Der König von Lahore« aufgeführt, die möglicherweise die Anregung dazu gab, die Landschaft des Dachgartens unter ein indisches Thema zu stellen. Seit der Veröffentlichung von Thomas Moores Verserzählung *Lalla Rookh* (1817) hatten indische Themen Eingang ins Theater gefunden. Auch Gasparo Spontinis Oper *Nurmahal*, zu deren Berliner Uraufführung Schinkel die Bühnenbilder entworfen hatte, beruhte auf einer Episode aus *Lalla Rookh*.

Ludwig II. hatte 1870 Richard Wagner inständigst darum gebeten, eine Oper mit einem indischen Thema zu komponieren: »Indien und der Buddhismus haben etwas für mich unaussprechlich anziehendes, Sehnsucht und selige Wonnen erweckendes.«[5] Zu seiner Enttäuschung lehnte Wagner schließlich ab.

Im Münchner Hoftheater wurden in den folgenden Jahren jedoch verschiedene Aufführungen von Opern mit exotischen Themen inszeniert, die für den König oft in mehreren Separatvorstellungen aufgeführt wurden: *Der König von Lahore* (1879), Karl Goldmarks *Königin von Saba* (1880), *Lalla Rookh* (1876), aber auch klassische indische Dramen wie Kalidasas *Sakuntala* und *Urvasi*.

Ein Bühnenbild mit der Darstellung eines Kaschmirtals in *Lalla Rookh* hatte Ludwig so ausnehmend gut gefallen, daß er befahl, eine Kopie davon in der Grotte bei Schloß Linderhof anzubringen. Das Bild sollte auf Wunsch gegen eine bereits vorhandene Szene aus *Tannhäuser* ausgetauscht werden können.

Der bayerische König, der sich nach dem politischen Engagement seiner ersten Regierungsjahre immer mehr den politischen und finanziellen Realitäten entzog, liebte es, sich in eine Phantasiewelt zurückzuziehen, die ganz von literarischen Erlebnissen und Bühnenthemen geprägt war. Fast in allen seinen Bauprojekten finden sich Erinnerungen an Opernszenen, die für ihn Bedeutung hatten. Es sind vor allem Motive aus Wagners Opern, die uns immer wieder begegnen: Neuschwanstein sollte gleichzeitig die Burg des Schwanenritters Lohengrin wie auch die Burg Tannhäusers sein. Es erstaunt daher nicht, daß die entscheidenden Vorentwürfe für Neuschwanstein nicht von einem Architekten, sondern von dem Bühnenbildner Christian Jank stammten, der auch den orientalischen Kiosk im Münchner Wintergarten entworfen hatte. Der von Jank entworfene Burghof sollte sich, auf Ludwigs ausdrücklichen Wunsch, auf das Bühnenbild aus dem 2. Akt von *Lohengrin*, »Hof in der Burg von Antwerpen«, beziehen. Nicht nur hier wurden Theaterkulissen zur bewohnbaren Architektur. Auch die kleineren Bauten, die sich Ludwig an einsamen Plätzen im Wald oder in den Bergen errichten ließ, bezogen sich häufig auf die von ihm so geliebten Wagneropern. Die Hundinghütte, in die sich der König oft »zu einsamer Lektüre« auf ein Lager aus Bärenfällen zurückgezogen haben soll, wiederholte eine Dekoration aus der *Walküre*.[6]

Nicht nur in Zusammenhang mit der Hundinghütte, auch in den Schilderungen des Marokkanischen Hauses oder des Königshauses auf dem Schachen wird immer wieder das Lesen erwähnt. Ludwigs Phantasie bedurfte dabei offensichtlich der bildhaften Unterstützung durch gebaute Staffagen und verkleidete Statisten. Seine Diener hatten sich, zum Ort und zur jeweiligen Lektüre passend, zu verkleiden: Altgermanisch in der Hundinghütte, türkisch im Königshaus.

Die Träume, in denen sich Ludwig in wechselnden Rollen, als deutscher Ritter, als türkischer Sultan oder — auf Herrenchiemsee — als Louis Quatorze, erlebt haben mag, schienen nur im künstlichen Ambiente zu gedeihen. Die kleinste Störung konnte die Illusion zerstören. So legte der König größten Wert auf historische Genauigkeit. Immer wieder hielt er die Künstler und Architekten, die seine Ideen ausführten, dazu an, sich genauestens an die von ihm angegebenen Quellen und Vorbilder zu halten. Die unbedeutendsten historischen Unstimmigkeiten konnten sein Phantasiegebäude zum Einsturz bringen. Daß Ludwig nur selten Gäste in seinen privaten Inszenierungen duldete, scheint verständlich: In seinen Phantasiewelten offenbaren sich die intimsten Sehnsüchte und Seelennöte, und ein Besucher, der für Ludwigs Schöpfungen kein Verständnis aufbrachte, stisch erweitert. Das Gemälde an der Ostwand, das der Bühnenbildner Christian Jank (1833–88) entworfen hatte, stellte eine indische Landschaft dar: In der Ferne erhoben sich die schneebedeckten Gipfel des Himalaya. Dieses Bild konnte gegen einen noch phantastischeren Architekturprospekt ausgetauscht werden: Indische Paläste spiegelten sich in einem gemalten See, der den künstlichen See des Wintergartens verlängerte.

Wie in einem Landschaftsgarten des 18. Jahrhunderts gab es hier auch kleine Bauten: einen »Maurischen Kiosk« auf quadratischem Grundriß mit halbkreisförmiger Apsis, eine »Indische Fischerhütte« und das »Indische Königszelt«. Der von Jank stammende Kiosk war das Ergebnis zahlreicher Entwürfe, die Ludwig von verschiedenen Künstlern hatte anfertigen lassen. Einen Entwurf von Franz Seitz ließ Ludwig sogar ausführen, der Bau wurde dann aber im Park von Schloß Berg aufgestellt. Janks Entwurf machte die Zusammenarbeit zahlreicher spezialisierter Handwerker notwendig, die nicht nur komplizierte Zinkguß- und Stuckarbeiten, sondern auch farbige Glasfenster auszuführen hatten. Ein Zeitgenosse beschrieb den Bau wie folgt: »Rechts am Wege ragt..., umgeben von herrlichen Gebüschen und Zierpflanzen, ein großer prachtvoller Kiosk mit seinen vergoldeten Kuppeln und Minarets empor, welcher mit vergoldeten Arabesken und Schnitzwerken reich verziert ist und dessen mit passenden Glasmalereien geschmückte Fenster ein magisches Licht in dem Inneren des Kiosk verbreiten.«[11]

Mit ähnlicher Bühnentechnik wie auch später in der Venusgrotte in Linderhof ließ sich die Illusion einer indischen Landschaft noch steigern: Zu den nachts überall aufgestellten Lichtern kam noch ein künstlicher Mond, der durch die Felsspalte der Grotte schien. Auch Sonnenaufgänge und -untergänge oder Regenbögen ließen sich simulieren. Durch das Geplätscher des Wasserfalls und die von einer versteckten Kapelle erzeugten Klänge wurde der Wintergarten zur Bühne einer »Son et lumière«-Aufführung, in der Ludwig wahrscheinlich meistens der einzige Darsteller war.

Nach Ludwigs Tod wurde der kostspielige Betrieb des Wintergartens eingestellt. 1897 wurde er abgebaut und zurück nach Nürnberg geschickt, wo er noch bis zum Zweiten Weltkrieg als Werkshalle für die Maschinenfabrik MAN diente.

mußte schnell zum Spielverderber werden. Nur von einer ergebenen Dienerschaft konnte er Unterwerfung unter die Regeln seines Spiels verlangen. Mit solchen Rollenspielen setzte Ludwig eine feudale Tradition fort, die ihm aus Büchern bekannt gewesen sein muß. Nicht nur an den französischen, auch an den deutschen Höfen des 18. Jahrhunderts tauschte der Adel gern die Rollen mit Schäfern, Bauern und Einsiedlern. Aber selbst die Einsiedler in den »Zellen« der Bayreuther Eremitage betrieben ihre Einsamkeit nur als kokettes Spiel. Solcher Rollentausch war immer Teil einer oft frivolen Geselligkeit. Ludwigs einsame Spiele dagegen funktionierten nur mit Statisten, nicht mit Mitspielern.

Auch die räumliche Inszenierung literarischer Vorlagen hat im Rokoko ihren Ursprung. Die Markgräfin Wilhelmine, Bauherrin der Eremitage, hatte in einem felsigen Waldstück in der Nähe Bayreuths nach eigenen Vorstellungen einen wunderlichen Garten anlegen lassen, den sie unter ein literarisches Thema stellte. Der Spazierweg durch den Felsengarten Sanspareil führte zu zahlreichen Stationen, die den gebildeten Besucher an die verschiedenen Abenteuer Telemachs, Held von Fénélons gleichnamigem Bildungsroman, erinnerten.

An der aufklärerischen Unterhaltsamkeit von Telemachs Abenteuern hätte Ludwig vermutlich wenig Gefallen gefunden: Seine Projekte zielten nicht auf Erkenntnis, sondern auf Realitätsflucht.

Das alle Sinne täuschende künstliche Ambiente hatte Ludwig sicherlich am vollkommensten in seinem Wintergarten verwirklicht. Die Verbindung von exotischer Architektur und tropischer Vegetation, die wir bereits von Friedrich Wilhelms Palmenhaus auf der Pfaueninsel und von der Maurischen Villa des württembergischen Königs Wilhelm I. kennen, hatte er hier zur privaten Theateraufführung mit künstlichem Mondschein und versteckten Musikern gesteigert.

In Berlin und in München hatten ähnliche literarische Neigungen der Bauherren den Anlaß dazu gegeben, den Wintergarten unter ein indisches Thema zu stellen: Friedrich Wilhelm IV., der an der Berliner Uraufführung von *Nurmahal* (1822) teilgenommen hatte, war auch begeisterter Leser von Thomas Moore. *Lalla Rookh* soll zeitweise seine bevorzugte Bettlektüre gewesen sein.[7]

Der Wintergarten auf der Münchner Residenz mit Himalayapanorama als Hintergrundbild. Gemälde von Julius Lange, 1871.

Der Orient Ludwigs II.

Das Königshaus auf dem Schachen, 1870—72.

»Hier, zwischen den zwei Fenstern, saß in türkischer Tracht Ludwig II. lesend, während der Troß seiner Dienerschaft, als Moslem gekleidet, auf Teppichen und Kissen herumlagerte, Tabak rauchend und Mokka schlürfend, wie es der königliche Herr befohlen hatte, der dann häufig überlegen lächelnd die Blicke über den Rand des Buches hinweg auf die stilvolle Gruppe schweifen ließ. Dabei dufteten Räucherpfannen, und wurden große Pfauenfächer durch die Luft geschwenkt, um die Illusion täuschender zu machen.«[12]

Um das Haus auf dem 1866 Meter hohen Schachen bei Garmisch-Partenkirchen zu besichtigen, muß man zu einem mehrstündigen Fußmarsch bereit sein. Das Holzhaus hoch oben im Wettersteingebirge läßt von außen kaum die orientalische Pracht erahnen, die sich in seinem Inneren entfaltet. In denkbar größtem Gegensatz zu den schlicht eingerichteten Wohn- und Schlafräumen im Erdgeschoß steht der große Saal, zu dem man über eine Wendeltreppe gelangt. Vorbild des verschwenderisch ausgestatteten Saales war der Empfangsraum eines türkischen Palastes, den Ludwig aus Thomas Alloms *Constantinople and the scenery of the seven churches of Asia Minor*[13] kannte. Auf Ludwigs Wunsch wurde das Vorbild einschließlich der im Text beschriebenen Farbgebung pedantisch genau

Der Orient Ludwigs II.

nachgeahmt. Ludwig war allerdings der bei Allom
abgebildete Raum, dessen einzige Einrichtung aus
den längs der Wände aufgestellten Sofas bestand,
zu leer: In der Raummitte ließ er einen Brunnen
aufstellen, den er der Darstellung eines Kaffeehauses im selben Buch entnahm.[14] Daß er dazu außer
den großen Flügelvasen auch noch kleine Tische
und Hocker aufstellen ließ, entsprach eher europäischen Vorstellungen von Wohnlichkeit.
Für seine orientalische Inszenierung, in der auch
die Nargilehs, die Wasserpfeifen, nicht fehlten,
hatte sich Ludwig freilich ein Vorbild ausgewählt,
das man kaum noch als rein türkisch bezeichnen
konnte: Es befand sich in einem Palast in Eyüp, an
den »Süßen Wassern Europas«, am Ende des Goldenen Horns, den sich Selim III. (1789–1807) zu
einer Zeit erbaut hatte, in der die osmanische
Architektur bereits deutlich europäisch beeinflußt
war. Die beginnende Hinwendung zum Westen
kündigte sich nicht nur in den barockisierten
Moscheen des 18. Jahrhunderts, sondern auch in
Innenräumen an, deren Formensprache dem
Rokoko entlehnt war.
Als Ludwig sein Königshaus bauen ließ, um sich
hier in die Rolle türkischer Sultane zu träumen,
waren diese längst aus dem berühmten Topkapi
Saray ausgezogen und hatten einen klassizistischen
Palast am Bosporus bezogen.[15]
Die Herkunft von Ludwigs Vorbild legt es nahe,
auch für die so wenig exotisch wirkende äußere
Erscheinung des Hauses nach türkischen Vorbildern zu suchen: Möglicherweise hatte sich Ludwig
von den ebenfalls von Thomas Allom gezeichneten
Yalis, den aus Holz erbauten Sommerhäusern am
Bosporus inspirieren lassen. Diese hatten außer
dem Material jedoch nur wenig mit Ludwigs Berg-
haus gemeinsam. Ihre schmucklose Erscheinung
war vor allem durch die wie Erker vorkragenden
Obergeschosse und weit vorstehenden Dächer
gekennzeichnet. Auf dem Schachen kann man
allenfalls in der durchbrochenen hölzernen Arkade
über dem Balkon den Versuch sehen, einen einheimischen Haustyp zu orientalisieren.

Das Marokkanische Haus, 1878. Aquarelle von
Heinrich Breling, 1881.
»Eine wahre Sultanspracht herrscht in dem 1 1/2
Stunden vom Schloße Linderhof entfernten
marokkanischen Haus. Hier ließ der König dann
und wann sein Personal sich in buntgestickten afrikanischen Gewändern auf Polster und Teppiche
lagern, aus Tschibuk und Nargileh rauchen und
Sorbett schlürfen, um sich den Anblick eines echt
maurischen Bildes zu verschaffen. Denn Ludwig
liebte es, seine Phantasien in die Wirklichkeit zu
übersetzen.«[16]
1878 fuhr Ludwig nicht selbst zur Weltausstellung
wie 1867, als ihm Strousberg beim Kauf des Maurischen Kiosks zuvorgekommen war. Dieses Mal
schickte er seinen Architekten Georg Dollmann
mit dem Auftrag nach Paris, unter den zahllosen
ausländischen Pavillons den schönsten zu erwerben und nach Linderhof zu schicken.[17]
Für 25 000 Francs kaufte Dollmann das »Maison
du Maroc«, ein im Vergleich zu Diebitschs Kiosk
eher bescheidenes Häuschen mit gestreifter Fassade und hufeisenförmigen Bögen, das nach einigen baulichen Veränderungen in der Nähe von
Linderhof aufgestellt wurde. Innen wurde es mit
Vasen, Leuchtern, Sofas und kleinen Tischen eingerichtet, die ebenfalls in Paris erworben wurden.
Wie im Maurischen Kiosk erhielt auch hier der
Innenraum sein Licht von oben. Unter der von
Säulen getragenen Laterne befand sich genau wie
dort ein Brunnen. Das Marokkanische Haus, das
Ludwig dazu dienen sollte, »einige Stunden unge-
stört darin zu lesen«,[18] ist mit der Eleganz von Diebitschs Entwurf jedoch kaum vergleichbar. Die
eigenartige Fassadengestaltung mit den in die
Blendbögen eingesetzten rechteckigen Fenster-
chen ist möglicherweise auf die nachträglichen

Veränderungen zurückzuführen. Nach Ludwigs
Tod gelangte das Marokkanische Haus in Privatbe-
sitz und diente in Oberammergau als Gartenhaus.
1980 konnte die bayerische Schlösserverwaltung
das inzwischen verfallene Gebäude zurückkaufen.
Nach der Instandsetzung soll es im Park von Linderhof aufgestellt werden.

Der Orient Ludwigs II.

Bürgerlicher Orient: Villen, Salons und Ateliers

»Viel interessanter als der landschaftliche Orient in den Kriminalromanen ist jener üppige Orient in ihren Interieurs: der Perserteppich und die Ottomane, die Ampel und der edle kaukasische Dolch. Hinter den schweren gerafften Kelims feiert der Hausherr seine Orgien mit den Wertpapieren, kann sich als morgenländischer Kaufherr, als fauler Pascha im Khanat des faulen Zaubers fühlen, bis jener Dolch im silbernen Gehänge überm Diwan eines schönen Nachmittags seiner Siesta und ihm selber ein Ende macht.«[1]

Walter Benjamins Aufzählung der typischen Requisiten des orientalischen Interieurs läßt vor unseren Augen jene dämmrige Atmosphäre lebendig werden, die man nicht nur in den Wohnungen des wilhelminischen Deutschlands, sondern im späten neunzehnten Jahrhundert ebenso in Frankreich oder England vorfinden konnte. Die spätfeudale Entfaltung exotischer Pracht in den Residenzen von George IV. oder Wilhelm I. von Württemberg lebte hier im bürgerlichen Maßstab fort. Der Besitz orientalischer »Kostbarkeiten« war schon lange nicht mehr aristokratisches Privileg. Seit die Weltausstellungen in London, Paris und Wien ein Millionenpublikum mit dem Orient bekannt gemacht hatten, war der Markt für echtes (d.h. ausschließlich für den europäischen Markt hergestelltes) und nachgemachtes orientalisches Kunstgewerbe enorm gewachsen. Jener mit echten und falschen Zutaten in Szene gesetzte Orient stand auch nicht mehr im Zeichen feudaler Lebensart: Die vorherrschenden Leidenschaften des bürgerlichen Orients waren praktischer Erwerbssinn und gesellschaftlicher Ehrgeiz. Der »faule Pascha« war die Metapher für ein Lebensgefühl, das den zu Wohlstand gelangten Geschäftsleuten ebenso fremd sein mußte wie den reichen Industriellen. Den verschiedenen Gesellschaftsklassen entsprechend war der »Orient« in allen Preislagen zu haben, für den Mittelstand ebenso wie für das Großbürgertum, vom bescheidenen Mietshaus des Berliner Architekten Carl von Diebitsch bis zum indischen »Schloß« eines französischen Parfum- und Seifenfabrikanten. Aber in den trivialsten orientalischen Wohnzimmern lebte ebenso wie in so erlesenen Interieurs wie dem von dem Maler James McNeill Whistler für einen Londoner Schiffseigner eingerichteten »japanischen« Peacock Room (1876)[2] die Tradition fürstlicher Raritätenkammern und Porzellankabinette fort. Im schlimmsten Fall wurden hier nicht mehr seltene und unter Mühen erworbene Stücke, sondern nur noch austauschbare Requisiten ausgestellt, die auf Reisen anspielten, die man nie gemacht hatte. Zu Anfang waren es tatsächlich häufig »Reiseandenken« gewesen, die den Grundstock für einen orientalisch eingerichteten Raum bildeten. So hatte sich der bayerische Kronprinz Maximilian in Erinnerung an seine Orientreise (1836) auf Hohenschwangau ein noch recht biedermeierliches »Türkisches Zimmer« einrichten lassen, dessen Reiz gerade in der mangelnden Echtheit der Details besteht. Ganz anders sah es dagegen in den beiden arabischen Salons aus, die sich der mit seinen Büchern reich gewordene Schriftsteller Alexandre Dumas nach einer Nordafrikareise in seinem Schloß Monte-Cristo in Marly-le-Roi bei Paris (1844/45) einrichtete. Er hatte zwei erfahrene tunesische Handwerker mitgebracht, die zwei Jahre mit der Ausführung der komplizierten Stuckarbeiten beschäftigt waren.[3] Dumas gehörte zu der seit der Eroberung von Algier (1830) von Jahr zu Jahr wachsenden Zahl von Schriftstellern, Malern und Touristen, die es nach Nordafrika zog. Sie alle kamen mit Skizzen, Gemälden und seit der Jahrhundertmitte auch mit Photographien wieder nach Hause, dazu mit Teppichen, Kostümen, Waffen und allerlei Kunstgegenständen, mit denen sie ihre Salons und Ateliers ausstaffierten. Zu den frühesten Sammlern islamischen Kunstgewerbes gehörte der reiche Amateurmaler Jules-Robert Auguste, in dessen Haus Eugène Delacroix Detailstudien für seine ersten Orientbilder machte.[4] Delacroix hatte jedoch kein allzu großes Interesse an der korrekten Schilderung von Einzelheiten. Jüngere Maler wie Jean-Léon Gérôme und seine Nachfolger gründeten dagegen ihren großen Erfolg auf einer Malweise von fast photographischer Genauigkeit. Die überprüfbare Korrektheit sämtlicher Einzelheiten auf ihren Schilderungen orientalischen Lebens täuschte die Objektivität jedoch nur vor: Die Mehrzahl ihrer Orientbilder entstand in Paris. Im Atelier gestellte Szenen wurden um Details und Hintergründe ergänzt, die man aus einem Vorrat von Reiseskizzen und Photographien auswählte. Gérôme hatte auf vielen Reisen all die Ausstattungsstücke zusammengetragen, die er für seine Arrangements benötigte. Sein mit orientalischem Mobiliar, Wandteppichen, zahllosen Truhen und Gefäßen überfülltes Atelier,[5] das sogar einen Springbrunnen enthielt, war freilich weniger ein Arbeitsraum als vielmehr Empfangsraum und Requisitenfundus, der zum Image des kompetenten »Orientalisten« beitragen sollte.

La Douëra, Haus des Malers Charles Cournault bei Nancy, um 1850.

Wie sehr die öffentlich zur Schau gestellte Prätention zum Geschäftserfolg beitrug, wußten auch »Malerfürsten« wie Lenbach und Makart: Das öffentlich zugängliche »Atelier« Makarts, in dem sich historische und exotische Requisiten in einem sorgfältig arrangierten Durcheinander darboten, diente in erster Linie der Imagepflege. An der Ausstattung des Ateliers konnte auch jeder Besucher die Spezialisierung des Künstlers ablesen: Ritterrüstungen ließen auf einen Historienmaler schließen, orientalische Requisiten auf den Orientmaler.[6] Der Bildhauer Charles Cordier, der seit den sechziger Jahren eine umfangreiche Produktion farbiger Portraitbüsten von Arabern, Negern und Chinesen unterhielt, bewohnte sogar eine auch nach außen »maurische« Villa – ebenso wie der Maler Charles Cournault, der um 1850 sein Haus in der Nähe von Nancy orientalisierte und in »La Douëra« umtaufte.[7]

Da gerade die bekanntesten Maler und Schriftsteller auch zugleich Trendsetter in Geschmacks- und Einrichtungsfragen waren, bestand in den besseren Kreisen größtes Interesse daran, zu erfahren, wie es im Hause eines Künstlers aussehe. Hans Makarts Lebensstil war einem breiten Publikum durch Abbildungen seines Ateliers und Feuilletonberichte über seine Feste bekannt. Edmond de Goncourt, der zu den bedeutendsten Sammlern japanischer Kunst zählte, veröffentlichte mit Erfolg eine zweibändige Beschreibung seines Hauses, in dem jedes einzelne Objekt wie in einem Museumskatalog aufgezählt war (*La maison d'un artiste*, Paris 1881). In seinem »boudoir de l'Orient« waren freilich keine Perserteppiche und Damaszenerdolche, sondern chinesisches Porzellan und japanische Lackarbeiten, Netsukes und Samuraischwerter ausgestellt.

Über das elegante Haus des Malers und Präsidenten der Royal Academy, Sir Frederick Leighton, berichteten nicht nur die Fachblätter, sondern auch populäre Magazine. Leighton hatte von zahlreichen Orientreisen außer Anregungen für seine Bilder[8] auch eine umfangreiche Sammlung alter Steingutfliesen und geschnitzter Holzarbeiten mitgebracht, die eine architektonische Fassung erhalten sollten: Zwischen 1877 und 1879 entstand als Anbau an sein Haus am Holland Park nach Entwürfen von George Aitchison (1825–1910) die Arab Hall.[9] In der Ausstattung der Halle vermischen sich alte Fliesen aus Iznik und Mashrabijen aus Damaskus mit den von Aitchison und Walter Crane entworfenen Säulen und Mosaiken. Die Halle, in deren Springbrunnen so mancher unachtsame Gast gestolpert sein soll, diente jedoch nicht als Atelier, sondern als musealer Empfangsraum, mit dem Sir Frederick zugleich seiner eigenen Biographie ein (noch erhaltenes) Denkmal setzte.

Das Atelier des Orientalisten Jean-Joseph Benjamin-Constant (1845–1902).

Bürgerlicher Orient

Die Bezeichnung der Halle als »arabisch« stellt jedoch eine Vereinfachung dar: In der Tat sind ihre Struktur und ihre Dekoration Ergebnis eines höchst eklektischen Verfahrens, in dem sich die Kennerschaft von Bauherr und Architekt offenbart. Aitchison selbst hatte als Vorbild den im zwölften Jahrhundert von sarazenischen Baumeistern für die Normannenkönige in Palermo errichteten Palast La Zisa angegeben. Der Brunnensaal im Erdgeschoß der Zisa[10] weist tatsächlich auffallende Ähnlichkeiten, aber auch wichtige Unterschiede zur Arab Hall auf: So wurde zwar der kreuzförmige Grundriß und das Motiv der an den Ecken der Nischen eingestellten Säulen und auch die doppelte Säulenstellung im Eingang übernommen, für die Überdachung des Raumes wählte Aitchison statt des Kreuzgewölbes jedoch die typisch islamische Trompenkuppel, die er durch Streifung zusätzlich orientalisierte. Die Dekoration der Halle fiel jedoch im Vergleich zu ihrem islamisch-byzantinischen Vorbild wesentlich reicher aus, da eine große Zahl alter Fliesen auf den Wänden untergebracht werden sollte. In der Arab Hall vermischen sich echte und nachempfundene Elemente verschiedener Kulturkreise zu einer musealen europäischen Synthese. Die normannische Architektur Siziliens war übrigens schon seit den vierziger Jahren durch die Veröffentlichungen von Girault de Prangey und Henry Gally Knight bekannt.[11]

Das Beispiel von Künstlern wie Leighton trug sicher nicht wenig dazu bei, das »maurische« Interieur auch in breiten bürgerlichen Kreisen beliebt zu machen. Freilich war für

George Aitchison, Arab Hall, Leighton House, London, 1877–79. Zeitgenössische Photographie von Bedford Lemere.

spezielle Räume wie Bäder, Rauch- und Billardzimmer der maurische Stil bereits seit langem gesellschaftsfähig. Noch bevor die türkischen Dampfbäder in England und Frankreich in Mode kamen, hatte bereits Carl von Diebitsch in Dresden sein maurisches Badezimmer geschaffen. 1867 veröffentlichte der *Moniteur des Architectes*[12] ein kleines türkisches Bad, das sich ein Privatmann in seinem Pariser Wohnhaus eingerichtet hatte, und auch im Palais Pac in Warschau besteht noch ein maurischer Raum, der einmal als Badezimmer gedient hatte.[13]

In die Billardzimmer (vgl. S. 63) und Fumoirs zogen sich nach dem Essen die männlichen Gäste zurück: Tabakrauch war in den Salons und Boudoirs großbürgerlicher Häuser nicht erwünscht. Die Rauchzimmer besaßen oft besondere Entlüftungseinrichtungen oder hatten Fenster, die zum Wintergarten geöffnet werden konnten.[14] Für die Wandverkleidungen wurden glatte, vorzugsweise keramische Oberflächen empfohlen, in denen sich der Geruch nicht festsetzen konnte. In den Fumoirs wurden jedoch keine langstieligen Pfeifen, sondern dicke Zigarren geraucht, die im Lauf des neunzehnten Jahrhunderts immer beliebter geworden waren und bald als Kennzeichen eleganter Lebensart galten: Das Zigarrenrauchen entsprach dem schneller gewordenen Lebensrhythmus der modernen Zeit. Das orientalische Dekor, die arabischen Rauchtischchen und Wasserpfeifen, die bequemen Polstermöbel suggerierten eine Lebensweise, die der hektischen Betriebsamkeit des Großstädters diametral entgegengesetzt war.

So, wie noch das Rauchen der Zigarre die Illusion des Rausches vermittelte, drückte sich im orientalischen Komfort die Sehnsucht aus, den Tag in Träumereien und sinnlichen Genüssen zu verbringen: »Die niedrigen und bequemen Möbel laden zur Ruhe ein, zu jenem Halbschlaf, in dem der vom Nachdenken ermüdete Geist sich in die unbestimmte Welt der Träume treiben läßt.«[15]

Die Fumoirs kamen in den achtziger Jahren in Mode. Beispiele finden sich in polnischen Adelspalästen (Palais Scheibler, Lodz) ebenso wie in englischen Landsitzen (Rhinefield House, Hampshire, um 1890[16]) und Hotels (Hotel Cecil, London[17]). Auch in Gaudís berühmter Casa Vicens (1883–88) gibt es einen »Fumador« – mit Stalaktitendecke und keramikverkleideten Wänden. Auch wenn diese Rauchzimmer nicht konsequent im maurischen oder, wie im Cecil Hotel, im indischen Stil ausgestattet waren, gab es doch meistens einige Requisiten, die auf den Orient anspielten.

Die Wasserpfeifen, die wir auch in den orientalischen Interieurs Ludwigs II. entdecken können, hatten im bürgerlichen Milieu freilich nur Dekorationswert. In Pariser Literatenkreisen wurde dagegen auch Haschisch und Opium konsumiert: Baudelaire, Gautier, Nerval und zahlreiche andere, die im »Club des Hachichins« verkehrten, zogen den künstlich erzeugten Orient der Drogen dem Zigarrenrausch im maurischen Fumoir vor.

Das Motiv des Rausches und der träumerischen Versenkung können wir sogar noch hinter der europäischen Begeisterung für die orientalische Farbigkeit und Ornamentik entdecken. Ein deutscher Besucher der Pariser Weltausstellung von 1867 beschrieb entzückt das Innere eines »türkischen Kiosks«: »Nichts von dieser Schönheit, diesem heiteren und weichen Einklang der Farbenwirkung hat Europa dem Orient zur Seite zu stellen. Voll und rein ist in jeder Ornamentengruppe die ganze Farbenskala angesprochen, in brillantem, wechselndem Spiel verschlingen sich die Töne, um doch durch die Vermittlung feinerer Nuancen und Abstufungen in einer durchaus milden beruhigenden Harmonie gleichsam aufzugehen... Nichts drückt deutlicher den Grundzug orientalischen Wesens aus als dieses Farbenspiel. Von dem reichen Eindruck sind alle Sinne gesättigt, die Phantasie dämmernd und träumend in sich zurückgetrieben; die Seele in keiner Weise erregt, ganz versunken in sich und dies Spiel, das sie in eine arbeits-und spannungslose Harmonie mit sich und der Welt wiegt. Zu einem solchen Zustande fehlt uns Europäern freilich die Muße und die Stimmung, und hastig, aufregend, ausfahrend, durcheinandertosend, von mehr als einem Mißklang zerrissen, wie unser Leben, ist unser Farbensinn.«[18]

Diese Interpretation ruft in Erinnerung, welchen bedeutenden Beitrag die Auseinandersetzung mit der islamischen ebenso wie der fernöstlichen Farbgebung zur Entwicklung von Architektur, Kunsthandwerk und Malerei im neunzehnten Jahrhundert geleistet hat. Bereits in den dreißiger Jahren hatten junge, romantisch gesinnte Architekten wie Hittorf und Semper in Opposition zur klassischen Doktrin den sogenannten Polychromiestreit entfacht.[19] Die an antiken Bauten und Plastiken festgestellten Farbspuren wurden zur historischen Rechtfertigung für eine neue, polychrome Architektur herangezogen. Auch Owen Jones, der anhand von Spuren die Farbgebung der Alhambra rekonstruierte,

H. Schorbach, Kelimsaal im Schloß des Grafen Wilhelm von Redern in Görlsdorf bei Angermünde. Aus: Hermann Rückwardt, *Innen-Architektur und Dekorationen der Neuzeit*, 1884. Orientalische Waffen und Teppiche, Polstermöbel und schwere Portieren sind die wichtigsten Requisiten des orientalischen Saals. Die Säule rechts am Fenster trägt ein Alhambrakapitell.

suchte in der Historie nach Unterstützung für seinen eigenen, neuartigen Umgang mit der Farbe (vgl. S. 63). 1851 erhielten die Bemühungen um eine neue Farbkultur kräftigen Auftrieb durch die reichhaltigen Sammlungen indischer, persischer und türkischer Textilien und dekorativer Gefäße, die auf der Weltausstellung gezeigt wurden. Bis ans Ende des Jahrhunderts erklingt in den Berichten über die Weltausstellungen immer wieder das Lob der handwerklichen und künstlerischen Leistungen des Orients: »Der Orient ist vor Allem die Schule der Flächenverzierung und damit verbunden natürlich auch die der Flächenornamentik der Farbe.«[20]

In seiner Schrift *Die vier Elemente der Baukunst* (1851) begründete Semper die Verwendung von Ornament und Farbigkeit im Raum mit »dem Bekleidungswesen der ältesten Baukunst«: In Analogie zum Begriff »Gewand« führte er den Ursprung der gemauerten Wand auf geflochtene Matten und gewebte Teppiche zurück.[21] Diese merkwürdige Evolutionstheorie der Wand, die die Wand auf den — natürlich farbig gemusterten — Wandteppich reduzierte, gibt einer rein dekorativen vor einer konstruktiv begründeten Farbgebung den Vorzug. Wie solche Überlegungen ihre triviale Umsetzung fanden, zeigte Dolf Sternberger in seiner Analyse des »inneren Orients«, der in den gründerzeitlichen Interieurs herrschte.[22]

In Deutschland ebenso wie in England verstärkten sich gegen Ende des Jahrhunderts die Bestrebungen, sich vom französischen Geschmacksvorbild zu lösen und die Louis XIV., XV., XVI.-Stile oder das neu aufgelegte Empire durch einen Nationalstil zu ersetzen. In Deutschland erfand man zu diesem Zweck die »deutsche Renaissance«[23], die mit ihrem wuchtigen, mit reichen (maschinell hergestellten) Schnitzereien versehenen Mobiliar die Wohnungen der Gründerzeit beherrschte. Was jenen Interieurs dennoch orientalische Schwüle verlieh, war weniger die Farbgebung — Braun als »Farbe der Farben«[24], Gold und Grün gaben hier den Ton an — als vielmehr das Dämmerlicht. Die Fenster wurden mit Gardinen, schweren Vorhängen und kunstvoll drapierten Lambrequins zugehängt, als gelte es, sich vor der unbarmherzigen Helle und Hitze des Orients zu schützen. Die ausgiebige Verwendung von Textilien in Form von Teppichen, Polsterbezügen, Wandbehängen, Samtportieren und sinnlosen Draperien, deren Muster noch mit denen der Tapeten und bemalten Decken konkurrierten, mußte den Bewohner in einen wahren Ornamentrausch versetzen. Die Ausfüllung sämtlicher Oberflächen mit farbigen Mustern oder Reliefs zeugt ebenso wie die Überfüllung des Raumes mit Möbelstücken, Zimmerpalmen, »Makartsträußen«, Nippfiguren, dekorativen Waffengehängen und Bärenfellen von einer fast neurotischen Angst vor der leeren und ungeschmückten Fläche. Zugleich offenbaren sich hier neureiche Prätention und der Versuch, den schnellen gesellschaftlichen Aufstieg und die mangelnde Zugehörigkeit zu der traditionsreicheren Gesellschaftsklasse durch eine nachgemachte Historie oder fingierte Welterfahrenheit zu kompensieren.

Auch für die Entwicklung der Sitzmöbel kann man den Orient verantwortlich machen. Aus dem Diwan (das türkische Wort divan bezeichnete ursprünglich den mit Polstern und Kissen ausgestatteten Empfangsraum des vornehmen Hauses), der im islamischen Haus immer in die Architektur eingebunden war und parallel zur Wand stand oder in Nischen eingepaßt war, entwickelten sich in Europa die freistehenden Sofas (arabisch suffa) und Ottomanen. Gepolsterte Stühle wurden durch Sessel verdrängt, die nur noch aus Polstern bestanden. Immer neue Möbeltypen eroberten von Paris aus die europäischen Wohnungen: Am häufigsten konnte man die sogenannte »borne« antreffen, eine gepolsterte Insel, deren kegelförmige Rückenlehne von einer Palme gekrönt wurde.[25] So, wie die Gliederung des Raums hinter Textilien und Ornamenten verschwand, verbargen hier Polster, Kissen, Troddeln und Fransen das Skelett des Möbels. Mit diesen Weiterentwicklungen des Diwans gingen jedoch vermutlich bald die Erinnerungen an den Orient verloren. Außer den stereotypen »poufs« und den kleinen achteckigen Tischchen wurden jedoch auch europäische Möbeltypen angeboten, deren Dekor aus der islamischen Architektur abgeleitet war: Der Italiener Giuseppe Parvis schickte regelmäßig seine mit kostbaren Einlegearbeiten und Schnitzereien versehenen Schränke und Anrichten in »echt ägyptischem Stil« aus Kairo zu den Weltausstellungen in Paris.[26] Parvis kann man als Vorläufer von Carlo Bugatti ansehen, der mit seinen Möbeln und Interieurs der Jahrhundertwende den Orient ins Phantastische steigerte.[27]

Die orientalischen Interieurs der bürgerlichen Stadtwohnungen und Villen waren mehr als nur stilistische Abwechslungen im Repertoire der historischen Stile. Vielleicht weni-

Nächste Seite:
Pierre Loti im Türkischen Salon seines Hauses in Rochefort.

Bürgerlicher Orient

Bürgerlicher Orient

Charles Landelle, »Le réveil de l'odalisque«.
Das Gemälde wurde auf der Weltausstellung von
1867 in Paris ausgestellt.

Johann Friedrich Weinsperger, Wohnhaus in der
Eschenheimer Anlage, Frankfurt, 1856–60.

ger deutlich als in den Wintergärten, die als luxuriöse Erweiterung der Wohnräume zur gleichen Zeit ihre große Blüte erlebten, ist auch hier der »Orient« in all seinen Erscheinungsformen Ausdruck europäischer Sehnsüchte. Die Wintergärten erscheinen heute geradezu als Metaphern eines für immer verlorenen Paradieses, das in der sich industrialisierenden Welt nur noch mit künstlichen Mitteln wiedererweckt werden konnte. Inmitten grauer, lärmender und verrauchter Großstädte kam in diesen grünen Oasen das Verlangen nach einem vorindustriellen Zustand und nach paradiesischen Lebensformen zum Ausdruck, wie man sie von Bougainville bis Gauguin in der Südsee vermutete. Freilich war die Sehnsucht nach dem Paradies ebenso wie die nach dem Orient gegenstandslos geworden: Auf der Weltkarte waren die letzten weißen Flecken verschwunden, und noch die fernsten Kulturen waren durch die europäische Expansion längst vom Untergang bedroht: Der Orient, nach dem sich die europäische Seele sehnte, war längst historisch geworden. So ist der »innere Orient« ein ebenso künstliches Gebilde wie der Wintergarten. Er setzt sich zusammen aus dem ahistorischen Bild, das die orientalistischen Maler vermittelten, aus jahrhundertealten Klischees und Projektionen und aus einer Wirklichkeit, in die man als Tourist kaum je eindringen konnte, auch dann nicht, wenn man sich wie Richard Burton oder Pierre Loti in Kleidung und Lebensweise anzupassen versuchte.

Die orientalischen Inszenierungen in den Wohnungen von Bürgern, Künstlern oder Königen sind Teil eines Bildes, in dem der Orient als Antithese zur westlichen Zivilisation erscheint. Fast alle Einzelheiten dieses Bildes finden ihre Entsprechungen in Mängelerscheinungen, Sehnsüchten und Obsessionen der europäischen Seele. In kaum einer Beschreibung orientalischer Innenräume, wie sie die Weltausstellungsbesucher in vielen Varianten kennenlernten, fehlte die stereotype Gleichsetzung von Orient und Harem. Der männliche Traum von der unbegrenzten Verfügbarkeit weiblicher Körper, der in Ingres' »Bain turc« (vgl. S. 126) seinen Ausdruck fand, ist selbst noch in den Fumoirs präsent, in denen sich die Herren bei der Entspannung des Rauchens Träumereien von Bajaderen und Huris hingeben konnten.[28] Zugleich stehen die orientalischen Interieurs, ebenso wie die türkischen Bäder, für das tief empfundene Bedürfnis nach einer seelischen und körperlichen Entspannung und Wiederherstellung, wie sie dem Abendland unbekannt war. Die Illusion wird zum Teil dieser Regeneration nach orientalischem Vorbild: Mit dem Licht wird auch die Wirklichkeit ausgesperrt. Die Erholung auf dem Diwan und im Bad ist nicht Teil des Alltags, sondern steht im Gegensatz zu ihm. Das Interieur wird zum Zufluchtsort, so wie viele Villen mit ihren Türmen und Zinnen die Form von Fluchtburgen annehmen, die nur über die Zugbrücke betreten werden können. Das Interieur wird zum Illusionsraum der Phantasie oder zur Bühne für die privaten Auftritte in anderen Rollen. Nicht nur Ludwig II., auch Pierre Loti, der einen ganzen Schrank voller exotischer Kostüme besaß, verkleidete sich gerne: Nicht nur in dem Haus, das er sich in Eyüp am Goldenen Horn gemietet hatte, sondern auch in Rochefort in der Bretagne, wo er sich in Erinnerung an seine türkische Zeit und die Liebe zu Azyadé (sein Tagebuchroman Azyadé erschien 1879) einen türkischen Salon und eine »Moschee« einrichtete. Loti verwandelte sein ganzes Haus in ein Museum der Erinnerung. Für Ludwig II. dagegen waren die orientalischen Räume und Kioske Ersatz für nicht gemachte Erfahrungen, Hilfsmittel der Selbsttäuschung. Das Spiel mit anderen Rollen und die Sehnsucht nach ein anderer Identität, einem anderen Leben, für die das Interieur die Bühne abgab, läßt sich durchs ganze neunzehnte Jahrhundert verfolgen: Lord Byron, Thomas Hope, Richard Burton und David Roberts ließen sich als Orientalen malen. Toulouse-Lautrec ließ sich im Kimono photographieren, Loti im Burnus und Karl May als »Kara Ben Nemsi« unter der Zimmerpalme.[29] Die Trivialität seiner Abenteuerromane fand in dem publikumswirksam hergerichteten Arbeitszimmer des Dr. May (Photographien des Autors in verschiedenen Verkleidungen und seines Arbeitszimmers wurden gegen Ende des Jahrhunderts von verschiedenen Firmen vertrieben) ihre Entsprechung: Kleinbürgerliche Gemütlichkeit mit brüllendem Löwen, Elchköpfen, Gewehren und Raubtierfellen.

Solche Rollenspiele und Inszenierungen waren nur ein anderer Ausdruck einer Identitätskrise, die sich auch in den Künsten bemerkbar machte, wo die Suche nach einer zeitgemäßen Ausdrucksform in die verschiedensten historischen und exotischen Richtungen führte.

Die arabischen und maurischen Dekorationen, die so sehr dem Zeitgeschmack entsprachen, waren in den Augen der kulturellen Avantgarde mehr als trivial: Als Des Esseintes,

Der indische Bungalow des Oberst Syng in Baden-Baden. Lithographie, um 1850.

Haus in der Kreuzstraße, Baden-Baden.

Turm der Villa Lobstein, Baden-Baden.

der Held von Joris Karl Huysmans' Roman *A rebours* (1884), sein Haus einrichtete, versuchte er, »so wenig wie möglich orientalische Stoffe und Teppiche zu verwenden: da jetzt alle reichgewordenen Krämer sie beim Ausverkauf in den Warenhäusern kaufen konnten, waren sie abgeschmackt und gewöhnlich geworden.«[30] Die künstlerische Elite in Paris und London orientierte sich, wie Edmond de Goncourt, an Japan. Man sammelte die farbigen Holzschnitte von Hokusai und Utamaro und bewunderte die elegante Schlichtheit japanischer Möbel und Gebrauchsgegenstände, die in so großem Gegensatz zum dekorativen Überfluß des Historismus stand. Es gab zwar auch eine vordergründige Japanmode, die mit billigen Fächern, Schirmen und Kimonos über die Warenhäuser den Weg in die bürgerlichen Wohnungen fand;[31] das bis in unsere Gegenwart nachwirkende Ergebnis der europäisch-japanischen Begegnung war jedoch in Architektur und Design die Überwindung der historischen Form und eines oberflächlichen Exotismus. Gegen Ende des Jahrhunderts gab es bereits viele Menschen, die den mit historistischem Mobiliar überladenen Wohnungen helle Räume und schlichte Möbel vorzogen.[32]

Beschränkte sich im achtzehnten Jahrhundert die Verwendung exotischer Stile noch auf das Experimentierfeld der Gärten, so begannen sich im neunzehnten Jahrhundert die Regeln zu lockern: Auch für feudale Sommerresidenzen und Landsitze wurden fremde Baustile gesellschaftsfähig. Zur Rechtfertigung konnte man immer darauf verweisen, daß auch diese Bauten schließlich in den Zusammenhang eines Parks gehörten oder wie der Royal Pavilion in einem Seebad standen, wo die üblichen architektonischen Regeln außer Kraft gesetzt waren. Das Ausnahmerecht der Landsitze ließ sich freilich auch auf die Villen in den Gartenvororten der Städte anwenden, denn hier galt das klassische Motto »Beatus ille qui procul negotiis«. Fern der Geschäfte hieß auch fern der Realität: Wo konnte man dem Alltag ferner sein als in einer orientalischen Villa? In der Entfernung vom Alltag, in der Ausnahmesituation lag auch das Erholungsversprechen der Kurorte und der Seebäder, das sich werbewirksam in dem oft phantastischen Eklektizismus von Kasinos, Hotels, Villen, Trinkhallen, Bädern und Wandelgängen manifestierte. Daß Diebitsch einem städtischen Mietshaus ein exotisches Äußeres gab, war daher recht ungewöhnlich. Ein passenderer Ort für solch ein fremdartiges Gebilde war schon eher die Eschenheimer Anlage in Frankfurt, wo der Maurermeister Johann Friedrich Weinsperger eine maurische Villa erbaute (1856–60). Die weltoffene Atmosphäre eines Kurbads wie Baden-Baden begünstigte schon recht früh exotische Phantasien: Einer der vielen Engländer, die sich hier niederließen, war der Oberst Syng, der in der Ostindienkompanie gedient hatte. Er erwarb 1833 ein Grundstück und ließ sich darauf einen indischen Bungalow mit umlaufender Veranda und weit überstehendem Dach bauen.[33] 1967 wurde in der Kreuzstraße ein um 1860 entstandenes dreigeschossiges maurisches Haus abgerissen,[34] das vermutlich ebenso wie die ehemalige Villa Lobstein[35] auf dem Schloßberg und der (nicht mehr bestehende) Maurische Saal im Palais Hamilton von dem Weinbrenner-Schüler Friedrich Maler (1799–1875) entworfen wurde. Maler hatte die maurische Architektur auf einer ausgedehnten Spanienreise kennengelernt und auch eine Studie über spanische Baudenkmäler publiziert. Von 1843 bis 1860 lebte er in Baden-Baden. Ursprünglich hatte er das Haus auf dem Schloßberg wohl für sich bauen wollen; er verkaufte jedoch das Grundstück 1860 an den Baron von Lobstein, der dann nach Malers Plänen die merkwürdige »maurische Burg« errichtete: Das eigentliche Wohnhaus versteckt sich hinter einem langgestreckten, terrassenartigen Vorbau auf hohen Arkaden, der zwischen zwei viereckige, rote Backsteintürme eingespannt ist. Maurisch wirkten die Zakkenbögen und die sich überschneidenden Dreipaßbögen der Terrassenfenster und der (nicht mehr bestehenden) Pergolen. Im Inneren befand sich außer einem maurischen Salon auch ein Rauchzimmer. Wie sehr solche Bauten die Phantasien beschäftigten, beweisen die Gerüchte, die um ihre Erbauer entstanden: Entweder erfand man eine morgenländische Geliebte, für die das orientalische Theater aufgeführt wurde, oder im Falle des Barons von Lobstein eine türkische Ehefrau, die jener aus Konstantinopel mitgebracht haben sollte. Kein Wunder, daß der Baron auch noch einen Fez trug und arabische Hengste anspannen ließ.[36]

Im Gegensatz zu der aufwendigen Anlage auf dem Schloßberg war das Haus in der Kreuzstraße eher schlicht: Über gewöhnlichen, rechteckigen Fenstern trat ein Fries sich überschneidender Blendbögen reliefartig hervor. Der runde Eckturm war etwas üppiger gestaltet: Hier waren es ineinander verflochtene Kleeblattbögen. Auch auf der Fassade eines um 1895 entstandenen Augsburger Mietshauses finden wir einen maurischen

Bürgerlicher Orient

Dekor, der nur im hellgestrichenen, flachen Relief gezackter und hufeisenförmiger Blendbögen besteht; die Fensteröffnungen selbst sind rechteckig.

Zur gleichen Zeit (1894) entstand in Amsterdam nach Entwürfen der Gebrüder Kuipers eine Reihe von Wohnhäusern mit dem poetischen Titel »Die Sieben Länder«: Jedes Land war durch seinen besonderen Stil dargestellt. Außer einem russischen, einem englischen und einem italienischen gab es auch ein spanisches Haus mit Hufeisenbögen und gestreifter Putzfassade. Ein solcher Nebeneinander verschiedener Stile fand sich bereits in der »Avenue des Nations« auf der Weltausstellung von 1878 in Paris (vgl. S. 147). Die zunehmende Freizügigkeit im Umgang mit der Historie erweiterte auch den Spielraum für Exotisches. Zur Veredelung der besseren Mietshäuser wurden außer maurischen Formen auch häufig venezianische herangezogen: In Dresden gab es dafür zwei Beispiele[37], an der Wiener Praterstraße steht noch immer der Dogenhof (Karl Caufal, 1898)[38] mit seinen prächtig verzierten Loggien.

Die ausgefallensten exotischen Bauten verdanken wir jedoch der Selbstdarstellung adliger Exzentriker und neureicher Unternehmer: In Tharandt, einem Mineralbad in der Nähe von Dresden, kaufte Graf Michal Jérôme Suminski (1820–98) eine große schloßähnliche Villa und baute sie in einem eklektischen orientalischen Stil um (1866).[39] In der nordfranzösischen Industriestadt Tourcoing ließ sich der Fabrikant Victor Vaissier ein »indisches« Schloß (Charles Dupire-Rozan, 1892) erbauen, das alle bisher gebauten exotischen Villen in den Schatten stellte.[40] Beide hatten ganz persönliche Gründe für ihre Stilwahl: Graf Suminski beschäftigte sich auch malend mit dem Orient (überliefert ist sein Bild »Mohammed auf der Flucht den Koran schreibend«, 1844[41]), und Victor Vaissier wollte mit seiner spektakulären Villa zugleich für die von ihm kreierte »Kongoseife« werben. Der erfolgreiche Seifen- und Parfümhersteller nahm es mit stilistischen Bezeichnungen nicht so genau, sonst hätte er den Bau, der an ein Grabmal aus der Mogulzeit erinnert, kaum »Palais du Congo« taufen können. Vielleicht war die Namengebung von Haus und Seife eine versteckte Hommage an den König von Belgien, dessen Geschäftstüchtigkeit jeden Unternehmer beeindrucken mußte: Leopold II. hatte es verstanden, das gesamte Kongogebiet in privaten Besitz zu nehmen. Die Erträge aus seiner privaten Kolonie flossen in ein gigantisches exotisches Projekt, das der König außerhalb von Brüssel realisierte: Im Park von Laeken entstand ein ausgedehntes Labyrinth von Palmenhäusern und überglasten Spazierwegen, das in seinem Inneren einen künstlich klimatisierten Kongo enthielt.[42]

Vaissier hatte zu Anfang den Plan gehabt, sein gesamtes Haus auf den Rücken von vier Elefanten zu stellen. Dieser Wunsch erwies sich jedoch als nicht ausführbar. Trotz der Abweichung von seinem Idealplan war das Ergebnis noch phantastisch genug. Die farbig verglaste Kuppel konnte beleuchtet werden und war noch aus großer Entfernung zu sehen. Aus der Nähe besehen, bestand die Villa aus einer verwirrenden Fülle von Motiven. In die rot-gelb gestreifte Fassade waren die unterschiedlichsten Fensterformen geschnitten, über der reich durchbrochenen Arkade der Loggien war nach indischem Vorbild ein weit vorragendes Gesims angebracht, indische Chattris krönten die runden Erkertürmchen, und die »Porte cochère«, die dem Royal Pavilion entlehnt zu sein schien, wurde von zwei »Minaretten« flankiert.

Im Inneren soll es mindestens so phantastisch ausgesehen haben. Zu den prächtig ausgestatteten Salons zählte auch ein japanisches Boudoir.

Victor Vaissiers Liebe zu orientalischer Pracht ging jedoch noch weiter: Um das Prestige und den Ruhm seiner Produkte zu mehren, veranstaltete er mehrmals große Umzüge, die Tausende von Besuchern aus den umliegenden Städten anlockten. Echte Afrikaner und schwarz angemalte Franzosen, alle in exotischen Kostümen, zu Fuß, zu Pferd und auf üppig dekorierten Wagen bildeten die »Cavalcade du Congo«, die am 20. März 1887 durch Roubaix zog. Die »Schutzgöttin der Seifenindustrie« ließ aus Seife geprägte Medaillons auf die Menge regnen. Am Ende des Tages roch die ganze Stadt nach Seife.

Im benachbarten Lille, wo der Eklektizismus ebenfalls bemerkenswerte Blüten trieb, konnte man dem Orient an mehreren Stellen begegnen: in einer »Château Mauresque« benannten Villa, in einem schmalen Mietshaus mit gestreiftem Sockel und hufeisenförmigen Fenstern und einem öffentlichen Bad, den Bains de l'Arsenal (1883).[43] Heute ist von all dem kaum noch etwas zu finden: An Victor Vaissiers indischen Palast, der 1925 abgerissen wurde, erinnern nur noch zwei Pförtnerhäuser, und auch das »Château Mauresque« ist längst verschwunden.

Château Mauresque, Lille.

Pierre Chapoulart, Villa »La Mauresque«, Hyères, 1880.

Charles Dupire-Rozan, Villa von Victor Vaissier, Rue de Mourvaux, Tourcoing, 1892.

Linke Seite:

Mietshaus in der Volkhardstraße, Augsburg, um 1895.

Haus »Spanien«, Roemer Visscherstraat 24, Amsterdam, 1894.

Portikus der Villa Suminski, Tharandt bei Dresden.

Weniger fremdartig als im industriellen Norden wirkten solche Bauten in den zahllosen französischen Kurorten und in den Ferienorten entlang der Küsten. In der Architektur der Thermalbäder und Kasinos dominierten die Anklänge an die Thermen des alten Roms. Die Anwendung orientalischer Stilelemente ließ sich jedoch historisch genausogut begründen. Für das Thermalbad Vittel in den Vogesen entwarf Charles Garnier (1825 bis 1898), Architekt der Pariser Oper, außer einem Kasino auch das Etablissement thermal mit gestreifter Fassade und maurischer Wandelhalle (1886).[44] In Vichy, wo auch Napoleon III. sich gerne aufhielt, steht noch immer eine »tunesische« Villa.[45]
Ihre ideale Umgebung fanden solche Villen freilich an der Côte d'Azur, wo in den achtziger Jahren zahlreiche Alterssitze und Ferienhäuser entstanden, deren Namen bereits das architektonische Programm bezeichneten.[46] Sie hießen La Mauresque und La Tunisienne, wie die beiden von Pierre Chapoulart entworfenen Häuser in Hyères, oder La Petite Afrique, El Ouah, El Keif und La Djenane. Mit den arabischen Namen waren für viele ihrer Bewohner persönliche Erinnerungen an die französischen Kolonien in Nordafrika verbunden, wo sie als Verwaltungsbeamte, Geschäftsleute oder Offiziere einen großen Teil ihres Lebens verbracht hatten. Ihren Lebensabend verbrachten sie nun in

Bürgerlicher Orient

Antoni Gaudí, El Capricho, Comillas, Santander, 1883–85.

Antoni Gaudí, Casa Vicens, Calle Carolinas, Barcelona, 1883–88. Fumador und Gartenseite (historische Aufnahme).

120   Bürgerlicher Orient

A.J. Dias da Silva, Stierkampfarena, Lissabon, 1892.

Emilio Rodriguez Ayuso, Plaza de Toros, Madrid, 1874.

einer Landschaft, deren Licht und Klima die besten Voraussetzungen dafür bot, in weiß getünchten Häusern und üppigen Gärten noch einmal einen kolonialen Lebensstil zu zelebrieren.

Die orientalischen Villen Südfrankreichs unterschieden sich jedoch im Aussehen von denen des Nordens: Hier finden wir zwar auch die stereotypen Hufeisenbögen, Zinnen und Minarettürme, die Fassaden beziehen ihre Wirkung jedoch nicht aus dem Relief und der Farbigkeit sichtbaren Mauerwerks, sondern aus dem glatten, weißen Verputz, in den Schmuckfelder, Friese und Fensterrahmungen aus farbig gemusterter Keramik eingelegt sind. Die schlichten Mittel dieser Häuser erinnern eher an die Wohnbauten nordafrikanischer Städte als an maurische Paläste und Moscheen. Der Impuls der Bauherren kam freilich auch nicht aus dem romantischen Bildungsinteresse an einem historischen Orient, sondern aus der unmittelbaren Erfahrung seiner kolonialen Gegenwart. In ihren Häusern kommen weniger Phantasien als Realitäten zum Ausdruck.

Es fällt auf, daß hier, wo der Orient geographisch und politisch so nah war, Anleihen bei der islamischen Architektur erst spät auftraten. Weit im Norden dagegen, in England, in Deutschland und in Polen entstanden schon im frühen neunzehnten Jahrhundert die ersten Landsitze in verschiedenen orientalischen Stilarten. Weit entfernt von der authentischen Erfahrung und in einem unwirtlichen Klima waren die Phantasien vom Orient und die Sehnsucht nach dem Süden besonders mächtig gewesen.

Auch in Spanien, wo die arabische Vergangenheit noch immer gegenwärtig war, konnte der Orient keine so große Anziehungskraft auf die Phantasien ausüben. Hier war der Anstoß für die Beschäftigung mit der maurischen Architektur vermutlich von außen gekommen. Denn es waren vor allem Engländer, Franzosen und Deutsche, die von den arabischen Bauten Granadas und Cordobas fasziniert waren, ausführliche Baubeschreibungen herausgaben und in Erzählungen und Gedichten die arabische Epoche der spanischen Geschichte romantisch verklärten. Mit der 1828 begonnenen Restaurierung der schon stark verfallenen Alhambra begann eine neue Wertschätzung der maurischen Kultur. Aber auch in Spanien hielt man den »neoarabischen« Stil nur für Bauten von »frivolem Charakter« [47] geeignet. So wurde etwa im Palacio de Vista alegre in Madrid ein Salón Arabe (1848)[48] eingerichtet, und im Laufe der Zeit mehrten sich die Beispiele von Wohnhäusern, die an die Architektur der Alhambra erinnerten.

Es ist vielleicht bezeichnend, daß es gerade ein deutscher Druckereibesitzer war, der sich in Barcelona ein noch immer bestehendes Wohn- und Geschäftshaus mit dem Namen Edificio Alhambra erbaute.[49] Längst abgerissen ist dagegen der Palacio Xifré in Madrid (1862—65), ein Beispiel für die Anwendung des maurischen Stils auf einen repräsentativen Bau. Auf der Weltausstellung 1878 in Paris zeigte es sich, daß dieser Stil durch seine Prägnanz gut dazu geeignet war, Spanien nach außen zu vertreten. Als daher im letzten Drittel des Jahrhunderts auch in Spanien das Bedürfnis nach einem Nationalstil wuchs, erhielt diese bisher nicht so ernst genommene Richtung eine ganz neue Bedeutung. Man gab ihr jedoch einen neuen Namen: Man sprach nicht mehr von »neo-árabe«, sondern nur noch von »neo-mudéjar«[50]. Neo-árabe erinnerte zu sehr an die Zeit der Fremdherrschaft und ließ sich daher schlecht für nationale Zwecke verwenden. Der Mudéjar-Stil, ein erst 1859 von dem Kunsthistoriker José Amador de los Rios eingeführter Begriff, bezeichnete dagegen die Stilphase nach der Reconquista, in der die »mudejares«, die unterworfenen Moslems, für christliche Bauherren arbeiteten. Es blieb jedoch nicht bei ideologischen Unterscheidungen: Vor allem in Madrid entwickelte sich eine Richtung, die sich von den bisherigen maurischen Adaptionen nicht durch wesentlich andere Vorbilder, sondern durch einen neuen Umgang mit dem Material unterschied. Als Inkunabel des Neo-Mudéjar gilt die 1874 eröffnete Plaza de Toros des Architekten Emilio Rodriguez Ayuso (1845—91): Seine ornamentale Verwendung schlichter Ziegel machte in Madrid bald Schule, seine Stierkampfarena wurde zum Vorbild von Nachfolgebauten in ganz Spanien und Portugal. Hier, wie auch in Ayusos Aguirre-Schule (1884), deren Turm durch seine Form und das ornamentale Relief seiner Oberfläche an die almohadischen Moscheetürme (Giralda, Sevilla) erinnert, zeigte sich eine eigenständige Interpretation der Geschichte, die jede vordergründige und rein dekorative Stilanleihe vermied. Der Einfluß des Neo-Mudéjar und der Madrider Backsteinarchitektur ist auch in den Bauten des katalanischen Modernisme zu spüren. Bei Lluís Doménech i Montaner und Antoni Gaudí (1852—1926) finden wir einen ganz ähnlichen Umgang mit dem Material. Gaudí beschränkte sich freilich nicht auf nüchterne Ziegel, sondern erzielte durch seine phanta-

Bürgerlicher Orient

Otto Tafel, Maurischer Saal im Schloß Castell bei Tägerwilen, Thurgau, 1891/92.

In den achtziger Jahren des neunzehnten Jahrhunderts ließ Baron Gonzalvo Maximilian von Scherer durch den Stuttgarter Architekten Otto Tafel (1838–1914) sein in der Nähe von Konstanz gelegenes Schloß umbauen.[52] Tafel erhielt »volle Freiheit, hier ganz nach seinem Geschmack ein Kleinod reicher und prunkvoller Renaissancearchitektur auf die beherrschende Anhöhe zu stellen.«[53] Nach der Fertigstellung des Hauptturms beschloß Scherer, in diesem eine maurische Halle einzurichten. »Bauherr und Baumeister reisten damals selber miteinander nach Granada, um die Vorbilder der Alhambra aufs genaueste an Ort und Stelle zu studieren, und der Baumeister konnte hier eine neue Probe seiner Gabe, sich in fremde Stilart liebevoll einzufühlen und sie mit Treue zu handhaben, an den Tag legen.«[54] Bis auf die Kuppel hielt Tafel sich vor allem an die Sala de las dos hermanas in der Alhambra. Das Konstruktionsschema der Rippenkuppel fand er jedoch in der Moschee von Cordoba.

sievolle Verwendung von farbigen Fliesen und Keramikscherben einen Farbreichtum, der auf ganz neue und nicht historisierende Art »orientalisch« war.

In Gaudís frühen Bauten, in der Casa Vicens in Barcelona (1883–88), in El Capricho, einem kleinen Wohnhaus in Comillas bei Santander (1883–85), und in den Eingangspavillons, Toren und der Reithalle der Finca Güell in Barcelona (1884–87), kann man viele Elemente entdecken, die sich auf Gaudís Beschäftigung mit orientalischer Architektur zurückführen lassen.[51] Die Baukunst Indiens und des islamischen Ägyptens waren Gaudí durch Photographien aus der Sammlung der Architekturschule in Barcelona bekannt. Gaudí lag jedoch nichts daran, wiedererkennbare Motive der islamischen Architektur zu zitieren. Eindeutig islamisch ist nur der Fumador in der Casa Vicens durch seine Stalaktitendecke. Aber selbst hier zeigte schon seine Ornamentik aus farbigen Blumen und Trauben, die allen islamischen Prinzipien widersprach, wie wenig er von historischen Vorbildern abhängig war.

Der Orient regte Gaudí zu einem ganz persönlichen Dekorationsstil an, der aus dem reizvollen Gegensatz zwischen sichtbarem Ziegel- oder Bruchsteinmauerwerk und farbiger Keramik seine Wirkung bezieht. Seine dekorativen Türme, die Entlüftungstürme auf den Dächern der Finca Güell oder die kleinen Erkertürme der Casa Vicens erinnern ganz entfernt an die kleinen, von Baldachinen gekrönten Minarette, die Gaudí von der Architektur der indischen Mogulherrscher kannte. Eher persisch wirkt dagegen der funktionslose Turm von El Capricho durch die keramische Verkleidung seines runden Schafts. Die weit auskragenden, aus Ziegeln gemauerten Konsolen unter dem »Balkon«-Geländer erscheinen dagegen als vereinfachte Version der Stalaktitengesimse, die für die Minarettumgänge ägyptischer und persischer Moscheen so typisch sind.

Im Türkischen Bad

»Eine Moschee, ein Kiosk, ein Bad, das ist die ganze Türkei.«[1]

Schon lange vor der »Entdeckung« der alten Bäder Kairos und Konstantinopels durch die Reisenden des neunzehnten Jahrhunderts war das öffentliche Badehaus eine Einrichtung, die man in Europa entweder mit dem alten Rom oder dem Orient in Verbindung brachte. Im Gegensatz zum christlichen Abendland, wo das öffentliche Baden durch regelmäßig wiederkehrende moralische Kampagnen der Kirche ein sehr wechselhaftes Schicksal hatte, war das Bad in der islamischen Kultur ein fester Bestandteil des täglichen Lebens. Der hohe Stellenwert des öffentlichen Bades ließ sich schon am architektonischen Aufwand ablesen, der in den Augen der Europäer nur mit dem Kirchenbau vergleichbar war. »Unter die fürnehmsten Gebäu werden auch die öffentlichen Badhäuser gerechnet..., die werden auf das köstlichest und prächtigest gebaut. Dieselben haben auch ihr Einkommen... gleich wie eine Kirch oder dergleichen Stift eins, davon der Bau in seinem Wesen erhalten wird. Diese Badhäuser sind hochgewölbt in die Rundierung, wie ein Chor in einer Kirchen.« Die Beschreibung aus Salomon Schweiggers 1608 erschienenem Reisebericht[2] macht die unterschiedlichen Prioritäten der beiden Kulturen recht deutlich. Bildliche Darstellungen türkischer Bäder wurden erst viel später verbreitet. Eine der frühesten findet sich in Fischer von Erlachs 1721 herausgegebenen *Entwurff Einer Historischen Architectur*. Es handelt sich um das Kaiserbad in Ofen. Die Kenntnis dieses Bades steht vermutlich im engen Zusammenhang mit den Türkenkriegen und der Befreiung Ungarns von der osmanischen Herrschaft. Möglicherweise hatte auch Max Emmanuel von Bayern nach der Eroberung von Ofen 1686 diese Bäder kennengelernt. Im Park von Nymphenburg ließ er von Josef Effner (1687–1745) zwei kleine Schlößchen errichten: die Pagodenburg (1716–19) und die Badenburg (1718–22). Letztere enthielt neben einem großen Wasserbecken im Kellergeschoß Badewannen und ein durch Hypokausten beheiztes Dampfbad.[3] Speise- und Ruheräume ermöglichten einen längeren Aufenthalt in Gesellschaft. Sich mit Baden, Essen, Trinken und Ruhen die Zeit zu vertreiben, entsprach ganz dem orientalischen Vorbild. Nach außen waren jedoch weder die Pagodenburg noch die Badenburg exotisch. Lediglich die Innenausstattung mit ihren chinesischen Tapeten und holländischen Wandfliesen mochten die Zeitgenossen mit China verbinden. Auch das barocke Trianon de Porcelaine Ludwigs XIV. war nur durch die Verkleidung von Dach und Fassaden mit farbiger Keramik als exotisch charakterisiert: Man spielte auf die damals berühmte Porzellanpagode von Nanking an. Die Zitate waren in beiden Fällen literarischer Art. Die Architekturformen verrieten weder chinesische noch türkische Einflüsse.

In den Gärten des Barocks und Rokokos gibt es keinen der Badenburg vergleichbaren Bau. Lediglich im Garten des polnischen Königs Stanislaus Leszynski, seit 1737 Herzog von Lothringen, gab es einen kleinen Bau, der mit seinem Namen möglicherweise auf die orientalische Badekultur anspielen sollte. Der 1738 in Lunéville errichtete »Kiosque, ou Bâtiment à la Turque« des Architekten Emmanuel Héré (1705–1763)[4] enthielt im oberen Stockwerk einen Baderaum. Nach außen wirkte der Kiosk nur durch die geschweifte Form des Mansardendachs fremdartig: China und Türkei wurden noch nicht genau unterschieden. Das Schwetzinger Badehaus (1766–72) von Nicolas de Pigage ist ein im Inneren mit Chinoiserien ausgestatteter Rokokobau. Für die Anlage des Gebäudes kann man islamische Vorbilder ausschließen. Erst viel später, im Park von Zarskoje selo, der aus der Regierungszeit von Katharina II. ein komplettes »chinesisches Dorf« besaß, finden wir ein »Türkisches Bad« (Ippolito Monighetti, 1852), das mit Kuppel und Minarett ganz eindeutig auf den Orient Bezug nimmt. Auch die im maurischen Stil erbaute Wilhelma in Stuttgart wurde während der Planung häufig als Badehaus bezeichnet. Inzwischen war das Bad jedoch schon zur öffentlichen Bauaufgabe geworden und das Türkische Bad war ein Begriff, mit dem man, dank zahlreicher Beschreibungen in den Berichten europäischer Reisender, inzwischen genauere Vorstellungen verband.

Das Erstaunen der Europäer über die Bäder des Orients war deshalb so groß, weil es im Abendland bis zur Mitte des 19. Jahrhunderts keine ausgeprägte öffentliche oder private Badekultur gab. Der englische Diplomat David Urquhart (1805–77), zeitweise Gesandtschaftssekretär in Konstantinopel und Verfasser unzähliger Schriften zu Fragen britischer Politik im Orient, widmete einen Abschnitt seines Reiseberichts *The Pillars of Hercules* (1850) dem islamischen Bad. Angesichts der Ruinen eines Bades, die er in Nordafrika besichtigte, prophezeite er, daß die Menschen späterer Zeiten weder in London noch in

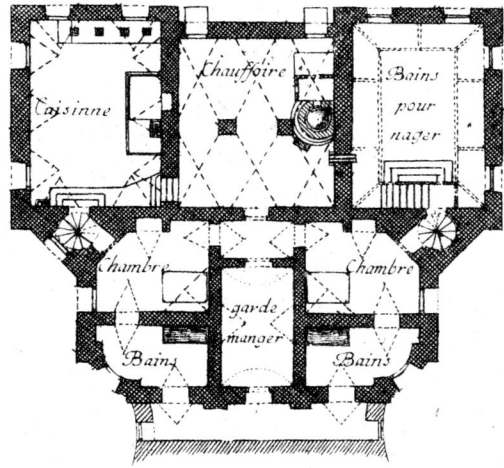

Josef Effner, Badenburg, Park von Schloß
Nymphenburg, München, 1718–21. Grundriß des
Kellergeschosses.

Ipollito Monighetti, Türkisches Bad im Park von
Zarskoje Selo, 1852.

Paris die Überreste solcher Monumente von »Geschmack, Luxus und Sauberkeit« finden
würden.[5] Daß es in einer hochindustrialisierten Gesellschaft wie der Englands weder
Bäder in den bürgerlichen Wohnhäusern noch öffentliche Bäder für die arbeitende Bevölkerung gab, war für Urquhart völlig unverständlich: »Das Volk lebt im Schmutz, obwohl
die besten Voraussetzungen für die Körperpflege vorhanden sind. Eine Nation, die mit
ihrem Dampf prahlt, die vom Dampf aufgebläht ist, die sich mit Dampf vorwärtsbewegt,
weiß nicht, wie sie den Dampf zur eigenen Reinigung nutzen kann...«[6] Europa erschien
ihm als »schwarzer Schmutzfleck« auf der Weltkarte.

Regelmäßiges Baden war in Europa allenfalls medizinisch zu rechtfertigen. Daß die
Funktion des Bades über die alltägliche Körperpflege hinaus in der Entspannung und
Regeneration von Körper und Geist, im sinnlichen Genuß und im geselligen Beisammensein bestehen könnte, war für Europäer nur schwer zu akzeptieren. Alle Autoren, die nach
Urquhart das türkische Bad propagierten, argumentierten vom medizinischen Standpunkt aus und gaben sich Mühe, weit verbreitete Vorurteile wie jenes, das türkische Bad
schwäche Körper und Geist, zu widerlegen. Dahinter verbarg sich das Klischee von der
passiven Genußsucht des Orientalen und vielleicht auch die Angst, man könne ihr selbst
verfallen und vom Tugendpfad kapitalistischer Arbeitsmoral abweichen.

Dabei hatte auch das Abendland einmal eine unbefangenere Einstellung zum gemeinschaftlichen Baden gekannt. Im Mittelalter gab es selbst in den kleinsten Städten und auf
dem Land öffentliche Badestuben.[7] Die Bereitung des Bades gehörte ebenso zur Gastfreundschaft wie das »Breutelbad« zu einer Hochzeit: Vor dem Gelage begab sich die
ganze Gesellschaft, nach Geschlechtern getrennt, ins Badehaus. Essen, Trinken und
musikalische Unterhaltung waren fester Bestandteil der mittelalterlichen Badekultur.
Auch das gemeinsame Baden von Männern und Frauen wurde bald üblich. Dabei ging es
jedoch alles andere als unschuldig zu, wie wir aus zeitgenössischen Darstellungen und
Berichten wissen. Dies führte dazu, daß das öffentliche Bad in Verruf geriet und am Ende
des Mittelalters selbst der Beruf des Baders als unehrbar galt. Auch Schwitzbäder waren
im Mittelalter verbreitet. Als Dürer seine Zeichnung des Frauenbads machte (1496), gab
es in Nürnberg etwa dreizehn solcher Bäder, die mit der heutigen Sauna vergleichbar
waren.

Trotz der weiten Verbreitung öffentlicher Badehäuser ist jedoch im Abendland kein
hochentwickelter Bautypus entstanden, der römischen oder orientalischen Beispielen
vergleichbar wäre. Die meisten der mittelalterlichen Bäder waren vermutlich bescheidene Holzbauten. Das könnte erklären, warum kaum eines der alten Bäder überlebt hat.
Auch die moralischen Erneuerungsbewegungen der Reformationszeit und die Verwüstung Mitteleuropas durch den Dreißigjährigen Krieg mögen zum Verfall dieser Badekultur beigetragen haben.

Selbst die alltägliche Körperpflege geriet in Vergessenheit: Nacktheit galt von nun an als
Sünde und damit auch das Baden. Noch zur Goethezeit hielt man das Baden im Freien für
unchristlich und unmoralisch. Die seit Jahrhunderten bestehende Körperfeindlichkeit
und das Fehlen alltäglicher Hygiene, das besonders in der überfeinerten Kultur des
Rokoko auffällt, standen einer Renaissance der Badekultur im Weg. Erst im 19. Jahrhundert führten zwingende medizinische und soziale Gründe zur Einführung öffentlicher
Badeanstalten.

Eine Choleraepidemie, die 1832 in den englischen Industriestädten Tausende von Opfern
gefordert hatte, alarmierte die bürgerliche Öffentlichkeit und richtete den Blick auf die
katastrophalen hygienischen Bedingungen, unter denen die meisten Menschen lebten.[8]
Es dauerte jedoch noch zehn Jahre, bis in Liverpool die erste öffentliche Wasch- und
Badeanstalt eröffnet wurde. Ein 1846 vom Parlament verabschiedetes Gesetz[9] machte die
Einrichtung von Bädern zur öffentlichen Aufgabe. Nach und nach entstanden in allen
Städten Badeanstalten mit Wannenbädern, Schwimmbecken und oft auch mit Dampfbädern. Mit zeitlicher Verzögerung folgte man auch in Frankreich und Deutschland dem
englischen Vorbild. Die Mehrzahl der deutschen Bäder entstand jedoch erst in den siebziger und achtziger Jahren.

In den Badeanstalten des neunzehnten Jahrhunderts herrschte strenge Geschlechtertrennung. Männer und Frauen badeten entweder an unterschiedlichen Tagen oder waren
räumlich getrennt. Darüber hinaus wurde auch nach Klassen unterschieden: Es gab
Umkleide- und Ruheräume 1. und 2. Klasse. Deutsche Bäder kannten auch »Volksbadetage« mit niedrigeren Eintrittspreisen. An den übrigen Tagen waren die Bürger unter

Im Türkischen Bad

Jean-Dominique Ingres, »Le Bain turc«, 1863.

sich. Da diese öffentlichen Einrichtungen in der Regel keinen großen Komfort boten, entstanden in England bald Klubbäder und privat betriebene Dampfbäder.

Urquharts bereits erwähnter Bericht enthielt ein leidenschaftliches Plädoyer für das türkische Bad, das auch gesondert in Form eines kleinen Buches[10] und in Zeitungsartikeln erschien und direkt verantwortlich war für die Einführung orientalischer Dampfbäder in England. Er vermied es jedoch, darauf hinzuweisen, daß es in London bereits einmal eine große Zahl türkischer Bäder gegeben hatte. Viele dieser Etablissements hatten in schlechtem Ruf gestanden und schienen nur die zweideutigen Vorstellungen zu bestätigen, die man sich von solchen Einrichtungen machte. Bereits der klassische Bericht von Lady Montagu hatte die erotischen Phantasien der Zeitgenossen stimuliert.

Lady Mary Wortley Montagu (1689–1762) war die Ehefrau des britischen Gesandten an der Ottomanischen Pforte. In einem am 1. April 1717 geschriebenen Brief[11] schilderte sie ein nur von Frauen besuchtes Bad in Sofia. Lady Mary erkannte sofort das pittoreske Potential der Szene und wünschte, der mit ihr befreundete Maler Charles Jervas[12] wäre dabei: »Ich denke, es hätte seine künstlerischen Fähigkeiten sehr gesteigert, so viele schöne, nackte Frauen in den unterschiedlichsten Stellungen zu sehen, manche bei der Unterhaltung, einige bei der Arbeit, andere beim Trinken von Kaffee oder Scherbet. Viele lagen nur müßig auf ihren Kissen, während ihre Sklavinnen (hübsche 17- bis 18jährige Mädchen) damit beschäftigt waren, ihnen die Haare auf die ausgefallensten Arten zu flechten. Kurzum, das Bad ist das Kaffeehaus der Frauen, wo die Neuigkeiten der Stadt erzählt werden und alle Gerüchte entstehen. Im allgemeinen gönnen sie sich diese Abwechslung einmal in der Woche und halten sich hier wenigsten vier oder fünf Stunden auf...«

Hundert Jahre später setzte Ingres die Beschreibung von Lady Montagu in sein berühmtes Bild vom türkischen Bad um. Der Betrachter konnte sich in die Rolle des orientalischen Paschas beim Anblick seines Harems träumen. Die männliche Phantasie von Anblick und Besitz so vieler nackter Körper erwies sich jedoch als Projektion auf Lebensformen, deren Wesen den Europäern verborgen blieb. Der voyeuristische Einblick, den Ingres dem Betrachter seines Bildes gewährte, blieb selbst dem orientalischen Mann verwehrt.

In London hatten um die Mitte des 17. Jahrhunderts türkische Händler außer dem Kaffeehaus auch das Bad populär gemacht. Von den bis zum Ende des 18. Jahrhunderts entstandenen »Hammams« und »Bagnios« sind allein über dreißig namentlich bekannt.[13] Häufig waren sie gleichzeitig Bad und Kaffeehaus, und der Umfang ihrer Dienstleistungen bestand in »sweating, rubbing, shaving, hot-bathing, and cupping, after the turkish model«[14]. So jedenfalls warb das älteste dieser Bäder, das Royal Bagnio Coffeehouse, das sich in der Bath Street mit Eingang zur Newgate Street befand.[15] Erbaut und eröffnet worden war es 1679 von türkischen Kaufleuten. Über die äußere Erscheinung ist nur bekannt, daß es sich auf orientalische Vorbilder berief.

Im Stadtbild muß der Bau durch seine Kuppel und die mit holländischen Fliesen verkleidete Fassade sehr auffallend gewirkt haben.[16] Von dem Inneren, wie es sich um die Mitte des 19. Jahrhunderts präsentierte, gibt die Abbildung auf einer alten Geschäftskarte einen Eindruck. Das Bild zeigt den nach orientalischem Vorbild überkuppelten Ruhe- und Auskleideraum mit dem zentralen Brunnenbecken. Hier begann und endete der Besuch des Bades. Im Gegensatz zur Außenseite mutet der abgebildete Innenraum jedoch eher barock an. Londons türkische Bäder standen Damen und Herren gleichermaßen offen, häufig sogar rund um die Uhr wie jenes Turk's Head Bagnio in der Chancery Lane, eines von vielen Bädern und Kaffeehäusern gleichen Namens. Für 2 Shilling und 6 Pence konnte man hier sogar übernachten, und in einer Zeitungsanzeige wies man ausdrücklich auf einen diskreten Seiteneingang hin: Vermutlich handelte es sich bereits um eines der Häuser, die schließlich die türkischen Bäder in Verruf brachten und für die spätere Gleichsetzung des Worts »Bagnio« mit Bordell verantwortlich waren. Die ersten Neugründungen türkischer Bäder standen daher auch ganz im Zeichen der Hydrotherapie. 1856 richtete der Arzt Richard Barter in seinem Sanatorium in St. Anne's Hill, nahe der irischen Stadt Cork, ein Dampfbad ein – im neugotischen Stil.[17]

Dr. Barters Heilmethoden wurden in ganz Europa bekannt, und es ist vermutlich auf ihn zurückzuführen, daß das Dampfbad in Deutschland unter der Bezeichnung »irisch-römisches« Bad Verbreitung fand.[18]

Von den zahllosen türkischen Bädern, die in der zweiten Hälfte des neunzehnten Jahr-

Royal Bagnio, Bath Street, London, 1679.
Geschäftskarte, um 1845.

No. 11, BATH STREET, NEWGATE STREET.

The Old Established Royal Bagnio.

TERMS.

COLD BATH:
Year, 1l. 3s.
Quarter, 10s.
Each time, 1s.
Shower, 1s.

TERMS.

WARM BATHS:
Six Times, 12s.
Each time, 2s.6d.
Shower, 1s. 6d.

CUPPING,
IF REQUIRED.

COLD BATH,
BATH STREET, NEWGATE STREET.
AN ENTRANCE FROM ST. MARTIN'S-LE-GRAND, THROUGH CHRISTOPHER COURT,
Directly Opposite to the Portico of the General Post Office.

Im Türkischen Bad

Türkisches Bad in Brighton.
In der Raumaufteilung hatten die Architekten
Goulty und Gibbons sich das Bad in der Jermyn
Street zum Vorbild genommen. Das einer Wer-
beanzeige entnommene Bild zeigt den Ruheraum
mit dem Tauchbecken, das durch den großen
Hufeisenbogen hindurch in die Heißlufträume
führte. Das 1868 in der West Street eröffnete Bad
hatte zur Straße das Aussehen eines »...maurischen
Tempels, der in Rot und Gold erstrahlte und mit
Malereien und Terrakotten verziert war...«[34] Die
Bewohner von Brighton waren bereits seit längerer
Zeit mit der orientalischen Badekultur vertraut:
1786 hatte ein Inder mit Namen Sake deen Mahomed ein Dampfbad mit Massagepraxis eröffnet,
das sehr populär wurde. Mahomed konnte selbst
George IV. zu seinen Kunden zählen.[35]

**George Somers Clarke, Türkisches Bad, 76 Jer-
myn Street, London, 1862.** Tepidarium mit Durch-
blick zum Ruheraum und Ansicht des Ruheraums.

Im Türkischen Bad

The Sultan's Bath, Manchester. Frontispiz zu: William Potter, *The Roman or Turkish Bath*, 1859.

Türkisches Bad in Harrogate, bei Leeds, 1897. Das Bad entstand als Teil der Montpellier Baths (heute: Royal Baths Assembly Rooms).[36] Der ausgedehnte Gebäudekomplex enthält neben einer Trinkhalle, einem Wintergarten, Aufenthalts- und Restaurationsräumen die verschiedensten Badeeinrichtungen. Die Architekten waren Frank Baggallay und Fred Bristowe. Das Türkische Bad weist zwar nicht den »klassischen« Grundriß auf, hat aber ebenfalls die Abfolge verschieden heißer Räume, ein Dampfbad, einen Ruheraum sowie ein großes Tauchbecken. In den Heißlufträumen entsteht die orientalische Atmosphäre durch die Verwendung von Hufeisenbögen und farbig glasierten Ziegeln. In dem hell angestrichenen, überkuppelten Ruheraum verbinden sich Orient und Jugendstil.

hunderts in fast allen englischen Städten gegründet wurden, waren viele nicht nur im Grundriß, sondern auch in den architektonischen Details, in Material- und Farbwahl von orientalischen Vorbildern inspiriert. Ihre fremdartige Erscheinung enthielt ein Versprechen, das über ihren medizinischen Nutzen hinausging: das des körperlichen Genusses. Ein weiteres Merkmal des türkischen Bades war, daß man es nicht alleine, sondern in Gesellschaft nahm. Es war nicht nur ein Ort der Reinigungen und der Waschungen, wie sie der Islam den Gläubigen vorschreibt. Man traf sich hier, um nichts zu tun, um zu entspannen und um sich mit anderen zu unterhalten. Nach dem Bad brachte ein Diener Kaffee oder die Nargile, die Wasserpfeife.

Das islamische Bad, das »Hammam«[19] (Hammam bedeutet soviel wie »Wärmespender« und ist aus dem arabischen »hamma« = heizen abgeleitet), ist eine Kombination aus Heißluft- und Dampfbad und unterscheidet sich von seinen antiken Vorläufern hauptsächlich durch das Fehlen von Frigidarium (kaltes Tauchbecken) oder Piscina und Palästra (Raum für Körperübungen). Im wesentlich beibehalten wurde die klassische Raumfolge, wie sie von den römischen Schwitzbädern bekannt ist. Von außen fügte sich das Hammam unauffällig in seine Umgebung ein. Allenfalls das Portal der schmalen Straßenfassade war als Blickfang ausgebildet. Die eigentliche architektonische Ausgestaltung konzentrierte sich wie bei vielen islamischen Bauten auf das Innere. Von der Straße kommend, gelangte man durch einen abgewinkelten Gang, der jeden Einblick verhinderte (in den mittelalterlichen Bädern des Abendlandes legte man es auf Öffentlichkeit geradezu an), zuerst in einen kleinen Kassenraum und dann in einen großen, runden oder achteckigen Raum, das Apodyterium (arabisch: maslak). Dieser wurde von einer bis zu fünfzehn Meter hohen Kuppel überwölbt, die von oben Tageslicht einließ. In der Mitte befand sich ein Springbrunnen, und in seitlichen Nischen gab es durch Vorhänge abgeteilte Betten. Hier konnte man sich umkleiden und ausruhen. Im »maslak« befand sich auch der Kaffeeausschank. In ein Leinentuch gehüllt, mit einem Turban auf dem Kopf und hölzernen Sandalen, die verhinderten, daß man sich auf dem durch Hypokausten geheizten Fußboden die Füße verbrannte, wurde man von zwei Badedienern nun in einen mäßig warmen Raum, das Tepidarium (arabisch: bet-el-auel), geführt. Hier wärmte man sich auf, geriet leicht ins Schwitzen und erhielt eine leichte Massage. Nach dieser Vorbereitung wurde man in den Kern der Anlage, das Schwitzbad (Sudatorium; arabisch: harara) geführt. Dieser Raum war ebenfalls von einer hohen, gemauerten Kuppel überdacht, die durch farbige Gläser nur ein dämmriges Licht einließ. Der ganze Raum war von Dampf erfüllt. In der Mitte legte sich der Badegast auf eine tischhohe, marmorverkleidete Plattform. Die hohe Temperatur bewirkte eine verstärkte Transpiration. Der »tellak«, der Badediener, machte sich nun unter Einsatz seines ganzen Körpergewichts daran, sein »Opfer« durchzukneten und alle Glieder zu lockern. In Nischen am Rand oder in angrenzenden kleinen Räumen befanden sich Wasserbassins. Hier wurde man mit warmem oder kaltem Wasser übergossen. Der »tellak« begann nun, die Haut des Badenden mit einem Kamelhaarhandschuh gründlich abzureiben. Jetzt erst erfolgte das Abseifen. Nach erneutem Abspülen hüllte man sich in trockene Laken und begab sich auf seinen Diwan im Ruheraum, wo man sich Getränke oder sogar eine richtige Mahlzeit reichen ließ.

Von den Wonnen solchen Badens kann man bei vielen Reisenden und Schriftstellern nachlesen. Claude Savary schrieb 1777: »Man fühlt eine bisher unbekannte Geschmeidigkeit und Leichtigkeit; man scheint gleichsam erst geboren zu sein, und zum ersten Mal zu leben. Eine lebhafte Empfindung des Daseins verbreitet sich bis in die äußersten Teile des Körpers. Während der Zeit, daß er die schmeichelhaftesten Empfindungen hat, weidet sich der Geist, welcher derselben bewußt ist, mit den angenehmsten Gedanken. Die Einbildungskraft, die in der ganzen Welt, welche sie verschönert, herumschweift, sieht allenthalben die anmutigsten Gemälde, und das Bild der Glückseligkeit«.[20] Mehr als hundert Jahre später machte Théophile Gautier in Konstantinopel die Bekanntschaft mit dem Dampfbad: »Nachdem diese verschiedenen Zeremonien beendet waren, wickelte man mich in trockene Tücher ein und führte mich zu meinem Bett zurück, wo zwei kleine Jungen mich ein letztes Mal massierten. – Ich blieb dort noch etwa eine Stunde in schläfriger Träumerei, trank Kaffee und Limonaden mit Eis; als ich das Bad verließ, war ich so leicht, so ausgeglichen, so geschmeidig und so von meiner Müdigkeit erholt, daß ich glaubte, die Engel des Himmels gingen an meiner Seite.«[21] Bereits zehn Jahre nach Urquharts ersten publizistischen Bemühungen um die Verbreitung des türkischen Bades konnte man in England von einer »Turkish Bath Movement«

Im Türkischen Bad

Alexandre Marcel (1860–1928), Entwurf für ein
öffentliches Bad, 1880.

Im Türkischen Bad

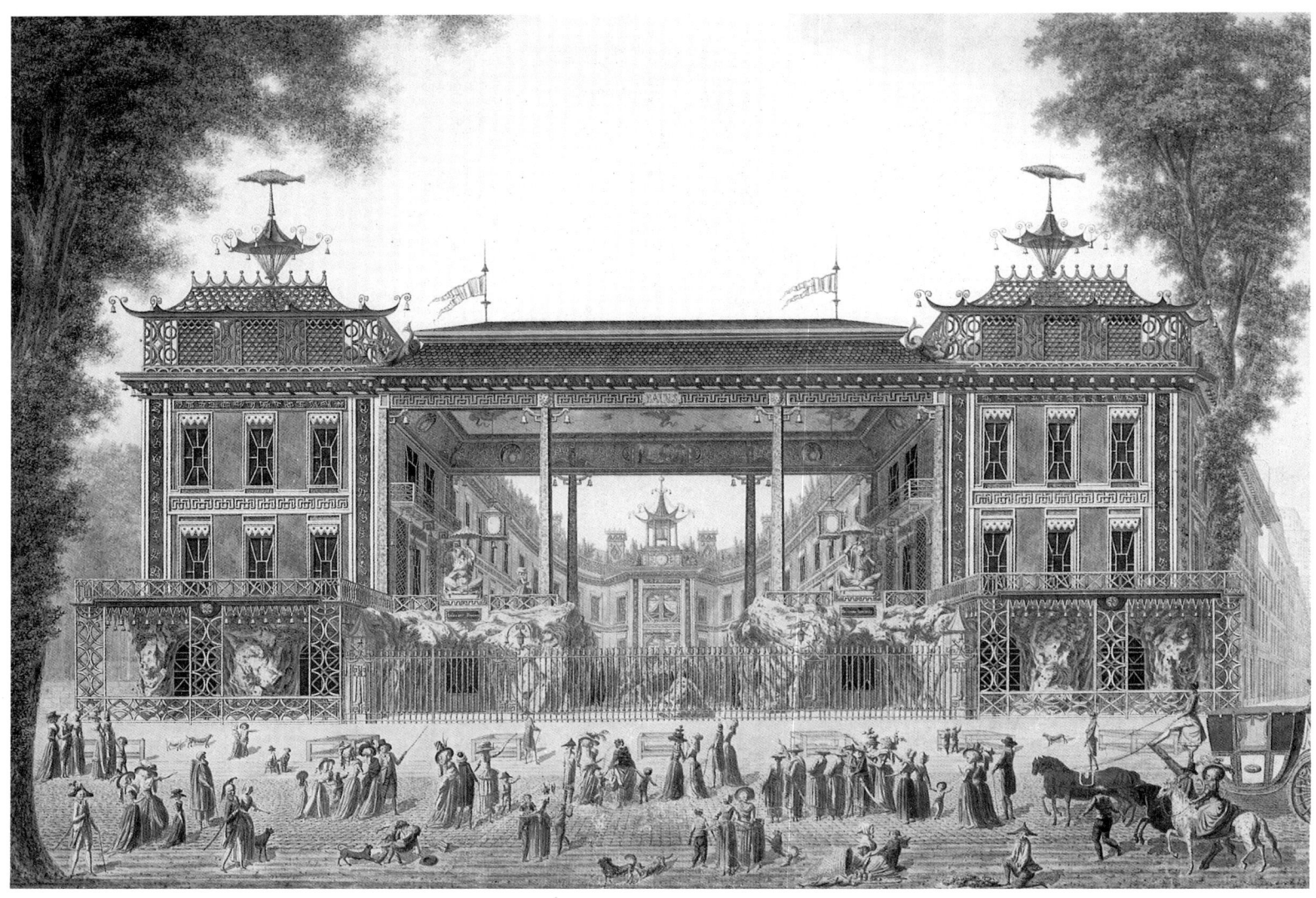

Nicolas Lenoir, Bains Chinois am Boulevard des Italiens, Paris, 1787. Zeitgenössisches Aquarell.

sprechen.[22] Eines der in der Presse am besten dokumentierten[23] war das Bad in der Londoner Jermyn Street, das häufig als das erste bezeichnet wurde. Als es unter dem Namen The Hammam 1862 durch die London & Provincial Turkish Bath Company eröffnet wurde, waren bereits etliche Unternehmer Urquharts Anregung gefolgt. In Manchester hatte William Potter 1859 bereits sein zweites Etablissement eröffnet: The Sultan's Bath im Albert Club, das eine luxuriöse orientalische Ausstattung vorweisen konnte. Auch in Brompton gab es zu der Zeit ein türkisches Bad, und Charles Bartholomew, ein weiterer begeisterter Anhänger der Bewegung, hatte in Bristol bereits das erste einer ganzen »Kette« von Bädern eingerichtet.[24]

Im Vorstand der London & Provincial, die es sich zur Aufgabe gemacht hatte, das türkische Bad in seiner Reinform zu verbreiten, saß David Urquhart. Diese Tatsache sicherte dem Unternehmen die nötige Aufmerksamkeit, und bei Eröffnung berichteten die Zeitungen, dies sei das erste richtige türkische Bad, und selbst die Türken könnten hier noch lernen.

Das Bad befand sich im Gebäude des St. James's Hotel.[25] Es enthielt die klassische Raumfolge Apodyterium, Tepidarium und Sudatorium. Das Tepidarium hielt sich an orientalische Vorbilder: Zwischen den Armen des kreuzförmigen Grundrisses befanden sich zwei noch wärmere Räume sowie zwei Räume, in denen man sich mit warmem und kaltem Wasser übergießen konnte. Die zentrale Massageplattform war unterkellert: Eine Treppe führte zu den Duschen hinunter. Bei der Anlage des Ruheraums hatte sich der Architekt, George Somers Clarke, nicht mehr an traditionelle Muster gehalten. Die offene Holzkonstruktion überdachte ein Hauptschiff und zwei Nebenschiffe, die in kleine, oben offene Ruheräume unterteilt waren. Das lange Tauchbecken erstreckte sich unter eine gläserne Trennwand hindurch bis ins Tepidarium: Man konnte so schwimmend von einem Raum zum anderen gelangen. Die recht bizarre Holzkonstruktion des

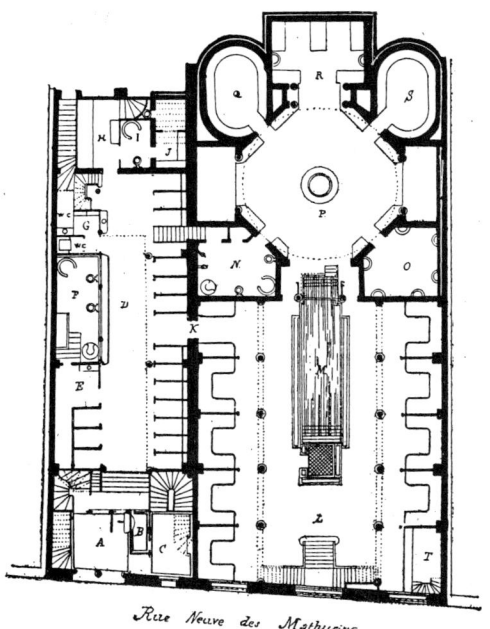

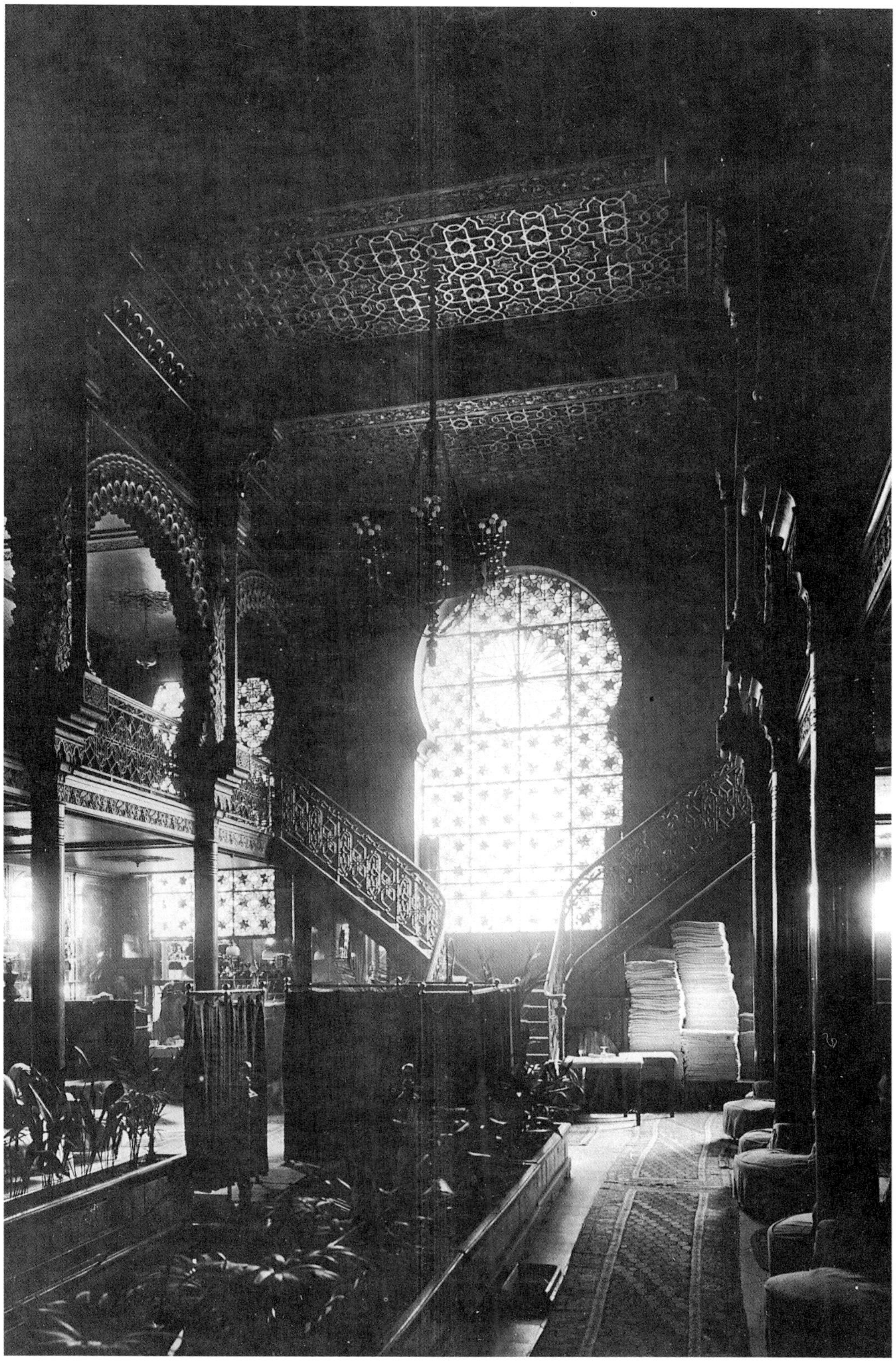

Rue Neuve des Mathurins.
Plan du Rez-de-chaussée.
A. — Vestibule.
B. — Bureau.
C. — Eaux minérales.
D. — Vestiaire.
F. — Salle d'hydro-térapie.
G. — Urinoirs.
H. — Salle de repos pour un bain particulier
I. — Douches — id.
J. — Tepidarium — id.
K. — Entrée de la salle de repos.
L. — Salle de repos.
M. — Piscine.
N. — Douches.
O. — Lavatorium.
P — Tepidarium.
Q. — Laconicum.
R. — Salle de massage
S. — Caldarium.
T. — Buffet.

HAMMAM

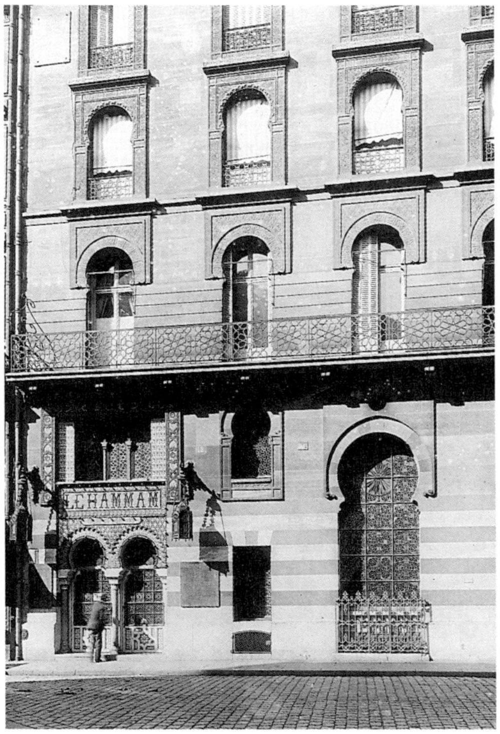

W. Klein und A. Duclos, Le Hammam, 18, Rue des Mathurins, Paris. 1876/77. Grundriß und historische Photographien.
Das Gebäude besteht noch, das Bad ist jedoch nicht mehr in Betrieb.

Türkisches Bad, Bishopsgate Churchyard, London.
Mitten im Bankenviertel steht noch immer der Eingangskiosk des 1895 eröffneten Bades. Im Souterrain befindet sich heute ein Restaurant. Die Nevill's Turkish Baths Ltd. betrieb noch weitere Bäder in London, u.a. The Charing Cross Turkish Baths.
»Ein neues Türkisches Bad wurde in der City von den Herren J. und H. Nevill in dem gleichen luxuriösen Stil erbaut, der von ihnen im allgemeinen verwendet wird... In der Nähe der Börse und von Lloyds gelegen, wird es ein großer Gewinn für die Geschäftsleute der City sein. Der Entwurf stammt von dem Architekten Harold Elphick, und der Stil ist maurisch. Der Besucher betritt das Bad durch einen maurischen Pavillon, steigt eine Wendeltreppe hinab... und gelangt in das Vestibül oder Büro und von hier in einen Salon, der ganz im Alhambra-Stil dekoriert ist, mit Sofas und Spiegeln in allen Nischen... Vom Salon aus betritt man drei Heißlufträume mit marmornen Mosaikfußböden und gefliesten Wänden und Decken. Marmorsitze, farbige Glasfenster und mit Fayencen verkleidete Alkoven geben diesen Räumen eine bequeme und luxuriöse Atmosphäre.«[37]

Ruheraumes erinnerte weniger an türkische Vorbilder als vielmehr an die Formen chinesischen Lattenwerks, wie es seit William Halfpennys Buch beliebt war. Auch die Lampen wirkten eher chinesisch und trugen zu dem unbestimmten exotischen Gesamteindruck bei. Der Mangel an Authentizität wurde aber mehr als wettgemacht durch erfahrene »tellaks«, die man in der Türkei angeworben hatte und die das orientalische Baderitual bis ins Detail beherrschten. Selbst den kleinen überdachten Ausschank hatte man komplett mit allem Zubehör und seinem Inhaber aus Konstantinopel importiert: Hier gab es Kaffee, Scherbet, Früchte und Wasserpfeifen.

In Paris begann die Geschichte der öffentlichen Bäder auf der Seine: 1765 eröffnete das erste »Badeschiff« seinen Betrieb. Das Wasser für die Wannenbäder nahm man direkt aus dem Fluß. In der ersten Hälfte des 19. Jahrhunderts gab es am Quai d'Orsay auch eine Schwimmschule, die Ecole Royale de Natation: Schwimmende Plattformen mit gedeckten Arkadengängen umgaben eine große, rechteckige Wasserfläche. Umkleidekabinen, Kasse und ein Café-Restaurant waren auf mehrere Plattformen verteilt. Das Café befand sich in einem orientalischen Kiosk mit farbig verglasten Fenstern.[26] Wesentlich exklusiver und zum gesellschaftlichen Treffpunkt besser geeignet waren die »Bains chinois« am Boulevard des Italiens, die um 1787 erbaut wurden. Architekt des bizarren Bauwerks war Nicolas Lenoir, genannt Le Romain (1726–1810), von dem mehrere Theaterbauten wie das Théâtre du Vaudeville und das Vauxhall (später Panthéon d'Hiver) bekannt sind.

Auf einem Sockel aus künstlichen Felsen erhoben sich zwei Geschosse. Der Grundriß hatte die Form eines zum Boulevard hin offenen Hufeisens. Auf den Terassen über den grottenartigen Eingängen hockten Chinesen unter Sonnenschirmen — ein Motiv, das im achtzehnten Jahrhundert gerne in Verbindung mit chinesischen Pavillons verwendet wurde. Das chinesische Haus in der »Wüste« von Retz (vgl. S. 10) hatte ebenfalls solche Figuren besessen. Auch die Felsen waren ein Hinweis auf China: Wer mit der zeitgenössischen Reiseliteratur vertraut war, dem waren auch die Abbildungen bizarrer Felsen und die Schilderungen chinesischer Gärten mit ihren kunstvoll angelegten Miniaturgebirgen bekannt. Weitere für die Zeitgenossen leicht als chinesisch ablesbare Motive waren die konkaven Dächer mit den hochgezogenen Traufen, an deren Enden Glöckchen befestigt waren, sowie die reichlich verwendeten dekorativen Lattengitter.

Später verstärkte man den fremdartigen Eindruck noch durch zwei Obelisken, die, am Straßenrand aufgestellt, schon von weitem auf die Bäder aufmerksam machten.[27]

Unter den öffentlichen Bädern blieben die Bains chinois jedoch eine Ausnahme: Die Stilwahl ließ sich kaum aus der Aufgabe herleiten, sondern war Ausdruck einer allgemeinen Chinabegeisterung, die sich vor allem in den Pavillons der »anglo-chinesischen« Gärten äußerte. Es gab sogar mindestens zwei Gartenpavillons, die von ihren Besitzern als »Chinesische Bäder« bezeichnet wurden. Beide hatte der Architekt und Landschaftsgärtner François-Joseph Bélanger (1744–1818), der auch Urheber der gußeisernen Kuppel (1811) über der Halle au blé war, entworfen: den einen für seinen eigenen Garten in Santeny, den anderen, Le Bain Chinois, für den Garten von Bagatelle im Bois de Boulogne. In beiden Fällen schien jedoch die Namengebung nicht in einer tatsächlichen Funktion begründet zu sein: Dafür waren die kleinen, hölzernen Pavillons kaum geeignet. Aber es wäre denkbar, daß sie Lenoir und seinen Bauherrn zu Stilwahl und Namengebung der Bäder am Boulevard des Italiens angeregt hatten.[28]

Spätestens seit der Weltausstellung von 1867 war es klar, daß ein islamischer Baustil einer solchen Aufgabe angemessener war: Unter den zahlreichen exotischen Bauten, die man auf dem Marsfeld aufgestellt hatte, gab es auch ein »Türkisches Bad«, einen schon durch seine mit Halbmonden verzierte Kuppel als orientalisch gekennzeichneten Bau.

Als 1878 die nächste Weltausstellung stattfand, warb bereits das Hammam in der Rue des Mathurins um Besucher. Das luxuriös ausgestattete Bad war 1876/77 eröffnet worden. Es nahm zwei Etagen eines Mietshauses ein. Die Architekten Klein und Duclos hatten sich offensichtlich das Bad in der Londoner Jermyn Street zum Vorbild genommen: Nicht nur den Grundriß, sondern auch raffinierte bauliche Details, wie das Schwimmbecken, das unter einem bis zur Wasseroberfläche verglasten Hufeisenbogen den Ruheraum mit dem Tepidarium verband.[29] Die Innenausstattung übertraf aber an Pracht das englische Vorbild, und selbst nach außen warb eine orientalische Fassade für den Besuch der »Bains Turco-Romains« — so nannte sich das Hammam im Untertitel. Die Verwendung orientalischer Stilelemente blieb jedoch nicht auf die Dampfbäder beschränkt. Auch bei großen öffentlichen Badeanstalten griff man gerne das orientalische

Im Türkischen Bad

Thema auf. Die einzige plausible Alternative war hier das Vorbild römischer Thermen. Auch für das phantastische Ambiente der eleganten Kur- und Badeorte war die orientalisierende Architektur bestens geeignet.

In Vittel gab es zum Beispiel das bereits erwähnte »maurische« Thermalbad von Charles Garnier mit Hufeisenbögen und farbig gefliesten Wänden.[30] Der Orient machte jedoch beim Bad nicht halt. Die Dauergäste der Kurorte und Seebäder wollten auch in orientalischer Pracht wohnen: Noch etliche Villen in Vichy und an der französischen Riviera zeugen von dieser Mode.

Viel fremdartiger als an der Riviera, von der es bis Nordafrika nicht mehr allzu weit war, muß eine orientalische Badeanstalt in einer englischen Industriestadt wie Leeds gewirkt haben: 1867 eröffnete man in der Cookridge Street die Oriental Baths. Der Symmetrisch gegliederte Baukörper aus Mittelrisalit und Seitenflügeln erhielt seinen orientalischen Charakter durch die farbig gestreifte Fassade aus roten, blauen und schwarzen Ziegeln, durch Zinnen, Kuppeln und ein ebenfalls gestreiftes türkisches Minarett. Urheber der Bäder war der Architekt Cuthbert Brodrick (1822–1905), dem Leeds wichtige Bauten wie die Stadthalle und die ungewöhnliche Corn Exchange verdankt. Dem Entwurf für die Badeanstalt war übrigens das nicht ausgeführte Projekt für ein Zollhaus in Bombay vorausgegangen – »in einer Mischung aus hinduistischem und mohammedanischem Stil«[31] 1882 erhielten die Oriental Baths leider eine neue gotische Fassade, und 1969 riß man sie ganz ab. Gegen Ende des 19. Jahrhunderts gab es selbst in Städten wie Reims,[32] Dünkirchen oder Stuttgart prächtige öffentliche Bäder im orientalischen Stil. Erhalten sind nur noch wenige dieser Bauten. Das in Dünkirchen ist vom Abriß bedroht, das Wiener Centralbad in der Weihburggasse (1890), ein ausgedehntes privates Dampfbad, das drei Etagen eines Wohnhauses einnimmt, wurde zwar 1978 renoviert, befindet sich aber heute wieder in einem eher beklagenswerten Zustand. Die Architekten (Anton Endl, Honus & Lang) hatten alle Räume von der Garderobe bis zu den Schwimmhallen im Souterrain konsequent im maurischen Stil ausgestattet.[33] Auch der für Wiener nicht allzu weit entfernte slowakische Kurort Trentschin-Teplitz (Trenčianske Teplice) besitzt noch heute das Thermalbad Hammam (Franz Schmoranz, 1888).

Cuthbert Brodrick, Entwurf für die Oriental Baths in Leeds, 1866.

Im Türkischen Bad

Wittmann und Stahl, Schwimmbad an der Büchsenstraße, Stuttgart, 1889, 1892.

Die öffentliche Badeanstalt gehörte zu den neuen Bauaufgaben des neunzehnten Jahrhunderts. Um die Jahrhundertmitte gab es in England elf öffentliche Bäder. Nur wenige davon verfügten über Schwimmbecken. 1855 eröffnete in Hamburg das erste deutsche »Volksbad«. Der Bau solcher Einrichtungen wurde in den Großstädten bald als soziale Notwendigkeit erkannt: Die Wohnungen der »unbemittelten Klassen« verfügten allenfalls über eine Toilette und fließendes Wasser, an ein Bad war nicht zu denken. Recht bald wurden die Badeanstalten auch mit Schwimmbädern kombiniert, so etwa das Aktienbad in Magdeburg (1860) oder das Sophienbad in Leipzig (1864), welches als »elegantere Privatanstalt« einem bürgerlichen Publikum vorbehalten blieb. Bäder wie das in Hannover (1867) oder das Stuttgarter Schwimmbad richteten sich an alle Klassen, denn nur eine große Besucherzahl konnte die hohen Investitionen rechtfertigen. Die Preispolitik sah in Stuttgart vor, daß »die bemittelten Klassen durch höhere Preise für die unbemittelten ausgleichend eintreten« sollten.[38] Vermutlich war es eher so, daß die »unbemittelten« Besucher durch ihre größere Anzahl ausgleichend für die bemittelten eintraten. Der bürgerliche Badegast konnte den Unterklassen weitgehend aus dem Wege gehen, wenn er die billigen »Volksbadetage« mied. Auch in den großzügig angelegten Dampfbädern hatten die Besucher der »1. Klasse« zwar nicht das Privileg eines separaten Bades, dafür aber einen luxuriös ausgestatteten Ruheraum.

Dem Bau des Stuttgarter Schwimmbads ging die von dem Geheimen Hofrat Leo Vetter angeregte Gründung einer Aktiengesellschaft voraus, die vor allem durch das Königshaus und die Stadt Stuttgart getragen wurde. Ziel war es, breiten Kreisen die Benutzung von Schwimmbad, Dampfbad und Wannenbädern zu ermöglichen. Der erste, nach Plänen der Architekten Wittmann und Stahl im Jahr 1889 fertiggestellte Bau enthielt nur ein Schwimmbad für Männer. Ermutigt durch die unerwartet hohe Besucherzahl wurde 1892 der Erweiterungsbau begonnen, der nun auch ein »Damen-Schwimmbad« sowie eine weitläufige Abfolge von Heißluft- und Dampfbädern enthielt. Der Haupteingang war nun fast bis an die Grenze des langgestreckten Grundstücks gerückt und befand sich, leicht zurückgesetzt, neben der Liederhalle an der Büchsenstraße.

In seinem Buch *Moderne Bäder* riet Leo Vetter, der an der Planung des Gebäudes maßgeblich beteiligt war, »einem solchen Bade soviel als möglich künstlerisches Gepräge zu verleihen...« Dahinter steckte die Überlegung, daß man nur mit entsprechendem Komfort ein verwöhntes bürgerliches Publikum anlocken konnte, gleichzeitig aber wohl auch der Wunsch, mit dem Bad eine gesellschaftliche Einrichtung zu schaffen, deren Funktion nicht auf den banalen Nutzen von Reinigung und Körperertüchtigung beschränkt blieb.

Die großzügige Ausstattung im »maurisch-tunesischen« Stil kündigte sich bereits in dem auffälligen Eingangsgebäude an. Zwiebelkuppel und Halbmond signalisierten: »Hier beginnt der Orient!« Im Inneren begegnete man dem gesamten Repertoire orientalischer Stilklischees, den gestreiften Hufeisenbögen, Holzschnitzereien, wie wir sie von den Mashrabyen arabischer Häuser kennen, farbigen Fliesen und persischen Teppichen. Mit der künstlerischen Ausschmückung des Bades wurde der Münchener Orientmaler Max Bredt beauftragt.[39]

Schwimmbad an der Büchsenstraße, Stuttgart.
Innenansicht des »Damen-Schwimmbads«.
Die farbenprächtige Ausstattung — das von blauen Fliesen und rotem Marmor eingefaßte Becken, die bunt bestickten Vorhänge und die vermutlich rotweiß gestreiften Hufeisenbögen — trug dazu bei, daß die Badenden in eine andere Welt entrückt wurden, »in der nichts an das gewöhnliche, mühevolle Alltagsleben erinnert«.[40]

Im Türkischen Bad

Schwimmbad an der Büchsenstraße, Stuttgart.
Eingangsgebäude.

Schwimmbad an der Büchsenstraße, Stuttgart.
Der Ruheraum des Herrendampfbads.
Im Gegensatz zu den Heißluft- und Dampfräumen
war dieser Raum den Badenden der 1. Klasse vorbehalten. Auch hier war die Ausstattung prächtig.
Das Licht fiel durch hellblau gefärbte Gläser in
einen Raum, der deutsche Wohnlichkeit mit orientalischen Mitteln schuf: Persische Teppiche, ein
»maurischer« Leuchter, ein vergoldeter »arabischer« Bogen und die obligate Zimmerpalme. Der
Sockel war mit alten tunesischen Fliesen verkleidet.

Im Türkischen Bad

Ludwig Eisenlohr und Carl Weigle, Aufenthalts-raum im Eberhardsbad, Wildbad, Schwarzwald, 1898.

1897 erhielten die Stuttgarter Architekten Ludwig Eisenlohr und Carl Weigle (1849–1932), die auch Herausgeber der *Architektonischen Rundschau* waren, den Auftrag, im »großen Badgebäude« in Wildbad einen heizbaren Aufenthaltsraum zu schaffen, in dem sich die Kurgäste vor und nach dem Baden aufhalten konnten. Das »Badhotel« und das anschließende »Große Badgebäude« waren in den Jahren 1839–47 nach Plänen des Architekten Nikolaus Friedrich von Thouret (1767–1845) erbaut worden. Thourets eigenwilliger Bau mit Rundbögen und großen Thermenfenstern hatte im Inneren mit einzelnen Dekorationsformen bereits das orientalische Thema vorgegeben.[41] Eisenlohr und Weigle überdeckten einen vorhandenen, mit einem Säulenumgang versehenen Hof mit einem doppelten Dach aus Eisen und Glas.[42] Die Halle wurde durch einen neu geschaffenen Zugang mit Vestibül erschlossen. In der Wartehalle bestand ihre Arbeit im wesentlichen in der Neueinkleidung von Vorhandenem. Dabei ließen sie sich von verschiedenen Vorbildern inspirieren: Während der Besucher sich beim Anblick der Vielpaßbögen im Zugang noch an indische Mogularchitektur erinnert fühlte, bezog der Säulenhof seine Details aus dem maurischen Spanien. Auf Säulen aus gelbem Stuckmarmor sitzen Kapitelle, die einer der einschlägigen Alhambra-Publikationen entnommen waren. Die Arabesken der Bogenfelder, der zentrale Brunnen und das Flechtbandornament des Mosaikfußbodens vervollständigen den maurischen Eindruck. Freilich herrscht hier kein südliches Klima: Das mit Jugendstilmotiven bemalte Glasdach schützt den maurischen Säulenhof vor der nördlichen Witterung, gepolsterte Sitzbänke, Zimmerpalmen und als klassische Zutat eine Aphrodite mit Apfel aus der Werkstatt Thorvaldsens versehen das exotische Ambiente mit mitteleuropäischer Hotelhallenwohnlichkeit.

J. Hatchard Smith, Dalston Junction Turkish
Baths, London, 1881/82.[43]

Öffentliches Bad in Dünkirchen.

Im Türkischen Bad

Das Weltbild der Weltausstellungen

»Wie etwas märchenhaft Unerhörtes klang die Kunde in alle Lande, daß man aus Glas und Eisen einen Palast bauen wolle, der achtzehn Morgen Landes bedecke.«[1]

Die märchenhafte Nachricht beruhte auf Tatsachen: Der geplante Palast sollte allerdings nicht der Repräsentation eines Herrschers dienen, sondern die erste internationale Industrieausstellung beherbergen. 1850 hatte ein Ausstellungskomitee unter Vorsitz Prinz Alberts einen Wettbewerb ausgeschrieben, um Entwürfe für das Gebäude der »Great Exhibition of the Works of Industry of all Nations« zu erlangen, die am 1. Mai 1851 im Londoner Hyde Park eröffnet werden sollte.

Der Bau wurde zum Triumph englischer Industrie und Innovationsfähigkeit. Joseph Paxton nutzte seine Erfahrungen aus dem Gewächshausbau für die Lösung der Aufgabe. Sein nüchterner Entwurf war erfolgreich, obwohl er allen herkömmlichen Erwartungen, die an ein repräsentatives Bauwerk gestellt wurden, widersprach. Da es unmöglich war, innerhalb so kurzer Zeit aus traditionellen Materialien ein Gebäude dieser Größe (die Grundfläche von Paxtons »Kristallpalast« maß 563x124 Meter) fertigzustellen, entwickelte Paxton seinen Entwurf aus einer begrenzten Anzahl standardisierter und vorgefertigter Bauteile aus Gußeisen, laminiertem Holz und Glas, die erst am Bauplatz montiert wurden. Aus dem internationalen Leistungsvergleich ging Großbritannien mit einer großen Zahl neuartiger Maschinen und Industrieprodukte als unbestrittener Sieger hervor. Darüber hinaus präsentierte man zum ersten Mal auch die Rohstoffe und Produkte der überseeischen Kolonien. Als bedeutendste unter den Kolonien nahm Indien den zentralen Platz im Querschiff des Kristallpalastes ein. Neben den wichtigsten Rohstoffen und Landeserzeugnissen gab es zahlreiche Modelle, die die indische Architektur und den indischen Alltag veranschaulichten. Trotz ihrer sachlichen Darbietung hinterließ diese Abteilung einen tiefen und folgenreichen Eindruck. Für empfängliche Besucher wie Théophile Gautier war die indische Abteilung die Steigerung des unwirklichen Eindrucks, den der Bau aus Glas und Eisen durch seine Neuartigkeit in ihm hervorrief.[2] Die didaktisch gemeinte Ausstellung, die den Briten eine Vorstellung von der indischen Gesellschaft und vom wirtschaftlichen Nutzen kolonialen Engagements geben sollte, stimulierte Gautiers Phantasie und rührte an märchenhafte Vorstellungen eines mythischen Indiens, das als Ursprungsort aller Philosophie und Kunst angesehen wurde. Ihre besondere Wirksamkeit bezog diese Faszination aus dem Kontrast mit den dampfgetriebenen »Monstern« der benachbarten Maschinenwelt, die Gautier eilig verließ. Die indische Welt stand aber auch im Gegensatz zur modernen Großstadt, deren Mangel an Geheimnissen nur durch die Phantasie kompensiert werden konnte: »Ah, wie oft, wenn unsere Füße über das Asphaltband liefen, das vom Obelisken zum Arc de l'Etoile führt, wanderten unsere Gedanken durch den Dschungel, wo der Tiger, in der Pose einer Sphinx, seine samtenen Pfoten leckt...«[3]

Aber auch der weniger phantasiebegabte Ausstellungsbesucher war von der verschwenderischen Pracht beeindruckt, die in Teppichen, Zelten, Kleidern, Schmuck und Waffen den Reichtum der indischen Fürsten vor Augen führte. Nicht zu übersehender Blickfang war ein ausgestopfter Elefant, der mit kostbarem Geschirr, bestickten Satteldecken, Reitsitz und Sonnenbaldachin ausstaffiert war – das Geschenk eines unterworfenen Regionalfürsten an Königin Viktoria. Den künstlerisch sensibilisierten Betrachtern fiel jedoch Entscheidenderes auf: Die hohe Qualität der kunsthandwerklichen Produkte, die Sicherheit der indischen Handwerker im Umgang mit Farben und Ornamenten, die im krassen Gegensatz zu den Produkten englischer »Kunstindustrie« stand. In zwei prächtig illustrierten Bänden, die Matthew Digby Wyatt nach der Ausstellung herausgab, fällt daher auch die große Zahl indischer Beispiele auf.[4]

Für das neugegründete South Kensington Museum erwarb man eine größere Zahl der indischen Exponate, die der Maler und Architekt Owen Jones katalogisierte und begeistert kommentierte: »In der indischen Kollektion finden wir kein Bemühen um Effekte; jedes Ornament entsteht ruhig und natürlich aus dem geschmückten Objekt; es lebt von wahren Gefühlen und entspricht einem tatsächlichen Bedürfnis.«[5] Neben farbig emaillierten Metallgefäßen und Lackarbeiten bewunderte man vor allem die indischen Textilien – vom Teppich bis zum Kaschmirschal.

Die Produkte, die die englische Industrie für den täglichen Gebrauch und die Dekoration der bürgerlichen Wohnung lieferte, standen dagegen auf niedrigem Niveau. Gottfried Semper, der selbst mehrere Abteilungen innerhalb der Weltausstellung eingerichtet

Joseph Paxton, Kristallpalast, London, 1851.

Der ausgestopfte Elefant in der indischen Abteilung der Weltausstellung von 1851 in London.

hatte, urteilte: »Die hohe Entwicklung der modernen praktischen Wissenschaft findet kein Gegenstück in einem angemessenen Fortschritt der Künste, des allgemeinen künstlerischen Empfindens und des Geschmacks.«[6] Eine Ursache dieses allgemein als desolat empfundenen Zustands sah der deutsche Architekt in einem »Überfluß an Mitteln«.[7] Neue Verfahren wie die Galvanoplastik und der Eisenguß, neue Materialien und Ersatzstoffe verführten zur gedankenlosen Anwendung. Aufwendige handwerkliche Techniken ließen sich seriell imitieren; die Formen, derer man sich dabei bediente, entstammten der Historie. Die Industrie hatte dem Handwerk die Grundlagen entzogen und täuschte nun selbst handwerkliche Einmaligkeit und wertvolles Material vor.

Die von der internationalen Kritik diagnostizierte Krise hatte die verschiedensten Reformversuche zur Folge. Sir Henry Cole, Organisator der »Great Exhibition«, hatte bereits seit langem die Notwendigkeit erkannt, den kunstgewerblichen Unterricht zu verbessern und gleichzeitig mit Mustersammlungen beispielhafter handwerklicher und industrieller Produkte neue Maßstäbe zu setzen. Ein Ergebnis von Coles Bemühungen war die Gründung des South Kensington Museum, dessen Sammlung später den Kern des Victoria and Albert Museum bilden sollte.

Das englische Beispiel führte auch auf dem Kontinent zur Gründung von Kunstgewerbemuseen: 1864 in Wien, 1867 in Berlin.

Ein bedeutender Teil der Sammlungen wurde auf den Weltausstellungen und regionalen Gewerbeausstellungen erworben. Während Cole darauf vertraute, daß sich eine hochwertige Gestaltung nur aus der engen Zusammenarbeit von Künstlern und Industrie entwickeln würde, gingen andere Reformbestrebungen von der Ablehnung industrieller Lebens- und Produktionsformen aus: Die Theorien John Ruskins und die Aktivitäten von William Morris und seinem Kreis suchten die Lösung des Problems in der Rückbesinnung auf sorgfältige handwerkliche Arbeit und in der Abkehr von jeglicher historisierender oder naturalistischer Dekoration. In einem Jahrzehnte dauernden Prozeß entstanden die unterschiedlichsten Bemühungen, nicht nur eine der industriellen Fertigung angemessene Form zu finden, sondern darüber hinaus zu einer der Gegenwart gemäßen Gestaltung in Kunstgewerbe und Architektur zu gelangen. Zur Klärung in dieser Auseinandersetzung trug seit der Londoner Weltausstellung von 1862 wesentlich die Begegnung mit der japanischen Kultur bei. Das japanische Beispiel beschleunigte die sich bereits abzeichnende Loslösung vom historischen Ballast und bestätigte die Bestrebungen um die »moderne« Form.

Aber 1851 stand noch Indien im Mittelpunkt des Interesses. Trotz der allgemein geäußerten Bewunderung war vielen Betrachtern das indische Kunsthandwerk Ausdruck einer »barbarischen Pracht«,[8] die man nur schwer mit den archaischen Produktionsbedingungen in Einklang bringen konnte, die die ausgestellten Modellszenen von Handwerk und Landwirtschaft vermittelten. »Der unterschiedliche Grad der wissenschaftlich-technischen Naturbeherrschung«[9] war der Maßstab, an dem man die Überlegenheit der westlichen Industrienationen über die Kulturen des Ostens ablas. Diese vorausgesetzte Überlegenheit diente zur ideologischen Rechtfertigung der Kolonialpolitik. Man betrachtete es als zivilisatorische Verpflichtung, die unterworfenen Völker am universalen Fortschritt teilhaben zu lassen. Tatsächlich schuf man jedoch neue Absatzmärkte für die expandierende Industrie. Da man gerne von anderen Kulturen lernte, nahm man dankbar die indischen Anregungen auf. Gleichzeitig zerstörte man jedoch die wirtschaftlichen Grundlagen dieser Kultur: Durch die Einfuhr billiger Industrieprodukte und rationelle Herstellung im Land selbst verdrängte man die einheimischen Produzenten vom Markt.

1862 wurde das Londoner Publikum mit einer großen Ausstellung alter und zeitgenössischer Kunstgegenstände aus China und Japan konfrontiert. Wenn auch Publikationen wie Warings *Masterpieces of Industrial Art & Sculpture*[10] Gegenstände beider Kulturen oft auf einer Bildtafel vereinigten, so wurde doch schon genau unterschieden. Die unterschiedliche ästhetische Bewertung japanischer und chinesischer Produkte stimmte auffallend überein mit der unterschiedlichen politischen Bewertung der jeweiligen Kultur: »Im ganzen ist man hier der Chinesen ziemlich satt, und würde an Japanesen mehr Interesse zeigen.«[11] So lautete ein bereits 1851 geäußerter Kommentar. In der häufigen Abwertung vor allem zeitgenössischer chinesischer Kunsterzeugnisse spiegelte sich ein neues Bild von China: das einer alten Kultur im Zustand politischer und kultureller Dekadenz. Den Beweis dafür sah man in der chinesischen Ablehnung westlichen »Fortschritts« und in der freiwilligen Isolierung gegenüber den Westmächten. Die chinesische Regierung

Das Weltbild der Weltausstellungen

Möbel und Vasen der Firma Christofle im »japanischen Stil« auf der Weltausstellung von 1878 in Paris.

hatte sich lange Zeit standhaft allen diplomatischen Bemühungen der Briten widersetzt, den Handel mit den Europäern, der auf wenige Häfen wie Macao und Kanton beschränkt war, zu erweitern.

»Praktisch erklärte Mr. Cobden[12] es für eine der wichtigsten Aufgaben der Zivilisation, die 300 Millionen Chinesen dahin zu bringen, daß jeder sich eine baumwollene Nachtmütze aus Manchester kaufe; praktisch fing man die Opiumkriege an ...«, um »...den Chinesen die englischen Fabrikate in den Leib zu treiben.«[13] Da China keine Bereitschaft zeigte, den eigenen Markt für die englichen Industrieprodukte zu öffnen, begannen die Briten die unerlaubte Einfuhr von Opium, um ihre negative Handelsbilanz auszugleichen. Dies führte zu zwei Kriegen, in denen sich die militärische Überlegenheit der Europäer erwies. Der 2. Opiumkrieg (Lorcha-Krieg, 1856–58) gipfelte in der gemeinsamen Besetzung Pekings durch Engländer und Franzosen. Der Vertrag von Peking (1860) zwang die Chinesen zur Aufgabe aller Handelsbeschränkungen, zur Öffnung neuer Häfen und zur Duldung politischer Vertretungen in Peking.

Die chinesische Sammlung auf der Weltausstellung war ein direktes Ergebnis der agressiven Politik. Die von Lord Elgin und Baron Gros angeführten Truppen hatten den kaiserlichen Sommerpalast in Brand gesteckt und geplündert. »Aus was besteht nun das China der Ausstellung? Aus Kunstwerken des Sommerpalastes, welche englische Offiziere in die Taschen gesteckt und ihre Frauen hier ausgestellt haben.«[14] Vor diesem Hintergrund wird es nur zu verständlich, weshalb die chinesische Regierung auch bei den folgenden Weltausstellungen ihre offizielle Teilnahme verweigerte.

Japan dagegen, das 1854 von den USA mit militärischem Nachdruck zur Aufgabe seiner Isolationspolitik gezwungen worden war, war schnell bereit, westliches Gedankengut zu übernehmen und den Weg zur modernen Industriegesellschaft einzuschlagen.

Die aus über 1 000 Katalognummern bestehende Ausstellung von 1862 ging auf die Initiative von Sir Rutherford Alcock zurück. Alcock war Konsul in China und Japan gewesen und wurde später Botschafter in Peking. Gezeigt wurden nicht Werke der »schönen Künste«, sondern Gegenstände des japanischen Alltags: Lackarbeiten, Porzellan und Steingut, Seiden, Kimonos und Bronzegüsse. Wie in den Erzeugnissen des indischen Kunstgewerbes kam hier noch eine intakte handwerkliche Tradition zum Ausdruck. Die Einfachheit und Zweckmäßigkeit der Formen, der Verzicht auf überflüssigen Dekor und die Perfektion der Ausführung bestachen alle, die des viktorianischen Kunstgewerbes überdrüssig waren.

Eine unvermeidliche Wirkung der japanischen Produkte bestand in ihrer unkritischen Rezeption. Sie zeigte sich in Form eines häufig trivialen Japonismus, wie etwa in dem 1878 in Paris ausgestellten Zimmer der Firma Christofle, die damit die französische Japanbegeisterung vermarktete. Lothar Bucher, ein kritischer Beobachter der Ausstellung von 1862, hatte das alles schon vorhergesehen: Er verspürte bereits »Bauchgrimmen bei dem Gedanken an die Kunstwerke in 'verbessertem japanischem Geschmack'«, die geschickte Händler bald auf den Markt bringen würden.[15] Die schöpferische Assimilation japanischer Kompositions- und Gestaltungsprinzipien führte jedoch über den Japonismus hinaus zum Jugendstil. Auch personell waren beide Strömungen vielfältig verbunden: Samuel Bing etwa, der auf der Pariser Weltausstellung 1900 in seiner Galerie L'Art Nouveau die neue Richtung vertrat, hatte als Händler fernöstlicher Kunst begonnen und seit 1888 die exklusive Zeitschrift *Le Japon artistique* herausgegeben. Die Eigenständigkeit in der Verarbeitung japanischer Anregungen zeigt, daß es hier weniger um die Spekulation mit vordergründigen exotischen Reizen ging. Fügte sich die an islamischen Vorbildern ausgerichtete Orientmode durchaus in den Historismus der Epoche ein, so stand der Japonismus im Gegensatz zu diesem. Er war keine weitere Spielart im Repertoire eines aus historischen und exotischen Stilen schöpfenden Eklektizismus, sondern half, den Historismus zu überwinden. Der Höhepunkt dieser Entwicklung war der triumphale Auftritt des Jugendstils auf der Weltausstellung von 1900.

1862 gab es noch keine Erzeugnisse im »verbesserten japanischen Geschmack«. Die Veröffentlichungen von Owen Jones über die maurische Architektur Spaniens[16] sowie die 1856 von Jones herausgegebene *Grammar of Ornament* zeigten jedoch bereits ihre Wirkung: Großen Eindruck machte eine silberne, verspiegelte Anrichte der Firma Elkington, deren Aufbau deutlich aus der Alhambra abgeleitet war. Wyatt stellte einen Kamin aus farbigen Fliesen aus, ebenfalls im »Stil der Alhambra«.[17] Wyatt, dessen Publikation über die erste Ausstellung bereits erwähnt wurde, versuchte sich in seiner architektonischen

Das Weltbild der Weltausstellungen

Praxis in den verschiedensten Stilen. 1855 hatte er für eine Erweiterung des East India Company Museum in der Leadenhall Street einen »indischen« Innenhof entworfen. Auch ein maurischer Billardsaal gehört zu seinen Werken (vgl. S. 63). Jones blieb dagegen konsequent dem maurischen Stil verpflichtet. Da er mit seinen verschiedensten Architekturprojekten im Alhambrastil jedoch nur wenig Erfolg hatte, konzentrierte er sich bald ganz auf Inneneinrichtungen und den Entwurf von Fliesen, Tapeten und Stoffen.[18] Jones hatte sich erhofft, über die Auseinandersetzung mit der islamischen Ornamentik und Farbgebung zu einem neuen und zeitgemäßen Stil zu gelangen. Das von ihm in der *Grammar of Ornament* ausgebreitete Material — die *Grammar* zeigte in farbigen Lithographien zahlreiche Beispiele von Ornamenten der verschiedensten Epochen und Kulturen — lief jedoch dem viktorianischen Geschmack kaum zuwider. Es scheint vielmehr, als habe sich das zeitgenössische Kunstgewerbe in seiner Tendenz, alle Oberflächen gleichmäßig mit Ornamenten zu überziehen, nur zu gerne von der orientalischen Ornamentik und Polychromie inspirieren lassen.

Nur vier Jahre nach der großen Londoner Ausstellung eröffnete auch Frankreich seine erste Weltausstellung. Der zeitliche Abstand zur vorangegangenen war zu kurz und auch das architektonische Konzept zu wenig spektakulär, um den englischen Erfolg auch nur annähernd zu wiederholen. Aber für das gerade drei Jahre alte Kaiserreich Napoleons III. war es offensichtlich eine Frage nationalen Prestiges, sich der Welt als wichtigsten Konkurrenten britischer Industrie zu präsentieren. Frankreich konnte bereits auf eine lange Tradition nationaler Industrieausstellungen zurückblicken. Bereits 1798, wenige Jahre nach Auflösung der Zünfte, hatte auf dem Marsfeld die erste Ausstellung maschinell hergestellter Erzeugnisse stattgefunden. Sie hatte die Form eines offenen Marktes, die Anzahl der Teilnehmer war noch gering. Weitere Ausstellungen folgten. 1834 und 1844 errichtete man bereits eigene Ausstellungsbauten; 1849 ordnete man langgestreckte Hallen aus Eisen und Glas um einen Innenhof an. Henry Cole und Digby Wyatt reisten im Auftrag der britischen Regierung nach Paris, um von den französischen Erfahrungen zu lernen. Die organisatorische Form der Industrieausstellung war 1851 also bereits entwickelt. Der entscheidende gedankliche Sprung hatte darin bestanden, aus der nationalen Ausstellung ein internationales Ereignis zu machen. Das war erst denkbar, seit ein Netz von Eisenbahnlinien die wichtigsten Städte miteinander verband. Noch zu Beginn des Jahrhunderts wäre es kaum möglich gewesen, die vielen Besucher aus dem In- und Ausland überhaupt zu transportieren: Nach London kamen 1851 immerhin 6 Millionen Menschen. In Paris hatten die verkehrstechnischen Probleme, die man beim Ansturm großer Besuchermassen vorhersah, unmittelbar den Bau neuer Bahnhöfe und Hotels zur Folge. Zur Weltausstellung von 1900 eröffnete man die erste Metrolinie.

Die Weltausstellung von 1867 in Paris. Das Marsfeld aus der Vogelschau.
Der Ausstellungsbau entstand unter der Leitung des Ingenieurs J.B. Krantz. Das der Architektur zugrunde liegende konzentrische Ordnungssystem wird dem Generalkommissar der Ausstellung Frédéric Le Play zugeschrieben. Mit einem Aufzug, der sich im äußersten Ring befand, konnten die Besucher auf das Dach fahren und von dort die aus Glas und Wellblech bestehende Dachlandschaft überblicken.

Das Weltbild der Weltausstellungen

Erst mit der Weltausstellung von 1867 setzte Frankreich neue Maßstäbe. 11 Millionen Besucher verdeutlichen den Erfolg. Er beruhte auf einer veränderten Konzeption: Kunst und Kunstgewerbe wurden zum glänzenden Mittelpunkt der Ausstellungen, aus der nüchternen Industrieschau wurde ein internationales gesellschaftliches Ereignis, begleitet von spektakulären Festen und Banketten. Für die Masse der zahlenden Besucher waren die Weltausstellungen gigantische Rummelplätze. Die Konzeption der Veranstalter zielte auf eine Mischung aus Unterhaltung und Belehrung. Exotische Architekturkulissen und historische Sonderausstellungen machten aus der Weltausstellung ein Universalmuseum der Menschheitsgeschichte, in dem nicht nur die Rohstoffe der Erde und die Produkte der Völker ausgestellt wurden. »Retrospektivausstellungen« zur Geschichte der Arbeit (1867 und 1889) oder zur Geschichte des Wohnens (1889) und die ethnographischen Ausstellungen im Trocadéro (1878) wirkten direkt auf die Form der seit der Jahrhundertmitte entstehenden Völkerkundemuseen. Auch das Erscheinungsbild der Zoologischen Gärten hatte der Illusionstechnik der Weltausstellungen viel zu verdanken: In Antwerpen, Berlin und Köln verkünden noch etliche exotische Bauten den Geist der Weltausstellungszeit. In neuer Form lebte hier der Mikrokosmos der alten Landschaftsgärten fort. Beiden gemeinsam war das Vertrauen in eine Vernunft, die sich die Welt enzyklopädisch erschließt.

Auf originelle Weise drückte sich das Konzept einer Welt im kleinen auch in dem Hauptausstellungsgebäude von 1867 aus: Um einen ovalen Innenhof ordneten sich ringförmig nach außen größer werdende Galerien aus Eisen und Glas an. Den ringförmigen Galerien entsprach die Einteilung in verschiedene Kategorien: Kunstwerke, Möbel und Gegenstände für die Wohnung, Bekleidung, Lebensmittel, Maschinen... Der Rundgang durch eine der Galerien ermöglichte so den Vergleich aller Länder innerhalb einer Produktklasse. Die Länderordnung schnitt dieses System radial: Folgte man einem der Gänge von der Peripherie ins Zentrum, konnte man ein einzelnes Land in seinen verschiedensten Erzeugnissen kennenlernen. Das allgemein bewunderte System wurde gerne mit dem Bild einer Erdumrundung verdeutlicht: »Den Rundgang durch den Ausstellungspalast zu machen, der so kreisförmig wie der Äquator ist, das ist, als ob man einmal um die Erde reiste...«[19]

Außerhalb des Ausstellungsbaues fand die Idee der Weltreise eine noch deutlichere Umsetzung: Erstmals kam man auf den Gedanken, die verschiedenen Nationen in einzelnen Pavillons unterzubringen, deren Architektur eine Vorstellung des jeweils als typisch

Das Weltbild der Weltausstellungen

Alfred Chapon, Le Bardo, Paris 1867. Vorentwurf, Längsschnitt aus der *Revue Générale de l'Architecture* von 1869 und Photographie von 1935. Der Architekt Alfred Chapon (1834–93) hatte für die Weltausstellung zahlreiche exotische Bauten entworfen: Einen Pavillon für das Panorama der Suezkanalgesellschaft, zwei chinesische und einen siamesischen Bau[44] sowie den Bardo. Der Name bezog sich auf den Palast des Bey von Tunis, dessen Raumaufteilung Chapon in verkleinertem Maßstab nachempfand. Die Dekoration war jedoch »unendlich luxuriöser und erinnert an die Monumente der spanisch-arabischen Kunst des 14. Jahrhunderts...«[45] Der Bau wurde nach der Weltausstellung in den Park von Montsouris versetzt und wird zur Zeit restauriert.

Das Weltbild der Weltausstellungen

angesehenen Baustils vermitteln sollte: »Höchst interessant werden die einzelnen Abteilungen der Ausstellung in ethnographischer Hinsicht... Rußland hat eine Gruppe seiner Muschiks (Bauern) gesandt, welche ein ganz getreu nach dem Muster der Wälder am Ural und Dniepr hergestelltes Blockhaus errichtet haben. Die ägyptische Abteilung stellt die Architektur der Pharaonen neben den neueren türkischen Styl; auf der Seine ankert ein Fahrzeug, bemannt mit Fellahs und Nubiern... So wird die Wanderung durch den Industriepalast und seine Gärten fast zu einer Tour rund um die Welt, welcher die Illusion nicht fehlen wird.«[20]

Im Zentrum dieser exotischen Welt standen die nord- und westafrikanischen Kulturen. Seit der Eroberung von Algier (1830) hatte Frankreich seinen afrikanischen Kolonialbesitz planmäßig ausgedehnt und die Basis eines Weltreichs geschaffen.

»Nahe am Seineufer, da rufen euch Kuppeln und Minarette, Afrika und Orient, der Palast des Vizekönigs von Ägypten und der Pavillon des Sultans zu: Haltet an!«[21]

Der von dem Ägyptologen Auguste Mariette konzipierte »Parc Egyptien« umfaßte außer der »Sphingenallee« eine Karawanserei, den Palast des Vizekönigs und ein Gebäude, das dem Westtempel von Philae nachempfunden war. Mariette beanspruchte für seine Rekonstruktion wissenschaftliche Genauigkeit: Die betraf jedoch allenfalls Details und Farbgebung, denn der Bau selbst vereinigte gleichzeitig drei verschiedene Epochen der ägyptischen Geschichte. Der innere Saal war im Stil des Alten Reiches ausgestattet, die Außenwände im Stil des Neuen und der umlaufende Säulengang war ptolemäisch.[22] Der Vizekönig konnte solchen Aufwand nur treiben, weil er »in den Geldern des Suezkanals schwamm.«[23] Ein anderer Tempel diente als Informationspavillon der Suezkanal-Gesellschaft. Lesseps hielt dort Pressekonferenzen ab, um über den Fortschritt der Bauarbeiten zu berichten. Ebenso wie der Suezkanal war auch das 1869 eröffnete Kairoer Opernhaus Symbol für den Willen des ägyptischen Königs, sein Land nach westlichem Vorbild umzuwandeln. Mariette, Gründer des Ägyptischen Museums, trat wenig später als Vermittler zwischen dem Khedive und Giuseppe Verdi auf. Der Khedive wollte Verdi mit der Komposition einer aufwendigen Oper beauftragen. Mariette lieferte selbst den altägyptischen Stoff für *Aida* und entwarf Kostüme und Bühnenbilder für die Uraufführung, die 1871 in Kairo stattfand. Das Publikum bestand vorwiegend aus Europäern.

Auch ein Pavillon der preußischen Abteilung hatte mit Ägypten zu tun: »Ein zauberhafter Kiosk von reinstem arabischen Geschmack, ziseliert wie ein Räuchergefäß, farbig wie ein Kaschmirschal, erhob in dieser so wenig orientalischen Umgebung seine silberne Kuppel.«[24] Der Entwurf stammte von dem Berliner Architekten Carl von Diebitsch, der aus der Kenntnis der maurischen Architektur seinen persönlichen orientalischen Stil entwickelt hatte. Mit seiner Vision islamischer Architektur hatte er es bereits zum Hofarchitekten des Vizekönigs gebracht. (vgl. S. 96).

An diesen Beispielen zeigt sich, daß es den Europäern gelang, andere Kulturen nicht nur den eigenen politischen und ökonomischen Interessen zu unterwerfen, sondern sie auch kulturell zu beherrschen. Selbst die europäische Sicht der fremden Kultur wurde auf diese zurückübertragen: Nicht Ägypten selbst entdeckte die eigene Geschichte, sondern Europa. Es entstanden Bilder, Architekturen, Romane und Opernstoffe, deren exotischer Reiz eigentlich nur Europäer faszinieren konnte. Dennoch wurden sie von der ägyptischen Oberschicht angenommen, die sich damit der exotistischen Auffassung der eigenen Kultur unterwarf. In Nordafrika wurde das Bauen in arabisierenden Stilen nach der Jahrhundertwende zu einem wichtigen Faktor der Kolonialpolitik.[25]

Im Park von Montsouris in Paris steht noch heute ein Relikt jener Weltausstellung: Die Nachbildung des Bardo, des Palastes des Bey von Tunis, die der Architekt Alfred Chapon geschaffen hatte. Der Bau aus Holz und Stuck war nach der Weltausstellung von der Stadt Paris erworben worden und diente lange Zeit als meteorologische Beobachtungsstation. Während der Weltausstellung war das Innere freilich dazu angetan, die einschlägigen Phantasien der Besucher zu beflügeln: Durch farbige Gläser fiel das Licht auf ein Interieur, dessen wesentlichen Bestandteile prächtige Teppiche, Diwane, Räuchergefäße und Wasserpfeifen waren. Zur Vervollständigung des orientalischen Traumes fehlten nur noch die Haremsdamen, deren Abwesenheit ein Besucher bedauerte. Gleich vor der Tür setzte sich das orientalische Leben in Basaren und Kaffeehäusern fort: »Man konnte glauben, man sei in einer Straße von Algier.«[26]

Die illusionistische Inszenierung des Orients wurde von nun an zum wichtigsten Bestandteil fast aller Weltausstellungen. Auch in Deutschland, wo es nie eine gegeben

Das Weltbild der Weltausstellungen

Alfred Chapon, Informationspavillon der Suez-kanalgesellschaft, Paris, 1867.
Der Bau enthielt im vorderen Teil eine große Reliefkarte der Landenge zwischen Mittelmeer und Persischem Golf und in der Rotunde ein Panorama des gleichen Gebiets.[46]

Auguste Mariette, Ägyptischer Tempel auf der Weltausstellung von 1867 in Paris. Das Innere während der Bauarbeiten und Außenansicht. »Es verwundert und entrückt auf seltsame Art, wenn man sich unerwartet einem jener Monumente gegenübersieht, die man sonst am Nil in einer vor Hitze flirrenden Sandebene suchen würde. Die Illusion ist perfekt, so weit wurde die Originaltreue der Kopie getrieben. Man könnte sich vor einem Tempel aus der Pharaonenzeit glauben, wenn man nicht die französischen Dekorateure sähe, die damit beschäftigt sind, die Konturen der vorgestanzten Reliefs auszumalen...«[47] Der deutsche Kritiker Julius Meyer war weniger begeistert als sein französischer Kollege: »Namentlich ist aber die polychrome Behandlung von höchst zweifelhafter Echtheit und von einer Buntheit, die sicher das Auge jedes alten Ägyptier's auf's Tiefste beleidigt hätte.«[48]

Alfred Chapon, Entwurf eines Kiosks für die tunesische Abteilung auf der Weltausstellung von 1867 in Paris.

Franz Schmoranz, »Palast des Vicekönigs von Egypten« auf der Weltausstellung von 1873 in Wien.

Franz Schmoranz, »Palast des Vicekönigs von Egypten« auf der Weltausstellung von 1873 in Wien.

hatte, setzte man auf den Gewerbeausstellungen in Berlin (1896) und Düsseldorf (1902) und selbst auf der internationalen Hygieneausstellung in Dresden (1911) auf die Volkstümlichkeit des orientalischen Themas.

1896 war in Berlins Treptower Park die »Special-Ausstellung Kairo« die große Attraktion. Aber selbst »Alt-Berlin« besaß inzwischen exotischen Reiz und wurde in Kulissen nachgebaut. Konnte man sich auf den ersten Weltausstellungen noch ein authentisches Bild des »Orients« machen, so vermischte sich auf den folgenden Echtes immer mehr mit Pseudoorientalischem. Nur der Kenner konnte noch unterscheiden zwischen »echten« Orientteppichen und Maschinenware, zwischen hochwertigem fernöstlichen Kunstgewerbe und den arabischen oder japanischen Adaptionen von Firmen wie Christofle in Paris oder Lobmeyr in Wien. Auch all die »türkischen«, »persischen« oder »chinesischen« Bauten konnten nur selten eine exakte Vorstellung der jeweils gemeinten Architektur vermitteln. Häufig waren sie »eine Karikatur statt einer genauen Imitation«[27], denn in der Regel wurden sie, wie auf der Wiener Weltausstellung von 1873, von einheimischen Baumeistern und Handwerkern ausgeführt. Aber selbst dann, wenn man ein authentisches Bauwerk zum Vorbild nahm, blieb das Produkt, wenn nicht durch Maßstabsänderung, so doch immer durch die Verwendung von Ersatzmaterialien wie Holz, Gips und Dachpappe, nur eine Theaterkulisse, die in der Regel nach Ende der Ausstellung abgerissen wurde. Dies galt auch für die pedantische Nachbildung des Sophienbrunnens vom Vorplatz der Hagia Sophia: »Nur was dort schimmernder Marmara-Marmor ist, ist hier Zement-Gips, und statt der Bleiplatten bildet hier Teer-Leinwand die Bedachung«.[28] Darüber hinaus waren die orientalischen Bauten, die in einen städtischen Zusammenhang gehören, nun in einer parkartigen Umgebung aufgestellt worden. In Wien hatten sich nach jahrhundertelanger Konfrontation rege Handelsbeziehungen mit der islamischen Welt entwickelt. Sie manifestierten sich in zahllosen Bauten wie dem »Türkischen Basar«, dem »Pavillon des Schah von Persien« oder dem riesigen Palast des ägyptischen Vizekönigs, für den sich der Architekt Franz Schmoranz angeblich die Kait-Bey-Moschee in Kairo zum Vorbild genommen hatte. Selbst der noch heute bestehende Bau der Firma Zacherl in Döbling (vgl., S. 173) ist ein Dokument dieser Beziehungen. Auch der »Cercle oriental«, eine Vereinigung, die sich um die Förderung der wirtschaftlichen Beziehungen zum Vorderen Orient und zu Ostasien bemühte, hatte auf der Wiener Weltausstellung einen Pavillon »im rein orientalischen Stil«[29]. Dem »Cercle oriental« war auch die Gründung des Orientalischen Museums zu verdanken, dessen Sammlung später in den Besitz des Österreichischen Museums für Kunst und Industrie überging.

Auch mit Japan hatten die Österreicher bereits einige Jahre vor der Ausstellung Handelsbeziehungen aufgenommen. Die japanische Regierung schickte nicht nur eine umfang-

Das Weltbild der Weltausstellungen

reiche Kollektion der besten handwerklichen und industriellen Erzeugnisse, sondern auch eine große Delegation verschiedener Fachleute, die den Auftrag hatten, ausführlich über die europäische Industrieproduktion zu berichten. Japanische Handwerker legten auf dem Ausstellungsgelände einen Garten an, errichteten eine Reihe von Läden, ein Tempeltor, eine Bogenbrücke und einen Shintoschrein.[30]

In den Augen der Kritiker erschien Japan gegenüber China inzwischen als die eindeutig überlegene Kultur. Neben den schlichten japanischen Gebrauchsgegenständen wurden die chinesischen als »bizarr« oder »barock« empfunden. »Man kann sich kaum eine schlichtere Eleganz vorstellen. Es ist dieser Eindruck von Eleganz und raffinierter Technik in den einfachsten und gewöhnlichsten Dingen, der alle japanischen Produkte kennzeichnet.«[31] Diese Charakterisierung Emile Zolas verdeutlicht die anhaltende Faszination, die Japan auf die fortschrittlichen Künstler ausübte. Der schlichte Holzbau (»La ferme japonaise«) in der Ausstellung von 1878 in Paris wurde von vielen als ruhiger und besinnlicher Gegenpol zum lauten orientalischen Trubel erlebt.

Für die Mehrzahl der Besucher blieb jedoch der »Orient« die größte Attraktion. Aus französischer Perspektive war er mit Nordafrika identisch. 1878 war das Ausstellungsgelände um den Hügel gegenüber dem Marsfeld auf der anderen Seineseite erweitert worden. Nach Entwürfen der Architekten Davioud und Bourdais errichtete man einen ständigen Ausstellungs- und Veranstaltungsbau, den Palais du Trocadéro, der erst 1937 einem neuen Weltausstellungsbau weichen mußte.

Seine eklektische Architektur spiegelte die vielfältigen stilistischen Alternativen der Zeit. Auf Grund seiner rot und weiß gestreiften Fassade wurde er häufig als maurisch oder arabisch bezeichnet. Er ließ sich jedoch keinem Stil eindeutig zuordnen und erschien einem Kritiker als wahrhaft modern, da er zugleich griechisch, römisch, byzantinisch, arabisch und florentinisch sei.[32] Unterhalb des Trocadéro befanden sich die Pavillons fremder Länder. Eine Gruppe von Gebäuden, die aus dem algerischen Palast, Cafés, Basaren, Zelten und den Häusern französischer Siedler bestanden, sollte einen Einblick in das Leben der französischen Kolonie geben. Dazu trugen besonders die Araber bei, die in Zelten lebten und deren Funktion weniger darin bestand, die algerische Abteilung zu bewachen, als vielmehr den Franzosen als lebende Belegstücke »jener produktiven und kriegerischen Rasse der Kabylen«[33] zu dienen. Jene kriegerischen Stämme waren freilich bereits seit fast einem halben Jahrhundert »befriedet«. Bereits 1855 war Abd el-Kader, der lange Zeit mit aufständischen Berbern und Kabylen die französische Herrschaft erbittert bekämpft hatte, als Ehrengast auf der Pariser Weltausstellung erschienen. Dieser Besuch, der auch

Die Rue des Nations — hier unter anderem »Tunis«, »Siam«, »Spanien« und »China« — auf der Weltausstellung von 1878 in Paris. Aus: Glucq, *L'Album de l'Exposition Universelle*, 1878.

Das Weltbild der Weltausstellungen

Victor Contamin und Ferdinand Dutert, Galerie
des Machines, Paris, 1889.

auf einem zeitgenössischen Gemälde festgehalten wurde,[34] war von besonderer Bedeutung, bewies er doch dem internationalen Publikum, daß selbst die hartnäckigsten Gegner der französischen Kolonialisierung am Ende doch die Überlegenheit westlicher Zivilisation anerkennen mußten.

Auf der anderen Seineseite gab es eine weitere exotische Attraktion, die »Straße der Nationen«, die sich auf der Achse des Trocadéro im offenen Innenhof des Hauptgebäudes befand. Jede Nation kündigte sich zu dieser »Straße« hin mit einer typischen Fassade an, deren Breite exakt der Ausdehnung der im Inneren gemieteten Fläche entsprach. Abgesehen von der chinesischen Fassade, die angeblich in China vorgefertigt worden war, war die »Rue des Nations« das Werk französischer Architekten. Die Bauten waren jedoch nicht mit Leben erfüllt, sondern verbargen als leere Kulissen lediglich die Eisenkonstruktion der dahinterliegenden Halle. Das merkwürdige Größenverhältnis, das die verschiedenen Bauten zueinander hatten, verurteilte jedoch die meisten dieser Architekturmuster von vornherein zur Lächerlichkeit: Hatte Belgien einen Anteil von 60 laufenden Metern an der Straße, so hatte Annam nur 10 Meter und andere, ärmere Länder noch nicht einmal drei. Die stilistische Charakterisierung beschränkte sich auf die gängigen Vorstellungen: Eine nordafrikanische Fassade war an ihrer Streifung zu erkennen, für Spanien mußte die Architektur der Alhambra herhalten. Wahr und falsch waren kaum zu unterscheiden.

Die architektonische Inszenierung, hier eher pedantisch und langweilig, brachte man auf den folgenden Weltausstellungen zur Perfektion. 1889 wirkte die »Straße von Kairo« auf den Besucher so echt, daß er weniger Mühe hatte, sich vorzustellen, er befände sich an den Ufern des Nils, als sich vorzustellen, er sei immer noch in Paris.[35]

Alle Sinne wurden angesprochen: Die Illusion der naturalistischen Kulissen wurde durch die Anwesenheit von arabischen Händlern und Handwerkern, durch die Düfte fremdartiger Gerichte und durch orientalische Musik- und Tanzdarbietungen vollständig.

»La Rue du Caire« wurde zur großen Attraktion von 1889. Sie gab sogar den Schauplatz für eine Satire des Berliner Schriftstellers Franz Held ab. In Fortsetzung des Romans von Alphonse Daudet ließ er Tartarin von Tarascon in Begleitung seines Kamels die Weltausstellung besuchen. Nach der abenteuerlichen Besteigung des Eiffelturms unternimmt Tartarin seine »Afrikareise durchs Marsfeld«[36]. Die »Rue du Caire« mit ihren Händlern und halbwüchsigen Eseltreibern wird zum Hintergrund turbulenter Liebesabenteuer und Intrigen.

Die enge Straße bestand aus einer fiktiven Addition von Kulissen, die man typischen Häusern des alten Kairo nachgebildet hatte. Viele Baudetails, wie die Türen und holzgeschnitzten Mashrabyen, waren sogar echt: Baron Delort, französischer Deputierter in Kairo und passionierter Sammler islamischer Kunst, dessen Initiative die »Straße« zu verdanken war, hatte sie aus zum Abriß bestimmten Häusern gerettet, die breiten Straßen nach französischem Vorbild weichen mußten. So vollzog sich parallel zur Zerstörung des alten Kairos und seiner Modernisierung nach westlichem Muster die museale Konservierung arabischer Kultur.

Daß diese Gleichzeitigkeit keine Ausnahme war, sondern ein unwidersprochenes Prinzip imperialistischer Politik, haben wir bereits an anderer Stelle gesehen. Lothar Bucher hatte das bereits viel früher deutlich gemacht, als er angesichts der drohenden Zerstörung der polynesischen Kultur dazu aufforderte, »zu sammeln, was von der Industrie dieser Inselwelt noch vorhanden ist.«[37]

Die Zerstörung alter Traditionen wurde sicher von vielen als bedauerlich empfunden, dennoch erschien sie den Zeitgenossen vermutlich als unumgängliche Etappe auf dem Weg zu einer fortgeschrittenen Weltkultur. So bewunderte man zwar die alte islamische Kultur, wurde aber auf deutliche Weise zugleich von ihrer offenkundigen Rückschrittlichkeit belehrt: »In den engen Lädchen saßen die Handwerker vor ihren altertümlichen Geräten. Goldschmiede hämmerten, ein Töpfer ließ sein Rad schnurren. Diese primitive Manufaktur bekam einen pikant abstechenden Rahmen durch die unmittelbare Nähe der großen Maschinenhalle, deren Dampfhähne und Ventile manchmal in den Jahrmarktslärm pfiffen und schnaubten.«[38]

So wurden nicht nur die Franzosen, sondern auch die zur Ausstellung angereisten Kolonisierten auf überwältigende Weise von Frankreichs Macht, Reichtum und »moralischer Überlegenheit« überzeugt. Mit dem Gefühl der Überlegenheit verband sich zivilisatorisches Sendungsbewußtsein, das an die Stelle des christlichen Missionierungsauftrages

Nächste Seite:
Die Rue du Caire auf der Weltausstellung von
1889 in Paris.

Das Weltbild der Weltausstellungen

Das Weltbild der Weltausstellungen

getreten war. Daß man den »Wilden« die Segnungen aufgeklärten Denkens brachte, täuschte über die wahren Interessen der Kolonialpolitik hinweg.

Frankreichs Kolonialreich war inzwischen beträchtlich gewachsen: Nicht nur Algerien, Marokko und Tunesien waren jetzt unter französischer Kontrolle, auch der Senegal gehörte seit 1854 zu den »Kindern« des französischen Mutterlandes. Nach der Jahrhundertwende kam noch das ganze West- und Äquatorialafrika hinzu. Auch die Eroberung und Kolonialisierung Indochinas war 1889 nahezu abgeschlossen. So konnte sich die französische Republik zum hundertjährigen Jubiläum der Revolution als mächtiges Weltreich und führende Industriemacht präsentieren. Die Galerie des Machines mit ihrer gewaltigen Spannweite von 110 Metern und der Eiffelturm überschritten die Grenzen des bisher Möglichen. Der Expansion des Kolonialreichs entsprach auch die wachsende Ausdehnung der Kolonialausstellungen: Immer mehr Kulturen waren darzustellen. So gab es 1889 außer der »Rue du Caire« und Charles Garniers Ausstellung über die Geschichte des Wohnens eine eigene Kolonialausstellung an der Esplanade des Invalides. In ihrem Zentrum befand sich das Palais des Colonies. Außer den inzwischen üblichen algerischen und tunesischen Palästen gab es eine Nachbildung der Pagode von Angkor, einen annamitischen Palast und eine Pagode aus Tongking: Sie standen für die verschiedenen Kulturen, die inzwischen alle der einheitlichen Verwaltung des französischen Indochina unterworfen waren.

Populärer aber als diese in Holz und Gips ausgeführten Erinnerungen an ferne Hochkulturen waren die verschiedenen »Dörfer« mit Eingeborenen aus Gabun, dem Kongo, dem Senegal und Neukaledonien. Von den Besuchermassen durch einen Zaun getrennt, mußten hier einige hundert Menschen ihren privaten Alltag den neugierigen Blicken und verbalen Zudringlichkeiten der Pariser Bevölkerung aussetzen. Brachten die Gebildeteren den »Kanaken« eine Mischung aus Sympathie und ethnographischem Interesse entgegen, so verschaffte der Anblick der »Wilden«, von denen etliche immerhin fließend ihre zweite »Muttersprache« beherrschten, den ungebildeten Kleinbürgern das beglückende Gefühl »rassischer« und kultureller Höherwertigkeit. Die »illusorische Aktivität«[39] und der erzwungene Müßiggang der »Kanaken« stand im größten Gegensatz zur hektischen Geschäftigkeit des Städters. Die »zoologische« Ausstellung von Menschen stieß offenbar nicht auf Kritik. In Deutschland wurde diese Idee bereits seit den späten siebziger Jahren von Carl Hagenbeck erfolgreich praktiziert: Mit seinen »Nubierkarawanen«, Hottentotten und Eskimos, die er häufig auch in zoologischen Gärten vorführte, lockte er an einem einzigen Tag oft bis zu 100 000 Menschen an.[40] Solche exotischen Spektakel waren im Grunde nur der volkstümliche Ausdruck der Theorien von Joseph de Gobi-

Die Bewohner des »Kanakendorfs«, ein Rikschafahrer aus Annam und der Nachbau einer Pagode in Angkor auf der Weltausstellung von 1889 in Paris.

Das Weltbild der Weltausstellungen

Charles Garnier, L'Histoire de l'Habitation, Paris 1889. Aufrisse des Maison hindou und des Maison égyptienne und Photographie der Straße mit dem Hinduhaus und dem Palais persan.[49]
Garnier, Architekt der Pariser Oper und erbitterter Gegner von Eiffels Turmbau, verteidigt mit seinem fingierten Abriß der Geschichte des Wohnbaus aller Länder und Epochen die Tradition gegenüber den Bautechnologien des Industriezeitalters. Auf beiden Seiten einer Straße waren die merkwürdigsten Bauten aufgereiht, die mit wenigen Ausnahmen höchst zweifelhafte Rekonstruktionen waren. Garniers Ausstellung begann mit steinzeitlichen Behausungen, zeigte die Häuser von Ägyptern, Phöniziern, Assyrern, Germanen und Galliern, und endete mit chinesischen und japanischen Häusern der Gegenwart.

Das Weltbild der Weltausstellungen

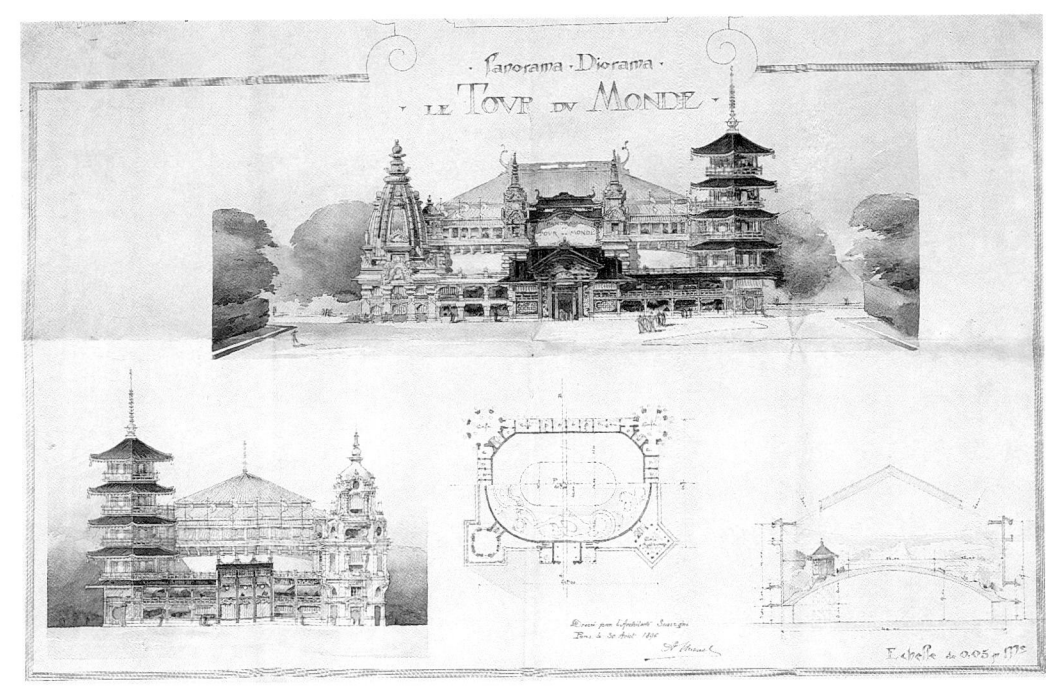

Alexandre Marcel, Le Tour du Monde, Paris 1900.
Historische Photographie und Entwurf (1896).
Der riesige Bau, der die Architektur indischer
Tempel mit der japanischer Pagoden in sich vereinigte, enthielt in seinem Inneren drei Cafés und
ein bewegliches Panorama, vor dem die Besucher
die Illusion einer Schiffsreise rund um die Welt
erlebten. Der Architekt Alexandre Marcel (1860–
1928) hatte sich auf Exotisches spezialisiert: 1896
hatte er für den Direktor des Bon Marché in der
Rue de Babylone aus originalen japanischen Bau-
teilen einen privaten Festsaal gebaut, der heute
unter dem Namen La Pagode als Kino dient. In
der gleichen Straße baute er Bäder im maurischen
Stil (1893; bestehen nicht mehr), und für den
Maharadscha von Kapurthala baute er einen
Palast. Der japanische Turm des Panoramagebäu-
des steht heute im Schloßpark von Laeken am
Stadtrand von Brüssel. Für den belgischen König
entwarf er außerdem noch einen Pavillon, dessen
Dekorationen man in Shanghai anfertigen ließ.
Von Marcel stammt auch das Projekt für ein
öffentliches Bad im maurischen Stil, das auf Seite
129 abgebildet ist.

Das Weltbild der Weltausstellungen

neau, der in seinem *Essai sur l'inégalité des races humaines* (1853—55) die Überlegenheit der arischen »Rasse« über alle anderen zu beweisen versuchte. Aus der angenommenen Überlegenheit wurde die Rechtfertigung imperialistischer Politik abgeleitet.

Zur Weltausstellung von 1900 hatte sich die Ausstellungsfläche der französischen Kolonien nochmals verdoppelt. Die Darstellungsmittel blieben bis zur Kolonialausstellung von 1931 im wesentlichen die gleichen: exotische Szenerien, Waren und Menschen. Aber mit den erstmals ausgestellten Automobilen kündigte sich bereits die Zeit an, in der es nicht mehr nötig sein würde, fremde Länder nach Europa zu holen: Moderne Verkehrsmittel würden es ermöglichen, die fremden Kulturen »vor Ort« zu erleben. Überhaupt war man im Jahr der Metroeröffnung von den mechanischen Transportmitteln fasziniert: Auf einem rollenden Trottoir konnten die Besucher in zwei verschiedenen Geschwindigkeiten mühelos das riesige Ausstellungsgelände durchqueren. Selbst die Illusionskraft exotischer Szenarios ließ sich mit mechanischen Mitteln noch steigern: In einem Bau, der vorgab, alle asiatischen Bauformen in sich zu vereinigen, befand sich ein Panorama mit dem Namen »Le tour du monde«. Es war aus Mitteln der Compagnie des Messageries maritimes erbaut worden, die hier für ihre Schiffsreisen warb. Das Weltreisepanorama bestand aus einer beweglichen Leinwand, die vor den Besuchern ablief und ihnen Szenen aus aller Welt (meistens aus der Hafenperspektive) vor Augen führte. Im Vordergrund gab es die bekannten folkloristischen Darbietungen: »Die Indier trommeln von Zeit zu Zeit auf ihren ... Trommeln, die Spanierinnen schlagen das Tambourin und tanzen. Die Chinesen tun garnichts.«[41] Mit ähnlichen mechanischen Tricks versuchte man in einem anderen Pavillon eine Fahrt mit der transsibirischen Eisenbahn zu simulieren.

Das Zeitalter des Massentourismus, der solche Inszenierungen überflüssig machen würde, kündigte sich an. Dennoch ist im Zeitalter des Flugzeugs und des Satellitenfernsehens der altertümliche Illusionismus der Weltausstellungen noch immer beliebt: Der Erfolg von Disneyland beruht auf der gleichen Faszination moderner Verkehrsmittel und der naiven Freude an exotischen Kulissen. Außer solchen Ideen haben aber auch einige Bauten der Weltausstellungszeit überlebt: Neben dem bereits erwähnten »Bardo« auch Diebitschs Pavillon, der heute in Ludwigs Linderhof steht, sowie eine japanische Pagode, die ursprünglich Bestandteil der »Tour du monde« war und auf der Weltausstellung vom belgischen König Leopold II. für den Park von Laeken erworben wurde. Ein chinesischer Pavillon der Weltausstellung von 1878 wurde in den Bois de Boulogne versetzt und diente dort als Café und Restaurant.

Anläßlich von Frankreichs letzter großer Kolonialschau im Jahr 1931 verspürten immer mehr den unangenehmen Beigeschmack, den die Weltausstellungsexotik von Anfang an gehabt hatte. Der Sozialist Léon Blum gab zu bedenken: »Man vergesse nicht, welche Realität sich hinter dieser Fassade von Kunst und Freude verbirgt... Hier bauen wir die wunderbare Treppe von Angkor nach und lassen die heiligen Tänzerinnen vor uns auftreten, aber in Indochina, da wird erschossen, eingesperrt und deportiert.« Noch radikaler waren Breton, Eluard und Aragon. In einem Pamphlet forderten sie dazu auf: »Besucht nicht die Kolonialausstellung!«[42]

Alhambra, Eden, Tivoli: Die Verheißungen der Vergnügungsindustrie

»So primitiver Art die geselligen Freuden der großen Masse der Bevölkerung im Zeitalter des fürstlichen Absolutismus waren, so reich gegliedert wurden sie im bürgerlichen Zeitalter, denn sie sind, genau wie alles andere dem Gesetz der Wirtschaftsentwicklung folgend, jetzt ebenfalls in ganz besonderem Maße ein Objekt der kapitalistischen Exploitierung geworden. Weil der Kapitalismus auf allen Gebieten nur durch Massenkonsum rentabel wird, so wurde auch für die geschäftsmäßige Exploitierung des geselligen Lebens die Heranziehung der Massen das Hauptobjekt und Hauptziel.«[1]

Im Lauf des neunzehnten Jahrhunderts entwickelten sich in den großen Städten immer mehr Cafés und Restaurants zu gut organisierten und umsatzorientierten Großbetrieben, die in einem Haus die verschiedensten gastronomischen Bedürfnisse erfüllen konnten. Im Unterhaltungsgewerbe fanden ähnliche Veränderungen statt: Die Vergnügungen der städtischen Bevölkerung wurden in zunehmendem Maße von Unternehmern und Kapitalgesellschaften organisiert und vermarktet. Schauspiel, Oper und Konzert entstand Konkurrenz durch neue Formen der Unterhaltung: Die alten Jahrmarktskünste etablierten sich als Varieté und Revue auf den Bühnen der Cafés-concerts und der Music-halls. Unterhaltung und Bewirtung wurden hier auf einträgliche Weise miteinander verbunden. Das neue Konzept fand in speziellen Bautypen seinen architektonischen Ausdruck. Es entwickelte sich eine nie dagewesene Vielfalt öffentlicher »Vergnügungsstätten«,[2] die sich oft nur schwer voneinander abgrenzen ließen und untereinander immer neue Verbindungen eingingen: Ballhäuser, Konzertsäle, Varietébühnen, »Volksbelustigungsgärten«, Festhallen, Zirkusgebäude, Hippodrome, Wintergärten, Kasinos, Panoramen. Neben so speziellen »Vergnügungsstätten« entstanden seit den sechziger Jahren in fast allen europäischen Großstädten Mehrzweckbauten, die »Flora«, »Winterpalast«, »Palmengarten«, »Kristallpalast« und in England auch »Aquarium« hießen. Hier sollten möglichst viele Bedürfnisse des Publikums gleichzeitig geschäftlich nutzbar gemacht werden: Um einen ausgedehnten Wintergarten gruppierte man Restaurants, Cafés, Klubräume, Tanzsäle, Theater und Gemäldegalerien. Der Leipziger Kristallpalast enthielt sogar eine Zirkusarena und ein Diorama.

Noch im achtzehnten Jahrhundert hatte ein großer Teil der volkstümlichen Unterhaltungen im Freien stattgefunden. Als in Paris das Café Turc eröffnet wurde, war der noch kaum bebaute Boulevard du Temple ein Freiraum für Schausteller und Musikanten gewesen. Seiltänzer und Schwertschlucker traten hier auf, exotische Menschen und Tiere wurden zur Schau gestellt, in Buden und Zelten gab es Schattenspiele und Marionettentheater. Den unorganisierten Aktivitäten entsprachen die provisorischen Bauten. Erst im Zweiten Kaiserreich verschwanden die Straßenspektakel. Sie waren nicht nur den von Haussmann angelegten breiten Verkehrsachsen im Weg, sondern entzogen sich auch jeder planmäßigen wirtschaftlichen Verwertung. Da für die bisher auf der Straße

Die »gotisch-chinesische« Arkade in Vauxhall, um 1750. Aus: Georges Le Rouge, *Jardins anglo-chinois à la mode*, Heft 4, 1776.
Die Formensprache des Gebäudes folgte einer Mode, die von den Architekten William und John Halfpenny propagiert wurde. In verschiedenen Büchern veröffentlichten sie Musterentwürfe für Gartenpavillons, Brücken und Tore, in denen sich gotische und chinesische Elemente vermischen. Eines trug in einer Neuauflage den Titel *Rural Architecture in the Chinese Taste* (1755).

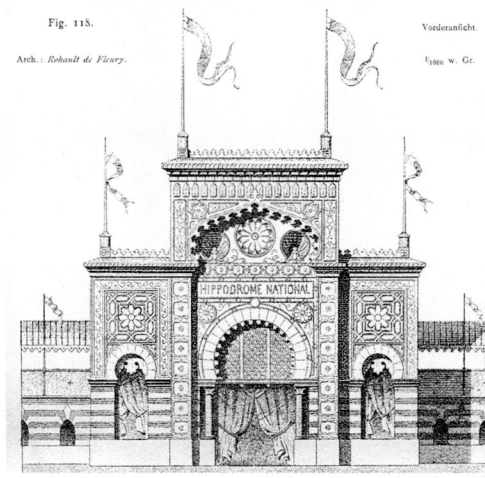

Charles Rohault de Fleury, Hippodrome National, Paris, um 1850.
Wie der Zirkus war auch der Hippodrom (griech. hippodromos: Pferderennbahn) eine seit der Antike bekannte Einrichtung, die im neunzehnten Jahrhundert wiederentdeckt wurde und eine neue architektonische Form erhielt. Zu den frühesten »neuzeitlichen« Zirkusgebäuden zählten Hittorfs Cirque d'Hiver und Cirque d'Eté (1838—40) in Paris. Die Mehrzahl der massiven Zirkusbauten und Hippodrome entstand jedoch im letzten Drittel des Jahrhunderts und in fast allen großen Städten: in Paris, Brüssel, Berlin, Frankfurt, Leipzig. Rohaults anfänglich offener Hippodrom erhielt Ende der siebziger Jahre ein riesiges Dach aus Eisen und Glas, das sich bei schönem Wetter öffnen ließ: Die Laterne (54x17 Meter) konnte man in Längsrichtung aufschieben; dabei entstand eine ebenso große Öffnung. Die Wahl des maurischen Stils für einen Hippodrom erscheint ungewöhnlich, da sich für diesen Bautyp zuerst klassische Vorbilder anboten. Der Hippodrom wurde 1893 abgerissen und durch einen Neubau ersetzt. Die Abbildung zeigt das Eingangsgebäude.[12]

oder in Cafés dargebotenen Unterhaltungen ein einträglicher Markt bestand, entsprach es der Logik des wirtschaftlichen Aufschwungs, diesen Bereich kommerziell zu organisieren.

Lange bevor die großstädtischen Vergnügungen in Wintergärten, Cafés-concerts, Tanzsälen und Zirkusbauten eine feste Unterkunft fanden, hatten bereits die englischen Pleasure gardens die Unterhaltung der Massen vermarktet. Die Geschichte der in barocker Geometrie bepflanzten Vauxhall Gardens (London) hatte schon im siebzehnten Jahrhundert begonnen. In der ersten Hälfte des achtzehnten Jahrhunderts erfolgte die architektonische Ausschmückung des Parks, der für alle Nachfolger zum Vorbild wurde: Sie bestand aus dekorativen Toren, Grotten, Kaskaden und leichten Holzbauten.

Außer dem »gotischen« Orchesterpavillon gab es einen aus Kiosken und geschwungenen Arkaden bestehenden Bau im beliebten »gotisch-chinesischen« Stil, in dem Tische und Stühle aufgestellt wurden. Zu den Konzerten und Maskenbällen, die im Sommer in Vauxhall stattfanden, strömten oft Zehntausende von Menschen herbei. Die Besucher kamen aus allen gesellschaftlichen Schichten: In den 1742 eröffneten Ranelagh Gardens in Chelsea konnte man auf Schritt und Tritt Prinzen und Herzögen begegnen — so berichtete es Horace Walpole, der hier selbst zu den ständigen Gästen zählte.[3] In Ranelagh gab es einen pantheonähnlichen Rundbau, in dem sich an kühlen Tagen die Besucher drängten. Hier spielte ein Orchester; in abgeteilten Logen wurden Speisen und Getränke serviert: Die Music-hall des neunzehnten Jahrhunderts wurde hier vorweggenommen. Im Garten gehörte ein als »chinesisch« und auch als »venezianisch« bezeichneter Pavillon, der einen künstlich angelegten Kanal überbrückte, zu den Attraktionen.

Die Ausstattung der Vergnügungsparks mit Phantasiebauten, denen man klangvolle exotische Namen gab, geschah zur gleichen Zeit, als adlige und bürgerliche Großgrundbesitzer die ersten Landschaftsgärten mit verschlungenen Wegen, künstlichen Hügeln und Seen anlegten und sie mit griechischen Tempeln, gotischen Ruinen und chinesischen Pagoden versahen. Aus den gleichen Gesellschaftskreisen stammten auch die Teilhaber der Ranelagh Gardens.[4] Adlige und reiche Bürger hatten hier investiert. Gegen tausendfach gezählte Eintrittsgelder wurde der Geschmack der herrschenden Schicht in den Vergnügungsparks demokratisiert.

In Frankreich bedurfte es erst einer Revolution, um vergleichbare Anlagen entstehen zu lassen. Das Repertoire der englischen Pleasure gardens hatte aber schon vorher Eingang in die »anglo-chinesischen« Gärten gefunden, die während der zwei letzten Jahrzehnte des Ancien régime unter den Mitgliedern des Adels und des Königshauses große Mode waren. Hier gab es nicht nur Bauten und Szenerien, die an vergangene Zeiten und ferne Länder erinnerten oder auf literarische und philosophische Kenntnisse anspielten, sondern auch Gondeln, Schaukeln und Karussells. Einer der berühmtesten feudalen Vergnügungsparks war La Bagatelle im Bois de Boulogne, der als Folge einer 100 000-Francs-Wette zwischen Charles-Philippe, dem Bruder von Louis XVI, und Marie-Antoinette 1777 in nur drei Monaten angelegt wurde. Der Architekt François-Joseph Bélanger entwarf zahlreiche »follies«: »Chinesische« Zelte, Brücken und Schaukeln, einen »gotischen« Pavillon, künstliche Felsklippen und Wasserfälle. Nach der Revolution gehörte der Park für einige Jahre der Öffentlichkeit und wurde in Ranelagh umbenannt. Auf einem Grundstück an der Rue Saint-Lazare, das vor 1789 einem reichen Steuerpächter gehört hatte, wurde als einer der ersten Pariser Vergnügungsgärten das Tivoli eröffnet. Zahlreiche andere folgten. Sie hießen Vauxhall oder Frascati, viele lagen an den Champs-Elysées. Das Tivoli zog 1811 um in die Rue de Clichy und konnte außer einem Tanzsaal und den Buden von Gauklern, Seiltänzern und Kraftmenschen auch eine Berg- und Talbahn bieten. Während des Zweiten Kaiserreichs wurde das Gelände mit fünfstöckigen Miethäusern bebaut. Fast in allen dieser Gärten gab es provisorische Bauten, die für Tanzveranstaltungen und Theateraufführungen benutzt wurden. Auch der Alcazar d'Eté, in einem Garten an den Champs-Elysées gelegen, war solch ein Provisorium. Trotz seines verheißungsvollen Namens (Alcazar: arabisch für Schloß, Palast) bestand er nur aus einem festen Bühnenhaus und einer nach allen Seiten offenen Eisenkonstruktion im »maurischen Stil«[5], die bei schlechtem Wetter mit einer Plane bedeckt werden konnte. Die Zuschauer saßen auf Holzbänken.

Die Pariser Vergnügungsparks, die ihr Konzept gleichermaßen englischen Vorbildern wie den »anglo-chinesischen« Gärten des Ancien régime verdankten, wurden wiederum zum Vorbild des Tivoli in Kopenhagen, einer Anlage, die alle ihre Vorgänger überlebt hat

Alhambra, Eden, Tivoli

**Arne Petersen, Konzerthalle im Tivoli,
Kopenhagen, 1902.**
Der im Zweiten Weltkrieg zerstörte Bau hatte wie
der Bazar zwei Vorgänger: eine 1844 erbaute Halle
von Stilling und den von Stillmann entworfenen
Ersatzbau von 1865.

und noch immer besteht. Ihr Gründer war der in Algier geborene Däne Georg Carstensen
(1802–57), der das Tivoli an der Rue de Clichy auf einer ausgedehnten Reise kennengelernt hatte, die ihn über Frankreich nach Spanien und Nordafrika führte. Später reiste er
noch nach England und in die Vereinigten Staaten: In London hatte er sicher auch Vauxhall gesehen. Carstensen hatte nach seinem Studium zunächst eine journalistische Karriere begonnen und mehrere Zeitungen gegründet. Ihn faszinierten jedoch mehr und
mehr die Massenspektakel: die Jahrmärkte und Volksfeste und später die großen Ausstellungen, die in London und Paris stattfanden. Dank seiner vielseitigen Begabungen
konnte er sich auf all diesen Gebieten nicht nur als Organisator, sondern auch als Architekt erfolgreich betätigen. Nach der Rückkehr von seinen Reisen begann er eine neue Karriere mit der Organisation von Volksfesten. 1843 gründete er die Tivoli-Gärten auf dem
Gelände einer ehemaligen Festung. 1851 ging er nach New York und beteiligte sich dort
mit Charles Gildemeister am Wettbewerb für den Ausstellungspalast der ersten amerikanischen Weltausstellung, die 1853 eröffnet werden sollte. Carstensen und Gildemeister
gewannen den ersten Preis – vor Joseph Paxton. Ihr Crystal Palace brannte jedoch bereits
1858 ab.[6] Carstensens nächstes Projekt war die Gründung eines zweiten Vergnügungsparks in Frederiksberg, einem Vorort von Kopenhagen. Er starb jedoch, bevor die
Alhambra, ein achteckiger Theaterbau im Zentrum des Parks, vollendet war.
In Tivoli entstanden nach und nach zahlreiche Bauten: Konzert- und Theatersäle, Cafés
und Restaurants, Musikpavillons und Rutschbahnen. Die meisten hatten keine lange
Lebensdauer. Viele wurden mehrmals umgebaut und vergrößert, andere brannten ab.

Alhambra, Eden, Tivoli

Dauerhaftigkeit war nicht beabsichtigt. Selbst die größeren Bauten hatten durch ihre leichte Bauweise noch etwas von dem provisorischen Charakter der Jahrmarktsbuden und Zirkuszelte. Daß ohne zu große Kosten abgerissen und neugebaut werden konnte, war für einen Vergnügungspark nur von Vorteil: Er konnte den wechselnden Bedürfnissen des Publikums angepaßt werden. Durch sein sich ständig veränderndes Aussehen wurde er immer wieder von neuem attraktiv. Der bescheidene Konzertsaal aus der Gründungszeit von Harald Stilling wurde 1865 durch einen größeren Bau von Johann Stillmann (1822–75) ersetzt. Durch einen phantasievollen »orientalischen« Eingang betraten die Besucher eine aus Holz erbaute, achteckige Halle, die wie ein Zelt auf ebener Erde stand. Nach der Jahrhundertwende entstand an einer anderen Stelle des Parks ein nochmals größerer und repräsentativerer Bau: Vor eine große, rechteckige Halle mit flach gewölbtem Dach stellte man eine kulissenartige Fassade mit Kuppeln, Minaretten und einer offenen Arkade aus Hufeisenbögen. Die Schauseite des neuen Konzerthauses war über und über mit Glühlampen »gespickt«. Auch der mehrmals wieder neu erstandene Bazar (Café und Restaurant) und die Alhambra in Frederiksberg variierten die populären orientalischen Stereotypen. Die Alhambra erinnerte zugleich an ein englisches Vorbild: Die geschweiften Flügel mit ihren erhöhten Kiosken an den Enden haben auffallende Ähnlichkeit mit den gut einhundert Jahre älteren »gotisch-chinesischen« Arkaden in Vauxhall.

Nachteil der Vergnügungsparks und der Sommerbühnen war, daß sie nur im Sommer und dann auch nur bei schönem Wetter florierten. Die Tendenz, die Saisonbetriebe durch ganzjährig geöffnete Etablissements zu ersetzen oder zu ergänzen, wurde in Paris zu Anfang durch den Namenszusatz »Winter-« besonders betont: Jardin d'Hiver, Alcazar d'Hiver, Cirque d'Hiver.

Daß viele der neuartigen »Vergnügungsstätten« in der zweiten Hälfte des Jahrhunderts immer prächtiger wurden, lag an den Ansprüchen des Bürgertums, die mit dem Wohlstand gewachsen waren: in Frankreich seit der Machtübernahme durch Napoleon III., in

ALHAMBRA.

Arne Petersen, Bazar im Tivoli, Kopenhagen, 1908–09.
Der Bau ersetzte den 1863 von Harald Stilling und Johann Stillmann erbauten Bazar, der ganz ähnlich ausgesehen hatte. Der allererste Bazar war 1862 abgebrannt. Der dritte besteht noch immer.

Die Alhambra im Vergnügungspark von Frederiksberg.
Der ebenfalls von Georg Carstensen gegründete Park bestand von 1857 bis 1869. Die geschwungenen Arkaden haben auffallende Ähnlichkeit mit denen in Vauxhall.

Alhambra, Eden, Tivoli

**Thomas Hayter Lewis und Thomas Finden,
The Royal Panopticon of Science and Art,
Leicester Square, London, 1852–54.**

Das von einer privaten Gesellschaft ins Leben
gerufene Panoptikum der Wissenschaft und der
Kunst wurde im März 1854 eröffnet. Seine Gründung stand im Zusammenhang mit der allgemeinen Begeisterung für den industriellen Fortschritt,
die England um die Jahrhundertmitte ergriffen
hatte. Auf der großen Industrieausstellung, die
1851 in Paxtons Kristallpalast stattfand, hatten
bereits Millionen von Menschen die neuesten
Maschinen und Industrieprodukte gesehen. Der
Vorstand des Panoptikums setzte es sich zum Ziel,
ein breites Publikum durch populäre Ausstellungen und Vorträge mit den neuesten technischen
Entwicklungen vertraut zu machen. Wie auf der
Weltausstellung sollten außerdem auch Kunstwerke und Produkte der »Kunstindustrie« ausgestellt werden. Im Programm vermischten sich
Unterhaltung und Belehrung: Für Konzerte wurde
in der Rotunde unter dem Kuppeldach eine riesige
Orgel eingebaut. Zwei Jahre vor Eröffnung wurde
das Projekt bereits im *Builder* angekündigt: »Das
ganze Gebäude ist im sarazenischen Stil entworfen, nach Vorbildern und Details, die vor allem aus
Kairo stammen. Für die Kontur der Kuppel diente
die Daguerreotypie einer Kuppel in Kairo als Vorlage. Sie soll nach dem Grat-und-Kehle-Prinzip
aus Eisen und Glas errichtet werden.«[13]
Bis auf die Kuppel wurde der Bau im wesentlichen
so ausgeführt, wie ihn der *Builder* abgebildet
hatte. Die hohe Kuppel mit der im Zickzack gefal-
teten Oberfläche (das System hatte Paxton bereits
mehrfach erprobt) stellte die Architekten offensichtlich vor Probleme. Der flach geneigte Pyrami-
denstumpf auf sechzehneckiger Grundfläche, mit
dem sie schließlich die zentrale Halle überdachten,
erschien im Vergleich zu der »orientalischen« Wirkung des ursprünglichen Entwurfs wie eine Notlö-
sung.
In den ersten Monaten hatte das Panoptikum
regen Zulauf. Das allgemeine Interesse war jedoch
schon bald endgültig befriedigt. Offensichtlich
waren die Betreiber nicht in der Lage, die neuen
Räume mit einem abwechslungsreichen Programm
zu füllen. 1857 wurde das Gebäude zu einem
Bruchteil der Baukosten an einen im Unterhal-
tungsgeschäft erfahrenen Unternehmer verkauft.[14]

Alhambra, Eden, Tivoli

**Thomas Hayter Lewis und Thomas Finden,
The Royal Panopticon of Science and Art,
London, 1852−54.**
Nach dem Verkauf des Gebäudes wurde das
Panoptikum umgebaut und im April 1858 mit einer
amerikanischen Zirkusvorstellung als Alhambra
Palace neu eröffnet.

Deutschland seit der Reichsgründung. Die Feste und Vergnügungen wurden zu einem wichtigen Teil der bürgerlichen Repräsentation. In ihrer sozialen und architektonischen Selbstdarstellung griffen die Bürger auf feudale Muster zurück: Nicht nur in Frankreich, auch in England und Deutschland erfreuten sich gerade die Dekorationsstile des Ancien régime bei der Einrichtung privater Salons oder öffentlicher Cafés besonderer Beliebtheit. Die in einer bürgerlichen Welt so paradox erscheinende Sehnsucht nach dem feudalen Prunk einer überwundenen Epoche fand ihren pathologisch übersteigerten Ausdruck in der Person des bayerischen Königs Ludwig II., der sich − aus verständlicheren Motiven − durch die Identifikation mit Ludwig XIV. über die Gegenwart hinwegzutäuschen versuchte. Der falsche Schein seiner Inszenierungen unterschied sich nur durch den größeren Aufwand von dem seiner reichen Mitbürger. Anstelle absolutistischen Prunks ließ sich genausogut auch orientalischer Luxus inszenieren: Das 1865 in Paris eröffnete Ba-Ta-Clan hieß nicht einfach Theater oder Café-concert, sondern Palais Chinois. Auch die öffentlichen Wintergärten nannten sich häufig »Paläste«: Die hunderttausendfach geteilten Baukosten machten ihren Besitz für fast alle erschwinglich. Anläßlich der Eröffnung des Ba-Ta-Clan schrieb ein französischer Journalist, man müsse zugeben, daß »die moderne Demokratie oft einen Luxus genießt, der unter gleichen Umständen in der alten Adelsgesellschaft unbekannt war; heute kann ein einfacher Arbeiter sich für 30 Centimes beim Kaffeetrinken in Spiegeln betrachten, die sich Ludwig XIV. nicht hätte verschaffen können...«[7] Aus den alten Pariser Cafés, in denen musikalische oder mimische Darbietungen nur unregelmäßig geboten wurden, hatten sich die Cafés-chantants und dann die mit der Bezeichnung Cafés-concerts eher unterbewerteten Etablissements entwickelt, in denen täglich vorgeführte Spektakel und ein gehobener Konsum im Mittelpunkt standen. Die Entwicklung zum Café-spectacle war eine Frage der Lizenz. Aufführungen mit kostümierten Sängern blieben lange den Theatern und Opernhäusern vorbehalten.[8] Mit Tanzrevuen und Ballettvorstellungen versuchten die Inhaber der Cafés-concerts, ihren geringen Spielraum möglichst weit auszudehnen.

Die Anziehungskraft der neuen Vergnügungsstätten bestand auch darin, daß sie für Frauen und selbst für »Damen« als gesellschaftsfähig galten. Die Männer demonstrierten ihre traditionellen Vorrechte nur noch durch das hier erlaubte Rauchen dicker Zigarren. In Berlin hießen die Cafés-concerts daher nicht nur »Spezialitäten-« (=Varieté), sondern auch »Rauchtheater«: »Welche Atmosphäre! Welcher Geruch aus Tabak, Spirituosen, Bier und Gas! Es war das erste Mal, daß ich diesen Ort betrat, das erste Mal, daß ich Frauen in einem Rauchcafé sah; um uns saßen nicht nur Frauen, sondern *Damen*.«[9] Diese Schilderung beschrieb jedoch den Besuch eines Pariser Varietétheaters, vielleicht des Alcazar oder des Eldorado, die um 1870 die wichtigsten Konkurrenten des Ba-Ta-Clan waren und alle vom gleichen Architekten stammten. Die Besucher der Cafés-concerts wollten vor allem zerstreut und auf leichte Art unterhalten werden: »Man wird leicht begreifen, daß die Kunst an diesem Ort nichts zu suchen hat, wo man raucht und sich betrinkt, während ein Herr in schwarzem Frack und weißen Handschuhen eine widerwärtige Romanze singt.«[10] Die Abfolge vieler kurzer Darbietungen − Gesang, Tanzeinlagen, akrobatische Nummern, melodramatische Einakter − erforderte keine ständige Aufmerksamkeit, sondern erlaubte es, anders als in den »ernsthaften« Theatern, während der Vorstellung zu kommen und zu gehen, in den Nebenräumen zu flanieren oder an die Bar zu gehen. Diese Form des Zeitvertreibs drückte sich in besonderen Grundrissen aus. Das Niveau der Unterhaltung fand in den Dekorationen seine Entsprechung.

Offene Grundrisse setzten sich durch: Häufig hatten die Besucher schon beim Eintreten Durchblicke bis in den Bühnenraum (Apollo-Theater, Berlin; Eden-Theater, Paris). Im Eden-Theater war der Zuschauerraum an drei Seiten nur noch durch offene Arkaden begrenzt. Von ihren Sitzen aus konnten die Besucher in die tropische Vegetation des Wintergartens und in den »Indischen Hof« sehen. Wer hier promenierte, sah, was auf der Bühne vor sich ging. Die Vorstellung war nur noch Vorwand. Hauptzweck war das Flanieren, das Sehen und Gesehenwerden. Ebenso wie der Grundriß waren Baustil und Dekoration für den Erfolg der »Vergnügungsstätten« entscheidend. Je extravaganter der Stil, desto unverwechselbarer wurde das Unternehmen. Das Amüsement, das man den Besuchern versprach, mußte schon auf der Fassade überdeutlich zum Ausdruck kommen. Der Stil und die klangvollen Namen, die das Paradies (Eden) oder, durch Anspielung auf maurische Paläste (Alhambra, Alcazar), orientalische Pracht und Sinnlichkeit verhießen, konnten kaum halten, was sie in ihrer Übertreibung versprachen. Solche Namen wurden

Alhambra, Eden, Tivoli

W.M. Brutton, The Alhambra, London, 1897.
Ostfassade zur Charing Cross Road.

Der neue Besitzer des alten Panoptikums wollte
ursprünglich ein Theater eröffnen. Da er nur die
Lizenz für Musik- und Tanzdarbietungen erhielt,
wurde aus der Alhambra eine Music Hall. Unter
wechselnden Inhabern wurde die Alhambra in den
folgenden Jahrzehnten nach und nach umgebaut
und den jeweiligen Erfordernissen angepaßt. In
den hinteren Gebäudeteil wurde eine tiefe Bühne
eingebaut, die Galerien wurden mit Logen und
Sitzreihen versehen. Im Parkett stellte man Tische
auf, an denen Getränke serviert wurden. Eine
Neuerung, die dem aufgelockerten Unterhaltungs-
programm entsprach, war die Promenade, die im
Zuschauerraum um den kreisförmigen Sitzbereich
angelegt wurde und diesen mit den angrenzenden
Bars verband. Gleichzeitig schuf man Durchbrüche
zu den angrenzenden Räumen. Die Durchlässig-
keit des Zuschauerraums nach allen Seiten ermöglichte es den Besuchern, während den Vorstellungen zu kommen, zu gehen und herumzuwandern.
In ihrem ersten Jahrzehnt wurde die Alhambra
durch ihre Ballettaufführungen bekannt. 1870
führte jedoch ein Verstoß gegen die »Sittlichkeit«
zum Entzug der Lizenz: Fünf Damen hatten auf
der Bühne den berüchtigten Can-Can getanzt. Man
verwandelte daraufhin die Alhambra in ein Theater, bis nach einem Brand und dem nachfolgenden
Wiederaufbau (1883) von neuem die Erlaubnis
zum Betrieb einer Music-hall erteilt wurde. Das
Gebäude, das sich inzwischen bis zur neu gebauten
Charing Cross Road ausdehnte, erhielt 1897 auch
an seiner Rückseite eine repräsentative Fassade. In
ihrer Gestaltung blieb man dem Stil des alten
Gebäudes treu. 1936 wurde die Alhambra von dem
Besitzer einer Kinokette aufgekauft und abgerissen. An ihrer Stelle wurde das Odeon-Kino erbaut.

Alhambra, Eden, Tivoli

jedoch in kurzer Zeit zu gängigen Stereotypen. Kaum eine Stadt, in der es nicht eine Alhambra oder ein Eldorado gab. Noch heute erinnern zahllose Kinos an diese Tradition. Im Innern erzeugten die üppigen Dekorationen und die »feenhafte« Beleuchtung eine Atmosphäre, die die Illusion, man befände sich in einem orientalischen Palast, tatsächlich begünstigte. Im Eden-Theater waren Kellner und Serviererinnen exotisch kostümiert: Eine bis ins achtzehnte Jahrhundert zurückreichende Tradition der Kaffeehäuser wurde so fortgesetzt.

Der mangelnden »Seriosität« der Cafés-concerts und der Music-halls entsprachen am besten stilistische Rückgriffe auf das leichtlebige Rokoko oder Ausflüge in exotische Phantasiewelten. Die traditionelle Glücksverheißung orientalischer Stile machte diese bei solchen Bauaufgaben zur ersten Wahl. Beim Entwurf eines »seriösen« Theaters wäre kaum ein Architekt auf den Gedanken verfallen, sich für »chinesisch«, »maurisch« oder »indisch« zu entscheiden. In die »indischen« Dekorationen des Eden-Theaters mischte sich ein nicht zu übersehendes erotisches Element. Mehr noch als der inzwischen sattsam bekannte Vordere Orient, in dem die europäischen Haremsphantasien angesiedelt waren, verkörperte Indien mit den in Stein gehauenen Liebespaaren auf seinen Tempeln den Wunsch nach einer von allen Zwängen befreiten Sexualität.

Die Architektur der Amüsierbetriebe entzog sich den Maßstäben des guten Geschmacks und der professionellen Kritik. Hier konnten die Architekten ihrer Phantasie freien Lauf lassen: »Es wäre in der Tat ein grober Irrtum ... Werke, die den strengen Geschmack der Kunst zu heben bestimmt sind, mit solchen zu vergleichen, deren Ziel es ist, auf den bestehenden Publikumsgeschmack zu spekulieren. In die Cafés-concerts geht man, um sich zu unterhalten, und nicht, um zu lernen.«[11]

R. St. George Moore, Theater- und Konzertgebäude auf dem Palace Pier, Brighton, 1891–99. Der Palace Pier war Brightons zweiter Pier. Die Kulisse vor der Konzerthalle (1901 eröffnet) setzte die »indische« Bautradition des Seebads fort.

Alhambra, Eden, Tivoli

Charles Duval, Ba-Ta-Clan, Boulevard Voltaire, Paris, 1864—65. Photographie um 1920.

Das Ba-Ta-Clan, Palais Chinois, war eines der zahlreichen Cafés-concerts, die während des Zweiten Kaiserreichs entstanden. Das Café-concert wurde von den Zeitgenossen als ein Ort beschrieben, »an dem man den Zuschauern gleichzeitig annehmbare Musik und eine Bewirtung bietet, die es nicht immer ist...«[15] Der lautmalende Name des Unternehmens wiederholte den Titel einer musikalischen »Chinoiserie« des Operettenkomponisten Jacques Offenbach, die 1855 mit großem Erfolg uraufgeführt worden war und von der Kritik als Hauptwerk des komischen Genres gefeiert wurde.

Im Inneren sah es ähnlich aus wie in der Londoner Alhambra: Ein elliptischer Zuschauerraum mit umlaufenden Galerien, in dem statt fester Sitzreihen Tische und Stühle aufgestellt waren. Das chinesische Thema, das sich in der Fassade mit geschweiften Dachtraufen, Chinesenfiguren und Drachen plakativ ankündigte, wurde hier fortgesetzt. Die Bühne wurde links und rechts von kleinen Kaskaden gerahmt, deren Wasser blau und gelb gefärbt war. Den Vorhang ersetzte ein großer Fächer, der sich zu Beginn der Vorstellung entfaltete. Die Wände waren mit chinesischen Motiven bemalt. Die Überfülle an Dekorationen wirkte wie »ein Geschrei von Farben und Figuren. Rot und Gelb liefern sich erbitterte Kämpfe; an der Decke, auf den Galerien, um die Säulen und grün und blau gerahmten Spiegel winden sich, umschlingen sich Drachen mit krummen Flügeln und Sphinx-brüsten«.[16]

Die Gesamtwirkung war bestens dazu geeignet, »die Menge zu verführen, was ja auch das Ziel der Kapitalisten ist, die an dem Unternehmen beteiligt sind.«[17]

Charles Duval (1800—76) besaß bereits einschlägige Erfahrungen im Entwurf sämtlicher »Vergnügungsstätten«. In Paris hatte er mehrere Cafés ausgestattet (u.a. Le plus Grand Café du Monde) und für das Seebad Cabourg-sur-Dives Konzertsaal, Kasino und Hotel entworfen. Auch die zwei wichtigsten Konkurrenten des Ba-Ta-Clan, das Eldorado und der Alcazar, stammten von ihm. Mit dem chinesischen Stil hatte er schon früher experimentiert: 1852 wurde nach seinem Entwurf ein gußeiserner chinesischer Pavillon hergestellt, der für den Garten des ägyptischen Vizekönigs Mehmed-Ali bestimmt war.[18]

Alhambra, Eden, Tivoli

W. Klein und A. Duclos, Eden Théâtre, Rue Boudreau, Paris, 1882/83. Detail der Saaldekoration und Grundriß des Hauptgeschosses. Nächste Seite: Historische Aufnahme.

»Seit einiger Zeit hat die Neigung für großartige, das Auge blendende Schauvorstellungen immer weitere Kreise ergriffen und eine wesentliche Steigerung erfahren. In Wechselwirkung mit dieser Geschmacksrichtung des Publikums sind neue Theater, die dem Rang nach zwischen den Singspielhallen, Cafés-concerts und den eigentlichen Opern und Schauspielhäusern stehen, geschaffen und weiter ausgebildet worden. In denselben werden mehr oder weniger alle Gattungen der theatralischen Kunst ausgeübt. Auch eine früher wenig gepflegte Art von Bühnenstück, das Pantomimen-Ballett, wird darin aufgeführt. Dieses erfordert, außer den eigentlichen Tänzern und Tänzerinnen, ein nach Hunderten zählendes Damenpersonal, dessen übereinstimmende rhythmische Bewegungen... in Verbindung mit dem märchenhaften Luxus der Ausstattung z.Z. einen glänzenden Erfolg der Vorstellung erzielen. Außerdem werden in diesen Theatern Zerstreuungen und Genüsse geboten, welche sonst andere Vergnügungsstätten zu kennzeichnen pflegten. Der eigentliche Zuschauerraum des Theaters ist ... mit Wintergarten, Wandelhallen, Büfett und Rauchsalon umgeben, welche mit demselben gewissermaßen einen einzigen, mit orientalischer Pracht ausgestatteten Raum bilden, um die Besucher in den Stand zu setzen, sich nach Belieben im Theater an der Vorstellung zu ergötzen oder sich in den Nebenräumen der Erholung, den Freuden der Tafel usw. hingeben zu können.«[19]

Mit dem Eden wurde der Versuch gemacht, das herkömmliche Café-concert mit neuen Attraktionen zu versehen. Was bei ähnlichen Bauten nur unvollkommen gelungen war, ermöglichte hier die große Breite des Grundstücks: den Zuschauerraum in drei Richtungen zu den Nachbarräumen zu öffnen. Links lag ein Wintergarten mit »Pflanzen, Felsen und Wasserkünsten«, rechts der Indische Hof, dessen Glasdach im Sommer aufgeschoben werden konnte. Beide Höfe und das Foyer waren nur durch offene Arkaden vom Zuschauerraum abgegrenzt. Schon beim Eintreten erblickten die Besucher »das Gesamtbild der in strahlender Beleuchtung erscheinenden Säle, Wandelbahnen, Gärten und der Bühne. Die Polychromie ist in ausgedehntem Maße angewendet; ganze Wände sind mit Spiegeln bekleidet, welche die exotischen Pflanzen, die zahlreichen kannelierten Säulen und Bogenstellungen mit ihren wunderlich geschweiften Linien und Zieraten, kurz die ganze phantastische Formenwelt der indischen Innenarchitektur widerspiegeln und in das Endlose zu vervielfältigen scheinen. Denkt man sich dazu die festliche Menge, welche bis zur Zahl von 4000 Personen ohne Gedränge in den Räumen soll verkehren können, so hat man einen ungefähren Eindruck des Ganzen.«[20]

In der üppigen exotischen Dekoration vermischten sich hinduistische, islamisch-indische und frei erfundene Elemente. Die Hauptstützen des großen Saales schmückten leichtbekleidete Karyatiden weißer und brauner Hautfarbe, die auf Elefantenköpfen standen (Anspielungen auf den elefantenköpfigen Gott Ganesh, der alle Hindernisse beseitigte?). Bauchige Säulen mit blütenförmigen Wülsten und Kapitellen trugen gezackte Kielbögen, wie sie für die Bauten der Mogulzeit typisch waren. Ähnliche Elemente wurden auch an der Außenseite verwendet. Hier verbarg sich hinter dem üppigen Stuckdekor jedoch eine klassisch gegliederte Fassade. Zwei pyramidenförmige Türme erinnerten an die Sikharas indischer Tempel.[21]

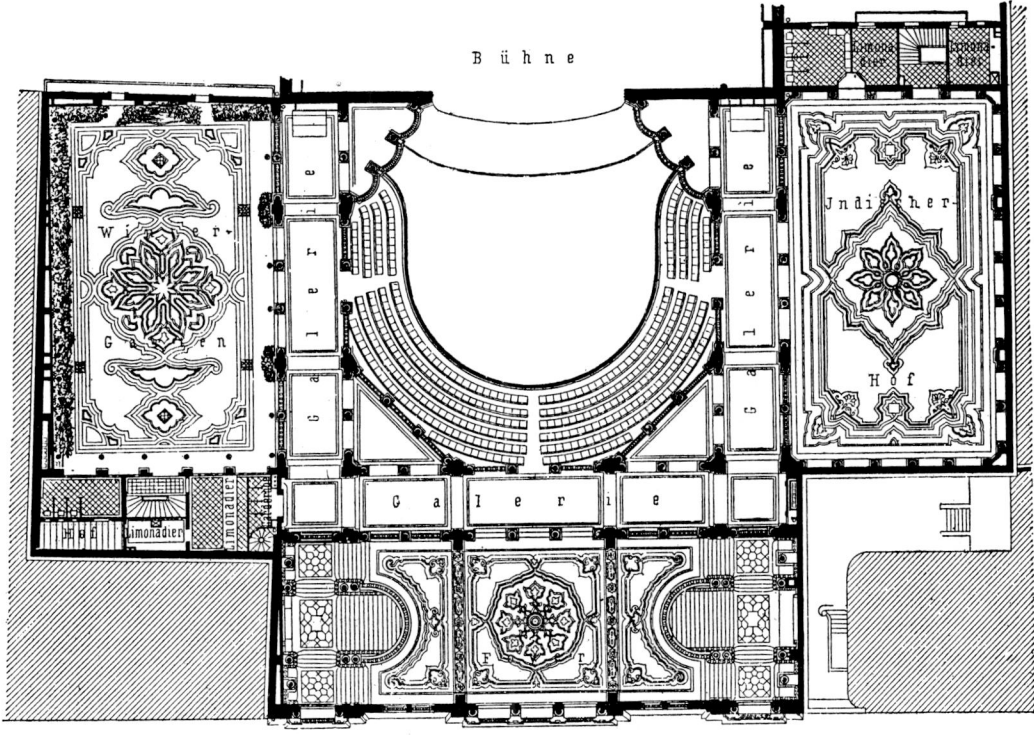

Alhambra, Eden, Tivoli

Palais de la Jetée, Nizza, 1890.
Der ins Meer gebaute »Palast« ist längst verschwunden. Das Palais ist eine Assemblage von Architekturen unterschiedlichster Herkunft: Die von einer Meeresgöttin gekrönte Kuppel erinnert an Bauten der Pariser Weltausstellungen, die Türme scheinen dem Tadsch Mahal entliehen, und der Wintergarten des Restaurants könnte aus dem Botanischen Garten stammen. Der orientalische Eindruck wird noch durch die Streifung der Fassaden verstärkt.
Im Inneren (die Photographie zeigt den Saal unter der großen Kuppel) entsteht die orientalische Atmosphäre aus der eklektischen Kombination zahlreicher Struktur-und Dekorationsformen islamischer Herkunft: Kielbögen, Zackenbögen, die sich überschneidenden Kleeblattbögen über der Galerie, Stalaktitengesimse und die an die Mihrabnische einer Moschee erinnernde Halbkuppel über dem Durchgang zum Wintergarten.

Alhambra, Eden, Tivoli

Architektur als Reklame

»Reklame (franz.), empfehlende Anzeige (Anpreisung), bei der im Unterschied von der einfachen Annonce die Anwendung mehr oder weniger schlau berechneter Mittel zur Erweckung des öffentlichen Interesses wesentlich ist. Trotz der Ausschreitungen des Reklamewesens und des Vorschubs, den es dem Schwindel leistet, ist es ein bedeutsames Kulturmoment unserer Zeit, eine Macht, die sowohl segensreich als auch verhängnisvoll auf den modernen Handel und Verkehr einwirkt und nicht bloß für geschäftliche, sondern auch für politische und geistige Interessen ausgenutzt wird.«[1]

Das altmodische Wort »Reklame« bezeichnet sehr treffend die Frühgeschichte eines Phänomens, das wir heute »Werbung« nennen. Obwohl seine Etymologie (*clamare* = rufen) an die Zeiten vor Erfindung des Buchdrucks erinnert, als noch Ausrufer reisende Theatertruppen, Menagerien und Wunderheiler ankündigten, war es in Meyers Lexikon von 1866 noch nicht aufgeführt. Die Annoncen in den Zeitungen und die noch vorwiegend typographisch gestalteten Plakate auf den Anschlagsäulen, die Ernst Litfaß 1855 in Berlin eingeführt hatte, waren für die Redakteure des Lexikons offensichtlich noch kein »bedeutsames Kulturmoment«. Die Weiterentwicklung der Mehrfarbenlithographie machte das Plakat bald zum wichtigsten Medium der modernen Reklame. Seine große Zeit begann in den achtziger Jahren. Es wurde sogar »kulturfähig«: Immer mehr Künstler waren von dem neuen Werbemittel fasziniert und verschmähten es nicht, für die Industrie zu arbeiten.

Noch war Reklame eher eine künstlerische als eine strategische Frage. Gezielte Werbung war erst nötig geworden, als der Industriebetrieb die Manufaktur abzulösen begann. Solange ein Produkt noch vorwiegend in Handarbeit hergestellt wurde, konnten die wenigsten Unternehmer mehr als einen lokalen Markt versorgen. Angebot und Nachfrage befanden sich in einem ausgeglichenen Verhältnis.

So gab es etwa in der tabakverarbeitenden Industrie noch sehr lange eine große Zahl von Kleinstbetrieben, die Zigarren und Zigaretten von Hand oder mit wenigen Maschinen herstellten. Konnte ein geschickter Arbeiter von Hand 120 bis 150 Zigaretten pro Stunde herstellen, so ließ sich diese Zahl durch den Einsatz spezieller Maschinen fast beliebig steigern. 1867 wurde auf der Pariser Weltausstellung eine Maschine vorgeführt, die in der Stunde 3 600 Stück auswarf. 1909 wurden in dem neuen Gebäude der Dresdener Firma Yenidze Maschinen aufgestellt, von denen jede täglich 120 000 Zigaretten herstellen konnte. Diese Entwicklung führte schließlich zu einer Konzentration der Produktion in wenigen Großbetrieben. 1910 gab es im Deutschen Reich über tausend Zigarettenfabriken, heute kann man sie fast an einer Hand abzählen.[2]

Das stetige Anwachsen der Produktionskapazitäten brachte das alte Verhältnis von Angebot und Nachfrage aus dem Gleichgewicht: Um die Maschinen auszulasten, mußte der Markt ausgedehnt werden. Es wurde notwendig, überregional zu werben und gleichzeitig die Nachfrage zu steigern. Plakate, Annoncen und Verpackungen mußten ebenso wie die Werbung in den Schaufenstern bewußt geplant und gestaltet werden, damit ein Produkt bekannt und unverwechselbar wurde. Der Markenartikel löste das anonyme Produkt ab, das sich vor allem durch seinen Gebrauchswert behauptet hatte. Statt der vom Tabakhändler an der Ecke gefertigten Sorte rauchte man nun Salem, Josetti oder Manoli und erwarb damit gleichzeitig ein Stück Prestige oder partizipierte an einer besonderen Genußkultur, wie sie von der Reklame suggeriert wurde.

Die Vertrautheit mit dem Produkt ersetzte die direkte Beziehung zwischen Hersteller und Käufer, die auf einem lokalen Markt noch möglich gewesen war. Um bei der Masse der Konsumenten Vertrauen zu bestimmten Waren zu wecken, war es wichtig, daß auch der Hersteller selbst aus seiner Anonymität heraustrat. Schon lange war es üblich, das Handelshaus oder die Fabrik auf Briefbögen und Etiketten abzubilden[3] – je mehr Eindruck die dargestellten Bauten machten, desto mehr Bedeutung erhielten auch die dort hergestellten Produkte. Die Wirksamkeit dieser Form der unternehmerischen Selbstdarstellung nutzte sich jedoch bald ab: Die meisten Fabriken sahen sich zum Verwechseln ähnlich, ihr Abbild taugte nicht als prägnante Vignette.

Man begann zwar schon früh damit, nüchterne Fabrikbauten und Lagerhäuser zu nobilitieren, indem man ihnen die architektonischen Insignien feudaler Schlösser und Burger verlieh, es war aber nur selten möglich, zwischen dem architektonischen Erscheinungsbild eines Unternehmens und den dort hergestellten Produkten eine eindeutige Beziehung herzustellen.

Peter Frederick Robinson, Egyptian Hall, Picadilly, London, 1811/12.
Hinter der ägyptischen Fassade verbarg sich ein kommerziell betriebenes »Museum«. Sein Besitzer, William Bullock, setzte hier die Tradition der fürstlichen Kunst- und Wunderkammern fort. Seine Sammlung umfaßte über 15 000 Exponate: Objekte aus der Naturgeschichte, exotische Kuriositäten, Kunstwerke von der Antike bis zur Gegenwart. Nach Napoleons Verbannung organisierte Bullock eine Ausstellung kaiserlicher Reliquien, mit der er große Menschenmengen anzog. Nach dem Verkauf der Kuriositätensammlung fanden wechselnde Veranstaltungen statt, die alle auf die Sensationslust des Publikums spekulierten. Ausstellungen ägyptischer und mexikanischer Kunst wechselten mit der Zurschaustellung von siamesischen Zwillingen, Zwergen und Monstern oder von Lappländerfamilien mit ihren Zelten und Rentieren ab. Bullocks Museum wurde 1905 abgerissen. Die Photographie zeigt »England's Home of Mystery« zur viktorianischen Zeit.

Mit der Verwendung historischer Bauformen bediente man sich eines zeitüblichen Mittels der Repräsentation. Über das, was in einer Fabrik hergestellt wurde, sagte ihr burgähnliches Aussehen nichts aus. Es konnte allenfalls allegorisch auf die Macht eines Unternehmens und die Zuverlässigkeit seiner Produkte verweisen.

Ein exotischer Stil konnte diese Funktion ebenso erfüllen: Die ägyptische Tempelfassade der englischen Spinnerei spielte auf die bis in altägyptische Zeiten zurückreichende Tradition der Flachsverarbeitung an. Die den ägyptischen Bauten entliehene Monumentalität täuschte nicht nur historische Kontinuität vor, sondern verwies auch in die Zukunft: Marshall's Mills würden ebenso die Zeitläufte überdauern wie die Pyramiden und Tempel Ägyptens. Solche Behauptungen verliehen zugleich den hier hergestellten Garnen die Aura mythischer Qualität.

Darüber hinaus war John Marshalls Einfall, seiner Fabrik ägyptisches Aussehen zu geben, so spektakulär, daß er sich des öffentlichen Interesses sicher sein konnte: Die Neugierigen pilgerten zu Hunderten von Leeds in den Vorort Holbeck, um die neuen Tempel zu bestaunen. Die Architektur diente in diesem Fall jedoch nicht der direkten Förderung des Verkaufs. Sie war vielmehr ein Teil des Bildes, das ein Unternehmen der Öffentlichkeit auf die verschiedensten Arten vermittelte: durch Briefpapier, Anzeigen, Prospekte und Verpackungen.

In Ansätzen praktizierte man hier bereits, was die Werbesprache der achtziger Jahre unseres Jahrhunderts als Corporate identity bezeichnet: die systematische und sämtliche Erscheinungsformen umfassende Darstellung eines Unternehmens. Schon lange bevor die Unternehmer des Industriezeitalters begannen, die Möglichkeiten der Reklame planmäßig auszuschöpfen, hatten einzelne Geschäftsleute erkannt, wie gut sich ein auffallendes Gebäude dazu eignet, auf ihre Waren oder Dienstleistungen aufmerksam zu machen. Eines der frühesten Beispiele werbewirksamer Architektur war das 1679 in London eröffnete Royal Bagnio Coffee House, das seinen Kunden zwei orientalische Genüsse zugleich bieten konnte: Es war Kaffeehaus und Dampfbad in einem. Seine durch eine Kuppel als »türkisch« ausgewiesene Erscheinung garantierte, daß niemand es mit einem der bald zu Hunderten entstehenden Konkurrenzbetriebe verwechseln konnte.

All die exotischen Waren, die seit dem siebzehnten Jahrhundert in zunehmenden Mengen auf den europäischen Markt kamen, setzte man gerne durch leicht verständliche Bildmotive mit ihren Herkunftsländern in Verbindung. Entsprechend kostümierte Figuren standen stellvertretend für ihre Kulturen und deren besondere Genußmittel: Türken

Architektur als Reklame

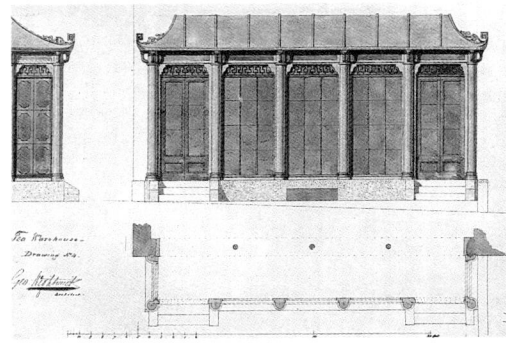

George Wightwick, Entwurf für eine Teehandlung in Plymouth, Devon, 1848.

oder Araber für Kaffee, Chinesen für Tee, Indianer und Mohren für Schokolade. Solche Zuordnungen waren jedoch nicht ausschließlich: Chinesen, Türken und Indianer ließen sich ebenso mit dem Tabakrauchen in Verbindung bringen. In der Warenwerbung des späten neunzehnten Jahrhunderts begann auf Plakaten, Verpackungen und in Annoncen eine Konjunktur orientalischer Motive, die bis in die dreißiger Jahre des folgenden Jahrhunderts anhielt. Mohren warben für Schokolade, Kokosfett oder – auf Plakaten von Ludwig Hohlwein – für Münchner Cafés. Araber und Türken, Wüstenlandschaften mit Pyramiden oder Karawanen, orientalische Basarszenen und Städtesilhoutten, Sphingen und Haremsdamen machten Reklame für Zigaretten, mußten aber ebenso dazu herhalten, den Absatz von A.W. Fabers Caravan Pencils oder J.S. Staedtlers Full Moon-Bleistiften zu fördern.

Der Chinese und der Türke, die Palme und die Pyramide, die Pagode und die Moschee: Sie alle waren Zeichen, deren Prägnanz weder durch die Vergrößerung der frühen Holzschnitte noch durch die Verkleinerung auf der Warenverpackung litt. Selbst wenn sie nur im Umriß und ohne Binnenzeichnung erschienen, ließen sie sich unmißverständlich entschlüsseln. Noch in der Nacht, wenn sich ihre Silhouette gegen den Himmel abzeichnete, verkündete die Dresdener Yenidze-Fabrik ihre jedermann verständliche Botschaft.

Keines dieser Zeichen konnte jedoch eindeutig auf eine bestimmte Ware hinweisen. Sie dienten dazu, in der Phantasie des Betrachters ein allgemeines Assoziationsfeld herzustellen und dem in Aussicht gestellten Genuß die Aura exotischer Exklusivität zu verleihen. Hinter einer als »türkisch« oder »maurisch« identifizierten Fassade konnte sich ein Kaffeehaus, ein Dampfbad oder ein Vergnügungslokal verbergen. In jedem Fall verhieß ein »orientalischer« Baustil leibliche Genüsse, Entspannung, Zerstreuung, Entfernung vom Alltag, Entrückung in die Illusion einer anderen Kultur. Das architektonische Zeichen für »Orient« setzte sich in der Regel aus mehreren Einzelmerkmalen zusammen, die oft unterschiedlichen islamischen Baustilen entliehen waren. Wie oben gezeigt wurde, genügten häufig schon die Umrißlinien von Kuppeln, Minaretten oder Zelten. War statt des islamischen Orients der Ferne Osten gemeint, verwendete man die Silhouetten chinesischer Häuser oder Pagoden, die durch ihre geschweiften Dächer ebenso unmißverständlich waren.

Der Umriß wurde durch Binnenformen ausgefüllt, von denen einige so populär waren, daß sie auch isoliert, als pars pro toto, die gewünschte Bedeutung vermittelten: Hufeisen- oder Zackenbögen, gezackte Zinnen, Stalaktitengesimse, Alhambrakapitelle. Dazu kamen charakteristische Dekorationsformen und Materialien: die Streifung von Bögen und Fassaden, komplizierte Arabeskenornamente, Verkleidungen aus Fayencen und Mosaiken.

Auch durch ihre Farbigkeit traten viele orientalisierende Bauten aus der Umgebung hervor: Für die Streifen bevorzugte man Rot und Weiß, Kuppeln wurden möglichst vergoldet, bei Fayencen dominierte das Türkis der persischen Moscheen. Türkis, ursprünglich nur die Bezeichnung für die in der Türkei und in Persien gefundenen Edelsteine, galt als die orientalische Farbe schlechthin: Ein Hersteller von Orientzigaretten verwendete die Farbbezeichnung sogar als Markenname.

Daß der Zigarettenfabrikant Hugo Zietz seine neue Fabrik in islamischen Formen erbauen ließ, schien naheliegend. Die Gleichsetzung von Rauchen und »Orient« war jedoch relativ neu. Ursprünglich hatten die Tabakhändler mit Indianerfiguren, den »Tabakindianern«, auf ihre Läden aufmerksam gemacht: Das Tabakrauchen war als Pfeiferauchen aus der Neuen Welt nach Europa gelangt. Die Pfeife wurde von der Zigarre abgelöst, die Zigarre von der Zigarette. Daß das Rauchen von Zigaretten, das sich erst in der zweiten Hälfte des neunzehnten Jahrhunderts in Europa ausbreitete, als »orientalisch« und nicht als amerikanisch galt, lag nur an der Herkunft der Tabake: Es wurden fast ausschließlich die hellen mazedonischen und türkischen Tabake verarbeitet. Als dann die in Ägypten hergestellten ovalen Zigaretten mit dem Goldmundstück den deutschen Produkten Konkurrenz machten, wurde es um so wichtiger, zu betonen, daß es sich auch bei den eigenen Sorten um »Orientzigaretten« handelte.

Auf der Suche nach einprägsamen Markennamen wurden nahezu sämtliche Namen und Begriffe geschützt, die für europäische Ohren orientalischen Klang besaßen: »Sulima« und »Sardanapal, »Moslem« und »Minaret«, »Kairo« und »Khedive«. Ebenso schöpfte man den Vorrat visueller Stereotypen aus. Auffallend war die Häufigkeit architektonischer Motive auf den Zigarettenschachteln: Pyramiden und Moscheen waren in ihrer Prä-

**Joseph Bonomi und James Combe,
Flachsspinnerei John Marshall & Company,
Holbeck, Leeds, 1838–41. Ansicht des
Bürogebäudes (das Fabrikgebäude schließt links an).**

Das Konzept der Spinnerei entstand aus der
Zusammenarbeit des Ingenieurs James Combe
und des Bildhauers und Ägyptologen Joseph
Bonomi (1796–1878). Bonomi hatte zehn Jahre in
Ägypten gelebt und dort die Tempel in Karnak,
Edfou und Philae gezeichnet und vermessen. 1853
wirkte er beim Entwurf des Ägyptischen Hofs im
Kristallpalast von Sydenham mit. Später wurde er
Kurator des John Soane Museum.
Um die Mitte des neunzehnten Jahrhunderts war
Leeds eines der Zentren der britischen Textilindu-
strie. Außer den Marshall's Mills gab es hier noch
vierzig andere Fabriken, in denen Flachs zu Lei-
nen verarbeitet wurde. Mit 2 300 Arbeitern gehörte
Marshalls Betrieb zu den größten seiner Art in
Europa. 1886 mußte die Spinnerei schließen:
Billige Baumwollgewebe hatten das Leinen vom
Markt verdrängt.
Die Tatsache, daß Flachs bereits von den alten
Ägyptern angebaut wurde, mag Marshall dazu
bewogen haben, beiden Bauten das Aussehen
ägyptischer Tempel zu geben und dem nicht mehr

vorhandenen Schornstein die Form eines Obelisken.
Mit der romantischen und werbewirksamen
Beschwörung altägyptischer Traditionen verband
sich bautechnische Innovation. Hinter der
geböschten Fassade des langgestreckten Fabrikgebäudes verbirgt sich eine ungewöhnliche Halle:
Die Grundfläche von 396x216 Fuß (etwa 120x66
Meter) ist in Quadrate von 36 Fuß (etwa 11 Meter)
Seitenlänge aufgerastert. Jedes Quadrat wird von
einem aus Ziegeln gemauerten Kreuzgewölbe auf
dünnen gußeisernen Stützen überspannt. Untereinander sind die Stützen über ihren Lotoskapitel-
len durch doppelte Spannstangen verbunden und
bilden so ein in sich steifes Gerüst. In den Gewöl-
bescheiteln sind große kreisförmige Öffnungen
ausgespart, auf denen Glaskuppeln sitzen. Die 66
Oberlichter sorgen auch an trüben Tagen für eine
gute Beleuchtung. Um Temperaturschwankungen
aufzufangen, hatte man auf das Dach eine 20 Zen-
timeter dicke Erdschicht geschüttet und Gras aus-
gesät. Das Regenwasser wurde durch die hohlen
Stützen abgeleitet. Zu Anfang ließ Marshall sogar
Schafe auf dem Dach weiden. Als jedoch das erste
Schaf durch eines der Oberlichter gestürzt war,
beendete man den idyllischen Brauch. Das Grasdach ist heute nicht mehr vorhanden.[7]

Georges Dieterle, Pavillon der Compagnie des Indes auf der Pariser Weltausstellung von 1867. In dem kleinen »Tempel« wurden Kaschmirschals ausgestellt.[8]

gnanz kaum schlagbar. Oft gingen die Darstellungen über die schlichte Zeichenhaftigkeit hinaus: Auf einer Blechschachtel der Dresdner Firma Sulima konnte der Kenner im Hintergrund einer belebten Straßenszene die typische Form einer Kairorer Moschee ausmachen.[4]

Auch Martin Hammitzsch, der Architekt der Yenidze, entwarf kein naives Phantasiebild, sondern hielt sich an konkrete Vorbilder: Die Kuppel mit dem hohen geraden Schaft, die er auf den sechsgeschossigen Fabrikbau setzte, orientierte sich an Moscheen und Grabbauten des mamlukischen Kairo. Die vor die Fassaden gestellten, achteckigen Pfeiler näherten sich in ihrer Bleistiftform osmanischen Minaretten. Für die Lesbarkeit des Zeichens war solche Originaltreue jedoch ohne Bedeutung: Mit anderen Kuppel- und Minarettformen wäre eine ähnliche Wirkung erzielt worden. Wichtig war eher, daß sie den Anschein der Authentizität erweckten. Mit der »Moschee« schuf Hammitzsch ein überaus wirksames Reklamebild: Besser hätte er den populären Vorstellungen vom Aussehen einer »Orientalischen Tabak- und Cigarettenfabrik« kaum entsprechen können. Daß der Bau trotz der differenzierten Gestaltung von Details alle Eigenschaften eines leicht wiedererkennbaren Zeichens besaß, bewies seine Eignung zu den verschiedensten Werbezwecken: Als Vignette wurde er auf den Schachteln verwendet, in verschiedenen Varianten war er das zentrale Motiv auf Plakaten und Werbeaufstellern und als maßstäbliches Modell mit nächtlich beleuchteter Glaskuppel stand er in den Fenstern der Zigarettenläden. Das für die Öffentlichkeit inszenierte Bild des Unternehmens basierte auf der Unverwechselbarkeit seines Fabrikgebäudes: Die orientalisierende Architektur wurde zum Garanten für Qualität und Herkunft der hier verarbeiteten Tabake.

Die Yenidze-Fabrik verkörperte freilich nicht das, was die Zeitgenossen unter einem fortschrittlichen Industriebau verstanden. Fortschrittlich war an diesem Bau das, was außen nicht zu sehen war: die Skelettbauweise, die moderne Produktionstechnik. Die rationale Struktur wurde mit exotischen Versatzstücken versehen, die reine Bedeutungsträger waren. Die Kuppel zitierte eine archaische Lösung der Raumüberwölbung, die den im selben Bau angewendeten konstruktiven Techniken widersprach. Die Yenidze gehörte nicht zu den Bauten, die Walter Müller-Wulckow als die »markantesten Ausprägungen neuzeitlichen, über das Bisherige hinauswachsenden Gestaltungswillens« bezeichnete, sondern eher zu den »bedenklicheren Maskierungen«.[5]

Fast zur gleichen Zeit wie die Dresdner Zigarettenfabrik entstanden so unterschiedliche Industriebauten wie Richard Riemerschmids Deutsche Werkstätten in Dresden-Hellerau (1909), Peter Behrens' Turbinenfabrik für die AEG in Berlin (1909) oder die Faguswerke in Alfeld an der Leine von Walter Gropius und Adolf Meyer (1910/11). Trotz ihrer »konstruktiven Sachlichkeit« waren auch diese Bauten noch »architecture parlante«, ob sie wie Riemerschmids Werkstätten von der »Schönheit alter Gutshöfe« kündeten, »Wucht und Energie«[6] verkörperten wie die Fabrik von Behrens oder mit einer aus der Konstruktion abgeleiteten Ästhetik ein demonstratives Bekenntnis zu den technologischen Möglichkeiten der Zeit ablegten.

An diesen Beispielen läßt sich Hammitzschs Entwurf jedoch nicht messen. Die Aufgabe, einer leicht verständlichen Botschaft architektonische Form zu geben, mußte zwangsläufig zu einer Lösung führen, in der noch der längst überwundene Konflikt des neunzehnten Jahrhunderts fortlebte: die Trennung zwischen Konstruktion und Dekoration, zwischen Ingenieurbau und baukünstlerischer Fassade, die auch die oben erwähnte Flachsspinnerei in Leeds exemplarisch verkörperte.

Die über die Zeit hinausweisenden Qualitäten der Spinnerei blieben den Passanten hinter der ägyptischen Fassade verborgen: das originelle Beleuchtungssystem, die Trennung von Rohstoffverarbeitung und Krafterzeugung in zwei Ebenen (die Antriebsaggregate befanden sich unter der voll unterkellerten Halle, die Kraft wurde durch Transmissionen nach oben übertragen), das experimentelle Grasdach. Das Konzept des Ingenieurs James Combe fand nach außen keinen adäquaten Ausdruck: Die Fassade sprach eine völlig andere Sprache. Sie lenkte die Phantasien in eine andere Richtung – aus dem Industriezeitalter in eine fremde und längst vergangene Epoche archaischer Produktionsformen.

Architektur als Reklame

Martin Hammitzsch, Cigarettenfabrik Yenidze, Dresden, 1907—09.

Dank seiner günstigen Eisenbahnverbindungen mit den Balkanländern konnte sich Dresden seit den sechziger Jahren des neunzehnten Jahrhunderts zum Zentrum der deutschen Tabakverarbeitung und zum wichtigsten Umschlagplatz für Orienttabake entwickeln. Die damals bekanntesten deutschen Zigarettenhersteller hatten hier ihren Sitz: Compagnie Laferme, Georg Jasmatzi, Josetti, Louise Wolff (Sulima). 1886 gründete Hugo Zietz seine Firma, die er, nach einer Ortschaft in dem türkischen Tabakanbaugebiet Xanthi, Yenidze nannte. Seine bekannteste Zigarettenmarke war Salem Aleikum. Andere hießen Mohamed und Kalif von Bagdad. Eine in den neunziger Jahren erbaute Fabrik wurde für den expandierenden Betrieb schon bald zu eng. Zietz erwarb deshalb 1907 in Dresden-Unterneustadt ein an der Bahnlinie gelegenes Grundstück und baute neu. 1909 zog der Betrieb in den Bau an der Weißeritzstraße um. Zwölf Maschinen konnten täglich je 120 000 Zigaretten herstellen. Exklusivere Sorten wurden nach wie vor in Handarbeit hergestellt. Zietz beschäftigte 1200 Arbeiter und Arbeiterinnen.

Das spektakuläre Fabrikgebäude, das allen Eisenbahnreisenden, die von Berlin, Leipzig oder Görlitz kamen, die unmittelbar bevorstehende Ankunft im Dresdener Hauptbahnhof ankündigte, war Teil der Zietzschen Werbestrategie: Der zum Signet reduzierte Bau warb auf Plakaten, Schachteln und Geschäftspapieren für die Produkte aus dem Haus Yenidze. Ein Modell der Fabrik aus farbig bedrucktem Karton und mit beleuchteter Glaskuppel konnten sich die Tabakhändler ins Schaufenster stellen.

Die sechsgeschossige Fabrik besteht aus einem mit Ziegelmauerwerk ausgefachten Betonskelett, das oben verputzt und im Sockelbereich mit Streifen aus rotem und weißem Kunststein verkleidet ist. Die Silhouette aus Kuppeln und Minaretten wiederholte eine visuelle Stereotype, die allen Rauchern bestens vertraut war: Moscheen (und Pyramiden) erlebten auf den Schachteln der ovalen und runden Orientzigaretten eine wahre Inflation. Hammitzsch, der die Yenidze später als »Jugendsünde« bezeichnete,[9] hielt sich beim Entwurf seiner »Moschee« an konkrete Vorbilder. Die hohe Kuppel entspricht in Proportion und Aufbau den Kuppeln mamlukischer Moscheen und Grabbauten in Kairo. Hammitzsch übernahm von dort die Lösung für den Übergang vom kubischen Block in die kreisförmige Grundfläche der Kuppel: Um ein zwölfeckiges Zwischengeschoß gruppieren sich schräg angeschnittene Prismen, die in die Ecken des Unterbaus überleiten.[10] Im Unterschied zu ihren ägyptischen Vorbildern ist die Dresdener Kuppel farbig verglast und kann nachts beleuchtet werden. Unter ihr lagen die »Wohlfahrtseinrichtungen« für die Arbeiter: »Im zweiten Kuppelgeschoß, das einen prächtigen Rundblick bietet, befinden sich Ruhehallen für Männer und Frauen mit gegen sechzig Ruhestühlen und Diwanen«, berichtete eine Dresdener Zeitung anläßlich des Besuchs des sächsischen Königs zum 25jährigen Jubiläum der Firma.

Auch das rot-weiß gestreifte Minarett (der Schornstein des Maschinenhauses) lehnt sich an mamlukische Vorbilder an. Die bleistiftförmigen Minarette auf den vor die Fassaden gestellten Pfeilern kann man ebenfalls in Kairo sehen: Sie stammen jedoch aus der Zeit der osmanischen Herrschaft. Die Monotonie der langen Fensterreihen lockerte Hammitzsch durch die abwechselnde Verwendung von Kielbögen, Rundbögen und Kleeblattformen auf. Verstärkt wird der orientalische Eindruck noch durch die durchbrochenen Zinnen an den

Kanten der ursprünglich mit grün glasierten Ziegeln gedeckten Dächer.

Bei der Bombardierung Dresdens 1945 wurde auch die Yenidze getroffen. Die Rekonstruktion der seither fehlenden Geschosse des Seitenflügels ist geplant. 1966 wurde bereits die Kuppel neu verglast. Heute gehört die Fabrik dem VEB Tabakkontor.[11]

Architektur als Reklame

Martin Hammitzsch, Cigarettenfabrik Yenidze, Dresden. Postkarte, Hufeisenbogen über einer der Eingangstüren und historische Photographie.

Architektur als Reklame

Karl und Julius Mayreder, Insektenpulverfabrik Johann Zacherl, Wien-Döbling, 1892/93.
Bürohaus an der Nußwaldgasse.
Der in München geborene Zinngießer Johann Zacherl hatte sich nach seiner Lehre auf die »Walz« begeben und war über Wien bis in den Kaukasus gewandert. 1842 begann er, zwischen Tiflis und Wien Handel zu treiben: Er importierte Tee, Teppiche und Insektenpulver und exportierte europäische Industriewaren. Sein Insektenmittel wurde mit großem Erfolg in ganz Europa verkauft. Zacherl ließ sich schließlich in Wien nieder und gründete dort eine Firma. In den siebziger Jahren erbaute er in Döbling eine Fabrik, in der er nun selbst aus den persischen Pyrethrumblüten Insektenpulver (Zacherlin) und Mottenkugeln herstellte, die er bald weltweit vertrieb. 1880 übernahm sein Sohn den Betrieb und erweiterte ihn um eine besondere Form der Dienstleistung: Er ließ Teppiche und später auch Pelze zur Reinigung und mottensicheren Aufbewahrung abholen. 1892 beauftragte Zacherl junior die Brüder Mayreder mit dem Um- und Neubau seines Betriebes. Nach einer Entwurfsskizze von Hugo von Wiedenfeld entstanden außer der exotischen Schauseite der Firma auch die neuen Fabrikations- und Lagerräume auf dem rückwärtigen Teil des Grundstücks. Die Geschäfte gingen so gut, daß ihr Inhaber 1903 den Architekten Josef Plečnik mit dem Bau eines Geschäftshauses im Zentrum (Zacherlhaus) beauftragen konnte.
Mit dem Bau in der Nußwaldgasse setzte Zacherl der Familientradition ein Denkmal und schuf zugleich ein einprägsames architektonisches Zeichen für seine geschäftlichen Aktivitäten.
Die wichtigsten Fassadenmotive sind persischer Herkunft. Der erhöhte Mittelrisalit wird durch eine zweigeschossige Liwan-Nische betont, die durch ein Band aus türkisfarbenen Keramikfliesen gerahmt wird. Die Form des Liwans wiederholt sich in den Blendbögen der seitlichen Risalite, die im Obergeschoß gekuppelte Fenster mit knospenförmigen Bögen einfassen. Im Erdgeschoß sitzen die fast rechteckigen Fenster recht beziehungslos in ihren Bogennischen. Der Mittelrisalit wird oben von getreppten Zinnen über einem Stalaktitengesims abgeschlossen. Über ihm erhebt sich eine mit farbig glasierten Schindeln gedeckte Kuppel, die durch ihre Zwiebelform jedoch von den persischen Mustern abweicht. Sie wird von zwei keramikverkleideten Türmchen flankiert, die in verkleinerter Form die typisch persischen Minarette mit ihren überdachten Balkonumgängen nachbilden. Es sind vor allem der Fassadenschmuck und die Form des Liwans, die an persische Moscheen erinnern. Für den Entwurf einzelner Details und der Ornamentik haben sich die Architekten möglicherweise auf Pascal Costes prächtig illustrierte *Monuments modernes de la Perse* (Paris 1867) gestützt. Im Inneren des Gebäudes begegnen wir einer von Persien weit entfernten islamischen Kultur: Die Portale im Vestibül zitieren mit ihren Alhambrasäulen und gezackten Bögen die maurische Architektur in Granada und Sevilla. Es scheint, als habe man wie in einem Lehrbuch verschiedene islamische Stile an einem Bau demonstrieren wollen.[12]

**Malagakellerei Alfred Zweifel, Lenzburg,
Schweiz, 1889.**
Zweifel, der als junger Mann durch den Vorderen
Orient und Palästina gereist war, hatte 1877 den
Handel mit südspanischen Weinen begonnen.
Bald war er der führende Importeur. Nach einem
guten Jahrzehnt konnte er daran denken, eigene
Geschäfts- und Lagerräume und, in unmittelbarer
Nähe, seine »Villa Malaga« zu bauen. Von seinen
häufigen Spanienreisen waren ihm nicht nur die
andalusischen Hofhäuser, sondern auch die alte
maurische Architektur bekannt.
Die Kellerei bestand aus eingeschossigen Lager-
räumen mit nach innen abfallenden Dächern, die
einen langgestreckten Hof einfaßten. Nach außen
traten sie als geschlossene, umlaufende Mauer in
Erscheinung. Nur Zweifels Büro war nach außen
orientiert und wirkte als Gesicht der ganzen
Anlage. Spanisch wirkte die Malagakellerei weniger durch die Anwendung des Patio-Schemas als
durch die Dekoration von Außenmauern und
Bürofassade. Die Fassade war durch flach vortre-
tende Gesimsbänder und Fensterrahmen mit
hufeisenförmigen Blendbögen in zahlreiche Felder
unterteilt. Die farbige Ornamentik orientierte sich
an maurischen Vorbildern. Unter dem flachen
Bogen des Giebelfelds war das Firmenzeichen
angebracht: Zwei Greifen flankieren ein ovales
Medaillon mit der Darstellung eines Leuchtturms
(Zweifels Markenname war El Faro).
Auf den Weinetiketten wurde neben dem Leucht-
turm auch die von südlichen Pflanzen umgebene
Kellerei abgebildet. Zweifel folgte damit einem
üblichen Brauch: Viele Unternehmer des neunzehnten Jahrhunderts verwendeten Darstellungen
ihrer Fabrik als Vignette auf den Geschäftspapieren. Das architektonische Erscheinungsbild der
Malagakellerei setzte nicht nur den Reiseerinne-
rungen ihres Inhabers ein sentimentales Denkmal,
sondern wies zugleich auf die Herkunft von Zweifels Weinen hin. Die durch die Architektur hervorgerufene Sehnsucht nach dem Süden versprach
Zweifel mit seinen Produkten in flüssiger Form zu
befriedigen: Der Konsum des spanischen Weins
wurde zum Substitut südlichen Lebensgenusses.[14]

Ost Asien Haus, Rathausstraße/Ecke Schmiedestraße, Hamburg, um 1900.
In dem Geschäftshaus mit dem Pagodenturm verkaufte Theodor Maass Tee, Kaffee und vermutlich auch Ostasiatika. Der Bau wurde im Zweiten Weltkrieg zerstört.

Thomas Ambler, St. Paul's House, Leeds, 1878.
Das Büro und Fabrikgebäude gehörte dem Textilfabrikanten Sir John Barran. Die abgeschrägte Ecke des Gebäudes wird von achteckigen Pfeilern gerahmt, die sich über die Zinnen hinaus in indische Minarette verlängern. Auch der gezackte Bogen des Portals wirkt indisch, die vorgeblendeten Arkaden im obersten Geschoß haben dagegen maurische Vorbilder. Die Fassade besteht aus roten Ziegeln und Terrakotta.[13]

Architektur als Reklame

Zoologische Gärten: Exotismus und Belehrung

Vorläufer der modernen zoologischen Gärten waren die Menagerien, die bis ins neunzehnte Jahrhundert hinein an den europäischen Fürstenhöfen existierten. Häufig gingen ihre Tierbestände in die Zoos des bürgerlichen Zeitalters über: Die Menagerie in Versailles wurde zum Grundstock des nach der Revolution gegründeten Musée d'Histoire Naturelle und seines botanischen und zoologischen Gartens, und die Tiersammlung des preußischen Königs Friedrich Wilhelm III. auf der Pfaueninsel wurde auf Weisung seines Sohnes 1842 dem neugegründeten Berliner Zoo übergeben.

Von den fürstlichen Menagerien hat sich die in Schönbrunn bis heute erhalten. Die um die Mitte des achtzehnten Jahrhunderts entstandene Anlage war die jüngste des kaiserlichen Hofes. Bereits unter Rudolf II. gab es in Neugebäu und Ebersdorf (bei Wien) die ersten Tiersammlungen. Die für Franz I. und Maria Theresia angelegte Menagerie in Schönbrunn diente höfischem Zeitvertreib und wissenschaftlichen Interessen. Um einen Pavillon, in dem das Kaiserpaar im Sommer frühstückte, waren strahlenförmig zwölf als »Logen« bezeichnete Gehege angeordnet, die nur vom Zentrum aus einsehbar waren.[1]

In den Zoos des neunzehnten Jahrhunderts übernahm man die Gestaltungsprinzipien der englischen Landschaftsgärten. Der Pariser Jardin des Plantes wurde auf einem innerstädtischen Grundstück angelegt, auf dem sich ursprünglich der königliche Heilkräutergarten befand. Verschlungene Wege führten die Besucher zu einer Raubvogelvoliere, einem Affenhaus, einem Bärengraben und verschiedenen anderen Bauten.[2] Die Anleihen bei den anglo-chinesischen Gärten beschränkten sich vorerst auf das landschaftliche Konzept: Architektonische Frivolitäten hätten der Seriosität der in erster Linie wissenschaftlichen Einrichtung widersprochen.

Die erste öffentliche Menagerie, die sich als «Garten» bezeichnete, wurde 1828 von der Zoological Society im Londoner Regent's Park eröffnet. Die Society, die außer lebenden auch ausgestopfte Tiere sammelte, finanzierte sich aus den Beiträgen ihrer Mitglieder. Die nächsten zoologischen Gärten entstanden in Amsterdam (1838) und in Antwerpen (1843). In Deutschland machte Berlin den Anfang (1844). Bis in die siebziger Jahre folgten zahlreiche andere Städte: Frankfurt, Köln, Hamburg, München, Breslau, Düsseldorf.

Im Unterschied zu ihren ausländischen Vorbildern waren die deutschen zoologischen Gärten in der Regel Aktiengesellschaften. Die hohen Unterhaltungskosten und die Mittel für neue Tiere und neue Bauten mußten aus den Eintrittsgeldern der Besucher erwirtschaftet werden. Der ökonomische Erfolgszwang führte dazu, daß sich das Aussehen vieler zoologischer Gärten immer mehr dem von Rummelplätzen und Vergnügungsparks annäherte.

Auch der Berliner Zoo, der mit wissenschaftlicher Zielrichtung gegründet worden war, sah sich wegen rückläufiger Einnahmen Ende der sechziger Jahre dazu gezwungen, eine neue Politik einzuschlagen. Man rief den Zoologen Heinrich Bodinus, der bisher erfolgreich den Kölner Zoo geleitet hatte, als neuen Direktor nach Berlin. Das populäre Gestaltungskonzept, mit dem Bodinus den Zoo innerhalb weniger Jahre zu einem florierenden Unternehmen machte, war bereits in Köln erprobt worden. Bevor Bodinus 1860 die Leitung des Kölner Zoos übernahm, hatte er sich die schon länger bestehenden Einrichtungen in Amsterdam und Antwerpen angesehen. Hier hatte man den Einfall gehabt, die exotischen Tiere auch in exotischen Bauten auszustellen. Der Stil wurde nach der Herkunft der jeweiligen Tierart oder nach vordergründigen Analogien bestimmt: Das Antwerpener Elefantenhaus erhielt die Form eines altägyptischen Tempels, da man der Meinung war, daß die monumentale Architektur Ägyptens den massigen Elefantenkörpern am besten entspreche.[3]

Als Bodinus 1869 die Leitung des Berliner Zoos übernahm, wurde erst einmal das Aktienkapital erhöht. Dann fing man an zu bauen: Zuerst errichtete man eine neue Gastwirtschaft und das »Muschelorchester«. Die Architekten Hermann Ende (1829–1907) und Wilhelm Böckmann (1832–1902) ersetzten dann nach und nach die bescheidenen Häuser der Anfangszeit durch spektakuläre Großbauten: Dem »maurischen« Antilopenhaus, das Pflanzen- und Tierhaus miteinander kombinierte, folgte ein neues Elefantenhaus, dessen hohe, farbig bemalten Türme an die Sikharas indischer Tempel erinnern sollten. Diesmal entsprach der Stil tatsächlich der Herkunft der Tiere. Ob die Zoobesucher durch den neuen Bau eine Vorstellung von indischer Tempelarchitektur erhielten, darf freilich bezweifelt werden. Zu dem Ziel, »die Tierhäuser in einen gewissen harmonischen Einklang mit ihren Bewohnern zu bringen«, äußerten sich die beiden Architekten wie folgt: »Der Charakter dieser Baulichkeiten hat doppelten Forderungen Rechnung zu tragen. Es

Charles Servais, Elefantenhaus im Zoologischen Garten Antwerpen, 1856.
Der »Ägyptische Tempel« ist das früheste Beispiel für ein Tierhaus in einem exotischen Baustil. Der 1843 gegründete Antwerpener Zoo besaß außerdem noch ein Haus für Wiederkäuer und ein Straußenhaus – beide in einem orientalisierenden Phantasiestil. Das belgische Beispiel wurde in zahlreichen europäischen Zoos nachgeahmt. Von Amsterdam bis Berlin erbaute man zur Unterhaltung und Belehrung der Besucher die Tierhäuser in fremden Baustilen. Häufig gab bei der Stilwahl das Herkunftsland der jeweiligen Art den Ausschlag. In Antwerpen besteht von den exotischen Bauten nur noch das Elefantenhaus.

soll durch die äußere Erscheinung der Gebäude der Beschauer angeregt und es sollen ihm Gebilde vorgeführt werden, an welche anknüpfend seine Phantasie das eingehegte Tier auf seinem heimatlichen Boden zu sehen glaubt.«[4]

Als Anfang der achtziger Jahre die Einnahmen abermals zurückgingen, wurde mit erneuten Investitionen geantwortet. Elektrische Beleuchtung, ein Nilpferdhaus und ein intensiviertes Konzertprogramm zeigten bald Wirkung. Die *Deutsche Bauzeitung* stellte fest, daß die Besucherzahlen »in innigem Zusammenhang mit der baulichen Entwicklung des Gartens stehen«.[5]

1897 wurde Wilhelm Böckmann zum Vorstandsvorsitzenden gewählt. Er initiierte die zweite große Umgestaltungsphase des Berliner Zoos und beauftragte mehrere jüngere Kollegen mit Entwürfen für neue Bauten. Nach der Jahrhundertwende besaß der Berliner Zoo unter allen Konkurrenten wahrscheinlich die größte Sammlung architektonischer Kuriosa: ein »japanisches« Elefantentor mit einem dazu passenden Verwaltungsbau, einen Aussichtsturm, einen chinesischen und einen russischen Musikpavillon, eine »Waldschänke« und ein großes Café-Restaurant am Kurfürstendamm. Dazu kamen viele neue Tierbauten und Gehege: ein kleines und ein großes Hirschhaus, das eine ein Fachwerkhäuschen, das andere eine malerische Baugruppe im Blockhausstil, ein »maurisch-arabisches« Kamelhaus, eine künstliche Felslandschaft für Gemsen, ein »maurisches« Vogelhaus und ein »japanisches« Haus für Stelzvögel.[6]

Die Adaptierung von Sakral- und Wohnbautypen spekulierte auf die sentimentale Einstellung vieler Besucher zu den im Zoo ausgestellten Tieren: Die noch weitgehend unerforschten Verhaltensmuster der Tiere erklärte man sich, indem man menschliche Verhaltensweisen auf sie übertrug. Ein zeitgenössischer Kritiker spottete: »So ließ man wohl Elefanten in einer Moschee wohnen mit einem Minarett, dem nur der Muezzin fehlte. Um von Leipzig zu reden, so erfüllte das 1897 erbaute Hirschhaus, von außen gesehen, ganz die Forderung einer traulichen Wohnlichkeit, und man hätte eher einen kultivierten Rentner darin vermuten können als einen deutschen Rothirsch.«[7] Im Berliner Zoo gab es auch einen ägyptischen Tempel. Im Unterschied zu Antwerpen beherbergte er jedoch keine Elefanten, sondern Strauße. Die Beliebigkeit der Stilwahl – in der ägyptischen Fauna kamen weder Elefanten noch Strauße vor – zeigte, daß solche Bauten weniger der oft behaupteten volkstümlichen Belehrung über fremde Kulturen als vielmehr der Unterhaltung der Besuchermassen dienten.

Wie auf den Weltausstellungen war auch in den zoologischen Gärten die Architektur Bestandteil eines panoptischen Spektakels. Die exotischen Bauten dienten nicht nur den hier ausgestellten Tieren als illusionistische Kulisse: Seit dem Ende der siebziger Jahre machten auch immer häufiger Carl Hagenbecks reisende Völkerschauen und »Tierkarawanen« im Berliner Zoo Station.[8]

Die anfänglichen Bedenken der Zooverwaltung waren vergessen, als sich zeigte, wie groß der wirtschaftliche Erfolg solcher Veranstaltungen war: An einem einzigen Oktobertag im Jahr 1878 lockte Hagenbecks »Nubierkarawane«, die aus 17 Nubiern, 5 Elefanten, 4 Nashörnern und mehreren Kamelen bestand, über 60 000 Besucher in den Zoo. Nach den Nubiern kamen Eskimos aus Grönland, Lappländer mit ihren Rentieren und Schlitten, eine »Singhalesentruppe« aus Ceylon, nordafrikanische Beduinen mit ihren Pferden, Samoaner und Tscherkessen. Bis in die zwanziger Jahre des folgenden Jahrhunderts wurden solche Völkerschauen veranstaltet. Selbst wenn nicht, wie 1896 auf der Berliner Gewerbeausstellung, Menschen aus den neu gegründeten Kolonien ausgestellt wurden, förderten solche exotischen Spektakel alle auch die Kolonialbegeisterung der Wilhelminischen Epoche. Die zu populären Schauobjekten und wissenschaftlichen Studienobjekten degradierten Menschen aus Samoa oder »Deutsch Südwest« bestärkten die Zeitgenossen in der Überzeugung von ihrer »rassischen« und zivilisatorischen Überlegenheit. Aus der vorausgesetzten Überlegenheit leitete man die »natürliche« Berechtigung der eigenen imperialen Ansprüche ab.

So besaßen Bauten wie das ostasiatische »Elefantentor« am Kurfürstendamm (heute Budapester Straße) nicht nur spielerischen und dekorativen Charakter. Auch wenn man solchen Architekturen kaum propagandistische Absichten unterstellen kann, so weckten sie doch in vielen Berlinern nicht nur vage Phantasien, sondern konkrete koloniale Abenteuerlust: 1897 hatten Einheiten der Ostasienflotte die chinesische Hafenstadt Tsingtau besetzt und einen auf 99 Jahre begrenzten »Pachtvertrag« über das Gebiet von Kiautschou erzwungen.

Heinrich Kayser und Karl von Großheim, Straußenhaus im Zoologischen Garten Berlin, 1899.

»Mit dem neuen Straußenhaus der Architekten Kayser & Großheim ist die bewährte Überlieferung des Gartens fortgesetzt, welche von den Architekten Ende & Böckmann ausging und darin bestand, den Thierstall auf eine künstlerische Stufe zu heben und ihm die Formen des Heimathlandes seiner Bewohner zu verleihen. So wurde das neue Straußenhaus im Stil der ägyptischen Tempel- und Grabbauten errichtet...«[10] In einem Anbau des warmwasserbeheizten Tempels befand sich ein »Diorama von Prof. Eugen Bracht..., das die Memnonssäulen bei Abendbeleuchtung in einer überschwemmten Nillandschaft darstellt.« Eine Hieroglypheninschrift widmete den Bau Kaiser Wilhelm II.

Kayser und von Großheim hatten für den Berliner Zoo bereits mehrere exotische Bauten entworfen: ein »maurisches« Vogelhaus (1895), ein »japanischen Vorbildern nachgebildetes« Stelzvogelhaus (1897), ein Kamelhaus im »maurisch-arabischen« Stil (1898) und den Chinesischen Musikpavillon. Wie die Mehrzahl der Zoobauten wurde auch das Straußenhaus während der Luftangriffe im November 1943 zerstört.

 IE UMWANDLUNG UND DIE NEUBAUTEN DES ZOOLO-CISCHEN GARTENS IN BERLIN ✳ ✳ ✳ ✳ DAS NEUE STRAUSSENHAUS ✳ ✳ ✳ ✳ ✳ ✳ ✳ ✳ ✳ ✳ ✳ ✳ ✳ ARCHITEKTEN: KAYSER & v. GROSZHEIM IN BERLIN ≡ DEUTSCHE BAUZEITUNG XXXVI. JAHRG. — N⁰. 26 ≡

Carl Zaar und Rudolf Vahl, Verwaltungsgebäude und Haupteingang des Zoologischen Gartens Berlin, um 1900.

Der Entwurf für den Verwaltungsbau, das »Elefantentor« und die Pförtnerhäuschen (später kam noch eine Fahrradhalle hinzu) war Ergebnis eines im Frühjahr 1899 ausgeschriebenen Wettbewerbs, in dem die Architekten Zaar und Vahl den ersten Preis gewonnen hatten (Motto: »Zum japanischen Thor«). Der Architekt Bernhard Schäde hatte ebenfalls einen fernöstlichen Entwurf eingereicht. Sein Motto war »Kiautschou«: eine Anspielung auf das von der deutschen Ostasienflotte zwei Jahre zuvor besetzte Gebiet um die chinesische Hafenstadt Tsingtau, das für 99 Jahre deutsches »Pachtgebiet« werden sollte.

Die Berliner Architekturwelt berichtete über den Wettbewerb: »Für ein modernes, unseren abendländischen Verhältnissen entsprechendes Verwaltungsgebäude aber, in welchem nicht fremdländische Schaustücke untergebracht sind, in dem sich vielmehr ein moderner Geschäftsbetrieb abspielt und das deutsche Beamtenwohnungen enthält, will uns die Wahl ostasiatischer Stilformen, welche vielleicht bei Ausstellungsbauten oder ähnlichen Anlagen von vorübergehender Dauer, die lediglich den Zweck der Reklame um jeden Preis verfolgen, angebracht sind, nicht geeignet erscheinen. Anscheinend hält sich die Gesellschaft Zoologischer Garten von diesem Zweck nicht allzu entfernt, denn wie verlautet beabsichtigt sie, auch den an das Verwaltungshaus sich anschließenden Bahnhof japanisch umzugestalten.«[11]

Bis auf eines der Pförtnerhäuser sind die »japanischen« Bauten im Zweiten Weltkrieg zerstört worden. 1985 wurde nach dem Vorbild des alten ein neues Elefantentor gebaut.[12]

Berlin · Eingang zum Zoologischen Garten am Kurfürstendamm.

**Hermann Ende und Wilhelm Böckmann,
Elefantenhaus im Zoologischen Garten Berlin,
1873.**

»Die meisten dieser Dickhäuter gehören dem asiatischen Indien an. Somit lag es nahe, dem Kreise
altindischer Tempel- und Palastbauten die Motive
für die Bauformen zu entlehnen. Da diese Bauten
sich durch eine überreiche Fülle plastischen Ornamentschmucks auszeichnen und die zur Disposition stehenden Mittel hierfür nicht ausreichten, ...
wurde als Ersatz desselben zum Schmuck durch
Malerei übergegangen.«[13] Die Ziegel der »Sikharas« waren farbig bemalt und zum Teil mit goldenen und silbernen Plättchen beklebt. Das Elefantenhaus wurde im Zweiten Weltkrieg zerstört. Mit
Ende und Böckmann hatte die exotische Bautradition des Berliner Zoos begonnen. Ihr »maurisches«
Antilopenhaus (1872)[14] wurde nach dem Krieg
wieder aufgebaut.

Das Konzept der zoologischen Gärten entsprach einem für das gesamte Jahrhundert
kennzeichnenden Bedürfnis nach dreidimensionalen illusionistischen Inszenierungen.
In ihrer Anlage und ihrer architektonischen Ausstattung waren die Zoos den Weltausstellungen nicht nur ähnlich, sie ließen sich auch wie diese auf die von den anglo-chinesischen Gärten und den Pleasure gardens des achtzehnten Jahrhunderts begründete Tradition zurückführen. Von diesen hatten sie nicht nur die »natürliche« landschaftliche
Gestaltung des Geländes, sondern auch den architektonischen Mikrokosmos übernommen. Die Landschaftsgärten, die dem Zeitvertreib ihrer aristokratischen Besitzer dienten, waren mit ihrem historischen und exotischen Programm zugleich Ausdruck einer
Weltaneignung, wie sie auch in den Zoos des neunzehnten Jahrhunderts stattfand – dort
jedoch für die großstädtischen Massen.

Eine ähnliche Mischung aus Unterhaltung und oft fragwürdiger Belehrung wurde den
Städtern in den unterschiedlichsten Institutionen geboten: In der Egyptian Hall am Londoner Piccadilly ebenso wie in Castans Panoptikum[9] an der Berliner Friedrichstraße, im
Kristallpalast von Sydenham, wo unter der Leitung von Owen Jones und Matthew Digby
Wyatt ein dreidimensionales Architekturmuseum eingerichtet wurde, oder in den Panoramen und Dioramen, die es in fast allen größeren Städten gegeben hatte.

Aber auch seriöse Institutionen arbeiteten mit illusionistischen Mitteln, um ihre Besucher auf fremde Kulturen einzustimmen. In den Völkerkundemuseen stellte man Szenen
aus dem Alltag fremder Völker mit Gipsfiguren nach, und selbst in den Kunst- und Kunstgewerbemuseen bemühte man sich darum, die Exponate in ein »authentisches«
Ambiente zu stellen. Für sein Neues Museum in Berlin (1843–46) entwarf Friedrich
August Stüler einen »ägyptischen« Säulenhof (als Ruine erhalten), in dem die ägyptische
Sammlung ausgestellt wurde, und im South Kensington Museum dekorierte Owen Jones
in seinem persönlichen orientalisierenden Stil die Orientsäle (1863).

Anmerkungen

Die Anziehungskraft der fremden Kultur: Eine Einführung

1 Jan Nieuhof, *Die Gesantschaft der Ost-Indischen Gesellschaft in den Vereinigten Niederländern / an den Tartarischen Cham / und nunmehr auch Sinischen Keyser / ...*, Amsterdam 1669, Vorwort.
2 Aus dem Vorwort zu: Alexander von Humboldt, *Kosmos, Entwurf einer physischen Weltbeschreibung*, Stuttgart 1845–58, zit. nach: Peter Hahlbrock (Hrsg.), *Alexander von Humboldt und seine Welt 1769–1859*, Ausstellungskatalog, Berlin 1969, S. 11.
3 Gérard de Nerval, *Le Voyage en Orient*, zit. aus dem Vorwort der Taschenbuchausgabe Garnier Flammarion, Paris 1980, S.30.
4 Aus dem Vorwort von Paul Valéry zu: Roger Bezombes, *L'exotisme dans l'art et la pensée*, Paris 1953, S. VII.
5 William Gilpin, *Three Essays: On Picturesque Beauty; on Picturesque Travel; and on sketching Landscape...*, (erstmals 1792 erschienen), London 1794, S. 41ff.
6 Louis Carrogis Carmontelle, *Jardin de Monceau, près de Paris*, Paris 1779, S. 4.
7 Olfert Dapper, *Gedenkwaerdige Bedryf der Nederlandsche Oost-Indische Maetschappye, op de Kuste en in het Keizerrijk van Taising of Sina...*, Amsterdam 1670. Melchisedec Thévenot, *Relations de divers voyages*, 4 Bde, Paris 1663–72. Johann Christoph Wagner, *Das mächtige Kayserreich Sina und die Asiatische Tartarey*, Augsburg 1688.
8 Jan Nieuhof, *Die Gesantschaft der Ost-Indischen Gesellschaft ...*, a.a.O., S. 112.
9 Vgl.: Patrick Conner, *Oriental Architecture in the West*, London 1979, S. 20f.
10 Guillaume Joseph Grelot, *Relation nouvelle d'un voyage de Constantinople*, Paris 1681, S. 155, 329.
11 Jean Chardin, *Journal du voyage du Chevalier Chardin en Perse et aux Indes Orientales*, London 1686, T. 34-35.
12 Vgl.: Wilfried Hansmann, »Die indianischen Lustbauten des Kurfürsten Clemens August im Brühler Schloßpark«, in: *Beiträge zur Rheinischen Kunstgeschichte und Denkmalpflege 2*, Düsseldorf 1974, S. 191ff.
13 Emmanuel Héré de Corny, *Recueil des plans, élévations et coupes... des châteaux, jardins, et dependances que le Roy de Pologne occupe en Lorraine...*, 2 Bde., Paris 1753.
14 William und John Halfpenny, *New Designs for Chinese Temples...*, London 1750–52. *Chinese and Gothic Architecture Properly Ornamented*, London 1752.
15 Vgl.: John Harris, *Sir William Chambers*, London 1970.
16 Der Entwurf befindet sich in der Plansammlung der Staatlichen Schlösser und Gärten in Potsdam-Sanssouci (Nr. 2565) und ist 1763 datiert.
17 Vgl.: Eileen Harris, »Designs of Chinese Buildings and the Dissertation on Oriental Gardening«, in: John Harris, *Sir William Chambers*, a.a.O., S. 146f. Patrick Conner, *Oriental Architecture in the West*, a.a.O., S. 76ff.
18 William Chambers, *Designs of Chinese Buildings, Furniture, Dresses, Machines, and Utensils*, London 1757, Text zu T. III.
19 Ebd., Vorwort (ohne Seitenzählung).
20 Ebd.
21 Vgl.: Eleanor von Erdberg, *Chinese Influence on European Garden Structures*, Cambridge (Mass.) 1936, S. 104f.
22 Vgl. Literaturverzeichnis!
23 Johann Gottfried Grohmann, *Ideenmagazin für Liebhaber von Gärten, Englischen Anlagen...*, Leipzig 1796–1806, H. 6, T. 9; H. 7, T. 6; H. 12, T. 7; H. 17, T. 2; H. 25, T. 9; H. 9, T. 1, H. 13, T. 10, H. 26, T. 10.
24 Ebd., H. 46, T. 8.
25 Ebd., H. 9, T. 1.
26 Ebd., H. 22, T. 1
27 Etienne-Louis Boullée, zit. nach: Günter Metken, »Utopien auf dem Papier«, in: Günter Metken (Hrsg.), *Revolutionsarchitekten*, Ausstellungskatalog, Baden-Baden 1971, o. S.
28 Vgl.: Ebd., S. 228ff. Karin Lindegren (Hrsg.), *Fredrik Magnus Piper und der Landschaftsgarten*, Ausstellungskatalog, Stockholm 1981, S. 63f., 69, 157.
29 Vgl.: N. Pevsner, S. Lang, »Egyptian Revival, Die Wiederentdeckung Ägyptens«, in: Nikolaus Pevsner, *Architektur und Design*, München 1971, S. 174ff.
30 Athanasius Kircher, *Sphingis Mystagogae*, Amsterdam 1676. John Greaves, *Pyramidographia: or, a description of the pyramids in Egypt*, London 1646. Frederic Louis Norden, *Voyage d'Egypte et de Nubie*, 2 Bde., Kopenhagen 1755.
31 Vgl.: Richard G. Carrott, *The Egyptian Revival. It's sources, monuments and meaning. 1808–1858*, Berkeley 1978.
32 Hans Vogel, »Ägyptisierende Baukunst des Klassizismus«, *Zeitschrift für Bildende Kunst* (Leipzig), 62, 1928/29, S. 160ff.
33 Hitchcock prägte dafür den Begriff »Romantic Classicism«. Vgl.: Henry-Russell Hitchcock, *Architecture: Nineteenth and Twentieth Centuries*, Harmondsworth 1977, S. 13ff.
34 Ebd., S. 20
35 Zur Definition vgl.: Götz Pochat, *Der Exotismus während des Mittelalters und der Renaissance*, Stockholm 1970, S. 15ff. (Mario Praz), »Esotismo«, in: *Enciclopedia Italiana*, Bd.14, Milano 1932, S. 341ff. »Exoticism«, in: *Encyclopaedia of World Art*, Bd. 5, London 1972, S. 298ff. Ludwig Döry, »Exoten«, in: Otto Schmidt (Hrsg.), *Reallexikon zur deutschen Kunstgeschichte*, Bd. 6, Stuttgart 1954, S.1492ff.
36 Vgl.: Götz Pochat, *Der Exotismus während des Mittelalters und der Renaissance*, a.a.O., S. 18, 21ff.
37 Vgl.: *Europa und die Kaiser von China*, Ausstellungskatalog, Berlin 1985, S. 263. Patrick Conner, *Oriental Architecture in the West*, a.a.O., S. 28.
38 Vgl. dazu Hans Jürgen Heinrichs Einleitung zu: Michel Leiris, *Die eigene und die fremde Kultur*, Frankfurt 1979.
39 Vgl.: *Lotus international* (Mailand), 26, 1980 (Hybrid Architecture).
40 Jean Baptiste Tavernier d'Aubonne, *Recueil de plusieurs relations et traitez singuliers et curieux*, Paris 1681. *Orientalische Reiß-Beschreibung*, Genf 1681.
41 Vgl.: Patrick Conner, *Oriental Architecture in the West*, a.a.O., S. 158f.
42 Ebd., S. 156f., 161ff.
43 Joseph Philibert Girault de Prangey, *Monuments arabes et moresques de Cordoue, Seville et Grenade, dessinés et mesurés en 1832 et 1833*, Paris 1833–37. *Monuments arabes d'Egypte, de Syrie et d'Asie Mineure, dessinés et mesurés de 1842 à 1845*, Paris 1846–55.
44 Vgl.: Denise Jasmin, »Pascal Coste et l'Egypte«, *Monuments historiques* (Paris), Nr. 125, 1983, S. 29ff.
45 Pascal Coste, *Architecture arabe ou les Monuments du Caire, dessinés et mesurés pendant les années 1818–26*, Paris 1837.
46 Louis Le Comte, *Nouveaux Mémoires sur l'état présent de la Chine*, Paris 1696/97, Bd. 1, S. 104.
47 Ebd., S. 126
48 René François de Chateaubriand, *Les aventures du dernier Abencerage*, Paris 1926, S. 22.
49 William Hodges, *Monumente indischer Geschichte und Kunst*, Berlin 1789, S. 17.
50 Ebd., S. 7.
51 Johann Gottfried Herder, *Ideen zur Philosophie der Geschichte der Menschheit*, Riga und Leipzig 1784/1785, S. 299.
52 William Hodges, *Monumente indischer Geschichte und Kunst*, a.a.O., S. 10f.
53 Ebd., S. 3
54 Johann Gottfried Herder, *Ideen zur Philosophie...*, a.a.O., S. 406.
55 Ebd., S. 258
56 Vgl.: Harold Hammer-Schenk, *Synagogen in Deutschland*, Hamburg 1981, Bd. 1. S. 253.
57 Friedrich Wilhelm Schelling, *Philosophie der Kunst* (1859), zit. nach: Jurgis Baltrusaitis, *Imaginäre Realitäten*, Köln 1984, S. 109.
58 Ludwig von Zanth, *Die Wilhelma, Maurische Villa Seiner Majestät des Königes Wilhelm von Württemberg*, o.O., 1855, S. VII.
59 Joseph Friedrich Freiherr zu Racknitz, *Darstellung und Geschichte des Geschmacks der vorzüglichsten Völker in Beziehung auf die innere Auszierung der Zimmer und auf die Baukunst*, Leipzig 1796, Bd. 1, S. 11.
60 Julius Deutsch, »Die Synagoge in Cöln«, *Allgemeine Bauzeitung* (Wien), 50, 1885, S. 75.
61 Vgl.: Tadeusz Stefan Jaroszewski, »Orient w architekturze polskiej XIX W.«, in: *Orient i Orientalizm w sztuce*, Warschau 1986, S. 161ff.
62 Henrik Marconi, *Zbiór projektów architektonicznych...*, Warschau 1841. Adam Idźkowski, *Plany budowli obejmujace...*, Warschau 1843.

Die Moschee im Garten: Orientalische Phantasien des achtzehnten Jahrhunderts

1 Christian Cay Lorenz Hirschfeld, *Theorie der Gartenkunst*. 5 Bde., Leipzig 1779–85, Bd. 5, S.344f.
2 Vgl.: Karin-Beate Voigt-Karbe, »Dem Verfall geweiht? Millionenschäden in Deutschlands schönstem Schloßgarten«, *Frankfurter Allgemeine Zeitung*, 11.10.1986.
3 Friedrich Schiller, »Über den Gartenkalender auf das Jahr 1795«, in: *Schillers Werke*, Weimar 1958, Bd. 22. S. 291.
4 Zit. nach: Kurt Martin, *Die Kunstdenkmäler des Amtsbezirks Mannheim — Stadt Schwetzingen*, Karlsruhe 1933, S. 290.
5 Christian Cay Lorenz Hirschfeld, *Theorie der Gartenkunst*, a.a.O., Bd. 5, S.344.
6 Vgl.: Kurt Martin, *Die Kunstdenkmäler des Amtsbezirks Mannheim — Stadt Schwetzingen*, a.a.O., S. 289.
7 Vgl.: *Reallexikon der deutschen Literatur*, Bd.2, Berlin 1965, S. 816 ff.
8 Kapitel 12
9 Brief 30 von Rica an Ibben.
10 Vgl.: Landesamt für Denkmalpflege Schleswig-Holstein (Hrsg), *Schloß Gottorf — Glanz und Elend eines Fürstengartens*, Kiel 1981.
11 Adam Olearius, *Newe Orientalische Reise*, Schleswig 1647.
12 Vgl.: Ernst Schlee (Hrsg.), *Gottorfer Kultur im Jahrhundert der Universitätsgründung*, Ausstellungskatalog, Kiel 1965, S.310.
13 Vgl.: Erich Bachmann, *Felsengarten Sanspareil*, Bayerische Verwaltung der staatlichen Schlösser, München 1979.
14 Vgl.: Georg Dehio, *Handbuch der deutschen Kunstdenkmäler, Österreich II*, 1935, S.500.
15 Vgl.: Hermann Heuss, *Hohenloher Barock und Zopf*, Öhringen 1937, S.16. Elisabeth Grünenwald, »Friedrichsruhe und seine Bauwerke«, *Hohenloher Chronik*, (Öhringen), 3, 1955, S.4.

16 Georges Louis Le Rouge, *Détails des nouveaux Jardins à la mode*, Paris 1770–87, H.2, T.3.
17 Ebd., H.4, T 4, 7.
18 Vgl.: Andrea Berger-Fix und Klaus Merten, *Die Gärten der Herzöge von Württemberg*, Ausstellungskatalog, Ludwigsburg 1981, S.65 ff., 78 (Hohenheim), S.92f. (Floride).
19 Vgl.: Alois Holtmeyer (Hrsg.), *Die Bau- und Kunstdenkmäler im Regierungsbezirk Kassel*, Bd. 4, Kassel-Land, Marburg 1910, S.285, T.127, 128, 131, 173. In der Plansammlung der Staatl. Schlösser und Gärten Potsdam-Sanssouci befindet sich ein Blatt mit Aufriß und Grundriß der »abgebrochenen Moschee«, das jedoch nur Umriß und Maßstab vermittelt (ohne Inventarnr.).
20 Georges Louis Le Rouge, *Détails des nouveaux Jardins à la mode*, a.a.O. 1787, H. 18/19.
21 Jean Charles Krafft, *Plans des plus beaux jardins pittoresques de France, d'Angleterre et d'Allemagne, et des édifices...*, 2 Bde., Paris 1809–10, T.93.
22 Vgl.: Max Schmechel, *Nicolaus von Pigage's Schwetzinger Entwürfe und Bauten*, Diss. TU Darmstadt 1923.
23 Zeyher und Roemer, *Beschreibung der Gartenanlagen zu Schwetzingen*, Mannheim o.J., S. 57.
24 Vgl.: George Kunoth, *Die Historische Architektur Fischer von Erlachs*, Düsseldorf 1956, S. 99, 144f.
25 Ebd., S. 154ff.
26 Zeyher und Roemer, *Beschreibung der Gartenanlagen zu Schwetzingen*, a.a.O., S. 113.

Der Palast des Kronprinzen:
Indischer Stil in England
1 Vgl.: Mildred Archer, Ronald Lightbown, *India Observed*, Ausstellungskatalog des Victoria and Albert Museum, London 1982.
2 Vgl.: Mildred Archer, *Early Views of India, The Picturesque Journeys of Thomas and William Daniell 1786–94*, London 1980, S. 228f.
3 *Meyer's Konversationslexikon*, Bd.8, Hildburghausen 1864, S. 653.
4 Vgl.: Raymond Head, *The Indian Style*, London 1986, S.13.
5 Zur Geschichte Sezincotes vgl.: Christopher Hussey, »Sezincote«, *Country Life*, 1959, S. 502ff., 528ff. Lanning Roper, »In the Indian Manner«, *Country Life*, 1976, S. 600f.. Die beste neuere Darstellung: Jan Pieper, »Sezincote. Ein west-östlicher Divan«, *Daidalos* (Berlin), 19, 1986, S. 54ff.
6 Vgl.: Humphrey Repton, *Designs for the Pavillon at Brighton*, London 1808, S. V.
7 Sie befinden sich in der Sammlung des Royal Institute of British Architects, London.
8 Vgl.: Stefan Koppelkamm, *Gewächshäuser und Wintergärten im neunzehnten Jahrhundert*, Stuttgart 1981, S. 48ff.
9 Vgl.: Jan Piepers Deutung in *Daidalos*, 19, 1986, S.65.
10 Nikolaus Pevsner, »Richard Payne Knight«, in: Nikolaus Pevsner, *Architektur und Design*, München 1971, S. 50.
11 Humphrey Repton, *Designs for the Pavillon at Brighton*, a.a.O., S.V.
12 William Gilpin, *Three Essays: On Picturesque Beauty; on Picturesque Travel; and on sketching Landscape...*, London 1792.
13 *Meyer's Konversationslexikon*, Bd. 7, Hildburghausen 1867, S. 627.
14 Vgl.: John Dinkel, *The Royal Pavilion Brighton*, London 1983, S. 25.
15 Vgl.: Patrick Conner, *Oriental Architecture in the West*, London 1979, S. 131.
16 Vgl.: Edward Wedlake Brayley und John Nash, *Illustrations of Her Majesty's Palace at Brighton*, London 1838, S. 15ff.

17 Ebd., S. 16.
18 Vgl.: Georg Kohlmaier und Barna von Sartory, *Das Glashaus*, München 1981, S. 138.
19 Conner (S. 135) datiert die Entwürfe auf 1805; in diesem Fall wären sie nach den Stables entstanden. Dinkel (S. 39) dagegen hält es für denkbar, daß die Zeichnungen bereits 3 bis 4 Jahre alt waren, als Porden sie in der Royal Academy ausstellte.
20 Der neue Flügel hätte Hollands später hinzugefügten ovalen Pavillon verlängert.
21 Vgl.: Mildred Archer, *Early Views of India*, a.a.O., Abb.32.
22 Ebd., Abb. 37.
23 Vgl.: Patrick Conner, *Oriental Architecture in the West*, a.a.O., S. 136 ff.
24 Edward W. Brayley, John Nash, *Illustrations of Her Majesty's Palace at Brighton*, a.a.O., S. 2.
25 Humphrey Repton, *Designs for the Pavillon at Brighton*, a.a.O., S. 29.
26 Ebd., S. 38.
27 Vgl.: Jurgis Baltrusaitis, »Die Legende von der gotischen Architektur«, in: Jurgis Baltrusaitis, *Imaginäre Realitäten*, Köln 1984.
28 H. Repton, *Designs for the Pavillon at Brighton*, a.a.O., S. VI.
29 Edward Brayley, John Nash, *Illustrations...*, a.a.O., S. 4.
30 Vgl.: Terence Davis, *John Nash, The Prince Regent's Architect*, London 1966. Henry-Russell Hitchcock, *Architecture: Nineteenth and Twentieth Centuries*, Harmondsworth 1971, S. 102ff., 143ff.
31 Vgl.: Terence Davis, Abb. 38.
32 Sowohl in England als auch in Deutschland wurde die Gotik gerne als Nationalstil ausgegeben.
33 Eine ausführliche Darstellung auch der Innenausstattung bei John Dinkel, *The Royal Pavilion Brighton*, a.a.O., und bei John Morley, *The Making of the Royal Pavilion*, London 1984.
34 (Hermann Fürst von Pückler-Muskau), *Briefe eines Verstorbenen*, Band 3, München 1830, S. 349.
35 Vgl.: Patrick Conner, *Oriental Architecture in the West*, a.a.O., S. 149. John Hix, *The Glass House*, London 1981, S. 112f.
36 Vgl.: Michael Darby, *The Islamic Perspective*, Leighton House Gallery, London, 1985, S. 87. Christopher Hibbert, Ben Weinreb (Hrsg.), *The London Encyclopaedia*, London 1983, S. 249.
37 Vgl.: Clive Aslet, *A History of Elveden*, Bd. 7 der Auktionskataloge *Elveden Hall* von Christie, Manson & Woods Ltd., London 1984.
38 Mildred Archer, *Early Views of India, the Picturesque Journeys of Thomas and William Daniell 1786–94*, a.a.O., Abb. 82.
39 Henry-Rusell Hitchcock, *Architecture: Nineteenth and Twentieth Centuries*, a.a.O., S. 14.
40 Edward Brayley, John Nash, *Illustrations...*, a.a.O., S. 15f.
41 Humphrey Repton, *Designs for the Pavillon at Brighton*, a.a.O., S. VI.
42 Vgl.: Sandra Blutman, »Hope End, Herefordshire«, *Country Life*, 19.9.1968, S. 715ff. Patrick Conner, *Oriental Architecture in the West*, a.a.O., S. 125ff.
43 Vgl.: Royal Institute of British Architects, *Catalogue of the Drawings Collection*, Sir Jeffry Wyatville (25, Nr. 25).
44 Vgl.: Raymond Head, »From Obsession to Obscurity, Colonel Robert Smith: Artist, Architect and Engineer«, *Country Life*, 21.5.1981, S. 1432ff. Ders., »Indian Fantasy in Devon«, *Country Life*, 28.5.1981, S. 1524ff.
45 Günter Metken (Hrsg.), *Revolutionsarchitektur*, Ausstellungskatalog, Baden-Baden 1971, S.188.
46 Ebd., S. 242ff.

Die Faszination der Alhambra:
»Wissenschaftlicher« Orientalismus
1 Zit. nach dem Vorwort von Paul Hazard und Marie-Jeanne Durry (Hrsg.) zu Chateaubriand, *Les aventures du dernier Abencérage*, Paris 1926, S. VII.
2 Ebd., S. VIII bzw. S. 21f.
3 François René de Chateaubriand, *Itinéraire de Paris à Jérusalem*, Paris 1811.
4 David Roberts, *Ansichten von Spanien*, London 1835, Heft 1/2, S. 16.
5 1826 erstmals unter dem Titel *Les Abencérages* erschienen.
6 Vgl. Anm. 8.
7 J.-Fr. de Bourgoing, *Nouveau Voyage en Espagne*, Paris 1788. Henry Swinburne, *Travels through Spain in the years 1775 and 1776*, London 1779.
8 Dt. Ausgabe in 4 Bänden: *Mahlerische und historische Reise in Spanien*, Leipzig 1809–11. Eine weitere »malerische« Reise: Isidore Justin Taylor, *Voyage pittoresque en Espagne, au Portugal et sur la côte d'Afrique*, Paris 1826–60.
9 Cherubinis Oper basiert auf de Jouys Drama *Les Abencérages ou l'étendard de Grenade* (1807). Die Abencerragen waren ein maurisches Adelsgeschlecht in Granada. Sie verschworen sich gegen den König Abu Hassan und die herrschende Familie der Zegri. Boabdil, der Sohn des Königs, lud darauf die Abencerragen als Gäste in seinen Palast und ließ sie einzeln töten. Romantischer Kern der Legende ist die Liebe zwischen zwei Angehörigen der verfeindeten Familien. An diese Episode erinnert die »Halle der Abencerragen« in der Alhambra.
10 François René de Chateaubriand, *Les aventures du dernier Abencérage*, a.a.O., S. 24.
11 Washington Irving, *Die Alhambra, oder das neue Skizzenbuch*, Frankfurt 1832.
12 James Cavanah Murphy, *The Arabian Antiquities of Spain*, London 1815, Einleitung.
13 Vgl.: Tonia Raquejo, »The 'Arab Cathedrals': Moorish Architecture as seen by British Travellers«, *Burlington Magazine*, Nr. 1001, 8, 1986, S. 555ff. Hanno-Walter Kruft, *Geschichte der Architekturtheorie*, München 1985, S. 264.
14 François René de Chateaubriand, *Les aventures du dernier Abencérage*, a.a.O., S.22.
15 Vgl.: Patrick Conner, *Oriental Architecture in the West*, a.a.O., S. 131.
16 Vgl. etwa Rousseaus *Discours sur l'origine et les fondements de l'inégalité parmi les hommes* (1754), in welchem er eine ebenso bildhafte wie hypothetische Beschreibung der Entstehung privaten Eigentums gibt.
17 Marc-Antoine Laugier, *Observations sur l'architecture*, Paris 1765, S. 116ff.
18 Vgl.: Jurgis Baltrusaitis, »Die Legende von der gotischen Architektur«, in: Jurgis Baltrusaitis, *Imaginäre Realitäten*, Köln 1984.
19 Ebd., S. 109; dort zit. nach: Friedrich Wilhelm Schelling, *Philosophie der Kunst* (1859), Darmstadt 1960, S. 229.
20 John Frederick Lewis, *Lewis's Sketches and Drawings of the Alhambra*, London 1835. Joseph Philibert Girault de Prangey, *Monuments arabes et moresques de Cordoue, Seville et Grenade,...* Paris 1837. Ders., *Choix d'ornements moresques de l'Alhambra*, Paris o.J. Jules Coury und Owen Jones, *Plans, Elevations, Sections, and Details of the Alhambra*, Bd. 1, London 1842, Bd. 2 mit dem Zusatztitel *Details and Ornaments of the Alhambra*, London 1845.
21 Fritz Max Hessemer, *Arabische und Altitalienische Bauverzierungen*, Berlin 1842.
22 Vgl.: Greater London Council (Hrsg.), *Survey of London*, Bd. 37, *West Kensington*, London 1973, S. 183f., Abb.97. Eine ausführliche Darstellung der

Aktivitäten von O. Jones findet sich in: Michael Darby, *The Islamic Perspective*, Ausstellungskatalog, London 1983. Von den beiden Häusern steht nur noch Nr. 24.
23 Vgl.: Philip Henry Delamotte, *Photographic Views of the Progress of the Crystal Palace*, Sydenham, London 1853.
24 Vgl.: GLC (Hrsg.), *Survey of London*, Bd. 37, a.a.O., S. 167ff., Abb. 95d.
25 Vgl.: Michael Darby, *The Islamic Perspective*, a.a.O., S. 62,67.
26 Vgl.: Elke von Schulz, *Die Wilhelma in Stuttgart. Ein Beispiel orientalisierender Architektur im 19. Jahrhundert*, Diss., Universität Tübingen 1976, S. 114. Die folgende Darstellung der Wilhelma beruht in wesentlichen Teilen auf der materialreichen Arbeit von Elke von Schulz.
27 Ebd., S. 148f.
28 Théophile Gautier, »Chinois et Russes à l'exposition universelle de Paris 1867«, in: Théophile Gautier, *L'Orient*, Paris 1877, Bd. 2, S. 267.
29 Zit. nach: »Die Villa Wilhelma zu Kannstatt bei Stuttgart«, *Zeitschrift für praktische Baukunst*, 19, 1859, Sp. 313f.
30 Elke von Schulz, *Die Wilhelma in Stuttgart*, a.a.O., S.6.
31 Vgl.: »Nekrolog (Dr. Ludwig v. Zanth...)«, *Schwäbische Kronik*, Nr. 3, 3.1. 1858, S. 13f.
32 Ludwig von Zanth, *Die Wilhelma, Maurische Villa Seiner Majestät des Königes Wilhelm von Württemberg*, 1855, S.V.
33 Ebd., S. VII.
34 Vgl.: *Wasmuths Lexikon der Baukunst*, Bd. 3, Berlin 1931, Stichwort »Maurische Baukunst«.
35 Zit. nach: Elke von Schulz, *Die Wilhelma in Stuttgart*, a.a.O., S. 10.
36 Eine eingehende Analyse der Ornamentik bei Elke von Schulz, S. 156ff.
37 Vgl.: Stefan Koppelkamm, *Gewächshäuser und Wintergärten im neunzehnten Jahrhundert*, Stuttgart 1981, S. 48ff.
38 *Über Land und Meer*, Jg. 14, 1871/72, Nr. 10, S. 5f.
39 F. W. Hackländer (Hrsg.), *Das Caroussel, welches am 27. Oktober 1846 aus Veranlassung der Hohen Vermählung Seiner Königlichen Hoheit des Kronprinzen Karl von Württemberg mit Ihrer Kaiserlichen Hoheit der Großfürstin Olga Nikolajewna in Stuttgart abgehalten wurde*, Stuttgart o.J.
40 Vgl.: David Friedrich Strauß, *Kleine Schriften (Neue Folge)*, »König Wilhelm von Württemberg«, S. 276f.
41 Ebd., S. 284.
42 Vgl.: Elke von Schulz, *Die Wilhelma*, a.a.O., S.86f.
43 Vgl.: Maria Cristina Tonelli, »Alhambra Anastatica«, *FMR* (Mailand), Nr. 4, 1982, S. 34ff. Dietmar Polaczek, »Alhambra in der Toskana: Castello di sammezzano«, *Frankfurter Allgemeine Magazin*, Nr. 232, 10.8.1984, S. 18ff.

Café Turc
1 Théophile Gautier, *Constantinople*, Paris 1883, S. 100.
2 Zur Geschichte des Café Turc und des Bld. du Temple vgl.: Musée Carnavalet (Hrsg.), *Les Grands Boulevards*, Ausstellungskatalog, Paris 1985, S. 159f., und François Fosca, *Histoire des Cafés de Paris*, Paris 1934, S. 54, 86f., 101, 123.
3 Ebd., S. 94.
4 Vgl.: Louis Carmontelle, *Jardin de Monceau, près de Paris, appartenant à son Altesse sérénissime Monseigneur le Duc de Chartres*, Paris 1779.
5 Vgl.: Friedrich Jeep, »Das ehemalige türkische Kaffeehaus in Wolfenbüttel«, *Unterhaltungsblatt, Sonntagsbeilage zur Braunschweigischen Landeszeitung*, Nr. 23, 5.4.1898.

6 Vgl.: Rainer Theobald, *Carl Theodor Ottmer als Theaterarchitekt*, Diss., FU Berlin 1976, S. 60.
7 Aus: *Brunonia. Monatsschrift für Kunst, Wissenschaft, Industrie, Gewerbe und sociales Leben im Herzogtum Braunschweig*, 1839, Heft 2; zitiert nach: Friedrich Wilhelm Kraemer, *Die Theaterbauten und Theaterplanungen von Peter Josef Krahe und Carl Theodor Ottmer. 1785—1835*, Diss., TH Braunschweig 1945, S. 141.
8 Ebd.
9 »Aufforderung an die Bürger Wolfenbüttels zur Zeichnung von Actien, behuf Erhaltung des Kaffeehauses« vom 24.11.1863 in der Slg. des Niedersächsischen Staatsarchivs Wolfenbüttel.
10 *Meyer's Konversationslexikon*, Bd. 9, Hildburghausen 1867, Stichwort Kaffee.
11 Eine kurzgefaßte Geschichte des Kaffees und des Kaffeehauses bietet der Ausstellungskatalog von Peter Albrecht, *Kaffee. Zur Sozialgeschichte eines Getränks*, Braunschweig 1980.
12 Vgl.: Wolfgang Schivelbusch, *Das Paradies, der Geschmack und die Vernunft*, München 1980, S. 50.
13 Bryant Lillywhite, *London Coffee Houses*, London 1963, S. 602ff.
14 Ebd., S. 603.
15 Ebd., S. 491.
16 Ebd., S. 97 (eine Beschreibung von 1708).
17 Vgl.: *Reallexikon der deutschen Literatur*, Berlin 1965, Bd. 2, S. 831ff.
18 Vgl.: Eduard Schmitt (Hrsg.), *Handbuch der Architektur*, IV, 4, 1, S. 85ff.
19 Architekten-Verein zu Berlin (Hrsg.), *Berlin und seine Bauten*, Berlin 1896, III, S. 16.
20 Ebd., S. 7.
21 *Baugewerkszeitung* (Berlin), 16, 1884, S. 445f.
22 »Das Hôtel Alexanderplatz«, *Deutsche Bauzeitung* (Berlin), 19, 1885, Nr. 3, S. 13. Vgl. auch Lichtdruck in: Hermann Rückwardt, *Innen-Architektur und Decorationen der Neuzeit*, Berlin 1884, T. 12.
23 Vgl.: Architektur- und Ingenieurverein Düsseldorf (Hrsg.), *Düsseldorf und seine Bauten*, Düsseldorf 1904, S. 324.
24 Vgl.: G. Stoffers (Hrsg.), *Industrie-Gewerbe- und-Kunst-Ausstellung Düsseldorf 1902*, Düsseldorf 1903, S. 177, 217.
25 Vgl.: Paul Lindenberg, *Pracht-Album der Berliner Gewerbe-Ausstellung 1896*, Berlin 1896, S. 184ff.
26 Vgl.: Wilhelm Mackowsky, »Die Architektur der Internationalen Hygieneausstellung zu Dresden im Jahre 1911«, *Der Profanbau* (Leipzig) 7, 1911, S. 569ff.
27 Vgl.: Tadeusz Stefan Jaroszewski, »Orient w architekturze polskiej XIX W.«, in: *Orient i Orientalizm w sztuce*, Krakau 1983, S. 171, 180ff.

Architektonische Fiktionen: Preußischer Orient
1 Franz Theodor Kugler, »Berliner Briefe«, *Kunstblatt*, 1848, zit. nach: Eva Börsch-Supan, *Berliner Baukunst nach Schinkel 1840—1870*, München 1977, S. 242, Anm. 1306.
2 Ebd., S. 144.
3 Ebd., S. 209, Anm. 150.
4 Vgl.: Stefan Koppelkamm, »Die idealisierte Landschaft. Fürst Pückler in Muskau und Branitz«, *Bauwelt*, 12/*Stadtbauwelt*, 89, 28.3.1986, S. 435ff.
5 Vgl.: Eva Börsch-Supan (Hrsg.), *Ludwig Persius. Das Tagebuch des Architekten Friedrich Wilhelms IV. 1840 — 1845*, München 1980, Tagebuchseiten 18, 138.
6 Vgl.: Martin Gottgetreu, *Der Fontainenbau zu Sanssouci*, Berlin 1853, abgedruckt auch in: *Zeitschrift für Bauwesen*, 2, 1852, S. 253—270, 373—392, T. 50,51/3, 1853, S. 197—210, 459—466, T. 29—35, T. 61—63, 76, 77/4, 1854, S. 155—156. H.E.R.

Belani, *Geschichte und Beschreibung der Fontainenanlagen in Sanssouci*, Potsdam 1843.
7 Eva Börsch-Supan (Hrsg.), *Ludwig Persius. Das Tagebuch...* a.a.O., S. 45 (Tagebuchseite 12 vom 8.1.1841).
8 Vgl.: Alfred Renz, *Geschichte und Stätten des Islam*, München 1977, S. 386.
9 »Das Dampfmaschinenhaus und die Fontänen am Babelsberg«, *Allgemeine Bauzeitung*, 11, 1846, S. 211—220, T. 42—44. *Architektonisches Skizzenbuch*, 41, T. 2,3.
10 Martin Gottgetreu, *Der Fontainenbau zu Sanssouci*, a.a.O., S. 8.
11 Siehe Anm. 6.
12 Vgl.: Eva Börsch-Supan, *Berliner Baukunst nach Schinkel*, a.a.O., S. 178f., Abb. 589f.
13 Plankammer der Schlösserverwaltung Potsdam — Sanssouci, Inv. Nr. 5789.
14 Ebd., Inv. Nr. 3090 (August Stüler, 1843) und 3091 (Ludwig Ferdinand Hesse, 1846).
15 Vgl.: Eva Börsch-Supan, *Berliner Baukunst nach Schinkel*, a.a.O., S. 149ff, S. 566f. Hubert Stier, »Karl von Diebitsch«, *Deutsche Bauzeitung*, 3, 1869, Nr. 35, S. 418ff., 432ff.
16 Eva Börsch-Supan, *Berliner Baukunst nach Schinkel*, a.a.O., S. 150, 798 f. Diebitschs Börsenentwürfe im Planarchiv der TU Berlin.
17 Vgl. Anm. 15.
18 Vgl.: Bericht über einen Vortrag Diebitschs in der *Zeitschrift für Bauwesen* (Berlin), 2, 1852, Sp.334.
19 Vgl.: *Zeitschrift für praktische Baukunst* (Berlin), 20, 1860, Sp. 362.
20 Theodor Fontane, *Cécile*, Berlin 1909, S. 131f.
21 Zur Geschichte des Hauses am Hafenplatz 4 vgl.: Felix Hasselberg, »Willibald Alexis über das 'Maurische Haus' am Hafenplatz«, *Berlinische Blätter*, 1, 1933/34, S., 96ff., Abb. 10. Hans Pappenheim, »Theodor Fontane in Kreuzberg«, *Mitteilungen des Vereins für die Geschichte Berlins*, 65, 1969, Nr. 18, S. 258f. sowie die Bauakten beim Landesarchiv Berlin.
22 Zit. nach Hans Pappenheim; vgl. Anm. 21.
23 Vgl.: *Berlinische Blätter*, a.a.O., S. 97 und Hubert Stier, »Karl von Diebitsch«, *Deutsche Bauzeitung*, a.a.O., S. 432.
24 Ebd., S. 432.
25 Ebd., S. 433.
26 Vgl.: *Die Dioskuren* (Berlin), 7, 1862, S. 132.
27 Vgl.: *Die Dioskuren*, 8, 1863, S. 187, 297.
28 Vgl.: Janet L. Abu-Lughod, *Cairo — 1001 Years of the City Victorious*, Princeton 1971, S. 98ff.
29 Ägypten gehörte noch zum Osmanischen Reich und war diesem tributpflichtig. Der Vizekönig mußte wichtige Entscheidungen wie die über den Bau des Suezkanals vom Sultan genehmigen lassen.
30 Franz Bey, »Cairo's Neubauten«, *Zeitschrift für praktische Baukunst*, 31, 1871, S. 193.
31 Ludwig Borchardt, »Franz — Pascha« (Nachruf), *Zentralblatt der Bauverwaltung* (Berlin), 35, 1915, S. 220.
32 Hubert Stier, »Karl von Diebitsch«, a.a.O., S.435.
33 Franz Bey, »Cairo's Neubauten«, a.a.O., S.196.
34 Ebd., T. 21, 22.
35 Zur Geschichte des Maurischen Kiosks vgl. nachfolgende Anmerkungen. Siehe auch: *Illustrirte Zeitung* (Leipzig), 27. Juli 1867, S. 68—70. Wilhelm Hamm (Hrsg.), *Illustrierter Katalog der Pariser Industrieausstellung von 1867*, Leipzig 1868, S.44. *Zeitschrift für praktische Baukunst*, 30, 1870, S. 219 (Aufstellung des Kiosks in Zbirow). Gerhard Hojer (Hrsg.), *König Ludwig II. — Museum Herrenchiemsee*, München 1986, S. 426ff.
36 *Wochenblatt des Architektenvereins Berlin*, 1, 1867, S. 278.

57 »Der Maurische Kiosk auf der Pariser Ausstellung«, *Zeitschrift für praktische Baukunst*, 27, 1867, Sp. 337ff.

58 Hubert Stier, »Karl von Diebitsch«, a.a.O., S. 454.

59 Julius Meyer, »Die Bildende Kunst auf der Weltausstellung«, *Zeitschrift für Bildende Kunst* (Leipzig), 2, 1867, S. 215.

40 Theodor Fontane, *Cécile*, a.a.O., S. 131f.

41 »Der Maurische Kiosk auf der Pariser Ausstellung«, *Zeitschrift für praktische Baukunst*, 27, 1867, Sp. 339f.

42 Michael Petzet (Hrsg.), *König Ludwig II. und die Kunst*, Ausstellungskatalog, München 1968, S. 219f.

45 Vgl.: Folkwin Wendland, *Berlins Gärten und Parke*, Frankfurt 1979, S. 354ff.

44 Zur Geschichte des Palmenhauses vgl.: Eva Börsch-Supan, *Berliner Baukunst nach Schinkel*, a.a.O., S. 147, Abb. 493, 494. Georg Kohlmaier und Barna von Sartory, *Das Glashaus*, München 1981, S. 255ff.

Maurische Synagogen

1 Julius Deutsch, »Die Synagoge in Cöln«, *Allgemeine Bauzeitung* (Wien), 50, 1885, S. 74f., T. 49—52.

2 Titel einer 1828 veröffentlichten Schrift des Architekten Heinrich Hübsch.

3 Vgl.: »Die Synagoge zu Dresden«, *Allgemeine Bauzeitung* (Wien), 12, 1847, S. 127, T. 105—106. Harold Hammer-Schenk, *Synagogen in Deutschland*, Hamburg 1981, S. 123ff.

4 Vgl. Harold Hammer-Schenk, *Synagogen in Deutschland*, a.a.O., S. 259ff.

5 Zit. nach: Harold Hammer-Schenk, *Synagogen in Deutschland*, a.a.O., S. 253.

6 Eduard Bürklein, »Synagoge in Heidenheim«, *Allgemeine Bauzeitung* (Wien), 19, 1854, S. 389ff., T. 656f.

7 Vgl.: »Die Baron Pereira'sche Villa auf der Herrschaft Königstetten im Tullnerboden nächst Wien«, *Allgemeine Bauzeitung* (Wien), 14, 1849, S. 107, T. 248—251.

8 Ludwig Förster, »Das israelitische Bethaus in der Wiener Vorstadt Leopoldstadt«, *Allgemeine Bauzeitung* (Wien), 1859, S. 14. Vgl. auch folgende Seiten und T. 250-235.

9 Ebd.

10 Julius Deutsch, »Die Synagoge in Cöln«, a.a.O., S. 75.

11 Zur Baugeschichte vgl.: Harold Hammer-Schenk, *Synagogen in Deutschland*, a.a.O., Bd. 1, S. 284ff. Rolf Bothe (Hrsg.), *Synagogen in Berlin*, Berlin 1981, Bd. 1, S. 27ff., 87ff. Robert Graefrath, »Die Neue Synagoge in Berlin«, *Bildende Kunst* (Berlin, DDR), 4, 1982, S. 180ff.

12 Gustav Knoblauch, »Die neue Synagoge in Berlin«, *Zeitschrift für Bauwesen*, 16, 1866, Sp. 6; siehe auch Sp. 4f., 481ff und T. 1—6.

15 Vgl.: Peter Jochen Winters, »Die Neue Synagoge wird Museum«, *Frankfurter Allgemeine Zeitung*, 19.7.1986, S. 7.

14 Vgl.: Carol Herselle Krinsky, *Synagogues of Europe*, Cambridge (Mass) 1985, S. 157ff.

15 Ebd., S. 159ff.

16 Vgl.: Harold Hammer-Schenk, *Synagogen in Deutschland*, a.a.O., S. 307f. Paulgerd Jesberg (Hrsg.), *Philipp Hoffmann 1806—1889*, Ausstellungskatalog, Wiesbaden 1982/83, S. 85.

Der Orient Ludwigs II.

1 Vgl.: *Salon de 1867, 85e exposition officielle*, Nr. 945, Jacques-Edmond Leman, »Louis XIV et les ambassadeurs du roi de Siam«.

2 Vgl.: Gerhard Hojer (Hrsg.), *König Ludwig II. — Museum Herrenchiemsee*, München 1986, S. 185f.

3 Ebd., S. 54.

4 Ebd., S. 86f.

5 Zit. nach: Michael Petzet (Hrsg.), *König Ludwig II. und die Kunst*, Ausstellungskatalog, München 1968, S. 64.

6 Ebd., S. 43.

7 Vgl.: *Kindlers Literaturlexikon im dtv*, München 1974, Bd. 13, S. 5474.

8. Zit. nach: Michael Petzet (Hrsg.), *König Ludwig II. und die Kunst*, a.a.O., S. 66f.

9 Vgl.: Elmar D. Schmid, »Der Wintergarten König Ludwigs II. in der Münchner Residenz«, in: Gerhard Hojer (Hrsg.), *König Ludwig II. — Museum Herrenchiemsee*, a.a.O., S. 63ff.

10 Vgl.: Georg Kohlmaier und Barna von Sartory, *Das Glashaus*, München 1981, S. 454.

11 Zit. nach Elmar D. Schmid, »Der Wintergarten König Ludwigs II...«, a.a.O., S. 89.

12 Louise von Kobell, *König Ludwig II. von Bayern und die Kunst*, München 1900, S. 447f.

15 Thomas Allom und Robert Walsh, *Constantinople and the scenery of the seven churches of Asia Minor illustrated*, London 1838—40, Bd. 2, »Apartment in the Palace of Eyoub«, Frontispiz u. S. 33f.

14 Ebd., Bd. 1, »Interior of a Turkish Caffinet«, Tafel nach S. 58.

15 Ebd., Bd. 2, »The Sultan's new palace on the Bosphorus«, S. 2f. Vgl. auch: André Barey, »Along the banks of the Bosphorus«, *Lotus* (Mailand), 26, 1980, S. 21ff. Alfred Renz, *Geschichte und Stätten des Islam*, München 1977, S. 588.

16 Louise von Kobell, *König Ludwig II. von Bayern und die Kunst*, a.a.O., S. 110.

17 Vgl.: Gerhard Hojer (Hrsg.), *König Ludwig II. — Museum Herrenchiemsee*, a.a.O., S. 457ff.

18 Zit. nach: Michael Petzet (Hrsg.), *König Ludwig II. und die Kunst*, a.a.O., S. 67.

Bürgerlicher Orient:
Villen, Salons und Ateliers

1 Walter Benjamin, *Einbahnstraße (Gesammelte Schriften*, Band IV, 1, Werkausgabe, Bd. 10) Frankfurt 1980, S. 89.

2 Vgl.: Nicholas Cooper, *The Opulent Eye*, London 1976, S. 29, T. 41.

5 Vgl.: F.W.J. Hemmings, *The King of Romance. A portrait of Alexandre Dumas*, London 1979, S.146f. Anne Sy, »Hassan II au secours des amis d'Alexandre Dumas«, *Jeune Afrique Magazine*, Nr. 24, 1986, S. 63f. (Bericht über die von Hassan II. finanzierte Restaurierung der beiden Räume.)

4 Vgl.: Mary Anne Stevens (Hrsg.), *The Orientalists*, Ausstellungskatalog, London 1984, S. 122.

5 Dargestellt auf einem Gemälde von A.E. Duranton; Abb. in: Lynne Thornton, *Les Orientalistes*, Paris 1985, S. 24/25.

6 Vgl.: Eduard Schmitt (Hrsg.), *Handbuch der Architektur*, IV, 6, 3. Heft, »Künstlerateliers«, Stuttgart 1901, S. 34ff.

7 Vgl.: Nadine Beauthéac und François-Xavier Bouchart, *L'Europe Exotique*, Paris 1985, S. 119.

8 Vgl.: Mary Anne Stevens (Hrsg.), *The Orientalists*, a.a.O., S. 201f.

9 Zur Baugeschichte vgl.: »Artists' Homes No. 7 — Sir Frederick Leighton's House and Studio«, *The Building News*, 1.10.1880, S. 384. Greater London Council (Hrsg.), *Survey of London*, Bd. XXXVII, Northern Kensington, S. 136ff., T. 77. Michael Darby, *The Islamic Perspective*, Ausstellungskatalog, London 1983, S. 131f.

10 Vgl.: »Die Baukunst der Araber«, *Allgemeine Bauzeitung* (Wien), 21, 1856, T. 43. Giuseppe Caronia, *La Zisa di Palermo. Storia e restauro*, Rom und Bari 1982.

11 Girault de Prangey, *Essai sur l'architecture des Arabes et des Maures en Espagne, en Sicilie et en Barbarie*, Paris 1841. Henry Gally Knight, *Saracenic and Norman Remains to illustrate the Normans in Sicily*, London 1840.

12 *Moniteur des Architectes*, 1867, T. 135; 1868, T.T. 152 (»Hotel Avenue Montaigne, A. Normand, Architecte, Bains Turcs«).

13 Tadeusz Stefan Jaroszewski, »Orient w architekturze polskiej XIX W.«, in: *Orient i Orientalizm w sztuce*, Warschau 1986, S. 165.

14 Vgl.: Henry Havard, *L'art dans la maison*, Paris 1884, S. 454ff., T. 51 »Fumoir oriental« des Architekten Claude David.

15 Ebd., S. 460.

16 Michael Darby, *The Islamic Perspective*, a.a.O., S. 123, 135ff.

17 Vgl.: Nicholas Cooper, *The Opulent Eye*, a.a.O., S. 34, T. 76.

18 Julius Meyer, »Die Bildende Kunst auf der Weltausstellung«, *Zeitschrift für Bildende Kunst* (Leipzig), 2, 1867, S. 215.

19 Vgl. auch: Hanno-Walter Kruft, *Geschichte der Architekturtheorie*, München 1985, S. 316ff., 355ff., 379.

20 »Der Orient und die Wiener Weltausstellung«, *Blätter für Kunstgewerbe* (Wien), II, 1873, S. 53.

21 Vgl. auch: Dolf Sternberger, *Panorama oder Ansichten vom 19. Jahrhundert*, Frankfurt 1974, S.158ff.

22 Ebd., S. 162.

23 Ein Bild typischer Interieurs vermitteln die Photographien in: Hermann Rückwardt, *Innen-Architektur und Decorationen der Neuzeit*, Berlin 1884, und die Tafeln in: Georg Hirth, *Das deutsche Zimmer der Renaissance*, München 1880.

24 Ebd., S. 89.

25 Vgl.: Sigfried Giedions Kapitel »Die Herrschaft des Tapezierers« in: *Die Herrschaft der Mechanisierung*, Frankfurt 1982, S. 402ff.

26 Vgl.: W. H. Uhland, *Illustrirter Katalog der Pariser Welt-Ausstellung von 1878*, Leipzig 1880, S. 8, 65, 197.

27 Vgl.: Axel von Saldern (Hrsg.), *Die Bugattis*, Ausstellungskatalog, Hamburg 1983.

28 Vgl.: Henry Havard, *L'art dans la maison*, a.a.O., S. 459.

29 Vgl.: Gerhard Klußmeier und Hainer Plaul, *Karl May. Biographie in Dokumenten und Bildern*, Hildesheim 1978, S. 134ff.

50 Joris Karl Huysmans, *Gegen den Strich*, Zürich 1981, S. 74.

51 Vgl.: Klaus Berger, *Japonismus in der westlichen Malerei 1860—1920*, München 1980, S. 12, 72.

52 Vgl. Die Photographien viktorianischer Interieurs von H. Bedford Lemere in: Nicholas Cooper, *The Opulent Eye*, a.a.O.

55 Heinrich Berl, *Das Badische Tagebuch*, Baden-Baden 1956, S. 160, 162, 164. Lithographierte Ansicht des Gebäudes im Besitz des Stadtmuseums im Baldreit, Inv. Nr. 9823.

54 Vgl.: Margot Fuss, »Ein Arzt baute maurisch«, *Badisches Tageblatt*, 6.4.1968.

55 Burgstr. 2; hier befindet sich im Haus ein Internat. Vgl.: Joachim Hotz, »Friedrich Maler und Johann Baptist Werle als Architekten des Schlosses in Bodman«, in: *Jahrbuch der Staatlichen Kunstsammlungen in Baden-Württemberg*, Bd. 14, 1977, S. 74f.; weitere Informationen verdanke ich Frau Margot Fuss vom Stadtarchiv Baden-Baden.

56 Vgl.: Heinrich Berl, *Das Badische Tagebuch*, a.a.O., S. 116f.

57 Vgl.: Volker Helas, *Architektur in Dresden 1800—1900*, Braunschweig 1985, S. 39, 165f.

58 Vgl.: Gunther Martin, »Denn das Ferne liegt so nah«, *Wien aktuell*, 10, 1977, S. 25ff.

59 Vgl.: *Illustrirte Zeitung* (Leipzig), 17.11.1898.

40 Vgl.: Lise Grenier und Hans Wieser-Benedetti, *Le siècle de l'éclectisme. Lille 1830—1930*, Paris und Brüssel 1979, Bd. 2, S. 28, 30f., 84f., 286ff.

41 Vgl.: *Thieme – Becker Künstlerlexikon*, Bd. 32, Leipzig 1938.
42 Vgl.: Stefan Koppelkamm, *Gewächshäuser und Wintergärten im neunzehnten Jahrhundert*, Stuttgart 1981, S. 90ff.
43 Siehe Anm. 40.
44 Vgl.: »Establissement thermal de Vittel«, *La construction moderne*, 11.9.1886, S. 581, T. 104–106. Lise Grenier (Hrsg.), *Villes d'eaux en France*, Paris 1985, S. 360.
45 Ebd., S. 112.
46 Zur maurischen Architektur Südfrankreichs vgl.: Nadine Beauthéac und François-Xavier Bouchart, »Architecture mauresque dans le sud de la France«, *Monuments historiques* (Paris), Nr. 125, 1983, S. 49ff. (noch weitere Artikel zum Thema in diesem Heft!). Caroline Godard, Michel Racine und Jacques Repiquez, »Villas orientales de Marseille à Menton«, *Monuments historiques*, Nr. 133, 1984, S. 25ff. François Bret (Hrsg.), *Influences de l'Orient sur l'architecture en Provence*, Ausstellungskatalog, Marseille 1982. Nadine Beauthéac und François-Xavier Bouchart, *L'Europe exotique*, a.a.O., S. 120ff.
47 Juan Antonio Gaya Nuño, *Arte del Siglo XIX*, Madrid 1966 (*Ars Hispaniae*, Bd. 19), S. 155.
48 Ebd., S. 155, Abb. 160.
49 Vgl.: Nadine Beauthéac und François-Xavier Bouchart, *L'Europe exotique*, a.a.O., S. 148f.
50 Vgl.: *Arquitectura*, Nr. 125, Mai 1969, Sonderheft »Neo-mudéjar en Madrid«.
51 Fundación Caja de Pensiones (Hrsg.), *Antoni Gaudí (1852–1926)*, Ausstellungskatalog, Barcelona 1985, S. 119ff.
52 Albert Knoepfli, »Zum Schloßbau des 19. Jahrhunderts in der deutschsprachigen Schweiz«, und Jürgen Ganz, »Schloßbau und schloßähnliche Architektur des 19. Jahrhunderts: Katalog von Beispielen aus dem deutschsprachigen Schweiz«, beide in: Renate Wagner-Rieger (Hrsg.), *Historismus und Schloßbau*, München 1975, S. 164f., S. 180f.
53 »Oberbaurat Otto Tafel«, *Schwäbische Kronik*, 27.1.1914.
54 Hermann Schönleber, »Tafel, Otto, Oberbaurat«, in: *Württembergischer Nekrolog für das Jahr 1914*, Stuttgart 1916, S. 1ff.

Im Türkischen Bad

1 Théophile Gautier, *L'Orient*, Bd. 2, Paris 1888, S. 87f.
2 Salomon Schweigger, *Eine neue Reyßbeschreibung auß Teutschland nach Constantinopel und Jerusalem*, Nürnberg 1608, S.50f.
3 Vgl.: Marcell Restle, »Türkische Elemente in der bayerischen Architektur des 18. und 19. Jahrhunderts«, in: Klaus-Detlev Grothusen (Hrsg.), *Die Türkei in Europa*, Göttingen 1979, S. 45ff. François de Cuvilliés, *Architecture Civile*, o.O. u.J., Bd. 2, T. 12–14.
4 Emmanuel Héré de Corny, *Recueil des plans, élévations et coupes...des châteaux, jardins, et dépendances que le Roy de Pologne occupe en Lorraine...*, 2 Bde., Paris 1753.
5 David Urquhart, *The Pillars of Hercules; or, a Narrative of Travels in Spain and Morocco in 1848*, London 1850, Bd. 2, S. 25.
6 Ebd., S. 87.
7 Vgl.: Wilhelm Schleyer, *Bäder und Badeanstalten*, Leipzig 1909. Eduard Fuchs, *Illustrierte Sittengeschichte*, Berlin 1909, Bd. 1, S. 48f., S. 440ff. Otto Borst, *Alltagsleben im Mittelalter*, Frankfurt 1983. George Riley Scott, *The Story of Baths and Bathing*, London 1939, S. 77ff.
8 Vgl.: Friedrich Engels, *Die Lage der arbeitenden Klasse in England*, München 1973, S. 117ff.
9 The Public Baths and Wash-Houses Act.

10 David Urquhart, *The Turkish Bath, with a View to its Introduction into the British Dominions*, London 1856.
11 Mary Wortley Montagu, *Letters written during her Travels in Europe, Asia and Africa...*, London 1783, S.75ff.
12 Charles Jervas (1675–1739), irischer Portraitmaler.
13 Vgl.: Bryant Lillywhite, *London Coffee Houses*, London 1963, S. 95ff.
14 Ebd., S. 97.
15 Die Bath Street existiert nicht mehr; der gesamte Block wird heute von dem Neubau des British Telecom Centre eingenommen.
16 »A neat contrived building after the Turkish mode«, »the cupola-roof and walls neatly set with Dutch tiles...«. Vgl.: Bryant Lillywhite, *London Coffee Houses*, a.a.O., S. 491, 497.
17 Sigfried Giedion, *Die Herrschaft der Mechanisierung*, Frankfurt 1982, S. 722f.
18 R. Klette, »Das irisch-römische Bad«, *Zeitschrift für Bauhandwerker* (Braunschweig), 11, 1867, Nr. 11, S. 181ff.; 201ff.
19 Vgl.: Sigfried Giedion, *Die Herrschaft der Mechanisierung*, a.a.O., S. 688ff. Wilhelm Schleyer, *Bäder und Badeanstalten*, a.a.O.
20 Claude Savary, *Zustand des alten und neuen Ägypten in Ansehung seiner Einwohner, der Handlung, des Ackerbaus, der politischen Verfassung*, Wien 1799; zit. nach Ursula Beyer (Hrsg.), *Kairo*, Frankfurt 1985, S. 67.
21 Théophile Gautier, *Constantinople*, Paris 1883, S. 239.
22 Vgl.: *The Builder*, 25.5.1861, S. 359.
23 »The Hammam, or Turkish Bath«, *The Illustrated London News*, 26.7.1862, S. 111. »The new Turkish Hammam, Jermyn Street«, *The Building News*, 4.7.1862, S. 11f. »Turkish Baths, Jermyn Street, St. James's«, *The Building News*, 13.3.1863, S. 199ff.
24 »Brompton Turkish Baths«, *The Builder*, 25.5.1861, S. 359. Charles Bartholomew, *Guide to Turkish, Medicated and other Baths*, London 1887.
25 Das Bad befand sich im Haus Nr. 76, Jermyn Street, und bestand bis 1940. In Nr. 91/92 gab es bis 1975 die »Savoy Turkish Baths«. Zu Nr. 76 vgl.: Harold B. Clunn, *The Face of London*, London 1951, S. 212; zu Nr. 91/92: »Jermyn Street Turkish Bath closes its doors«, *Evening Standard*, 22.9.1975, S. 14.
26 Vgl.: Eugène Briffault, *Paris dans l'eau*, Paris 1844, S. 70ff.
27 Vgl.: *Les grands boulevards*, Ausstellungskatalog, Paris 1985, S. 170f. Campion (Frères), *Vues pittoresques de Paris*, Paris 1792, T. 102, 106. Verschiedene Dokumente in der Bibliothèque Nationale, Va 236a., Paris 2ème arr.
28 Vgl.: Osvald Sirén, *China and Gardens of Europe of the Eighteenth Century*, New York 1950, S. 142f. Eleanor von Erdberg, *Chinese Influence on European Garden Structures*, Cambridge 1936, S. 148, 180.
29 Vgl.: L. de Vesly, »Le Hammam ou bains turco-romains«, *Le Moniteur des architectes* (Paris), Bd. 11, 1877, Sp. 17-19, T. 5. A. Dupuis, »Bains turco-romains à Paris«, *La semaine des constructeurs*, 1876/77, S. 53ff., 79.
30 »Establissement thermal de Vittel«, *La construction moderne* (Paris), 1886, S. 581 f., T. 104-106.
31 Derek Linstrum, »Architecture of Cuthbert Brodrick«, *Country Life*, 1.6.1967, S. 1379ff.
32 »Die neue Bade- und Schwimmanstalt in Reims«, *Uhlands industrielle Rundschau* (Leipzig), 13.12.1888, S. 73.
33 »Wiener Centralbad,...«, *Der Bautechniker* (Wien), Nr.26, 1889, S. 379ff. »Ein neues Bade-Etablissement in Wien«, *Wiener Bauindustrie-Zei-*

tung, 6, 1888/89, S. 69. Anton Honus, »Das Wiener Centralbad«, *Wochenschrift des Österr. Ingenieur- und Architekten-Vereins*, Nr. 1, 1890, S. 1ff. Gunther Martin, »Das Dampfbad aus 1001 Nacht«, *Wien aktuell*, 6, 1976, S. 27ff.
34 *Page's Handbook to Brighton*, Brighton 1875, S. 110.
35 Vgl.: Clifford Musgrave, *Life in Brighton*, London 1970, S. 203ff. »Turkish Bath Brighton«, *The Building News*, 13.12.1867, S. 863 mit Ans. und Gr. »Opening of Turkish Baths in Brighton«, *The Builder*, 24.10.1868, S. 786.
36 Eine ausführliche Dokumentation der Entwürfe in *The Builder*, 2.8.1890; 9.5.1891; 31.7.1897.
37 »New Turkish Bath«, *The Building News*, 8.2.1895, S. 191. Vgl. auch: *The Builder*, 9.2.1895, S. 98.
38 Leo Vetter, *Moderne Bäder*, Stuttgart 1894, S.63.
39 Vgl.: Leo Vetter, *Das Bad der Neuzeit*, Stuttgart 1904.
40 Leo Vetter, *Moderne Bäder*, a.a.O., S. 87f.
41 Vgl.: Elke von Schulz, *Die Wilhelma in Stuttgart*, Diss., Tübingen 1974, Abb. 143.
42 Vgl.: *Architektonische Rundschau* (Stuttgart), Nr. 6, 1898, Text u.T. 41; Nr. 7, 1898, T. 49.
43 Vgl.: »Dalston Junction Turkish Baths«, *The Builder*, 14.1.1882, S. 53, 2 T.

Das Weltbild der Weltausstellungen

1 Julius Lessing, »Das halbe Jahrhundert der Weltausstellungen«, *Volkswirtschaftliche Zeitfragen. Vorträge und Abhandlungen*, 22, Berlin 1900, S. 8.
2 Théophile Gautier, »L'Inde à l'exposition universelle de Londres«, in: Théophile Gautier, *L'Orient*, Paris 1877, Bd. 1, S. 311.
3 Ebd., S. 309.
4 Matthew Digby Wyatt, *The Industrial Arts of the 19th Century at the Great Exhibition 1851*, London 1853, 2 Bde.
5 Ebd., Bd. 2, Text zu Tafel 152.
6 Gottfried Semper, *Wissenschaft, Industrie und Kunst*, 1852, zit. nach: Utz Haltern, *Die Londoner Weltausstellung von 1851*, Münster 1971, S. 334.
7 Ebd.
8 *The Illustrated Exhibitor*, London 1851, S. 319.
9 Utz Haltern, *Die Londoner Weltausstellung von 1851*, a.a.O., S. 276.
10 J.B. Waring, *Masterpieces of Industrial Art & Sculpture at the International Exhibition 1862*, 3 Bde., London 1863.
11 Zit. nach: Utz Haltern, *Die Londoner Weltausstellung von 1851*, a.a.O., S. 277.
12 R. Cobder war Propagandist des »Manchester-Liberalismus«. Diese Theorie sah als wichtigste Antriebskraft der Wirtschaft die unbeschränkte Entfaltung egoistischer Interessen an und forderte internationalen Freihandel sowie den Wegfall jeglicher Steuerung wirtschaftlicher Prozesse durch Schutzzölle.
13 Lothar Bucher, *Die Londoner Industrieausstellung von 1862*, Berlin 1863, S. 89.
14 Ebd., S. 86.
15 Ebd., S. 91.
16 Owen, Jones und Jules Goury, *Plans, Elevations, Sections, and Details of the Alhambra*, London 1842–45.
17 J.B. Waring, *Masterpieces of Industrial Art & Sculpture at the International Exhibition 1862*, a.a.O., Tafeln 82, 224.
18 Vgl.: Michael Darby, *The Islamic Perspective*, London 1983, S. 61ff.
19 *L'Exposition universelle de 1867 illustrée*, Bd. 2, S. 322, zit. nach: Walter Benjamin, *Das Passagen-Werk*, Frankfurt 1982, Bd. 1, S. 238.
20 Wilhelm Hamm (Hrsg.), *Illustrierter Katalog*

der Pariser Industrieausstellung von 1867, Leipzig 1868, S. 46.
21 Vaublanc, Petit voyage à l'exposition. Causeries sur l'exposition universelle de 1867, Paris 1868, S. 40.
22 Vgl.: Auguste Mariette, Exposition universelle de 1867. Description du Parc Egyptien, Paris 1867.
23 Julius Lessing, »Das halbe Jahrhundert der Weltausstellungen«, a.a.O., S. 19.
24 Théophile Gautier, »Chinois et Russes à l'exposition universelle de Paris, 1867« in: Théophile Gautier, L'Orient, a.a.O., Bd. 1. S. 267.
25 Vgl.: Gildas Baudez und François Béguin, »Arabisances – Observations on French colonial architecture in North Africa between 1900 and 1950«, Lotus international (Mailand), 1979, Nr. 26. S. 41ff.
26 Vaublanc, Petit voyage à l'exposition, a.a.O., S. 41.
27 »Der Orient und die Wiener Weltausstellung«, Blätter für Kunstgewerbe (Wien), II, 1873, S. 54.
28 Allgemeine Illustrierte Weltausstellungszeitung, Wien 1872/73, Bd. 2, S. 63.
29 Ebd., Bd. 1, S. 257.
30 Vgl.: Herbert Fux, Japan auf der Weltausstellung in Wien 1873, Ausstellungskatalog, Wien 1973.
31 Emile Zola, »L'ouverture de l'exposition universelle«, in: Emile Zola, Oevres complètes, Paris 1970, Bd. 14. S. 344.
32 Louis Gonse, L'art moderne à l'exposition de 1878, Paris 1879, S. 261.
33 Zit. nach: Le livre des expositions universelles 1851–1989, Paris 1983, S. 69.
34 Das Bild von P. Lafaye befindet sich im Musée Bouilhet-Christofle in Saint-Denis. Abb. in: Le livre des expositions universelles 1851–1989, a.a.O.
35 F. G. Dumas und L. de Fourcaud (Hrsg.), Revue de l'exposition universelle de 1889, Paris 1889, Bd. 1, S. 73.
36 Franz Held (=Franz Herzfeld), Eine Afrikareise durchs Marsfeld, Berlin 1890.
37 Zit. nach: Utz Haltern, Die Londoner Weltausstellung von 1851, a.a.O., S. 331.
38 Franz Held, Eine Afrikareise durchs Marsfeld, a.a.O., S. 148.
39 F. G. Dumas und L. de Fourcaud (Hrsg.), Revue de l'exposition universelle de 1889, S. 254.
40 Vgl.: Heinz-Georg Klös, Von der Menagerie zum Tierparadies, Berlin 1969. Sibylle Benninghoff-Lühl, »Die Ausstellung der Kolonisierten: Völkerschauen von 1874–1932«, in: Volker Harms (Hrsg.) Andenken an den Kolonialismus, Ausstellungskatalog, Tübingen 1984, S. 52ff.
41 Theodor Heine, »Die Panoramen«, in: Georg Malkoswky (Hrsg.), Die Pariser Weltausstellung in Wort und Bild, Berlin 1900, S. 28.
42 Zit. nach: Le Livre des expositions universelles 1851–1989, a.a.O., S. 139f.
43 Julius Meyer, »Die Bildende Kunst auf der Weltausstellung«, Zeitschrift für Bildende Kunst (Leipzig), 2, 1867, S. 214.
44 Vgl.: Revue générale de l'Architecture, Bd. 26, 1868, Sp. 271f., T. 58-60, Sp. 71, T. 12.
45 Vgl.: C. Détain, »Le Bardo«, Revue générale de l'Architecture, Bd. 27, 1869, Sp. 161ff., T. 32-39. Vgl. auch: Joseph Philibert Girault de Prangey, Essai sur l'architecture des Arabes et des Mores..., Paris 1841, T. 28 mit Text.
46 Vgl.: Théophile Gautier, »L'Egypte«, in: Théophile Gautier, L'Orient, Bd. 2, a.a.O., S. 110ff.
47 Théophile Gautier, »L'Egypte«, in: Théophile Gautier, L'Orient, Bd. 2, a.a.O., S. 92.
48 Julius Meyer, »Die Bildende Kunst auf der Weltausstellung«, Zeitschrift für Bildende Kunst (Leipzig), 2, 1867, S. 214.

49 Vgl.: Emile Goudeau, »L'Histoire de l'Habitation«, Louis Gonse (Hrsg.), Exposition Universelle de 1889. Les Beaux Arts et les Arts Décoratifs, Paris 1889, S. 78ff.

Alhambra, Eden, Tivoli:
Die Verheißungen der Vergnügungsindustrie
1 Eduard Fuchs, Illustrierte Sittengeschichte, Bd. 3, Berlin 1912, S. 425.
2 Vgl.: Eduard Schmitt (Hrsg.), Handbuch der Architektur, Stuttgart 1904, Bd. IV, 4, 1, S. 173ff.
3 Vgl.: Christopher Hibbert und Ben Weinreb, The London Encyclopaedia, London 1983, S. 637.
4 Vgl.: Patrick Conner, Oriental Architecture in the West, London 1979, S. 56.
5 Vgl.: Eduard Schmitt, Handbuch der Architektur, a.a.O., S. 192f.
6 Vgl.: John Hix, The Glass House, London 1981, S. 152ff.
7 »Ouverture du Ba-Ta-Clan...«, Revue de l'Architecture et des Traveaux publics (Paris), 22, 1864, Sp. 299f.
8 Vgl.: Pierre Larousse (Hrsg.), Grand Dictionnaire Universel, Paris 1865-76, Bd. 3, S. 62 (Stichwort »Cafés chantants«).
9 Ebd.
10 Ebd.
11 »Ouverture du Ba-Ta-Clan...«, a.a.O., Sp. 300.
12 Vgl.: Eduard Schmitt (Hrsg.), Handbuch der Architektur, IV, 6, 6, Stuttgart 1904, S. 96ff.
13 Vgl.: »Royal Panopticon of Science and Art«, The Builder (London), 20.12.1851, S. 803. Siehe auch: The Builder, 18.3.1854, S. 137, 143.
14 Vgl.: Greater London Council (Hrsg.), Survey of London, Bd. 34, London 1966, S. 495.
15 »Ouverture du Ba-Ta-Clan...«, a.a.O., Sp. 299.
16 Musée Carnavalet (Hrsg.), Du faubourg du Temple au faubourg Saint-Antoine, Ausstellungskatalog, Paris 1985, S. 111.
17 »Ouverture du Ba-Ta-Clan...«, a.a.O., Sp. 300.
18 Vgl.: J.A. Luthereau, Charles Duval (Architecte), aus der Serie Célébrités artistiques, Paris 1856.
19 Eduard Schmitt (Hrsg.), Handbuch der Architektur, IV, 4, 1, a.a.O., S. 197ff.
20 Ebd., S. 202.
21 Vgl. auch: Le Moniteur des Architectes, 1883, T. 35 – 36. Le Génie civil, Bd. 3, 1882/83, S. 130ff. Weitere Artikel gibt das Handbuch für Architektur, IV, 4, 1, a.a.O., S. 239f. an.

Architektur als Reklame
1 Meyers Großes Konversations-Lexikon, 6. Aufl., Leipzig 1902–08.
2 Vgl.: Mark W. Rien und Gustav Nils Dorén, Das Neue Tabagobuch, Jubiläumsschrift der H.F. & Ph.F. Reemtsma GmbH, Hamburg 1985, S. 116ff.
3 Vgl.: Bernard Korzus, Fabrik im Ornament, Ausstellungskatalog, Münster 1980.
4 Vgl.: Ulrich Feuerhorst und Holger Steinle, Die bunte Verführung. Zur Geschichte der Blechreklame, Berlin 1985, S. 91.
5 Walter Müller-Wulckow, Bauten der Arbeit und des Verkehrs aus deutscher Gegenwart, Königstein i.Ts. und Leipzig 1925, S. 4f.
6 Ebd., S. 12, 24.
7 Vgl.: K. J. Bonser, »Marshall's Mill, Holbeck, Leeds«, Architectural Review, 127, 1960, S. 280ff. G. Bernard Wood, »Egyptian Temple Architecture in Leeds«, Country Life, 1.12.1960, S. 1363ff. Derek Linstrum, West Yorkshire Architecture and Architects, London 1978, S. 289ff.
8 Vgl.: Revue générale de l'architecture, 26, 1867, Sp. 174ff., T. 41,42.
9 Laut Auskunft von Dr. Herbert Faber, der bis 1970 den VEB Tabakkontor leitete.
10 Vgl.: Julius Franz Pascha, »Die Baukunst des

Islam«, in: Eduard Schmitt (Hrsg.), Handbuch der Architektur, II, 3, 2, Darmstadt 1886, S. 90, Fig. 124. Hammitzschs Kuppel besitzt große Ähnlichkeit mit der Grabmoschee des Emirs Khair Bak vom Anfang des 16. Jahrhunderts. Vgl. Abb. in: Alfred Renz, Geschichte und Stätten des Islam, München 1977, S. 394.
11 Vgl.: »Wie die Moschee nach Dresden kam«, Sächsisches Tageblatt, 23.3.1981, S. 6.
12 Vgl.: »Bureau-Gebäude des Establissements 'Zacherl' in Wien...«, Allgemeine Bauzeitung (Wien), 60, 1895, S. 24, T. 30-32. Salamma Al-Madhi, Einfluß der islamischen Architektur auf die Wiener Bauten im 19. Jahrhundert, Diss., Universität Wien 1973, S. 136ff. Gunther Martin, »Isfahan in Döbling«, Wien aktuell, 1976, 12, S. 23ff. W. Filek-Wittinghausen, Gut gewerkt in Döbling, Wien 1984, S. 75f. Manfred Wehdorn und Ute Georgeacopol-Windischhofer (Hrsg.), Baudenkmäler der Technik und Industrie in Österreich, Bd. 1, Graz 1985, S. 100f.
13 Vgl.: Derek Linstrum, West Yorkshire Architects and Architecture, a.a.O., S. 305f., 370.
14 Vgl.: Jürg Keller, »Ein Musterweinkeller im spanischen Styl«, Archithese, 3, 1983, S. 23ff.

Zoologische Gärten:
Exotismus und Belehrung
1 Vgl.: Wilhelm Stricker, »Geschichte der Menagerien und der zoologischen Gärten«, in: Rudolf Virchow, Freiherr von Holtzendorff (Hrsg.), Sammlung gemeinverständlicher wissenschaftlicher Vorträge, Heft 336, Berlin 1879, S. 20.
2 Vgl.: Charles Rohault de Fleury, Das Naturhistorische Museum in Paris, Muséum d'Histoire Naturelle à Paris, Wien 1837.
3 Vgl.: Hellmut Heinsdorff, Bauten und Anlagen zoologischer Gärten, Diss., TU München 1968, S. 71f., Abb. 14.
4 Deutsche Bauzeitung, 36, 1902, S. 159.
5 Ebd.
6 Eine Zusammenstellung sämtlicher Bauten erschien unter dem Titel »Berliner Neubauten. No 102. Die Umwandlung und die Neubauten des Zoologischen Gartens« in: Deutsche Bauzeitung (Berlin), 36, 1902, Nr. 22, 24, 26, 28, 29, 80, 85, 86.
7 Zit. nach: Hellmut Heinsdorff, Bauten und Anlagen zoologischer Gärten, a.a.O., S. 202.
8 Vgl.: Sibylle Benninghoff-Lühl, »Die Ausstellung der Kolonisierten: Völkerschauen von 1874 bis 1932«, in: Volker Harms (Hrsg.), Andenken an den Kolonialismus, Ausstellungskatalog, Tübingen 1984, S. 52ff. Heinz-Georg Klös, Von der Menagerie zum Tierparadies. 125 Jahre Zoo Berlin, Berlin 1969, S. 78f., 104f.
9 Plakate von Castans Panoptikum und ähnlichen Einrichtungen in: Klaus Popitz, Axel von Saldern (Hrsg.), Das frühe Plakat in Europa und den USA, Bd. 3, Berlin 1977, S. 27ff., T. 22f.
10 »Berliner Neubauten. No 102. Die Umwandlung und die Neubauten des Zoologischen Gartens«, a.a.O., 36, 1902, S. 545.
11 »Wettbewerb: Zoologischer Garten in Berlin«, Berliner Architekturwelt, 1, 1899, 1, S. 35ff. Vgl. auch: »Berliner Neubauten. No 102. Die Umwandlung und die Neubauten des Zoologischen Gartens«, a.a.O., S. 137ff, 549.
12 Vgl.: Bauwelt (Berlin), 31/32, 1985, S. 1240f.
13 Ende & Böckmann, »Elephantenhaus im zoologischen Garten in Berlin«, Zeitschrift für Bauwesen, 26, 1876, Sp. 149ff., T. 21, 22.
14 Vgl.: Zeitschrift für Bauwesen, 25, 1875, Sp. 3ff., 127ff., 451f., T. 5–7.

Literaturverzeichnis

Das Literaturverzeichnis enthält alle verwendeten Monographien (Quellenschriften und Sekundärliteratur) sowie Zeitschriftenaufsätze von allgemeinerem Interesse. Für Artikel zu einzelnen Bauten und Personen in Zeitschriften, Denkmälerverzeichnissen und allgemeinen Nachschlagewerken wird auf die Anmerkungen verwiesen.

Abu-Lughod, Janet L., *Cairo – 1001 Years of the City Victorious*, Princeton 1971.

Adamson, Simon H., *Seaside Piers*, London 1977.

Adrian, Hans, *Alphabet des Kaffeehauses*, Bremen 1971.

Alazard, Jean, *L'orient et la peinture française au XIXème siècle d'Eugène Delacroix à Auguste Renoir*, Paris 1930.

Alazard, Jean, »Le goût de l'Orient en France après la prise d'Alger«, *Revue africaine*, 71, 1930, S. 19 ff.

Albrecht, Peter, *Kaffee. Zur Sozialgeschichte eines Getränks*, Ausstellungskatalog, Braunschweig 1980.

Allgemeine Illustrierte Weltausstellungszeitung, 5 Bde., Wien 1872/73.

Allom, Thomas, und Robert Walsh, *Constantinople and the scenery of the seven churches of Asia Minor illustrated*, 2 Bde., London 1838–40.

Allsop, Robert Owen, *Public Baths and Wash-Houses*, London 1894.

Allsop, Robert Owen, *The Turkish Bath, its Design and Construction*, London 1890.

Al-Madhi, Salamma, *Einfluß der islamischen Architektur auf die Wiener Bauten im 19. Jahrhundert*, Diss., Universität Wien 1973.

Alphand, Jean-Charles-Adolphe, *Exposition Universelle Internationale de 1889 à Paris. Monographie*, Paris 1892.

Archer, Mildred, und Ronald Lightbown, *India Observed*, Ausstellungskatalog, London 1982.

Archer, Mildred, *Early Views of India, The Picturesque Journeys of Thomas and William Daniell 1786–94*, London 1980.

Architekten-Verein zu Berlin (Hrsg.), *Berlin und seine Bauten*, Berlin 1896.

Arquitectura, 125, Mai 1969, Sonderheft »Neomudéjar en Madrid«.

Aslet, Clive, »Olana – New York State«, *Country Life* (London), 1983, S. 761 ff., 859 ff.

Aslet, Clive, *A History of Elveden*, Bd. 7 der Auktionskataloge *Elveden Hall* von Christie, Manson & Woods Ltd., London 1984.

Atwell, David, *Palaces of the Movies*, London 1981.

Bahns, Jörn (Hrsg.), *Karl Theodor und Elisabeth Auguste, Höfische Kunst und Kultur in der Kurpfalz*, Ausstellungskatalog, Heidelberg 1979.

Baltrušaitis, Jurgis, *Imaginäre Realitäten*, Köln 1984.

Baltrušaitis, Jurgis, *La Quête d'Isis. Introduction à l'égyptomanie. Essai sur la légende d'un mythe*, Paris 1967.

Barey, André, »Along the banks of the Bosphorus«, *Lotus international* (Mailand), 26, 1980, S. 21 ff.

Bartholomew, Charles, *Guide to Turkish, Medicated and other Baths*, London 1887.

Bartholomew, Charles, *Lecture on Turkish Baths*, London 1887.

Baudez, Gildas, und François Béguin, »Arabisances – Observations on French colonial architecture in North Africa between 1900 and 1950«, *Lotus international* (Mailand), 26, 1980, S. 41 ff.

»Die Baukunst der Araber«, *Allgemeine Bauzeitung* (Wien), 21, 1856, S. 143–220, T. 31–47.

Beauthéac, Nadine, und François-Xavier Bouchart, *L'Europe Exotique*, Paris 1985.

Beauthéac, Nadine, und François-Xavier Bouchart, »Architecture mauresque dans le sud de la France«, *Monuments historiques* (Paris), 125, 1983, S. 49 ff.

Belani, H. E. R., *Geschichte und Beschreibung der Fontainenanlagen in Sanssouci*, Potsdam 1843.

Benjamin, Walter, *Einbahnstraße*, in: *Gesammelte Schriften*, Band IV, 1.; Werkausgabe, Bd. 10, Frankfurt 1980.

Benjamin, Walter, *Das Passagen-Werk*, 2 Bde., Frankfurt 1982.

Benninghoff-Lühl, Sibylle, »Die Ausstellung der Kolonisierten: Völkerschauen von 1874–1932«, in: *Andenken an den Kolonialismus*, Ausstellungskatalog, Tübingen 1984, S. 52 ff.

Berger, Klaus, *Japonismus in der westlichen Malerei 1860–1920* (Studien zur Kunst des neunzehnten Jahrhunderts, 41), München 1980.

Berger-Fix, Andrea, und Klaus Merten, *Die Gärten der Herzöge von Württemberg*, Ausstellungskatalog, Ludwigsburg 1981.

Berliner Festspiele (Hrsg.), *Europa und die Kaiser von China*, Ausstellungskatalog, Berlin 1985.

Beyer, Ursula (Hrsg.), *Kairo*, Frankfurt 1985.

Bezombes, Roger, *L'exotisme dans l'art et la pensée*, Paris 1953.

Bialoskorski, Henry, und Elzbieta Karwowska (Hrsg.), *Orient i Orientalizm w sztuce*, Warschau 1986.

Bitterli, Urs, *Die »Wilden« und die »Zivilisierten«*, München 1976.

Blanch, Lesley, *Pierre Loti. Portrait of an Escapist*, London 1983.

Bleibaum, Friedrich, *Schloß Wilhelmsthal und François de Cuvilliés d. Ä.*, Melsungen 1932.

Börsch-Supan, Eva, *Berliner Baukunst nach Schinkel 1840–1870*, München 1977.

Börsch-Supan, Eva (Hrsg.), *Ludwig Persius. Das Tagebuch des Architekten Friedrich Wilhelms IV. 1840–1845*, München 1980.

Borst, Otto, *Alltagsleben im Mittelalter*, Frankfurt 1983.

Bothe, Rolf (Hrsg.), *Synagogen in Berlin*, Ausstellungskatalog, Berlin 1981.

Brayley, Edward Wedlake, und John Nash, *Illustrations of Her Majesty's Palace at Brighton*, London 1838.

Bret, François (Hrsg.), *Influences de l'Orient sur l'architecture en Provence*, Ausstellungskatalog, Marseille 1982.

Briffault, Eugène, *Paris dans l'eau*, Paris 1844.

Briquet, Pierre Edouard, *Pierre Loti et l'Orient*, Neuchâtel 1945.

Brooke-Alder, I., »London's Wash-Houses and Baths«, in: George Sims (Hrsg.), *Living London*, Bd. 2, London o.J., S. 364 ff.

Brunfaut, Jules, und Charles Albert Regnet (Hrsg.), *Die Weltausstellung in Paris 1878*, München 1878.

Bucher, Lothar, *Die Londoner Industrieausstellung von 1862*, Berlin 1863.

Carmontelle, Louis Carrogis, *Jardin de Monceau, près de Paris, appartenant à son Altesse sérénissime Monseigneur le Duc de Chartres*, Paris 1779.

Caronia, Giuseppe, *La Zisa di Palermo. Storia e restauro*, Rom und Bari 1982.

Carrott, Richard G., *The Egyptian Revival. Its sources, monuments and meaning. 1808–1858*, Berkeley 1978.

Chambers, William, *Designs of Chinese Buildings, Furniture, Dresses, Machines, and Utensils*, London 1757.

Chambers, William, *Plans, Elevations, Sections, and Perspective Views of the Gardens and Buildings at Kew in Surrey ...*, London 1763.

Chardin, Jean, *Journal du voyage du Chevalier Chardin en Perse et aux Indes Orientales*, London 1686.

Chateaubriand, François René de, *Itinéraire de Paris à Jérusalem*, Paris 1811.

Chateaubriand, François René de, *Les aventures du dernier Abencérage*, Paris 1926.

Coley, F.C., *Turkish Bath*, London 1887.

Conner, Patrick, *Oriental Architecture in the West*, London 1979.

Conner, Patrick, »China and the Landscape Garden: reports, engravings and misconceptions«, *Art History* (London), 4, 1979, S. 429 ff.

Conner, Patrick, »Britain's first Chinese Pavilion?«, *Country Life* (London), 1979, S. 236 ff.

Conner, Patrick (Hrsg.), *The Inspiration of Egypt. Its Influence on British Artists, Travellers and Designers, 1700–1900*, Ausstellungskatalog, Brighton 1983.

Conner, Patrick, *The China Trade 1600–1860*, Ausstellungskatalog, Brighton 1986.

Constans, Claire, »Les Orientalistes et l'architecture«, *Monuments Historiques* (Paris), 125, 1983, S. 17 ff.

Cooper, Nicholas, *The Opulent Eye. Late Victorian and Edwardian Taste in Interior Design*, London 1976.

Coste, Pascal, *Architecture arabe ou les Monuments du Caire, dessinés et mesurés pendant les années 1818–26*, Paris 1837.

Coste, Pascal, *Monuments modernes de la Perse*, Paris 1867.

Cuvilliés, François de, *Architecture Civile (= Ecole de l'architecture Bavaroise)*, 2 Bde., o.O. um 1770.

Daidalos (Berlin), 19, 1986, »Architektur der Sehnsucht«.

Daniell, Thomas und William, *Oriental Scenery*, 6 Bde., London 1795–1808.

Daniell, Thomas und William, *A picturesque Voyage to India; by the way of China ...*, London 1810.

Dapper, Olfert, *Gedenkwaerdige Bedryf der Nederlandsche Oost-Indische Maetschappye, op der Kuste en in het Keizerrijk van Taising of Sina ...*, Amsterdam 1670.

Darby, Michael, *The Islamic Perspective*, Ausstellungskatalog, London 1983.

Davis, Terence, *John Nash. The Prince Regent's Architect*, London 1966.

Decker, Paul, *Chinese Architecture, Civil and Ornamental*, London 1759.

Diderot, Denis, *Supplément au voyage de Bougainville*, Paris 1796.

Dinkel, John, *The Royal Pavilion Brighton*, London 1983.

Döry, Ludwig, »Exoten«, in: Otto Schmidt (Hrsg.), *Reallexikon zur deutschen Kunstgeschichte*, Bd. 6, Stuttgart 1954.

Dumas, F.G., und L. de Fourcaud (Hrsg.), *Revue de l'exposition universelle de 1889*, 2 Bde., Paris 1889.

Ebe, Gustav, »Abgeleitet historische und frei erfundene Bauformen«, *Deutsche Bauhütte* (Hannover), 12, 1908, S. 237 f., 248.

Ebe, Gustav, »Neue Ableitungen aus der Kunst des Orients«, *Der Baumeister* (München), 1, 1903, S. 91 ff.

Engels, Friedrich, *Die Lage der arbeitenden Klasse in England*, München 1973.

Erdberg, Eleanor von, *Chinese Influence on European Garden Structures*, Cambridge (Mass.) 1936.

L'Exposition de Paris de 1889, 2 Bde., Paris 1888/89.

Faerber, Paul, *Nikolaus Friedrich von Thouret. Ein Baumeister des Klassizismus*, Stuttgart 1949.

Falke, Jacob, *Die Kunstindustrie der Gegenwart. Studien auf der Pariser Weltausstellung 1867*, Leipzig 1868.

Falke, Jacob, *Die Kunstindustrie auf der Wiener Weltausstellung 1873*, Wien 1873.

Fieldhouse, David K., *Die Kolonialreiche seit dem 18. Jahrhundert*, Frankfurt 1965.

Filek-Wittinghausen, W., *Gut gewerkt in Döbling*, Wien 1984.

Fischer von Erlach, Johann Bernhard, *Entwurff Einer Historischen Architectur*, Wien 1721.

Flaubert, Gustave, *Salammbô*, herausgegeben von Monika Bosse und André Stoll, Frankfurt 1979.

Fontane, Theodor, *Cécile*, Berlin 1909.

Fosca, François, *Histoire des Cafés de Paris*, Paris 1934.

Franz Pascha, Julius, »Die Baukunst des Islam«, in: Eduard Schmitt (Hrsg.), *Handbuch der Architektur*, II, 3, 2, Darmstadt 1887.

Friebe, Wolfgang, *Architektur der Weltausstellungen 1851–1970*, Leipzig und Stuttgart 1983.

Friemert, Chup, *Die Gläserne Arche. Kristallpalast London 1851 und 1854*, München 1984.

Fuchs, Eduard, *Illustrierte Sittengeschichte*, 3 Bde., Berlin 1909.

Fundación Caja de Pensiones (Hrsg.), *Antoni Gaudí (1852–1926)*, Ausstellungskatalog, Barcelona 1985.

Fux, Herbert, *Japan auf der Weltausstellung in Wien 1873*, Ausstellungskatalog, Wien 1973.

Gallwitz, Esther (Hrsg.), *Istanbul*, Frankfurt 1981.

Gautier, Théophile, *L'Orient*, 2 Bde., Paris 1877.

Gautier, Théophile, *Constantinople*, Paris 1883.

Gautier, Théophile, *Voyage en Espagne*, Paris 1981.

Giedion, Sigfried, *Die Herrschaft der Mechanisierung*, Frankfurt 1982.

Gilpin, William, *Three Essays: On Picturesque Beauty; on Picturesque Travel; and on sketching Landscape ...*, London 1794.

Girault de Prangey, Joseph Philibert, *Monuments arabes et moresques de Cordoue, Séville et Grenade, dessinés et mesurés en 1832 et 1833*, Paris 1835–37.

Girault de Prangey, Joseph Philibert, *Essai sur l'architecture des Arabes et des Mores en Espagne, en Sicilie et en Barbarie*, Paris 1841.

Girault de Prangey, Joseph Philibert, *Monuments arabes d'Egypte, de Syrie et d'Asie Mineure, dessinés et mesurés de 1842 à 1845*, Paris 1846–55.

Girault de Prangey, Joseph Philibert, *Choix d'ornements moresques de l'Alhambra*, Paris o.J.

Glucq, *L'Album de l'Exposition Universelle 1878*, Paris o.J.

Glucq, *L'Album de l'Exposition 1889*, Paris o.J.

Godard, Caroline, Michel Racine und Jacques Repiquez, »Villas orientales de Marseille à Menton«, *Monuments historiques*, 135, 1984, S. 25 ff.

Goldsmith, Oliver, *Der Weltbürger oder Briefe eines in London weilenden Philosophen an seine Freunde im fernen Osten*, München 1986.

Goncourt, Edmond de, *La Maison d'un Artiste*, 2 Bde., Paris 1881.

Gonse, M. Louis, *L'Art moderne à l'exposition de 1878*, Paris 1879.

Gonse, M. Louis, *Exposition Universelle de 1889. Les Beaux Arts et les Arts Décoratifs*, Paris 1889.

Gottgetreu, Martin, *Der Fontainenbau zu Sanssouci*, Berlin 1853.

Goury, Jules, und Owen Jones, *Plans, Elevations, Sections, and Details of the Alhambra*, Bd. 1, London 1842, Bd. 2 mit dem Zusatztitel *Details and Ornaments of the Alhambra*, London 1845.

Great Exhibition of the Works of Industry of all Nations. Official descriptive and illustrated Catalogue, 3 Bde., London 1851.

Greater London Council (Hrsg.), *Survey of London*, Bd. 37, Northern Kensington.

Greaves, John, *Pyramidographia: or, a description of the pyramids in Egypt*, London 1646.

Grelot, Guillaume Joseph, *Relation nouvelle d'un voyage de Constantinople*, Paris 1681.

Grenier, Lise, und Hans Wieser-Benedetti, *Le siècle de l'éclectisme. Lille 1830–1930*, 2 Bde., Paris und Brüssel 1979.

Grenier, Lise, (Hrsg.), *Villes d'eaux en France*, Ausstellungskatalog, Paris 1985.

Grohmann, Johann Gottfried, *Ideenmagazin für Liebhaber von Gärten, Englischen Anlagen und für Besitzer von Landgütern um Gärten und ländliche Gegenden, sowohl mit geringem als auch großem Geldaufwand nach den originellsten Englischen, Gothischen, Sinesischen Geschmacksmanieren zu verschönern und zu veredeln*, 48 Hefte in 4 Bänden, Leipzig 1796–1806.

Grohmann, Johann, Gottfried und Friedrich Gotthelf Baumgärtner, *Kleines Ideen-Magazin für Gartenliebhaber ...*, später: *Neues kleines Ideenmagazin ...*, Leipzig 1804–16.

Grohmann, Johann Gottfried, *Recueil de dessins*, Venedig 1805.

Guillerme, Jacques, »Lequeu et l'invention du mauvais goût«, *Gazette des Beaux Arts*, 107, 1965, S. 153 ff.

Hackländer, Friedrich Wilhelm (Hrsg.), *Das Caroussel, welches am 27. Oktober 1846 aus Veranlassung der Hohen Vermählung Seiner Königlichen Hoheit des Kronprinzen Karl von Württemberg mit Ihrer Kaiserlichen Hoheit der Großfürstin Olga Nikolajewna in Stuttgart abgehalten wurde*, Stuttgart o.J.

Hahlbrock, Peter (Hrsg.), *Alexander von Humboldt und seine Welt 1769–1859*, Ausstellungskatalog, Berlin 1969.

Halfpenny, William und John, *New Designs for Chinese Temples, Triumphal Arches, Garden Seats, Palings etc.*, London 1750–52.

Halfpenny, William und John, *Chinese and Gothic Architecture Properly Ornamented*, London 1752.

Halfpenny, William und John, *The Country Gentleman's Pocket Companion and Builder's Assistant for Rural Decorative Architecture in the Augustine, Gothic and Chinese Taste ...*, London 1756.

Hall, Ben M., *The best remaining seats*, New York 1961.

Haltern, Utz, *Die Londoner Weltausstellung von 1851. Ein Beitrag zur Geschichte der bürgerlich-industriellen Gesellschaft im 19. Jahrhundert*, Münster 1971.

Hamm, Wilhelm (Hrsg.), *Illustrierter Katalog der Londoner Industrieausstellung von 1862*, Leipzig 1863.

Hamm, Wilhelm (Hrsg.), *Illustrierter Katalog der Pariser Industrieausstellung von 1867*, Leipzig 1868.

Hammer-Schenk, Harold, *Synagogen in Deutschland*, 2 Bde., Hamburg 1981.

Hansmann, Wilfried, »Die indianischen Lustbauten des Kurfürsten Clemens August im Brühler Schloßpark«, in: *Beiträge zur Rheinischen Kunstgeschichte und Denkmalpflege*, 2, Düsseldorf 1974.

Harris, Eileen, »Designs of Chinese Buildings and the Dissertation on Oriental Gardening«, in: John Harris, *Sir William Chambers*, London 1970.

Harris, John, *Sir William Chambers*, London 1970.

Havard, Henry, *L'art dans la maison*, Paris 1884.

Head, Raymond, *The Indian Style*, London 1986.

Heinsdorff, Hellmut, »Zoobauten«, in: Eduard Trier und Willy Weyres (Hrsg.), *Kunst des 19. Jahrhunderts im Rheinland*, Bd. 2, Architektur II, Düsseldorf 1980, S. 247 ff.

Heinsdorff, Hellmut, *Bauten und Anlagen zoologischer Gärten*, Diss., TU München 1968.

Helas, Volker, *Architektur in Dresden 1800–1900*, Braunschweig 1985.

Held, Franz (= Franz Herzfeld), *Eine Afrikareise durchs Marsfeld (Pariser Ausstellung 1889)*, Berlin 1890.

Hemmings, F. W. J., *The King of Romance. A portrait of Alexandre Dumas*, London 1979.

Herder, Johann Gottfried, *Ideen zur Philosophie der Geschichte der Menschheit*, Riga und Leipzig 1784/85.

Héré de Corny, Emmanuel, *Recueil des plans, élévations et coupes... des châteaux, jardins, et dépendances que le Roy de Pologne en Lorraine...*, 2 Bde., Paris 1753.

Hessemer, Friedrich Maximilian, *Arabische und Altitalienische Bauverzierungen*, Berlin 1842.

Heuss, Hermann, *Hohenloher Barock und Zopf*, Öhringen 1937.

Hibbert, Christopher, und Ben Weinreb (Hrsg.), *The London Encyclopaedia*, London 1983.

Hirschfeld, Christian Cay Lorenz, *Theorie der Gartenkunst*, 5 Bde., Leipzig 1779–1785.

Hirth, Georg, *Das deutsche Zimmer der Renaissance*, München 1880.

Hitchcock, Henry-Russell, *Architecture: Nineteenth and Twentieth Centuries*, Harmondsworth 1971.

Hittorf, Jakob Ignaz, und Ludwig Zanth, *Architecture antique de la Sicilie*, Paris 1835.

Hix, John, *The Glass House*, London 1981.

Hoag, John D., *Islam* (Weltgeschichte der Architektur), Stuttgart 1986.

Hodges, William, *Choix de Vues de l'Inde, dessinées sur les lieux pendant les années 1780, 1781, 1782 et 1783 /Select Views in India, drawn on the spot, in the years ...*, London 1785–88.

Hodges, William, *Monumente indischer Geschichte und Kunst*, Berlin 1789.

Hojer, Gerhard (Hrsg.), *König Ludwig II. – Museum Herrenchiemsee*, München 1986.

Holtmeyer, Alois (Hrsg.), *Die Bau- und Kunstdenkmäler im Regierungsbezirk Kassel*, Bd. 4, Kassel-Land, Marburg 1910.

Honour, Hugh, *Chinoiserie: The Vision of Cathay*, 1961.

Hope, Thomas, *Household Furniture and Interior Decoration*, London 1807.

Hugo, Victor, *Les Orientales*, Paris 1829.

Hunt, John Dixon, und Peter Willis, *The Genius of the Place. The English Landscape Garden 1620–1820*, London 1975.

Huysmans, Joris Karl, *Gegen den Strich*, Zürich 1981.

The Illustrated Exhibitor, London 1851.

Illustrierter amtlicher Führer durch die Berliner Gewerbe-Ausstellung 1896, Berlin 1896.

Industrie- und Gewerbe-Ausstellung Düsseldorf 1902, Düsseldorf 1902.

Irving, Washington, *Die Alhambra, oder das neue Skizzenbuch*, Frankfurt 1832.

Jaroszewski, Tadeusz Stefan, »Orient w architekturze polskiej XIX W.«, in: *Orient i Orientalizm w sztuce*, Warschau 1986.

Jarry, Madeleine, *China und Europa*, Stuttgart 1981.

Jasmin, Denise, »Pascal Coste et l'Egypte«, *Monuments historiques* (Paris), Nr. 125, 1983.

Jesberg, Paulgerd (Hrsg.), *Philipp Hoffmann 1806–1889*, Ausstellungskatalog, Wiesbaden 1982.

Jomard, Edmé François (Hrsg.), *Description de l'Egypte, ou Recueil des observations et des recherches qui ont été faites en Egyte pendant l'expédition de l'armée Française publié par les ordres de sa majesté Napoléon Le Grand*, 21 Bde., Paris 1809–22.

Jones, Owen, *The Grammar of Ornament*, London 1856.

Kaufmann, Emil, *Von Ledoux bis Le Corbusier*, Stuttgart 1985 (Reprint).

Klinghart, Karl, *Türkische Bäder*, Stuttgart 1927.

Klös, Heinz-Georg, *Von der Menagerie zum Tierparadies*, Berlin 1969.

Klußmeier, Gerhard, und Hainer Plaul, *Karl May. Biographie in Dokumenten und Bildern*, Hildesheim 1978.

Kobell, Louise von, *König Ludwig II. von Bayern und die Kunst*, München 1900.

Kohl, Karl-Heinz (Hrsg.), *Mythen der Neuen Welt*, Ausstellungskatalog, Berlin 1982.

Kohlmaier, Georg, und Barna von Sartory, *Das Glashaus*, München 1981.

Köllmann, Erich, »Chinoiserie«, in: Otto Schmidt (Hrsg.), *Reallexikon zur deutschen Kunstgeschichte*, Bd. 3, Stuttgart 1954, S. 459 ff.

Koppelkamm, Stefan, *Gewächshäuser und Wintergärten im neunzehnten Jahrhundert*, Stuttgart 1981.

Koppelkamm, Stefan, »Architektonische Wunschträume: Exotische Bauten in Europa«, *Bauwelt* (Berlin), 20, 1983, S. 764 ff.

Koppelkamm, Stefan, »Die idealisierte Landschaft. Fürst Pückler in Muskau und Branitz«, *Bauwelt 12 / Stadtbauwelt 89*, 1986, S. 435 ff.

Kraemer, Friedrich Wilhelm, *Die Theaterbauten und Theaterplanungen von Peter Josef Krahe und Carl Theodor Ottmer. 1785–1835*, Diss., TH Braunschweig 1945.

Krafft, Jean Charles, *Plans des plus beaux jardins pittoresques de France, d'Angleterre et d'Allemagne, et des édifices, monuments, fabriques, ..., dans tous les genres d'Architecture, tels que chinois, égyptien, anglois, arabe, moresque, etc.*, 2 Bde., Paris 1809/1810.

Kramer, Fritz, *Verkehrte Welten. Zur imaginären Ethnographie des 19. Jahrhunderts*, Frankfurt am Main 1977.

Krinsky, Carol Herselle, *Synagogues of Europe*, Cambridge (Mass.) 1985.

Kruft, Hanno-Walter, *Geschichte der Architekturtheorie*, München 1985.

Kunoth, George, *Die Historische Architektur Fischer von Erlachs*, Düsseldorf 1956.

Künzl, Hannelore, »Synagogen«, in: Eduard Trier und Willi Weyres (Hrsg.), *Kunst des 19. Jahrhunderts im Rheinland*, Bd. 1, Architektur I, Düsseldorf 1980, S. 359 ff.

Lacloche, Francis, *Architectures de Cinémas*, Paris 1981.

Landesamt für Denkmalpflege Schleswig-Holstein (Hrsg.), *Schloß Gottorf – Glanz und Elend eines Fürstengartens*, Kiel 1981.

Laske, Friedrich, »Der ostasiatische Einfluß auf die Baukunst des Abendlandes, vornehmlich Deutschlands, im 18. Jahrhundert«, *Zeitschrift für Bauwesen*, 58, 1908, S. 604 ff.

Laske, Friedrich, *Der ostasiatische Einfluß auf die Baukunst des Abendlandes, vornehmlich Deutschlands, im 18. Jahrhundert*, Berlin 1909.

Laugier, Marc-Antoine, *Observations sur l'architecture*, Paris 1765.

Le Comte, Louis, *Nouveaux Mémoires sur l'état présent de la Chine*, 2 Bde., Paris 1696/97 (Bd. 3 von Charles Le Gobien, Paris 1698).

Ledoux, Claude-Nicolas, *L'architecture considérée sous le rapport de l'art, des mœurs et de la législation*, 2 Bde., Paris 1804.

Le Rouge, Georges Louis, *Détails des nouveaux Jardins à la mode* (ab Heft 2: *Jardins anglo-chinois à la mode*), Paris 1700–87.

Leins, C.F. von, *Die Hoflager und Landsitze des Württembergischen Regentenhauses*, Stuttgart o.J.

Leiris, Michel, *Die eigene und die fremde Kultur*, herausgegeben von Hans-Jürgen Heinrichs, Frankfurt 1979.

Lepsius, Karl Richard, *Denkmäler aus Aegypten und Aethiopien*, 12 Bde., Berlin 1849–59.

Lessing, Julius, *Das Kunstgewerbe auf der Wiener Weltausstellung 1873*, Berlin 1874.

Lessing, Julius, *Berichte von der Pariser Weltausstellung*, Berlin 1878.

Lessing, Julius, »Das halbe Jahrhundert der Weltausstellungen«, in: *Volkswirtschaftliche Zeitfragen. Vorträge und Abhandlungen*, 22, Berlin 1900.

Lewis, John Frederick, *Lewis's Sketches and Drawings of the Alhambra*, London 1835.

Lightoler, Thomas, *The Gentleman and Farmer's Architect*, London 1774.

Lillywhite, Bryant, *London Coffee Houses*, London 1963.

Lindegren, Karin (Hrsg.), *Fredrik Magnus Piper und der Landschaftsgarten*, Ausstellungskatalog, Stockholm 1981.

Lindenberg, Paul, *Pracht-Album Photographischer Aufnahmen der Berliner Gewerbe-Ausstellung 1896 und der Sehenswürdigkeiten Berlins und des Treptower Parks. Alt-Berlin, Kolonial-Ausstellung, Kairo etc. ...*, Berlin 1896.

Linstrum, Derek, *West Yorkshire Architecture and Architects*, London 1978.

Loisel, Gustave, *Histoire des Ménageries*, 3 Bde., Paris 1912.

Lübke, Wilhelm, *Bericht über die künstlerische Abteilung der Allgemeinen Ausstellung zu Paris*, Stuttgart 1867.

Lugar, Robert, *Architectural Sketches for Cottages, Rural Dwellings, and Villas, in the Grecian, Gothic and Fancy Styles, ...*, London 1805.

Luthereau, J. A., *Charles Duval (Architecte)*, aus der Serie *Célébrités artistiques*, Paris 1856.

Malkowsky, Georg (Hrsg.), *Die Pariser Weltausstellung in Wort und Bild*, Berlin 1900.

Mariette, Auguste, *Exposition universelle de 1867. Description du Parc Egyptien*, Paris 1867.

Mariette, Auguste, *Exposition Universelle de Paris 1878. La Galerie de l'Egypte ancienne à l'exposition rétrospective du Trocadéro. Description sommaire par Auguste Mariette-Bey*, Paris 1878.

Märker, Peter (Hrsg.), *Mit dem Auge des Touristen. Zur Geschichte des Reisebildes*, Ausstellungskatalog, Tübingen 1981.

Marquardt, Ernst, *Geschichte Württembergs*, Tübingen 1961/62.

Martens, Ulf, »Orientalisierende Architektur in Berlin«, in: Siegfried Wichmann (Hrsg.), *Weltkulturen und moderne Kunst*, Ausstellungskatalog, München 1972, S. 59 ff.

Martin, Alfred, *Deutsches Badewesen in vergangenen Tagen*, Jena 1906.

Martin, Kurt, *Die Kunstdenkmäler des Amtsbezirks Mannheim. Stadt Schwetzingen*, Karlsruhe 1933.

Meier-Graefe, Julius, *Die Weltausstellung in Paris 1900*, Paris und Leipzig 1900.

Meineke, Georg (Hrsg.), *Deutsche Kolonialausstellung. Berliner Gewerbeausstellung 1896*, Berlin 1896.

Mesnard, Jules, *Les Merveilles de l'Exposition Universelle de 1867*, 2 Bde., Paris 1867.

Metken, Günter (Hrsg.), *Revolutionsarchitektur*, Ausstellungskatalog, Baden-Baden 1971.

Meyer, Ernst, *Europa und der Kolonialismus*, Zürich und Stuttgart 1980.

Meyer, Julius, »Die Bildende Kunst auf der Weltausstellung«, *Zeitschrift für Bildende Kunst* (Leipzig), 2, 1867, S. 215.

Montagu, Mary Wortley, *Letters written during her Travels in Europe, Asia and Africa ...*, London 1783.

Montesquieu, Charles-Louis de Secondat, Baron de, *Lettres Persanes*, Amsterdam 1721.

Moravánszky, Ákos, »Otto Wagner und die ungarische Architektur der Jahrhundertwende«, *Steine sprechen* (Zeitschrift der Österreichischen Gesellschaft für Denkmal- und Ortsbildpflege), 76, 1984, S. 12 ff.

Moravánszky, Ákos, »Byzantinismus in der Baukunst Otto Wagners als Motiv seiner Wirkung östlich von Wien«, in: Gustav Peichl (Hrsg.), *Die Kunst des Otto Wagner*, Wien 1984, S.40ff.

Morley, John, *The Making of the Royal Pavilion*, London 1984.

Müller-Wulckow, Walter, *Bauten der Arbeit und des Verkehrs aus deutscher Gegenwart*, Königstein i. Ts. und Leipzig 1925.

Mundt, Barbara, *Historismus. Kunsthandwerk und Industrie im Zeitalter der Weltausstellungen* (Bestandskataloge des Kunstgewerbemuseums, Bd. VII), Berlin 1973

Murphy. James Cavanah, *The Arabian Antiquities of Spain*, London 1815.

Musée Carnavalet (Hrsg.), *Les Grands Boulevards*, Ausstellungskatalog, Paris 1985.

Musée Carnavalet (Hrsg.), *Du faubourg du Temple au faubourg Saint-Antoine*, Ausstellungskatalog, Paris 1985.

Musgrave, Clifford, *The Royal Pavilion, an Episode in the Romantic*, London 1959.

Musgrave, Clifford, *Life in Brighton*, London 1970.

Nash, John, *Views and Illustrations of His Majesty's Palace at Brighton*, London 1826. Siehe auch: Edward Brayley.

Négrier, Paul, *Les bains à travers les âges*, Paris 1925.

Nerval, Gérard de, *Le Voyage en Orient*, 2 Bde., Paris 1980.

Nick, Friedrich, *Wilhelm I., König von Württemberg und seine Regierung*, Stuttgart 1864.

Nieuhof, Jan, *Die Gesantschaft der Ost-Indischen Gesellschaft in den Vereinigten Niederländern / an den Tartarischen Cham / und nunmehr auch Sinischen Keyser / ...*, Amsterdam 1669.

Nippa, Annegret, »Orientalisierende Architektur in Deutschland«, in: Rainer W. Ernst (Hrsg.), *Stadt in Afrika, Asien und Lateinamerika*, Berlin 1984, S. 178 ff.

Norden, Frederic Louis, *Voyage d'Egypte et de Nubie*, 2 Bde., Kopenhagen 1755.

Nuño, Juan Antonio Gaya, *Arte del siglo XIX* (Ars Hispaniae. Historia Universal del Arte Hispanico), Madrid 1966.

Olearius, Adam, *Newe Orientalische Reise*, Schleswig 1647.

»Der Orient und die Wiener Weltausstellung«, *Blätter für Kunstgewerbe* (Wien), 2, 1873, S.53f., S. 61 ff.

Ory, Pascal, *Les expositions universelles de Paris*, Paris 1982.

Pardoe, Julia, *The Beauties of the Bosphorus. From Drawings by William H. Bartlett*, London 1839.

Pehnt, Wolfgang, »Der Orient und die Architektur des 19. und 20. Jahrhunderts«, in: Siegfried Wichmann (Hrsg.), *Weltkulturen und moderne Kunst*, Ausstellungskatalog, München 1972, S.47 ff.

Penzer, N.M., *The Harem*, London 1936 (Neuauflage 1967).

Percier, Charles, und Pierre François Fontaine, *Recueil de Décorations intérieures*, Paris 1801 (erweiterte Ausgabe 1812).

Petschull, Jürgen, und Thomas Höpker, *Der Wahn vom Weltreich. Die Geschichte der deutschen Kolonien*, Hamburg 1986.

Petzet, Michael (Hrsg.), *König Ludwig II. und die Kunst*, Ausstellungskatalog, München 1968.

Pevsner, Nikolaus, und S. Lang, »Egyptian Revival. Die Wiederentdeckung Ägyptens«, in: Nikolaus Pevsner, *Architektur und Design*, München 1971.

Pieper, Jan, »Sezincote. Ein west-östlicher Divan«, *Daidalos* (Berlin), 19, 1986, S.54 ff.

Piranesi, Giovanni Battista, *Diverse maniere d'adornare i Cammini ed ogni altra parte degli edifizi desunte dall' Architectura egizia, etrusca, greca e romana*, Rom 1769.

Pochat, Götz, *Der Exotismus während des Mittelalters und der Renaissance*, Stockholm 1970.

Pococke, Richard, *Beschreibung des Morgenlandes und einiger anderer Länder*, 2 Bde., Erlangen 1754.

Pohl, Klaus (Hrsg.), *Ansichten der Ferne. Reisepho-*

tographie 1850—heute, Ausstellungskatalog, Darmstadt 1983.

Potter, William, *The Roman or Turkish Bath: Its Hygienic and Curative Properties*, London und Manchester 1859.

Pückler-Muskau, Hermann Fürst von, *Briefe eines Verstorbenen. Ein fragmentarisches Tagebuch aus England, Wales, Irland und Frankreich*, 4 Bde., München 1830 und Stuttgart 1831.

Quadflieg, Ralph, »Zum Stilpluralismus im 19. Jahrhundert. Exotische Architektur im Rheinland«, *Jahrbuch der Rheinischen Denkmalpflege*, Bd. 30/ 31, Köln 1985, S. 156 ff.

Raby, Julian, *Venice, Dürer and the Oriental Mode*, London 1982.

Racknitz, Joseph Friedrich Freiherr zu, *Darstellung und Geschichte des Geschmacks der vorzüglichsten Völker in Beziehung auf die innere Auszierung der Zimmer und auf die Baukunst*, 5 Bde., Leipzig 1796.

Raquejo, Tonia, »The 'Arab Cathedrals': Moorish Architecture as seen by British Travellers« , *Burlington Magazine*, 1001, 1986, S. 555 ff.

Renz, Alfred, *Geschichte und Stätten des Islam*, München 1977.

Repton, Humphrey, *Designs for the Pavillon at Brighton*, London 1808.

Restle, Marcell, »Türkische Elemente in der bayerischen Architektur des 18. Jahrhunderts«, in: Klaus-Detlev Grothusen (Hrsg.), *Die Türkei in Europa*, Göttingen 1979, S. 45ff.

Revue de l'Exposition Universelle de 1889 (Paris), 2 Bde., 1889.

Rien, Mark W., und Gustav Nils Dorén, *Das Neue Tabagobuch*, Jubiläumsschrift der H. F. & Ph. F. Reemtsma GmbH, Hamburg 1985.

Roberts, David, *Mahlerische und historische Reise in Spanien*, 4 Bde., Leipzig 1809—11.

Roberts, David, *Ansichten von Spanien*, London 1835.

Rohault de Fleury, Charles, *Das Naturhistorische Museum in Paris, Muséum d'Histoire Naturelle à Paris*, Wien 1837.

Rothfos, Bernhard (Hrsg.), *Coffea Curiosa*, Hamburg 1968.

Rousseau, Jean-Jacques, *Discours sur l'origine et les fondements de l'inégalité parmi les hommes*, Amsterdam 1755.

Rückwardt, Hermann, *Innen-Architektur und Decorationen der Neuzeit*, Berlin 1884.

Said, Edward W., *Orientalismus*, Frankfurt 1981.

Saldern, Axel von (Hrsg.), *Die Bugattis*, Ausstellungskatalog, Hamburg 1983.

Schild, Erich, *Zwischen Glaspalast und Palais der Illusionen*, Frankfurt 1967.

Schiller, Friedrich, »Über den Gartenkalender auf das Jahr 1795«, in: *Schillers Werke*, Weimar 1958, Bd. 22, S. 291.

Schivelbusch, Wolfgang, *Das Paradies, der Geschmack und die Vernunft*, München 1980.

Schlee, Ernst (Hrsg.), *Gottorfer Kultur im Jahrhundert der Universitätsgründung*, Ausstellungskatalog, Kiel 1965.

Schleyer, Wilhelm, *Bäder und Badeanstalten*, Leipzig 1909.

Schmechel, Max, *Nicolaus von Pigage's Schwetzinger Entwürfe und Bauten*, Diss.TU Darmstadt 1923.

Schmitt, Eduard (Hrsg.), *Handbuch der Architektur*, IV, 6, 3 (»Künstlerateliers«), Stuttgart 1901.

Schmitt, Eduard (Hrsg.), *Handbuch der Architektur*, IV, 4, 1 (»Gebäude für Erholungs-, Beherbergungs- und Vereinszwecke«), Stuttgart 1904.

Schmitt, Eduard (Hrsg.), *Handbuch der Architektur*, IV, 6, 6 (»Zirkus und Hippodromgebäude«), Stuttgart 1904.

Schnabel, Franz, »Die kulturelle Bedeutung der Carl-Theodor-Zeit« , in: Heinrich Lutz (Hrsg.),

Franz Schnabel, Abhandlungen und Vorträge 1914—1965, Freiburg 1970.

Schulz, Elke von, *Die Wilhelma in Stuttgart. Ein Beispiel orientalisierender Architektur im 19. Jahrhundert*, Diss., Universität Tübingen 1976.

Schweigger, Salomon, *Eine neue Reyßbeschreibung auß Teutschland nach Constantinopel und Jerusalem*, Nürnberg 1608.

Scott, George Riley, *The Story of Baths and Bathing*, London 1939.

Sirén, Osvald, *China and Gardens of Europe of the Eighteenth Century*, New York 1950.

Soane, John, *Designs in Architecture consisting of Plans, Elevations and Sections for Temples, Baths, Cassines, Pavilions, Garden Seats, Obelisks, and other Buildings*, London 1778.

Stein, Gerd (Hrsg.), *Die edlen Wilden* (Ethnoliterarische Lesebücher, Bd. 1), *Exoten durchschauen Europa* (Ethnoliterarische Lesebücher, Bd. 2), *Europamüdigkeit und Verwilderungswünsche* (Ethnoliterarische Lesebücher, Bd. 3), Frankfurt 1984.

Sternberger, Dolf, *Panorama oder Ansichten vom 19. Jahrhundert*, Frankfurt 1974.

Stevens, Mary Anne (Hrsg.), *The Orientalists: Delacroix to Matisse, European Painters in North Africa and the Near East*, Ausstellungskatalog, London 1984.

Stoffers, G. (Hrsg.), *Industrie-Gewerbe-und-Kunst-Ausstellung Düsseldorf 1902*, Düsseldorf 1903.

Strauß, David Friedrich, »König Wilhelm von Württemberg«, in: *Kleine Schriften (Neue Folge)*, Berlin 1866, S. 276 f.

Stricker, Wilhelm, »Geschichte der Menagerien und der zoologischen Gärten«, in: Rudolf Virchow, Freiherr von Holtzendorff (Hrsg.), *Sammlung gemeinverständlicher wissenschaftlicher Vorträge*, Heft 336, Berlin 1879.

Strobl, A., *Das k. k. Waffenmuseum im Arsenal*, Graz 1961.

Tallis's History and Description of the Crystal Palace, 6 Bde., London 1851.

Tavernier d'Aubonne, Jean Baptiste, *Recueil de plusieurs relations et traitez singuliers et curieux*, Paris 1681.

Theobald, Rainer, *Carl Theodor Ottmer als Theaterarchitekt*, Diss., FU Berlin 1976.

Thévenot, Melchisedec, *Relations de divers voyages*, 4 Bde., Paris 1663—72.

Thornton, Lynne, *Les Orientalistes*, Paris 1983.

Uhland, W.H., *Illustrirter Katalog der Pariser Welt-Ausstellung von 1878*, Leipzig 1880.

Union Centrale des Arts Décoratifs (Hrsg.), *Le livre des expositions universelles 1851—1989*, Ausstellungskatalog, Paris 1983.

Urquhart, David, *The Pillars of Hercules; or, a Narrative of Travels in Spain and Morocco in 1848*, 2 Bde., London 1850.

Urquhart, David, *The Turkish Bath, with a View to its Introduction into the British Dominions*, London 1856.

Valle, Pietro della, *Reiss-Beschreibung in unterschiedliche Theile der Welt nemlich in Tuerckey, Egypten, Palestina, Persien, Ost-Indien ...*, Genf 1674.

Van Zanten, David, *The Architectural Polychromy of the 1830's*, New York 1977.

Vaublanc, Vicomte de, *Petit voyage à l'exposition. Causeries sur l'exposition universelle de 1867*, Paris 1868.

Verwaltung der Staatlichen Schlösser und Gärten (Hrsg.), *China und Europa*, Ausstellungskatalog, Berlin 1973.

Vetter, Leo, *Moderne Bäder, erläutert am Stuttgarter Schwimmbad*, Stuttgart 1894.

Vetter, Leo, *Das Bad der Neuzeit*, Stuttgart 1904.

Vigato, Jean-Claude, »Les Expositions Coloniales«, *Monuments Historiques* (Paris), 125, 1983, S. 25 ff.

Vogel, Hans, »Ägyptisierende Baukunst des Klassizismus«, *Zeitschrift für Bildende Kunst* (Leipzig), 62, 1928/29, S. 160 ff.

Wagner, Johann Christoph, *Das mächtige Kayser-Reich Sina und die Asiatische Tartarey*, Augsburg 1688.

Wagner-Rieger, Renate, und Walter Krause (Hrsg.), *Historismus und Schloßbau*, München 1975.

Waring, J.B., *Masterpieces of Industrial Art & Sculpture at the International Exhibition 1862*, 3 Bde., London 1863.

Wendland, Folkwin, *Berlins Gärten und Parke*, Frankfurt 1979.

Wichmann, Siegfried (Hrsg.), *Weltkulturen und moderne Kunst*, Ausstellungskatalog, München 1972.

Wilson, Erasmus, *The Eastern or Turkish Bath*, London 1861.

Wyatt, Matthew Digby, *The Industrial Art of the XIXth Century at the Great Exhibition 1851*, 2 Bde., London 1853.

Zanth, Ludwig von, *Die Wilhelma, Maurische Villa Seiner Majestät des Königes Wilhelm von Württemberg*, o.O. 1855.

Zeyher und Roemer, *Beschreibung der Gartenanlagen zu Schwetzingen*, Mannheim o.J.

Zola, Emile, »L'ouverture de l'Exposition Universelle (Juin 1878)«, *Oeuvres Complètes*, Bd. 14, Paris 1970, S 333 ff.

Namenverzeichnis

Abbildungsnachweis

Photographien bestehender Bauten stammen vom Verfasser, sofern kein anderer Urheber genannt ist. Die Quellen der hier nicht aufgeführten historischen Abbildungen gehen aus den Legenden oder den betreffenden Anmerkungen hervor. Die übrigen befinden sich im Archiv des Autors.

Adolphe Alphand, *Exposition Universelle Internationale de 1889 à Paris. Monographie*, Paris 1892 151/1, 151/2
Archives d'Architecture moderne, Brüssel 119/1
Archives de France, Paris 152/2
Art Gallery and Museums and The Royal Pavilion, Brighton 46/1, 46/2
Bayerische Verwaltung der Staatlichen Schlösser, Gärten und Seen, München 96/1, 105/2, 109/1, 109/2
Nadine Beauthéac und François-Xavier Bouchart, *L'Europe exotique*, Paris 1985 111/1, 119/2
Bibliothèque Nationale, Paris 18/2, 141, 142, 143/1, 145/1, 145/2, 145/3, 145/4
Burgen und Schlösser der Tschechoslowakei, Prag 1954 37/2
Caisse Nationale des Monuments Historiques et des Sites (Seeberger; S.P.A.D.E.M.), Paris 165/1, 165/2
Catedra Gaudí, Barcelona 120/3
Christies (A.C. Cooper), London 60/3
Patrick Conner, Brighton 54/1, 127/3
Nicholas Cooper, *The Opulent Eye*, London 1976 112
François de Cuvilliés, *Architecture Civile*, o.O. um 1770 125/1
Michael Darby, *The Islamic Perspective*, Ausstellungskatalog, London 1983 63/2
Deutsches Museum München 139/1
Ecole nationale supérieure des Beaux-Arts, Paris 129
Ulrich Feuerhorst, Berlin 83/2
Foto-Archiv Lachmund, Hamburg 175/2
Glucq, *L'Album de l'Exposition Universelle 1878*, Paris o.J. 81, 147/1, 147/2
M. Louis Gonse, *L'Art moderne à l'exposition de 1878*, Paris 1879 140
Great Exhibition of the Works of Industry of all Nations, Official descriptive and illustrated Catalogue, Bd. 2, London 1851 139/2
Greater London Council (Hrsg.), *Survey of London*, Bd. 37, Northern Kensington 63/1
Guildhall Library, London (Koppelkamm) 126/2, 159
Hamburger Kunsthalle (Kleindienst) 22/2
Hereford Library 58/1
Stefan Jaroszewski, Warschau 26/2, 79/2
Jürg Keller, Zürich 174/1, 174/2
Konrad Keller, Frauenfeld 122, 123
Københavns Bymuseum (Bent Mann) 157/2
Königliche Bibliothek, Kopenhagen (Bent Mann) 156, 157/1
Kunstakademie Stockholm 18/4
Kunstbibliothek Berlin (Petersen) 90/2, 91/1
Landesbildstelle Württemberg, Stuttgart 67, 68/2, 70/1, 70/2, 73/2, 74/2
The Landmark Trust, London 21/2
Massimo Listri 76/1, 76/2
London Transport Museum 59/2
Mairie de Dunkerque 137/1
John Maltby, London 160
Kurt Martin, *Die Kunstdenkmäler des Amtsbezirks Mannheim. Stadt Schwetzingen*, Karlsruhe 1933 32, 34/2
Jules Mesnard, *Les merveilles de l'Exposition Universelle de 1867*, Paris 1867 116/1

Musée Carnavalet, Paris 78/1, 78/2, 130, 131/2, 131/3, 143/3, 148, 150/1, 162, 163/1, 164
Musée des Arts Décoratifs, Paris (Jean-Loup Charmet) 84/1, 84/2
Musée des Beaux-Arts, Nantes 22/1
Musée Municipal des Beaux-Arts, Rochefort-sur-Mer 115
National Monuments Record, London 56/2, 58/4, 161, 175/1
Werner Neumeister, München 96/2, 105/1, 107, 108/1, 108/2
Niedersächsisches Staatsarchiv, Wolfenbüttel 79/1
Radio Times Hulton Picture Library, London 167
Redcliffe Hotel, Torquay 60/3
K. Reiberger, Wien 27
H. Roger Viollet, Paris 119/3, 152/1
René Roland, Le Vésinet 120/1, 120/2
Royal Institute of British Architects, London (British Architectural Library) 15/1, 24, 133, 168
Sächsische Landesbibliothek Dresden (Deutsche Fotothek) 12/5
Robert Schediwy, Wien 125/2
Schloß Augustusburg, Brühl (Paul Vogt) 12/3
József Sisa, Budapest 102/1, 102/3
Staatliche Kunstsammlungen Kassel 13/1
Staatliche Schlösser und Gärten, Potsdam-Sanssouci 13/2, 86
Stadtarchiv Stuttgart 72/2, 75, 135/1
Stadtarchiv Wiesbaden (Studio Boersch) 83/1, 103
Stadt- und Kreis-Heimatmuseum, Wolfenbüttel (Koppelkamm) 80
Stadtmuseum im Baldreit, Baden-Baden 117/1, 117/2
Tabakhistorische Sammlung der H.F. & Ph.F. Reemtsma GmbH, Hamburg 172/3
Technische Universität Berlin (Plansammlung/Nagel) 90/1
Technische Universität Dresden (Fotostelle) 118/3
Universitätsbibliothek Stuttgart 38/1
Verwaltung der Staatlichen Schlösser und Gärten, Berlin 97
Victoria and Albert Museum, London 64/2
Wilhelma/Direktion der Zooverwaltung, Stuttgart Titel, 69
Württembergische Landesbibliothek, Stuttgart 94, 95
Württembergisches Landesmuseum, Stuttgart 36/3, 38/2, 74/1